文言文选读

张中行 张铁铮
李耀宗 潘仲茗 编注

第二册

三联书店

Copyright © 2023 by SDX Joint Publishing Company.
All Rights Reserved.
本作品版权由生活·读书·新知三联书店所有。
未经许可，不得翻印。

图书在版编目（CIP）数据

文言文选读. 第二册 / 张中行等编注. —北京：
生活·读书·新知三联书店, 2023.9
ISBN 978 − 7 − 108 − 07562 − 8

Ⅰ.①文⋯　Ⅱ.①张⋯　Ⅲ.①文言文－阅读教学－中学－教学参考资料　Ⅳ.① G634.333

中国版本图书馆 CIP 数据核字 (2022) 第 228246 号

责任编辑　柯琳芳
装帧设计　薛　宇
责任印制　卢　岳
出版发行　生活·讀書·新知 三联书店
　　　　　（北京市东城区美术馆东街 22 号 100010）
网　　址　www.sdxjpc.com
经　　销　新华书店
印　　刷　河北品睿印刷有限公司
版　　次　2023 年 9 月北京第 1 版
　　　　　2023 年 9 月北京第 1 次印刷
开　　本　880 毫米 × 1230 毫米　1/32　印张 13.5
字　　数　258 千字
印　　数　0,001 − 5,000 册
定　　价　59.00 元
（印装查询：01064002715；邮购查询：01084010542）

出版说明

学习文言文是汉语学习的一部分，是我们深入学习汉语的需要。古代汉语、近代汉语、现代汉语是一脉相承的。文言与白话之间的千丝万缕的联系，决定了没有古代汉语的知识，就无法深入理解现代汉语。

学习文言文也是更好地传承中华优秀传统文化的需要。因为，文言文具有超越时代、超越方言的特性，它记载了两千多年中华民族的灿烂文化，是了解我们民族悠久历史文化的主要工具之一。因此，在基础教育阶段，学好文言文意义重大。

学习文言文必须从基础教育开始。但古代的著作，写成于特定的历史时期，囿于作者的特殊性格与特殊时代背景，就其思想内容来说，有精华也有糟粕，就其表现形式来说，有美文也有拙笔。要品评其优劣以择其精华，必须有一个细致的研读、分析、理解的过程。而在基础教育阶段，学生还没有这种分辨能力，需要有学养深厚、懂教育的学者将优秀的作品选编出来给他们读。

张中行先生不仅是学者、散文家，亦是一位致力于中学语文教育的语文学家。20世纪80年代，他应中学生提升文言文阅读能力的需求，领衔并邀请了张铁铮、李耀宗、潘仲茗三位语文教育专家一起选编、注释了《文言文选读》（三册）。他还请大学者、资深语文编辑王泗原、王微、隋树森三位先生做审阅。

学习文言文，光掌握方法是不够的，更需要切实的训练，这是语文教育工作者们的共识。张中行先生认为："学会语言的重要方法是'熟'，因而读的字数偏少不如偏多。""有关文言词、句特点方面的知识，适当地在注解中反复说明，以求读者结合具体词、句，能够逐渐熟悉。""熟"和"反复"恰恰抓住了语言学习的不二法门：通过反复与之"见面"，而熟悉之，并最终掌握之。这也是本套书选编、注解的宗旨。

此次出版，我们基本保留了原版内容全貌，只对少许内容按实际情况做了修订。比如，初版内容注解中记录的行政区划名称，现有一些由县改为市或者区，甚至有一些改了名字，此次出版都做了相应更改。还有，我们对书中的注音进行了整理，尤其对多音字，根据工具书对不同义项的不同读音进行了核查。此外，我们对个别难字、生僻字补充了注音。

这套《文言文选读》的编写者们学养深厚，对选文的注释通达准确，注解的文字平易而有古风，使人阅读时深受濡染。四十多年后的今天，这套书已成为提升初高中生文言文阅读能力的经典著作。更显弥足珍贵的是，一代文化学者能够躬身为中学生一字一句地编注基础文言读本，这种精神随着时间的流逝将散发出更加温煦的光芒。

生活·读书·新知三联书店编辑部
2023 年 7 月

编者的话

这部《文言文选读》是为了辅助中学语文课的文言教学，培养学生初步阅读文言的能力，供中学生课外阅读而编注的。也可供程度相当于中学生而初学文言的人研读，以及中小学语文教师教学中参考。

全书包括三册，每册选文六十篇。第一册较浅近，程度适合于初中。第二册略提高，程度适合于高中。估计中学生中有一部分，将来想学文科，还会有一些，虽然不学文科，却想多读一些古典作品，此外，中学生以外用这部书学习文言而想取得阅读一般古籍（非特别艰深的）的能力的读者，都会希望多读一些程度再提高些的作品。第三册是适应这种需要而编注的。因为程度再提高，它就可以容纳许多名篇，一些重要作家、重要典籍，个别的文体，以补第一、二册的不足。

全书的安排：第一、二、三册由浅入深，例如第一册的选文，文字较浅易，记叙的，尤其故事性的比较多，以后文字略深，议论性的增多。各册选文都按时代先后编排（个别篇目也有按体裁编排的）。一篇包括几则，有时候按深浅或内容性质编排。一篇文章，题目之下先列"解说"，为的是读之前先对文章有个大概的了解。以下是本文，标点、分段，段后有段落大意。难词难句有注解，为了便于检阅，照语文课本体例，排在本文同页的下方。最后是"研读参考"。

选文的原则：

（1）思想感情要健康，至少要无害。个别问题（如有迷信成分）在"解说"中说明。

（2）文字要平实、流畅。过于艰深的（如《尚书》）不选，过于别扭的（如唐朝樊宗师的文章）不选，文白夹杂的（如语录）不选。

（3）酌量照顾传统名篇、重要作家、重要典籍、常用文体，以期读者读后能够多有所得。

（4）为了开阔眼界、增加兴趣，选材面求适当广一些，如也收笔记、日记、诗话、词话等。

（5）学会语言的重要方法是"熟"，因而读的字数偏少不如偏多。浅近的或故事性的文章，篇幅长些的也选；篇幅嫌短的，集同性质的几则为一篇。

（6）入选的文章，不同版本文字不同的，因为目的不在校订，斟酌选用一种，不加说明。

文题之下的"解说"，是想简要地介绍一下与这篇文章有关的知识：选自什么书，以及此书的情况；文章的内容和写法有什么值得注意之点；作者的略历。

"段落大意"简明地指出上面一段（有时不止一个自然段）的中心意思，并尽可能说说与前后文的关联，目的是帮助读者加深理解内容和写法。

注解：

（1）因为希望学生专靠自学能够理解，所以注解（尤其第一册）求详：估计学生会感到困难的，或者会误解的，都注。第二、三册适当减少。

（2）注解的用语，第一、二册尽量求浅显、简明；第三册酌量用一些浅近的文言，以期读者能够更快地熟悉文言。

（3）为了培养独立阅读的能力，注单词片语可以理解的，尽量避免串讲。

（4）必要时也引经据典，但不做过多的考证和论辩。

（5）为了减少记忆和诵读的负担，有些字，文言中某种用法过去要用另一种读法（如"王天下"的"王"读 wàng），现在不用另一种读法也不影响理解的，只在字后注"旧读什么"，可以不照旧读法念。

（6）有关文言词、句特点方面的知识，适当地在注解中反复说明，以求读者结合具体词、句，能够逐渐熟悉。

（7）文言常用的词，注解不多重复；不常用的不避重复。

为了帮助读者深入理解选文，积累文言知识，每篇后安排"研读参考"一项，就本篇文字的主要特点（语法、修辞、篇章、内容等方面）提出三两点，或介绍知识，或启发思考，或提出问题，供读者参考。

本书的目的是培养初步阅读文言的能力，而能否达到这个目的，还要看读者怎样使用这部书。读文章，先要"确切理解"，然后是"读熟"。读时先要慢，体会词句的意义、情调，以及上下句的关联，声音有快有慢，有抑有扬；渐熟后可以略快。这样连续读三两次，自己觉得顺口了，放下。但不能从此不再过问，最好是过几天再读三两遍，不时温习。特别喜欢的，能够背下来更好。至于一年读多少篇合适，那要看自己的兴趣和时间，难于统一规定，总的原则是多比少好。

没有学中学语文课的读者，最好把中学语文课本中的文言文找来一道学习，因为不少大家熟悉的名篇，中学语文课本已经选了，本书没有选。

本书承启功先生题书名，王泗原、王微、隋树森三位同志审阅，特此志谢。

编者学力有限，书中难免缺点和错误，希望读者多多指正。

编者

一九八一年十月

目 录

一 《左传》选 .... 左传　1
　　晋灵公不君 2
　　晋归楚钟仪 6
　　楚子西论吴王夫差 7
二 《国语》选 .... 国语 10
　　臧文仲如齐告籴 11
　　季文子贵德荣 13
　　齐桓公求管仲 14
三 庄辛说楚襄王 .... 战国策 17
四 《论语》选 .... 论语 23
　　公冶长 24
　　微子 27
五 寡人愿安承教 .... 孟子 32
六 《庄子》选 .... 庄子 40
　　庄子与惠子游于濠梁之上 41
　　庄子行于山中 42

	庄子送葬		43
	庄周家贫		44
七	《汤问》篇选	列子	46
	薛谭学讴		47
	伯牙鼓琴		48
	纪昌学射		49
	造父学御		50
八	王制	荀子	53
九	晏子故事三则	晏子春秋	57
	晏子辞千金之赐		58
	晏子使吴		59
	晏子使楚		60
一〇	《说林》篇选	韩非子	62
	师老马与蚁		63
	不死药		64
	巧诈不如拙诚		65
	海大鱼		66
一一	渔父	楚辞	68
一二	上书谏吴王	枚乘	71
一三	人间训	淮南子	77
一四	项羽败亡	司马迁	84
一五	万石君传	司马迁	92

一六	《新序》选	刘向	99
	齐遣淳于髡到楚		100
	晋灵公骄奢		101
	梁君出猎		102
一七	书虚篇	王充	104
一八	龚遂传	班固	111
一九	短文三篇	曹操	118
	军谯令		119
	与荀彧书追伤郭嘉		120
	祀故太尉桥玄文		122
二〇	与朝歌令吴质书	曹丕	125
二一	《高士传》选	皇甫谧	130
	江上丈人		131
	王斗		132
	韩康		133
	汉滨老父		135
二二	思旧赋并序	向秀	137
二三	王粲传	陈寿	142
二四	道意	葛洪	148
二五	兰亭集序	王羲之	154
二六	黄宪传	范晔	159

二七	《世说新语》故事六则	刘义庆	165
	魏武将见匈奴使		166
	魏武尝过曹娥碑下		167
	王仲宣好驴鸣		168
	阮仲容步兵居道南		168
	何次道往瓦官寺		169
	桓南郡好猎		169
二八	《百喻经》选	求那毗地 译	171
	三重楼喻		172
	说人喜瞋喻		173
	口诵乘船法而不解用喻		174
	为恶贼所劫失氎喻		175
二九	永宁寺	杨衒之	176
三〇	请正文风书	李谔	187
三一	与博昌父老书	骆宾王	194
三二	答书二篇	韩愈	202
	答杨子书		204
	答李秀才书		206
三三	杨烈妇传	李翱	209
三四	袁家渴记	柳宗元	214
三五	野庙碑	陆龟蒙	218
三六	虬髯客传	杜光庭	224

三七	《唐摭言》选	王定保	236
	李义琛		237
	孙泰		238
	奇章公		239
	萧颖士		241
	王播		243
三八	泷冈阡表	欧阳修	245
三九	记闻六则	司马光	253
	富弼		254
	钱若水		255
	吕蒙正		258
	曹彬		258
	王嗣宗		259
	石中立		260
四〇	《范文正公文集》叙	苏轼	263
四一	小简四篇		270
	与黄鲁直	苏轼	271
	与参寥子	苏轼	272
	与洪甥驹父	黄庭坚	273
	与王立之	黄庭坚	275
四二	黄州快哉亭记	苏辙	277
四三	隋灭陈	资治通鉴	282

四四	《入蜀记》选	陆游	295
四五	市隐斋记	元好问	302
四六	送陈庭学序	宋濂	308
四七	沈贞甫墓志铭	归有光	313
四八	题《海天落照图》后	王世贞	318
四九	西山游记三则	袁中道	323
	卧佛寺		324
	翠岩寺		326
	万安山		327
五〇	秦淮健儿传	李渔	330
五一	《广宋遗民录》序	顾炎武	340
五二	癸未去金陵日与阮光禄书	侯方域	346
五三	《金陵游记》序二篇	施闰章 陈维崧	354
	《金陵游记》序	施闰章	355
	《金陵游记》序	陈维崧	357
五四	故事二篇	蒲松龄	360
	武技		362
	佟客		365
五五	黄英	蒲松龄	368
五六	送姚姬传南归序	刘大櫆	379
五七	《越缦堂日记》选	李慈铭	384
五八	藏书纪事五则	叶昌炽	394

司马光 · 395

　　沈周 · 396

　　秦恩复 · 397

　　换书士人 · 398

　　陈坤维 · 399

五九　记车行所值 · · · · · · · · · · · · · 林纾　魏易 译 402

六〇　词话四则 · · · · · · · · · · · · · · · · · 况周颐 411

　　北宋人手高眼低 · · · · · · · · · · · · · · · · 412

　　背诵名家词 · · · · · · · · · · · · · · · · · · 413

　　语贵平淡自然 · · · · · · · · · · · · · · · · · 414

　　怀半塘 · 415

一 《左传》选 _{左传}

【解说】本篇中"晋灵公不君"选自《左传》宣公二年,"晋归楚钟仪"选自成公九年,"楚子西论吴王夫差(chāi)"选自哀公元年,题目都是编者加的。《左传》是我国第一部详细完整的编年体历史著作,传说是春秋(前770—前476)末年鲁国的史官左丘明作的。孔子是春秋晚期人(前551—前479),传说他根据鲁国的史书《春秋》编写成编年体的史书《春秋》(六经的一种)。《春秋》记时以鲁国为准,起于鲁隐公元年(前722),终于鲁哀公十四年(前481),共二百四十二年。所记各国历史大事很简略,如隐公元年只记:"春,王正月。三月,公及邾(zhū)仪父(fǔ)盟于蔑。夏,五月,郑伯克段于鄢(yān)。"传说《左传》就是为解说这部《春秋》而作,所以早期名《春秋左氏传》。《左传》以《春秋》的记事为纲,也是以时间先后为序,详细记述了春秋时期各国内政外交等大小事实(起于隐公元年,终于哀公二十七年)。记事比《春秋》详细而具体(字数近二十万,超过《春秋》本文十倍),如"郑伯克段于鄢",《春秋》只简略的六个字,《左传》则用了五百多字,说明事件的原因、经过和结局。《春秋》和《左传》起初是各自成书的,到晋朝杜预作《春秋经传集解》，把两部书编在一起，成为我们现在读的《左传》。

《左传》是我国古代先秦时期最重要的历史著作，也是最出色的文学著作。它记事条理清楚，叙述精确，详略合宜；尤其难得的是写人物活动形象生动，常是寥寥几句，就能使读者如闻其声，如见其人。

《左传》的思想性也值得重视。它不是记账式地叙述史实，而是在选材、描述、评论（借人物之口）中明显地表现褒贬、爱憎：斥责残暴荒淫等危害人民利益的行为，颂扬仁慈、义气等有利于人民的行为。如本篇选的三则，对晋灵公、夫差是斥责，对鉏（chú）麑（ní）、钟仪等是颂扬，都能反映作者的爱憎。自然，由于时代的局限，有些看法我们是不能同意的。

作者传说是左丘明，也有人认为不是左丘明作的。关于左丘明，有人说是孔子同时人，因为《论语》中孔子曾经提到他；也有人说是孔子弟子；还有人说是孔子以前的一位贤人。甚至对于"左丘明"也有不同的解释：有人说姓左名丘明，也有人说姓左丘名明。因为时代太早，许多疑难都不容易弄清了。

晋灵公不君[①]

晋灵公不君，厚敛以雕墙[②]。从台上弹人而观其避丸

[①]〔晋灵公〕春秋时晋国的君主，晋文公的孙子，名夷皋（gāo），前620—前607年在位。〔不君〕不行君主的正道。 [②]〔厚敛（liǎn）〕大量剥削民财。〔雕墙〕修饰墙壁（表示过分奢华）。雕，彩画。

也①。宰夫胹熊蹯不熟②，杀之，寘诸畚③，使妇人载以过朝④。赵盾、士季见其手⑤，问其故而患之⑥。将谏⑦，士季曰："谏而不入⑧，则莫之继也⑨。会请先；不入，则子继之。"三进及溜⑩，而后视之⑪，曰："吾知所过矣⑫，将改之。"稽首而对曰⑬："人谁无过，过而能改，善莫大焉⑭。《诗》曰：'靡不有初，鲜克有终⑮。'夫如是，则能补过者鲜矣⑯。君能有终⑰，则社稷之固也⑱，岂惟群臣赖之⑲？又

---

① 〔弹（tán）人〕用弹（dàn）弓打人（以为戏乐）。〔避丸〕躲避弹丸。② 〔宰夫〕厨师。〔胹（ér）〕煮。〔熊蹯（fán）〕熊掌。③ 〔寘（zhì）诸畚（běn）〕（把宰夫的尸体）放在筐子里。寘，同"置"。诸，之于。畚，用草绳编的盛物器。 ④ 〔妇人〕宫中供役使的女子。这是想不让朝外人知道。〔过朝（cháo）〕经过朝堂（之前）。⑤ 〔赵盾〕晋国的大臣。谥宣，所以又称赵宣子。〔士季〕就是士会，字季，晋国的大臣。因为封地在随，又称随会；后来封地在范，谥武，称范武子。〔手〕宰夫尸体的手。 ⑥ 〔患之〕对灵公的残忍感到忧虑。 ⑦ 〔谏（jiàn）〕规劝（君主）。 ⑧ 〔不入〕不接受。 ⑨ 〔莫之继〕莫继之，没有人继续他（进谏）。因为赵盾地位高，如果赵盾进谏不听，别人就不好再进谏。 ⑩ 〔三进及溜（liù）〕意思是，先进入朝门，跪伏，灵公不理；再向前，到庭院，跪伏，仍不理；第三次向前，到屋檐下。溜，通"霤"，檐水滴落的地方。 ⑪ 〔视之〕（灵公）看士季。 ⑫ 〔所过〕所犯过失。这是灵公的话。 ⑬ 〔稽（qǐ）首〕（士季）叩头。 ⑭ 〔善莫大焉〕善莫大于此。极大的善（好事）。 ⑮ 〔靡（mǐ）不有初，鲜克有终〕意思是，开头好不难，很少能结局好的。靡，没有。初，开头。鲜，少。克，能够。引文见《诗经·大雅·荡》。 ⑯ 〔夫如是，则能补过者鲜矣〕如果像《诗经》所说，能改过的人就不多了。夫，助词，有引起下文的作用。 ⑰ 〔君能有终〕意思是您能改过。 ⑱ 〔社稷（jì）之固〕国家就可以安定。社，土神，稷，谷神，合起来成为国家的代称。 ⑲ 〔岂惟〕不仅。〔赖〕依靠。

一 《左传》选　3

曰①：'衮职有阙，惟仲山甫补之②。'能补过也。君能补过，衮不废矣③。"

写晋灵公骄奢残暴，士季进谏，他假意接受而并不真改。是下文同赵盾冲突的伏笔。

犹不改④，宣子骤谏⑤，公患之⑥，使鉏麑贼之⑦。晨往，寝门辟矣⑧，盛服将朝⑨，尚早，坐而假寐⑩。麑退⑪，叹而言曰："不忘恭敬，民之主也⑫。贼民之主不忠，弃君之命不信⑬。有一于此⑭，不如死也。"触槐而死。

继续写晋灵公的无道，突出赵盾的忠和鉏麑的义。

秋九月，晋侯饮赵盾酒⑮，伏甲⑯，将攻之。其右提弥明知之⑰，趋登曰⑱："臣侍君宴过三爵⑲，非礼也。"遂扶以

---

①〔又曰〕《诗经》又说。 ②〔衮（gǔn）职有阙（quē），惟仲山甫补之〕意思是，君王有过错，有仲山甫来补救。衮，天子礼服，这里指天子。阙，通"缺"，过失。仲山甫，周宣王的大臣。引文见《诗经·大雅·烝（zhēng）民》。 ③〔衮不废矣〕君职就不会败坏了。 ④〔犹〕仍旧。 ⑤〔骤（zhòu）〕屡次。 ⑥〔患之〕以（赵盾进谏）这件事为患（病害）。患，作动词用，忧虑。 ⑦〔鉏（chú）麑（ní）〕力士名。〔贼〕杀害。 ⑧〔寝门辟矣〕堂屋的门已经开了。 ⑨〔盛服〕（赵盾）穿着隆重的朝服。〔朝〕上朝。 ⑩〔假寐（mèi）〕闭目休息。 ⑪〔退〕往回走，离开寝门到庭院。 ⑫〔不忘恭敬，民之主也〕意思是，规规矩矩地守大臣之礼，是百姓的好长官。 ⑬〔弃君之命不信〕意思是，不照君主的吩咐去做，是对君主不守信用。 ⑭〔一〕一件（不忠或不信）。 ⑮〔晋侯〕晋灵公。晋国始封爵为侯，所以晋君称晋侯。〔饮（yìn）赵盾酒〕叫赵盾来一起喝酒。饮，给酒或给水喝。 ⑯〔伏甲〕埋伏下武士。甲，指穿铠甲的武士。 ⑰〔其右〕宣子车上陪在右方的武官。〔提弥明〕人名。〔知之〕发现了灵公埋伏武士的阴谋。 ⑱〔趋登〕急步登阶上殿。 ⑲〔爵〕一种酒杯。

下①。公嗾夫獒焉②，明搏而杀之③。盾曰："弃人用犬，虽猛何为④！"斗且出⑤，提弥明死之⑥。

初⑦，宣子田于首山⑧，舍于翳桑⑨，见灵辄饿⑩。问其病⑪，曰："不食三日矣。"食之⑫，舍其半⑬。问之，曰："宦三年矣⑭，未知母之存否，今近焉⑮，请以遗之⑯。"使尽之⑰，而为之箪食与肉⑱，置诸橐以与之⑲。既而与为公介⑳，倒戟以御公徒而免之㉑。问何故㉒，对曰："翳桑之饿人也。"问其名居㉓，不告而退㉔，遂自亡也㉕。

进一步写晋灵公的无道，布置人杀害赵盾，赵盾由于为官方正及有善行而得免于难。

----

① 〔扶以下〕搀扶（赵盾）下殿。以，而。 ② 〔嗾（sǒu）夫獒（áo）〕唤猛犬（追咬赵盾）。嗾，发声指使。夫，助词。獒，凶猛的犬。 ③ 〔搏〕手击。 ④ 〔弃人用犬，虽猛何为〕意思是，既卑劣，又无能。 ⑤ 〔斗且出〕（赵盾）搏斗着往外走。这是同伏甲搏斗。 ⑥ 〔死之〕死于这次搏斗。 ⑦ 〔初〕当初，以前。 ⑧ 〔田〕打猎。〔首山〕即首阳山，又称首山，在今山西永济南。 ⑨ 〔舍〕休息。〔翳（yì）桑〕有荫翳的桑树下。翳，遮荫。 ⑩ 〔灵辄（zhé）〕人名。 ⑪ 〔病〕疾苦。 ⑫ 〔食（sì）之〕给他吃。 ⑬ 〔舍其半〕留下一半不吃。 ⑭ 〔宦（huàn）〕游学。 ⑮ 〔近焉〕离家近了。 ⑯ 〔请以遗（旧读 wèi）之〕请允许我留一半给她（母亲）吃。 ⑰ 〔使尽之〕（赵盾）让他吃完这些。 ⑱ 〔为之箪（dān）食与肉〕给他备办一篮饭和肉。 ⑲ 〔橐（tuó）〕袋子。〔与〕给。 ⑳ 〔既而〕不久，后来。〔与为公介〕灵辄也参加到灵公的甲士中。介，甲士。 ㉑ 〔倒戟（jǐ）〕掉转武器。戟，一种又能直刺又能横击的武器。〔御〕抵抗。〔公徒〕灵公的武士。徒，一伙。〔免〕使赵盾脱险。 ㉒ 〔何故〕为什么倒戟救赵盾。 ㉓ 〔名居〕姓名乡里。 ㉔ 〔退〕向后走。 ㉕ 〔亡〕逃走。

晋归楚钟仪①

晋侯观于军府②,见钟仪,问之曰:"南冠而絷者谁也③?"有司对曰④:"郑人所献楚囚也⑤。"使税之⑥,召而吊之⑦,再拜稽首⑧。问其族⑨,对曰:"泠人也⑩。"公曰:"能乐乎⑪?"对曰:"先人之职官也⑫,敢有二事⑬?"使与之琴,操南音⑭。公曰:"君王何如⑮?"对曰:"非小人之所得知也。"固问之⑯,对曰:"其为大子也⑰,师保奉之,以朝于婴齐而夕于侧也⑱,不知其他。"

写钟仪的言谈,以表现他人品的高尚。

公语范文子⑲,文子曰:"楚囚,君子也。言称先职⑳,

---

① 〔归〕放还。〔钟仪〕即郧(yún)公钟仪,楚国大夫,成公七年伐郑时被俘。 ② 〔晋侯〕晋景公,名据,前599—前581年在位。〔观于军府〕在藏军器的处所巡视。军府,武器库。 ③ 〔南冠〕楚国样式的帽子。楚国在南方。〔絷(zhí)〕囚禁。 ④ 〔有司〕主管官员。 ⑤ 〔郑〕春秋时郑国。〔楚囚〕楚国的囚犯。 ⑥ 〔税〕放开。 ⑦ 〔召而吊之〕叫到跟前慰问他。吊,慰问不幸者。 ⑧ 〔再拜稽首〕表示非常恭敬。再,两次。 ⑨ 〔族〕宗族、家族情况。 ⑩ 〔泠(líng)人〕乐工。泠,通"伶"。 ⑪ 〔能乐(yuè)乎〕会奏乐吗? ⑫ 〔先人〕已死的父亲。〔职官〕官职所守,专业。 ⑬ 〔敢有二事〕(承袭祖业)不敢做其他的事。敢,岂敢,不敢。 ⑭ 〔操南音〕演奏楚国乐调。 ⑮ 〔君王何如〕楚君是怎样的人。君王,楚共王。 ⑯ 〔固〕坚决地。 ⑰ 〔大(tài)子〕太子,君位继承人。 ⑱ 〔师保奉之,以朝(zhāo)于婴齐而夕于侧也〕师保事奉他,他早晨去见婴齐晚上去见侧(意思是楚王从小就亲近大臣)。师保,师傅。婴齐,令尹子重;侧,孟之侧,即司马子反:都是楚国的大臣。 ⑲ 〔范文子〕名士燮(xiè),晋国大夫。 ⑳ 〔言称先职〕说话表明先人的职守。

不背本也①；乐操土风②，不忘旧也；称大子，抑无私也③；名其二卿，尊君也④。不背本，仁也；不忘旧，信也；无私，忠也；尊君，敏也⑤。仁以接事⑥，信以守之⑦，忠以成之⑧，敏以行之⑨，事虽大必济⑩。君盍归之⑪，使合晋楚之成⑫？"公从之⑬，重为之礼⑭，使归求成。

　　写范文子的评论，仍在表现钟仪的品格；附带写晋侯明大义。

楚子西论吴王夫差

　　吴师在陈⑮，楚大夫皆惧，曰："阖庐惟能用其民⑯，以败我于柏举⑰。今闻其嗣又甚焉⑱，将若之何⑲？"子西曰⑳：

---

①〔背〕离弃。②〔土风〕乡土之音，指楚国乐调。③〔抑〕助词。〔无私〕意思是，举其所见楚王为太子时事，表现了公心。④〔名其二卿，尊君也〕直呼楚国二卿之名，是尊重晋君的地位。⑤〔尊君，敏也〕尊君则善辞令，所以为敏。⑥〔接〕对待。⑦〔守〕保持。⑧〔成〕办理。⑨〔行〕发扬。⑩〔济〕成功。⑪〔盍（hé）归之〕为什么不放他回去呢？盍，何不。⑫〔合晋楚之成〕办好晋楚谈和的事。合，办妥。成，讲和。那时晋楚常常打仗。⑬〔从之〕听从（范文子的）意见。⑭〔重为之礼〕用厚礼对待钟仪。⑮〔吴师在陈〕吴国军队进入陈国。陈，春秋时陈国，在今河南省东部。⑯〔阖（hé）庐惟能用其民〕意思是，只因吴国的先君阖庐善于统率他的人民（作战）。阖庐，也写作"阖闾"，春秋时吴国国君，前514—前496年在位。⑰〔以败我于柏举〕因此在柏举打败我（楚）军。柏举之战在鲁定公四年（前506）。柏举，今湖北麻城。⑱〔嗣（sì）〕继承人。指阖庐的儿子夫差，前495—前473年在位。〔甚〕更厉害。⑲〔若之何〕怎么办。之，助词。⑳〔子西〕名申，楚平王的异母弟，曾官令尹，明礼义。

"二三子恤不相睦①，无患吴矣②。昔阖庐食不二味③，居不重席④，室不崇坛⑤，器不彤镂⑥，宫室不观⑦，舟车不饰⑧，衣服财用，择不取费⑨。在国⑩，天有灾疠⑪，亲巡其孤寡而共其乏困⑫；在军⑬，熟食者分而后敢食⑭，其所尝者卒乘与焉⑮。勤恤其民而与之劳逸⑯，是以民不罢劳⑰，死知不旷⑱。吾先大夫子常易之⑲，所以败我也⑳。今闻夫差，次有台榭陂池焉㉑，宿有妃嫱嫔御焉㉒。一日之行㉓，所欲必成㉔，玩

---

① 〔二三子〕你们大家（指楚国群臣）。〔恤不相睦〕只应发愁彼此不团结。恤，忧虑。睦，和美，团结。 ② 〔无〕通"毋"，不要。〔患〕怕。 ③ 〔食不二味〕意思是不讲究吃喝。二味，两样菜肴。 ④ 〔居不重（chóng）席〕意思是寝处不求舒适。重席，两层席。 ⑤ 〔崇坛〕高台（用作屋基）。 ⑥ 〔器〕用具。〔彤（tóng）〕红漆。〔镂（lòu）〕雕刻。 ⑦ 〔不观（guàn）〕不修楼台。观，高的建筑物。 ⑧ 〔饰〕装饰，指雕刻彩绘等。 ⑨ 〔择不取费〕选择不靡费的。 ⑩ 〔在国〕在国内（处理政务）。 ⑪ 〔天〕天时，自然情况。〔灾疠（lì）〕灾荒和瘟疫。 ⑫ 〔巡〕视察。〔孤〕幼年无父之人。〔寡〕丧夫之女。〔共〕同"供"，供给。 ⑬ 〔在军〕统率军队（作战）。 ⑭ 〔熟食〕新炊的食品。〔分〕普遍得到。 ⑮ 〔所尝者〕指不常吃的食品。〔卒乘（旧读 shèng）与（yù）焉〕士兵也分到。卒，兵士。乘，四匹马拉的战车，这里指车中战士。与，参加。 ⑯ 〔恤〕抚爱。〔与之劳逸〕同人民共劳逸。 ⑰ 〔罢（pí）〕同"疲"。 ⑱ 〔死知不旷〕为国而死，知道不会空死。意思是死后必有抚恤和悼念。 ⑲ 〔子常〕名囊瓦，曾任楚国令尹。鲁定公四年与吴战，大败，逃往郑国。〔易之〕轻视他（吴王阖庐）。又一说，"易之"是行事与阖庐相反。 ⑳ 〔所以败我也〕是我国被吴国打败的原因。 ㉑ 〔次〕停留两夜以上的住地。〔台榭（xiè）陂（bēi）池〕泛指楼台池水等。榭，台上的敞屋。陂，池塘。 ㉒ 〔宿〕过一夜。〔妃嫱（qiáng）嫔（pín）御〕泛指妃子宫女等。嫱，嫔，都是宫廷女官。御，妃嫔。 ㉓ 〔行〕外出。 ㉔ 〔所欲必成〕希求的一定要办到。

好必从①。珍异是聚②,观乐是务③。视民如仇而用之日新④。夫先自败也已⑤,安能败我⑥?"

对比两代吴王的不同作风,说明忧劳可以兴国,逸豫足以亡身的道理。

【研读参考】 一、《左传》是先秦的著作,所记是两千几百年前的史事,其时各国并立,你争我夺,社会混乱,事件头绪纷繁,我们今天读它,会感到文字古奥,内容生疏。所以想读它,最好用现代的选注本。选注本较早的有王伯祥的《左传读本》(开明书店),较近的有朱东润的《左传选》(上海古典文学出版社)、徐中舒的《左传选》(中华书局)。

二、文言记对话,常常省略主语,读时要根据上下文意来确定是谁说的。以"宣子田于首山""晋侯观于军府"两段为例,说说这种情况。

三、根据本篇,说说"是"字用法与现代汉语的差异。

---

① 〔玩好(hào)必从〕一定带上观赏玩耍的东西。好,所喜爱之物。从,跟随。 ② 〔珍异是聚〕搜集奇珍异宝。聚珍异,用"是"把宾语提前,有加重语气的意味。 ③ 〔观乐是务〕追求游观享乐。务,尽力而为。 ④ 〔视民如仇而用之日新〕看待人民像仇人,使用他们却天天出新花样。 ⑤ 〔夫〕句首助词。〔自败〕自取败亡。〔已〕同"矣"。 ⑥ 〔安能败我〕怎能打败我国。

二 《国语》选 国语

【解说】本篇中"臧文仲如齐告籴（dí）""季文子贵德荣"选自《国语·鲁语上》，"齐桓公求管仲"选自《齐语》，题目都是编者加的。《国语》是我国古代分国记事的一部史书，共二十一卷，分《周语》《鲁语》《齐语》《晋语》《郑语》《楚语》《吴语》《越语》八部分，记叙由西周穆王十二年（前990）起到东周贞定王十六年（前453）共五百三十八年各国内政、外交等片段大事。所记多为历史人物的言论。全书似乎是编辑各国旧存的史料而成，采择有多有少，如记叙周朝较全面，其他各国只着重记某些事件的情况或某些人的言论。所记史实主要是春秋时代，与《左传》可以互相印证。

《国语》同《左传》一样，也是先秦时代一部有名的散文著作，文字朴实简练，写事件、人物（主要通过言谈）都真切生动。叙事、记言也寓褒贬，如本篇的三则，对臧文仲、季文子和鲍叔，都表现明显的赞扬态度。但由于时代的局限，思想也有落后的一面。

《国语》的作者是谁，历来没有定论。司马迁《报任安书》说："左丘失明，厥有《国语》。"班固《汉书·艺文志》说：

"《国语》二十一篇,左丘明著。"都认为左丘明作的。《左传》偏重记事,《国语》偏重记言,所以后来有人称《左传》为内传,《国语》为外传。但有不少人怀疑这种说法。因为文献不足,现在很难确指了。

臧文仲如齐告籴①

鲁饥②,臧文仲言于庄公曰:"夫为四邻之援③,结诸侯之信④,重之以婚姻⑤,申之以盟誓⑥,固国之艰急是为⑦;铸名器⑧,藏宝财⑨,固民之殄病是待⑩。今国病矣,君盍以名器请籴于齐⑪?"公曰:"谁使⑫?"对曰:"国有饥馑⑬,卿出告籴⑭,古之制也⑮。辰也备卿⑯,辰请如齐。"公使往。

---

① 〔臧文仲〕鲁国的卿臧孙氏(古代贵族男子称氏不称姓;鲁是周文王的后代,贵族都姓姬),名辰。文仲是谥号。〔如齐〕往齐国去。〔告籴〕请求买粮食。告,请求。 ② 〔鲁饥〕鲁国遭到荒年。饥,粮食歉收。事在鲁庄公二十八年(前666)。 ③ 〔为四邻之援〕做援助四邻诸侯国的事。 ④ 〔结诸侯之信〕讲信用以联络诸侯国。 ⑤ 〔重之以婚姻〕用各国联姻的办法加深友好关系。重,增益。 ⑥ 〔申〕陈述明白。〔盟誓〕诸侯会盟,发誓以表明诚意。 ⑦ 〔固国之艰急是为(wèi)〕本来是为解救国家遇到的困难。艰,难。急,危急。艰急是为,"为艰急"的倒装句法,有加重语气的作用。下文"殄病是待"同。 ⑧ 〔铸名器〕铸造宝贵的器物(如钟鼎之类)。 ⑨ 〔宝财〕玉帛。 ⑩ 〔殄(tiǎn)〕病。〔病〕饥饿。〔待〕对付,准备。 ⑪ 〔盍以名器请籴于齐〕为什么不用名器向齐国请求买粮呢?盍,何不。 ⑫ 〔谁使〕使谁,派谁出使。 ⑬ 〔馑(jǐn)〕灾荒。特指蔬菜歉收。 ⑭ 〔卿出告籴〕卿出国去请求买粮。卿,诸侯国里最高的官。 ⑮ 〔制〕制度,规定。 ⑯ 〔辰也备卿〕我的官位是卿。也,句中助词,有舒缓语气的作用。备,备位,充数。是谦词。

写臧文仲为国划策救饥,并勇于负起出使的责任。

从者曰①:"君不命吾子②,吾子请之③,其为选事乎④?"文仲曰:"贤者急病而让夷⑤,居官者当事不避难⑥,在位者恤民之患⑦,是以国家无违⑧。今我不如齐,非急病也;在上不恤下,居官而惰,非事君也⑨。"

引臧文仲对请求出使的理由的解释,以说明热心国事是高尚行为。

文仲以鬯圭与玉磬如齐告籴⑩,曰:"天灾流行,戾于敝邑⑪,饥馑荐降⑫,民赢几卒⑬。大惧乏周公、太公之命祀,职贡业事之不共而获戾⑭,不腆先君之敝器⑮,敢告滞

---

①〔从者〕随从的人。指臧文仲手下的官员。 ②〔吾子〕您。这是古时对人表示敬爱的称呼。 ③〔请之〕请求出使。 ④〔其为选事乎〕那不是挑选事情(职务)吗? ⑤〔贤者〕有才有德的人。〔急病而让夷〕急于做危难的事而把平坦易行的事让给别人。急病,以病为急事。"急"是意动用法。夷,平。 ⑥〔当事〕面对事件。 ⑦〔在位者〕指做大官的人。〔恤(xù)〕救济。 ⑧〔无违〕没有差错,一切顺适。违,乖离。 ⑨〔非事君也〕不是事君的做法。事君,为君主办事。 ⑩〔以〕拿,携带。〔鬯(chàng)圭(guī)〕祭器。鬯,祭祀用的酒。圭,君王举行隆重仪式时用的一种玉器。鬯圭是用圭做柄的祭器。〔玉磬(qìng)〕用玉做的平板形的乐器。鬯圭、玉磬都是鲁国的名器。 ⑪〔戾(lì)〕至,来到。〔敝邑〕我国的谦称。邑,这里指京城。 ⑫〔荐降〕连续降临。荐,重复。 ⑬〔赢(léi)〕瘦弱。〔几(jī)卒〕几乎(因为饥饿而逃跑死亡)完了。 ⑭〔大惧乏周公、太公之命祀,职贡业事之不共而获戾〕很怕短少了对周公、太公的祭祀,对天子的贡献不能交纳而得罪。周公,名旦,鲁国的始祖;太公,名尚,齐国的始祖。祭周公理所当然,祭太公是外交辞令。命祀,遵照王命的祭祀。共,供。 ⑮〔不腆(tiǎn)〕不丰厚,不值钱。〔先君〕指鲁国的祖先。〔敝器〕不好的器物。这是谦词。全句是说我带来鲁国祖传的一些破旧器物(作礼物)。

积,以纾执事①,以救敝邑,使能共职。岂唯寡君与二三臣实受君赐②,其周公、太公及百辟神祇实永飨而赖之③。"

写臧文仲出使,外交辞令的得体。

齐人归其玉而予之籴④。

写臧文仲能够胜利完成使命。

季文子贵德荣⑤

季文子相宣、成⑥,无衣帛之妾⑦,无食粟之马。仲孙它谏曰⑧:"子为鲁上卿,相二君矣,妾不衣帛,马不食粟,人其以子为爱⑨,且不华国乎⑩?"文子曰:"吾亦愿之⑪。然吾观国人,其父兄之食粗而衣恶者犹多矣⑫,吾是以不敢。

---

①〔敢告滞积,以纾(shū)执事〕大胆地请求把您积存过多的粮食卖给我们,用以减轻您的官员保管粮食的负担。滞积,堆积起来(的粮食)。纾,宽缓,松弛。执事,尊称管理某项事务的人。 ②〔寡君〕寡德之君,谦称。即我国的君主。〔二三臣〕指鲁国的大臣们。〔君〕指齐君。 ③〔百辟(bì)神祇(qí)〕泛指祖先神灵。辟,国君,所以恢复君位叫"复辟"。这里百辟指鲁国历代君主。神,天神;祇,地神。〔飨〕通"享"。〔赖〕依赖。依赖卖给鲁国粮食而长久享受祭祀。 ④〔归其玉〕没有收鲁国的玉(礼物)。归,退还。〔予之籴〕让他买米。 ⑤〔季文子〕鲁国大夫。季孙氏,名行父。文是谥号。〔德〕德行,道德。〔荣〕茂,盛。 ⑥〔相(xiàng)宣、成〕辅佐鲁宣公、鲁成公。相,辅佐。 ⑦〔无衣帛之妾〕妾没有穿丝织品衣服的。大官如此是非常节俭的。 ⑧〔仲孙它〕孟献子的儿子。后以子服为氏,所以又名子服它。 ⑨〔其〕助词,表推测。〔爱〕惜财,吝啬。 ⑩〔不华国〕不能为国增光。 ⑪〔之〕指衣帛食粟之类奢侈生活。 ⑫〔食粗而衣恶〕吃粗糙的粮食,穿破旧的衣服。恶,恶劣。

人之父兄食粗衣恶,而我美妾与马①,无乃非相人者乎②?且吾闻以德荣为国华③,不闻以妾与马④。"

写季文子和仲孙它的对话,意在赞扬季文子能够把人民的利益放在自己的利益之上。

文子以告孟献子⑤,献子囚之七日⑥。自是子服之妾⑦,衣不过七升之布⑧,马饩不过秣莠⑨。文子闻之,曰:"过而能改者,民之上也⑩。"使为上大夫⑪。

写仲孙它能够改过,意思也是表明俭而爱民是美德。

齐桓公求管仲⑫

桓公自莒反于齐⑬,使鲍叔为宰⑭,辞曰⑮:"臣,君之

---

①〔美妾与马〕使妾与马享受美好的生活。"美"是使动用法。美,对恶而言。 ②〔无乃〕岂不是。〔非相人者〕不是辅佐人的。 ③〔国华〕国家的光彩。 ④〔不闻以妾与马〕省去"为国华"三个字。全句的意思是,没听说过拿美妾肥马作为国家的光彩的。 ⑤〔以告〕以此事告。〔孟献子〕鲁国的大夫。仲孙氏,名蔑(miè)。献是谥号。 ⑥〔囚之七日〕把仲孙它拘禁了七天。 ⑦〔自是〕从此。〔子服〕仲孙它。 ⑧〔七升之布〕一升是八十缕,七升之布是极粗的布。 ⑨〔饩(xì)〕秣(mò),牲口的饲料。〔稂(láng)莠(yǒu)〕都是杂生在田中的草。 ⑩〔民之上〕意思是有资格做大官。 ⑪〔使为〕派(仲孙它)做。 ⑫〔齐桓公〕名小白,前685—前643年在位,春秋时五霸之一。〔管仲〕名夷吾,字仲。春秋时有名的政治家,辅助齐桓公成霸业。 ⑬〔自莒(jǔ)反于齐〕齐襄公(桓公小白之兄)做国君时期,国内混乱,鲍叔辅佐小白逃到莒国(在今山东省南部)。后来襄公被公孙无知杀了,公孙无知做了国君。不久公孙无知也被杀,小白和公子纠争做齐君。管仲辅佐公子纠,曾带兵截击小白,射中小白的带钩。小白逃回齐国,做了国君。 ⑭〔鲍叔〕姓鲍,名叔牙。〔宰〕太宰,相当于宰相。 ⑮〔辞〕谢绝。这里省去主语"鲍叔"。

庸臣也①,君加惠于臣②,使不冻馁③,则是君之赐也。若必治国家者,则非臣之所能也;若必治国家者,则其管夷吾乎④。臣之所不若夷吾者五:宽惠柔民⑤,弗若也⑥;治国家不失其柄⑦,弗若也;忠信可结于百姓,弗若也;制礼义可法于四方⑧,弗若也;执枹鼓立于军门⑨,使百姓皆加勇焉⑩,弗若也。"桓公曰:"夫管夷吾射寡人中钩,是以滨于死⑪。"鲍叔对曰:"夫为其君动也⑫;君若宥而反之⑬,夫犹是也⑭。"桓公曰:"若何⑮?"鲍子对曰:"请诸鲁⑯。"桓公曰:"施伯⑰,鲁君之谋臣也,夫知吾将用之,必不予我矣,若之何⑱?"鲍子对曰:"使人请诸鲁,曰:'寡君有不令之臣在君之国⑲,欲以戮之于群臣⑳,故请之。'则予我矣。"

　　写鲍叔深知管仲之才,并设计向鲁国要管仲。

　　桓公使请诸鲁,如鲍叔之言。庄公以问施伯,施伯对

――――――――

①〔庸〕平庸,无才能。 ②〔加惠〕给予恩惠。 ③〔馁(něi)〕饥饿。 ④〔其〕助词,表示测度的语气。 ⑤〔宽惠柔民〕宽大和善,使人民感恩。 ⑥〔弗(fú)〕不。 ⑦〔柄〕本,根本,指治国的准则。 ⑧〔法于四方〕为四方之法,全国都适用。 ⑨〔枹(fú)鼓〕战阵之间,击鼓以振作士气。枹,鼓槌。 ⑩〔加勇〕增加勇气。 ⑪〔是以滨于死〕因此(我)几乎死掉。滨,同"濒",迫近。 ⑫〔夫〕彼。以下两个"夫"字同。〔为其君动〕为他的国君而行动。君,指公子纠。 ⑬〔宥(yòu)而反之〕宽恕了他而使他回来。 ⑭〔犹是〕像这样。是,代"为其君动"。 ⑮〔若何〕怎么办。 ⑯〔请诸鲁〕往鲁国去请求。诸,之于。 ⑰〔施伯〕鲁国大夫。 ⑱〔若之何〕同"若何"。之,代"鲁国不予"的情况。 ⑲〔不令之臣〕不好的臣子。令,善。 ⑳〔戮之于群臣〕在群臣面前杀了他。

曰："此非欲戮之也，欲用其政也①。夫管子②，天下之才也③，所在之国则必得志于天下④，令彼在齐，则必长为鲁国忧矣⑤。"庄公曰："若何？"施伯对曰："杀而以其尸授之。"庄公将杀管仲，齐使者请曰："寡君欲亲以为戮⑥，若不生得以戮于群臣，犹未得请也⑦，请生之⑧。"于是庄公使束缚以予齐使⑨，齐使受之以退。

承上段，写计划实现。

【研读参考】一、《国语》也是先秦的著作，文字比较古奥，多读一些可以锻炼了解文言的能力。

二、《季文子贵德荣》一则，篇幅不长，情节却相当曲折。这种以简驭繁的写法值得注意。

三、本篇中"如"字、"夫"字、"急"字都有不同的用法，找出来讲一讲。

---

①〔用其政〕用他的执政能力，用他执政。 ②〔夫〕句首助词。 ③〔天下之才〕治理天下的才士。 ④〔得志于天下〕在整个天下都能如愿，逞英雄。 ⑤〔长为鲁国忧〕长期成为鲁国的忧患。 ⑥〔欲亲以为戮〕想亲眼看着杀掉他。 ⑦〔犹未得请也〕还是没有达到请求的目的呀。 ⑧〔请生之〕请使他活着，请求给活的。"生"是使动用法。 ⑨〔束缚以予齐使〕捆起（管仲）来交给齐国的使臣。

三　庄辛说楚襄王　战国策

【解说】本篇选自《战国策·楚策四》，题目是编者加的。庄辛，楚国的贵族。说，旧读 shuì，规劝，说服。楚襄王，就是楚顷襄王，名横，前298—前263年在位。襄王是怀王的儿子，怀王往秦国被扣留，死在秦国，他继承了王位。他掌政以后，奢靡放荡，不理政事。庄辛有远见，关心楚国的安危，所以劝襄王不要亲近小人，不要只求享乐而不理政事。襄王不听，果然险些亡国，这才把庄辛请回来，任用他。本篇就是记叙这件事的经过的。

《战国策》是战国时期一部重要的历史著作，也是我国古代一部重要的散文著作。原始材料是战国晚年纵横家（利用自己口才到各国游说以取得权位的学派）记录许多策士的谋略和论辩的书，有《国策》《国事》《短长》《事语》《长书》《修书》种种名称，经过汉朝刘向整理编定，名为《战国策》。体例近于《国语》，也是分国编辑，计西周一篇，东周一篇，秦五篇，齐六篇，楚四篇，赵四篇，魏四篇，韩三篇，燕（yān）三篇，宋、卫合为一篇，中山一篇，共三十三篇。所记史实起于东周贞定王十七年（前452），止于秦始皇三十一年（前216），差不多包括整个战国时代。因为主旨在记录策士的活动，夸张其成就，所以所记策士的言谈都犀利明快，诙诡多变。这对后来的文章，尤其史传和论辩，有很大的影响。也因为意在夸张策士的权谋成就，所记不免有失实的地方，思想也驳杂，兼有进步和落后的成分。

本篇的记叙也同书中其他篇章一样，是以巧妙的言辞为主。重点是第二次的进言，由蜻蛉（líng）起，然后由小而大，由远而近，说到黄雀、黄鹄、蔡灵侯，终于说到楚襄王自己。通篇用同样形式的比喻，证明安而忘危，其后果不堪设想。形象生动，理由充分，说服力很强。

作者原为哪些人，已经不可考知。

庄辛谓楚襄王曰："君王左州侯，右夏侯①，辇从鄢陵君与寿陵君②，专淫逸侈靡③，不顾国政，郢都必危矣④。"襄王曰："先生老悖乎⑤？将以为楚国祅祥乎⑥？"庄辛曰："臣诚见其必然者也⑦，非敢以为国祅祥也。君王卒幸四子者不衰⑧，楚国必亡矣。臣请辟于赵⑨，淹留以观之⑩。"

----

① 〔君王左州侯，右夏侯〕你左边是州侯，右边是夏侯。左，右，表示在身边。州侯、夏侯和下句的鄢（yān）陵君、寿陵君都是襄王的宠臣。 ② 〔辇（niǎn）从〕在辇后边跟着。辇，王、后坐的小车。 ③ 〔专淫逸侈靡〕一味地放荡奢侈。专，只是做。淫，过度（限于不正当的行为）。逸，放纵。靡，浪费。 ④ 〔郢（yǐng）都〕楚国的国都（指楚国），今湖北江陵。 ⑤ 〔老悖（bèi）〕年老而糊涂。悖，昏乱。 ⑥ 〔将以为楚国祅祥乎〕还是要做楚国预兆灾祸的人呢？将，还是。祅，通"妖"，凶事；祥，吉事。这里合称，指凶的预兆。 ⑦ 〔诚〕实在（是），确实（是）。〔其〕指襄王行径的恶果。 ⑧ 〔卒幸〕始终宠幸。〔四子〕指州侯等四人。〔衰〕减退。 ⑨ 〔辟〕通"避"。〔赵〕赵国。 ⑩ 〔淹〕停留。

写楚襄王拒谏，庄辛预言楚国将有大祸。是下文果然招致灾祸的伏笔。

　　庄辛去之赵①，留五月，秦果举鄢、郢、巫、上蔡、陈之地②。襄王流掩于城阳③。于是使人发驺征庄辛于赵④。庄辛曰："诺。"⑤

　　承上文，写楚襄王出走后请庄辛回国。

　　庄辛至⑥，襄王曰："寡人不能用先生之言⑦，今事至于此⑧，为之奈何⑨？"庄辛对曰："臣闻鄙语曰⑩：'见兔而顾犬⑪，未为晚也；亡羊而补牢⑫，未为迟也。'臣闻昔汤武以百里昌⑬，桀纣以天下亡⑭。今楚国虽小，绝长续短⑮，犹以数千里⑯，岂特百里哉⑰？

————

①〔去之赵〕离开（楚国）往赵国去。去，离开。之，往。 ②〔果〕果然。〔举〕攻取。〔鄢、郢、巫、上蔡、陈〕都是楚国地名。鄢，今湖北宜城。巫，今重庆巫山。上蔡，今河南上蔡。陈，今河南淮阳。 ③〔流掩于城阳〕流亡隐蔽在城阳。城阳，故城在今河南息县西北。 ④〔发〕派遣。〔驺(zōu)〕侍从君王的骑士。〔征〕召请。 ⑤〔诺(nuò)〕表示应允的声音，"好吧"。 ⑥〔至〕到（襄王面前）。 ⑦〔寡人〕少德之人。君王谦称自己。 ⑧〔事至于此〕事态到这样的地步。 ⑨〔为之奈何〕怎么办。之，"为"的宾语，代当前事态。奈何，怎么办。 ⑩〔鄙语〕俗话。 ⑪〔见兔而顾犬〕看见兔子才看（用眼指使）猎犬。 ⑫〔亡〕丢失。〔牢〕羊圈。 ⑬〔汤武〕商汤，周武王。商汤伐夏桀而取天下，周武王伐商纣而取天下，称为古代开国圣君。桀、纣是有名的暴君。〔以百里昌〕凭借百里的土地（言其小）而兴盛起来（指建立王朝）。百里，方百里，方形每边百里。 ⑭〔天下〕指包括各诸侯国的所有土地。 ⑮〔绝长续短〕截取长的，补上短的。指把楚国长短不齐的疆土拼成一个方块（容易计算面积）。 ⑯〔犹以数千里〕还有几千里的广阔领域。犹，尚且。以，凭借，这是承上"以百里""以天下"说的。 ⑰〔岂特〕岂止。

三　庄辛说楚襄王　19

接写庄辛的议论：先总说能悔过就不难复兴。

"王独不见夫蜻蛉乎①？六足四翼，飞翔乎天地之间②，俯啄蚊虻而食之③，仰承甘露而饮之④，自以为无患，与人无争也；不知夫五尺童子⑤，方将调饴胶丝⑥，加己乎四仞之上⑦，而下为蝼蚁食也⑧。

"蜻蛉其小者也⑨，黄雀因是以⑩，俯噣白粒⑪，仰栖茂树⑫，鼓翅奋翼⑬，自以为无患，与人无争也；不知夫公子王孙，左挟弹⑭，右摄丸⑮，将加己乎十仞之上，以其颈为招⑯。昼游乎茂树，夕调乎酸咸⑰，倏忽之间⑱，坠于公子之手。

"夫黄雀其小者也，黄鹄因是以⑲，游于江海，淹乎大沼⑳，俯噣鳝鲤㉑，仰啮菱衡㉒，奋其六翮而凌清风㉓，飘摇

---

① 〔独〕岂，难道。〔夫（fú）〕指示代词，"那"。〔蜻蛉〕蜻蜓。 ② 〔乎〕于，在。 ③ 〔蚊虻(méng)〕蚊子之类的小虫。 ④ 〔甘露〕露水。 ⑤ 〔五尺童子〕小孩。古代尺短，高五尺还是没长成的孩子。 ⑥ 〔方将调饴(yí)胶丝〕正要调好饴糖，粘上蛛丝。饴，饴糖，麦芽糖。胶，粘。丝，蛛网。 ⑦ 〔加己乎四仞(rèn)之上〕放在四仞高的自己身上。仞，古长度名，等于八尺。 ⑧ 〔下为蝼(lóu)蚁食〕被捉到地下来，成为蝼蛄(gū)、蚂蚁的食物。 ⑨ 〔其〕那。 ⑩ 〔因是以〕也像这样啊。因，犹。是，这。以，通"已"，句末语气词。 ⑪ 〔噣（zhuó）〕通"啄"。〔白粒〕米粒。 ⑫ 〔栖(qī)〕止息。 ⑬ 〔鼓翅奋翼〕扑腾着翅膀。鼓翅和奋翼意思一样。 ⑭ 〔弹(dàn)〕弹弓。 ⑮ 〔摄丸〕把弹丸扣在弓弦上。摄，持。 ⑯ 〔以其颈为招〕拿它的脖颈当作目标。招，的，目标。 ⑰ 〔调乎酸咸〕加上酸咸等佐料，烹调成菜肴。 ⑱ 〔倏(shū)忽〕顷刻。 ⑲ 〔黄鹄(hú)〕天鹅。 ⑳ 〔沼(zhǎo)〕池沼。 ㉑ 〔鳝鲤〕鳝鱼、鲤鱼。 ㉒ 〔啮(niè)〕咬。〔菱〕同"菱"，指菱叶。〔衡〕通"蘅"，一种水草。 ㉓ 〔六翮(hé)〕鸟的翅膀。翮，羽毛的大茎。鸟翅一般有六根大羽毛。〔凌〕驾。

乎高翔①,自以为无患,与人无争也;不知夫射者方将修其砮卢②,治其矰缴③,将加己乎百仞之上,被礛磻④,引微缴⑤,折清风而抎矣⑥。故昼游乎江河,夕调乎鼎鼐⑦。

"夫黄鹄其小者也,蔡灵侯之事因是以⑧,南游乎高陂⑨,北陵乎巫山⑩,饮茹溪之流⑪,食湘波之鱼⑫,左抱幼妾,右拥嬖女⑬,与之驰骋乎高蔡之中⑭,而不以国家为事;不知夫子发方受命乎灵王⑮,系己以朱丝而见之也⑯。

"蔡灵侯之事其小者也,君王之事因是以,左州侯,右夏侯,辇从鄢陵君与寿陵君,饭封禄之粟⑰,而载方府之金⑱,与之驰骋乎云梦之中⑲,而不以天下国家为事;不知夫穰侯

---

①〔乎〕助词。 ②〔修〕整治,治理。〔砮(bō)卢〕弓箭。砮,石制的箭头。卢,黑弓。 ③〔治〕整治,治理。〔矰(zēng)缴(zhuó)〕系有生丝的箭。矰,一种用于射鸟的系着丝绳的短箭。缴,系在箭上的生丝线,箭射出后可以靠它收回。 ④〔被礛(jiàn)磻(bō)〕中了锋利的箭。被,遭受。礛,锐利。磻,同"砮"。 ⑤〔引〕拖着。〔微缴〕细微的箭绳。 ⑥〔折清风而抎(yǔn)〕从清风中掉下来。折,断。抎,通"陨",坠落。 ⑦〔鼎鼐(nài)〕古代烹煮的用具,三足两耳。鼐,大鼎。 ⑧〔蔡灵侯〕蔡国国君,名般,杀死他父亲蔡景侯而自立为君,前542—前531年在位。后来被楚灵王诱杀。 ⑨〔陂(bēi)〕高丘。 ⑩〔陵〕升,登。 ⑪〔茹溪〕水名,在重庆巫山县北。〔流〕水。 ⑫〔湘波〕湘水,湘江。在湖南省。 ⑬〔嬖(bì)〕宠爱。 ⑭〔之〕代幼妾和嬖女。〔驰骋(chěng)〕(坐着车)奔跑。〔高蔡〕今河南上蔡。 ⑮〔子发〕楚国大夫。据《史记·楚世家》,受灵王命攻蔡国的是公子弃疾。〔受命〕接受命令。〔灵王〕楚灵王,名围,前540—前529年在位。 ⑯〔系〕拴,捆缚。〔己〕指蔡灵侯。〔朱丝〕红绳。〔之〕代楚灵王。 ⑰〔饭〕吃。〔封禄之粟〕各封邑(诸侯分国土封自己的子弟和功臣)进奉来的粮。禄,钱米。 ⑱〔方府之金〕四方所贡而纳于府库的货币。 ⑲〔之〕指州侯等人。〔云梦〕云梦泽,跨湖南、湖北两省。现在多已干涸,湖北省无数小湖泊是其残余。

方受命乎秦王①，填黾塞之内②，而投己乎黾塞之外③。"

接着由小而大，由远而近，举多种情况为比喻，说明安逸忘危的大害是小则丧命，大则亡国。

襄王闻之，颜色变作④，身体战栗。於是乃以执珪而授之为阳陵君⑤，与淮北之地也⑥。

结尾写楚襄王接受意见，以证明庄辛的议论确是正大而有力。

【研读参考】一、《战国策》与《左传》《国语》相比，文字比较浅显，论辩的气味比较浓厚。如果对议论文有兴趣，可以再选读一些篇。

二、本篇说明安而忘危之害的道理，用同样形式的比喻，但是由小到大，由远及近，不但不觉得重复，反而显得理确实而意深厚。这种写法也值得注意。

三、文言中"之"字用法很多，举本篇为例，说说这种情况。

―――――

① 〔穰（ráng）侯〕魏冉，秦昭襄王的舅父，封于穰，称穰侯。穰，在今河南邓州东南。〔秦王〕指秦昭襄王，名则，前306—前251年在位。② 〔填〕充填，指占领。〔黾（mǐn）塞〕在今河南信阳。〔内〕指楚国境内。 ③ 〔投〕抛掷。〔己〕指楚襄王。〔外〕指楚国黾塞以北地区。④ 〔变作〕改变。作，兴起。 ⑤ 〔执珪（guī）〕楚国的一种爵位。〔阳陵君〕一种封号。 ⑥ 〔与淮北之地〕把淮北的土地封给他。刘向《新序》卷二："乃封庄辛为成陵君而用计焉，与举淮北之地。"是说用庄辛的计谋，攻下淮北的土地。

四 《论语》选 论语

【解说】本篇选自《论(旧读 lún)语》。《论语》包括《学而》《为政》《八佾(yì)》《里仁》等二十篇,这是从第五篇《公冶长》和第十八篇《微子》节选的。《论语》每篇包括若干章,一章记独立的一段话或独立的一件事,篇幅都不长。同一篇的各章间只是意义有些相近,所以编在一起。《公冶长》篇包括二十七章,这里选的是后十章;《微子》篇包括十一章,这里选的是前七章。

《论语》主要是记录孔子言行的一部书。孔子(前551—前479)是古代思想家和教育家,儒家学派的创始人。姓孔,名丘,字仲尼,春秋晚期鲁国人。有学问,有理想,早年从事政治活动,想用他的学说仁爱、礼制等救世,但行不通。晚年专力整理古代文献,教授生徒,据说弟子有三千多人,有成就的有七十多人。死后,弟子们(包括再传弟子)把他的言行记下来,编在一起,就成为《论语》;"论"是纂辑的意思,"语"是言谈。内容涉及的面很广,哲学、政治、教育、文学,以及立身处世的道理,几乎无所不谈。因为其中包括古代传统思想的精粹,即所谓儒家思想,所以对后代社会生活的影响很大。

由写作的角度看,《论语》的文字朴实、简练,也流利,表情达意都确切得体,写人的言谈举止有的很生动。这方面也值得注意。

《论语》的作者,因为书中记曾子〔名参(shēn)〕的言行不少,又曾子和有子(名若)在书中称为"子(先生)",有人(例如程颐)推测是曾子、有子的弟子编订的。

公冶长

子张问曰①:"令尹子文三仕为令尹②,无喜色,三已之③,无愠色④,旧令尹之政⑤,必以告新令尹。何如⑥?"子曰⑦:"忠矣⑧。"曰:"仁矣乎⑨?"曰:"未知,焉得仁⑩?""崔子弑齐君⑪,陈文子有马十乘⑫,弃而违之⑬。至于他

---

①〔子张〕姓颛孙,名师,字子张,春秋时陈国人。孔子的弟子。〔问〕问孔子。 ②〔令尹〕官名,春秋时楚国的最高官职,掌军政大权,相当于后来的宰相。〔子文〕姓斗(dòu),名穀(旧读 gòu)於(旧读 wū)菟(tú),字子文。他于鲁庄公三十年(前664)做令尹,到鲁僖公二十三年(前637)让位给子玉(成得臣),多次任免的事大约发生在这个时期。〔三仕为令尹〕三次做令尹官。"三"不一定是实数,可能表多次。 ③〔已之〕免他的职。 ④〔愠(yùn)〕怨恨,生气。 ⑤〔政〕政事。 ⑥〔何如〕(这样做)怎么样? ⑦〔子〕孔子。 ⑧〔忠〕对国家尽忠心。 ⑨〔仁矣乎〕算不算仁呢?仁是孔子思想中的最高道德境界,包括对人仁爱、宽厚等。 ⑩〔未知,焉得仁〕意思是,不知道其他行为怎样,怎么说他够得上仁呢? ⑪〔崔子〕春秋时齐国的大夫崔杼,杀死齐庄公,立景公。〔弑(shì)〕古代称子杀父、臣杀君叫"弑"。〔齐君〕齐庄公,名光。 ⑫〔陈文子〕齐国大夫,名须无。〔马十乘(旧读 shèng)〕四十匹马。古时一车四马称一乘,所以常以"乘"作为数词"四"的代称。 ⑬〔弃而违之〕舍弃(马),离开齐国。违,离去。

邦①，则曰：'犹吾大夫崔子也②。'违之。之一邦，则又曰：'犹吾大夫崔子也。'违之。何如?"子曰："清矣③。"曰："仁矣乎?"曰："未知，焉得仁?"

季文子三思而后行④。子闻之，曰："再⑤，斯可矣⑥。"

子曰："宁武子⑦，邦有道则知⑧，邦无道则愚⑨。其知可及也⑩，其愚不可及也⑪。"

子在陈⑫，曰："归与⑬！归与！吾党之小子狂简⑭，斐然成章⑮，不知所以裁之⑯。"

子曰："伯夷、叔齐不念旧恶⑰，怨是用希⑱。"

子曰："孰谓微生高直⑲？或乞醯焉⑳，乞诸其邻而

----

①〔邦〕国。 ②〔犹〕如，也像……一样。 ③〔清〕干净，清白。 ④〔季文子〕季孙氏，字行父，文是谥号，春秋时鲁国大夫。鲁文公、宣公、成公、襄公时在鲁国执政。 ⑤〔再〕两次。 ⑥〔斯〕这样。 ⑦〔宁武子〕卫国的大夫，姓宁，名俞，武是谥号。 ⑧〔邦有道〕国家太平，政治清明。〔知〕通"智"，聪明、智慧。意思是能说敢做。 ⑨〔愚〕意思是佯愚，即装傻。 ⑩〔及〕赶上，追上。 ⑪〔不可及〕意思是自己热心行道，不能装傻不管事。 ⑫〔陈〕国名，在河南开封以东、安徽亳（bó）州以北一带。 ⑬〔与(yú)〕放在句末表示疑问或感叹的语气词，现在写"欤"。 ⑭〔吾党〕古时五百家为一党，吾党，意思是我们鲁国那里。〔小子〕学生。〔狂简〕志向远大而做事粗略。 ⑮〔斐(fěi)然成章〕文采可观。成章，有文理。 ⑯〔不知所以裁之〕不知道怎样修养节制。之，代小子。 ⑰〔伯夷、叔齐〕商朝末年孤竹君的两个儿子，父亲死后，互相让位，后都投到周文王那里。周武王讨伐商纣，他们拦车劝阻；武王灭商以后，二人耻food周粟，饿死在首阳山。〔旧恶〕过去的仇恨。恶，嫌隙，仇恨。 ⑱〔怨是用希〕（别人对他们的）怨恨因此就少了。是用，用是，因此。 ⑲〔孰谓〕谁说。〔微生高〕姓微生，名高，鲁国人。〔直〕直爽。 ⑳〔或〕有人。〔乞〕讨，要。〔醯(xī)〕醋。

四 《论语》选

与之①。"

子曰:"巧言、令色、足恭②,左丘明耻之③,丘亦耻之④。匿怨而友其人⑤,左丘明耻之,丘亦耻之。"

颜渊、季路侍⑥。子曰:"盍各言尔志⑦?"子路曰:"愿车马,衣轻裘⑧,与朋友共⑨,敝之而无憾⑩。"颜渊曰:"愿无伐善,无施劳⑪。"子路曰:"愿闻子之志⑫。"子曰:"老者安之,朋友信之,少者怀之⑬。"

子曰:"已矣乎⑭,吾未见能见其过而内自讼者也⑮。"

子曰:"十室之邑⑯,必有忠信如丘者焉⑰,不如丘之好学也。"

---

① 〔诸〕"之于"的合音。〔邻〕邻居。〔与之〕给他。之,代要醋的人。 ② 〔巧言〕花言巧语。〔令色〕装作和善的面色。令,善。〔足恭〕过分恭顺。巧言,令色,足恭,都是为了取悦于人。 ③ 〔左丘明〕相传为春秋时的史学家,鲁国人,曾任鲁国太史。著有《左传》。〔耻之〕以之为耻。之,代词,指上面说的那些行为。 ④ 〔丘〕孔子自称其名。 ⑤ 〔匿怨而友其人〕隐藏起对人的怨恨,表面上同人友好。 ⑥ 〔颜渊、季路〕都是孔子的弟子。颜渊,名回,字子渊,鲁国人,最受孔子爱重。季路,仲氏,名由,字子路,又字季路,鲁国人。〔侍〕侍坐在一旁。 ⑦ 〔盍(hé)〕何不。〔尔〕你,你们。 ⑧ 〔衣轻裘〕穿轻暖的皮衣。有人说"轻"字是后人加的,应为"衣裘"。 ⑨ 〔与朋友共〕和朋友共用。 ⑩ 〔敝之而无憾〕用坏了也不悔恨。 ⑪ 〔无伐善,无施劳〕不夸耀自己的好处,不表白自己的功劳。无,不。伐,夸。另一说,无施劳是不把劳苦加在别人身上。 ⑫ 〔子〕您。 ⑬ 〔老者安之,朋友信之,少者怀之〕对老年人,敬养他;对朋友,信任他;对少年人,照顾他。"之"分别代老者、朋友、少者。安,安乐。怀,抚爱。 ⑭ 〔已矣乎〕完了吧?表示失望。 ⑮ 〔内自讼〕内心作自我批评。讼,责备。 ⑯ 〔十室之邑〕只有十户人家的小地方。邑,聚居之地。 ⑰ 〔忠信〕热心办事而诚实。

以上十章，有的评论别人，有的直说自己，主旨都在表明孔子的立身处世态度：精神是律己严，努力求好。

微 子

微子去之①，箕子为之奴②，比干谏而死③。孔子曰："殷有三仁焉④。"

柳下惠为士师⑤，三黜⑥，人曰："子未可以去乎⑦？"曰："直道而事人⑧，焉往而不三黜⑨？枉道而事人⑩，何必去父母之邦⑪？"

齐景公待孔子⑫，曰："若季氏⑬，则吾不能；以季、孟

---

① 〔微子〕名启，是商纣王的哥哥。微是封地，子是爵位名。〔去之〕离开他（纣王）。纣王暴虐无道，微子劝谏不成，眼看商朝将亡，于是出走。 ② 〔箕（jī）子〕名胥余，商朝的贵族，纣王的长辈。箕是封地。他曾劝谏纣王，纣王不听；他披发装疯，被降为奴隶，囚禁起来。 ③ 〔比干〕商朝贵族，纣王的长辈。他屡次劝谏纣王，纣王不听，终于被剖心而死。 ④ 〔殷〕商朝。商王盘庚迁都到殷（在今河南安阳西北），因此商也称殷。〔三仁〕三位仁人，道德高尚的人。 ⑤ 〔柳下惠〕就是展禽，名获，春秋时鲁国大夫。柳下是封地，惠是谥号。〔士师〕法官。 ⑥ 〔三黜（chù）〕多次被撤职。三，泛指多次。黜，贬斥。 ⑦ 〔子〕您，指柳下惠。〔未〕不。〔去〕离开，指离开鲁国。 ⑧ 〔直道而事人〕意思是正直地工作。道，道理。事，侍奉，服侍。 ⑨ 〔焉往〕到哪里去。焉，疑问代词，哪里。 ⑩ 〔枉道〕不正直，不正派。枉，曲。 ⑪ 〔父母之邦〕自身生长的国家，即祖国。 ⑫ 〔齐景公〕名杵臼，齐国的君主。〔待〕对待，指用什么礼节对待。 ⑬ 〔季氏〕春秋时鲁国的季孙氏，几代都是鲁国的大夫，执掌鲁国政事，权势很大。鲁国三卿中季氏是上卿，最显贵，孟氏（孟孙氏）是下卿

四 《论语》选

之间待之。"曰:"吾老矣,不能用也①。"孔子行②。

齐人归女乐③,季桓子受之④。三日不朝⑤,孔子行。

楚狂接舆歌而过孔子⑥,曰:"凤兮⑦!凤兮!何德之衰⑧?往者不可谏⑨,来者犹可追⑩。已而⑪,已而,今之从政者殆而⑫!"孔子下⑬,欲与之言。趋而避之⑭,不得与之言。

长沮、桀溺耦而耕⑮。孔子过之,使子路问津焉⑯。长沮曰:"夫执舆者为谁⑰?"子路曰:"为孔丘。"曰:"是鲁孔丘与⑱?"曰:"是也。"曰:"是知津矣!"问于桀溺。桀溺曰:"子为谁?"曰:"为仲由。"曰:"是鲁孔丘之徒与⑲?"对曰:"然⑳。"曰:"滔滔者天下皆是也㉑,而谁以

---

①〔吾老矣,不能用也〕这仍是齐景公说的话,意思是我老了,不能用孔子来建大事业了。 ②〔行〕走了,离去。 ③〔齐人归(kuì)女乐(yuè)〕齐国人赠送许多歌舞女子。鲁定公十四年,孔子做鲁国司寇,齐国怕鲁国强盛起来,送来女乐,企图使鲁国国君权臣贪图享乐,不务朝政。归,通"馈",赠送。女乐,女子歌舞队。 ④〔季桓子〕季孙斯,鲁国的上卿。 ⑤〔三日不朝〕桓子三天不到朝廷听政。 ⑥〔楚狂接舆〕楚国的狂人接舆。接舆,一说姓陆,名通,字接舆,楚国的隐者,为了避世,假装疯狂。〔过孔子〕从孔子车旁边过。 ⑦〔凤〕凤凰,用来比喻孔子。〔兮(xī)〕语气词,相当于"啊"。 ⑧〔何德之衰〕为什么道德这样衰微?这里是讥讽孔子不能隐退。 ⑨〔谏〕谏诤,劝止。 ⑩〔来者犹可追〕未来的事还来得及,意思是孔子还可以隐退。 ⑪〔已而〕算了吧。而,语气词。 ⑫〔从政者〕从事政治的人,指执政者。〔殆〕危险。 ⑬〔下〕下车。 ⑭〔趋〕小步跑。 ⑮〔长沮(jū)、桀溺〕可能是两个隐者的假名字。〔耦(ǒu)〕两人各拿一个耜(sì,耕具),并肩耕作的一种耕作方法。 ⑯〔津〕渡口。 ⑰〔夫〕那个。〔执舆者〕在车上掌管车的人。 ⑱〔是〕此,这个人。 ⑲〔徒〕门徒。 ⑳〔然〕对,是。 ㉑〔滔滔者天下皆是也〕洪水弥漫,天下都是这样子。比喻社会混乱。

易之①？且而与其从辟人之士也②，岂若从辟世之士哉③？"耰而不辍④。子路行以告⑤。夫子怃然⑥，曰："鸟兽不可与同群⑦，吾非斯人之徒与而谁与⑧？天下有道⑨，丘不与易也⑩。"

子路从而后⑪，遇丈人⑫，以杖荷蓧⑬。子路问曰："子见夫子乎⑭？"丈人曰："四体不勤⑮，五谷不分⑯，孰为夫子？"植其杖而芸⑰。子路拱而立⑱。止子路宿⑲，杀鸡为黍而食之⑳，见其二子焉㉑。明日，子路行。以告，子曰："隐

---

①〔谁以〕与谁。〔易〕改变。意思是把社会改好。②〔且〕连词，而且。〔而〕尔，你，指子路。〔与其〕与下文的"岂若"呼应，相当于现代汉语的"与其……不如……"。〔从〕跟随。〔辟人之士〕躲避坏人的人，指孔子不肯与坏人合作。辟，同"避"。③〔辟世之士〕躲避乱世的人，指桀溺自己这样的隐者。④〔耰（yōu）〕用泥土覆盖播下的种子。〔辍（chuò）〕停止。⑤〔以告〕把这些话告诉孔子。"以"后省略了宾语"其言"。⑥〔怃（wǔ）然〕发愣不动，怅然有所失的样子。⑦〔鸟兽不可与同群〕意思是不能和鸟兽同群共处。指不能隐居山林。⑧〔吾非斯人之徒与而谁与〕我不与斯人之徒而与谁，我不跟人群在一起跟谁在一起。斯人之徒，这人群。徒，众。与……，跟谁在一起。⑨〔天下有道〕（如果）天下合乎正道。⑩〔与易〕同你们做变革世道的事业。⑪〔子路从而后〕子路跟着（孔子）走路而落在后面。⑫〔丈人〕对老年人的敬称。⑬〔以杖荷（hè）〕用杖挑着放在肩上。〔蓧（diào）〕古代的除草用具。⑭〔夫子〕称老师。⑮〔四体〕四肢。〔勤〕劳。⑯〔五谷〕稻、黍（黄米）、稷（糜子）、麦、菽（豆）。〔分〕分辨。这两句是责备子路不懂事。⑰〔植〕插在地上。〔芸〕同"耘"，锄草。⑱〔拱而立〕拱手站着。表示恭敬。⑲〔止子路宿〕留子路住了一夜。⑳〔为黍〕用黄米做饭。〔食（sì）〕给人吃东西。〔之〕代子路。㉑〔见（xiàn）其二子焉〕叫他的两个儿子出来见子路。

者也。"使子路反见之①,至则行矣②。子路曰:"不仕无义③。长幼之节不可废也④,君臣之义如之何其废之⑤?欲洁其身而乱大伦⑥。君子之仕也,行其义也⑦;道之不行,已知之矣⑧。"

  以上七章,除前两章以外,都是记孔子的与出处去就有关的行事的。主旨在表明,立身处世要合乎仁义,走出仕的路是想行仁义,即使道不能行也不退隐。

【研读参考】 一、《论语》全书字数不是很多,在先秦的典籍里是比较容易读的。读它,对于熟悉古代文化历史知识,学习文言和写作方法,都有好处。杨伯峻《论语译注》(中华书局出版)注解较详,还有译文,便于初学读,可找来读读。

  二、写文章,宣传自己的思想和主张,早期是用记言行的形式,《论语》《孟子》都是这样。同后面选的《荀子》相比,就可以清楚地看到这一点。记言行,思想道理的安排,逻辑性不很明显,但读来显得浅易、亲切。读先秦诸子的文章,这一点也要了解。

----

①〔反〕同"返"。 ②〔至则行矣〕(子路)到了丈人家,丈人出门了。 ③〔不仕无义〕不出来给国家做事是不合适的。这段话是子路根据孔子的意思说给荷蓧丈人的两个儿子的。义,宜,合宜。 ④〔长幼之节〕长辈晚辈间的礼节。节,这里指尊卑的分别。〔废〕废弃。 ⑤〔君臣之义〕君臣间的正常关系。指臣应该事君。〔如之何〕如何,怎么能够。〔其〕语气词。 ⑥〔欲洁其身而乱大伦〕想要(在浊世中)洁身自好,而不顾君臣之义。伦,古代称人与人之间的道德关系为人伦。 ⑦〔行其义也〕做他应该做的事。 ⑧〔道之不行,已知之矣〕意思是孔子明知自己的道不能行于世,为了不废君臣之义,仍然不放弃从政的念头。

三、根据"楚狂接舆"以下三章，写一段短文，说说孔子时期士人有相反的两种生活态度。写明白两种态度各是什么，你自己有什么看法。

五　寡人愿安承教　孟子

【解说】本篇选自《孟子·梁惠王上》，题目是编者加的。《孟子》共七篇，即《梁惠王》《公孙丑》《滕文公》《离娄》《万章》《告子》《尽心》。各篇又都分为上下两篇。《孟子》是《论语》之后，儒家最重要的著作，到汉朝受到特殊的尊重，汉文帝并把它列为博士研习讲授的科目。到南宋时期，朱熹取《礼记》中《大学》《中庸》两篇，与《论语》《孟子》合为"四书"，成为读书人的必读书；科举考试八股文，出题目要来自"四书"；《孟子》还被列入"十三经"：因而它的地位就更高了。

《孟子》七篇，都是用问答的方式，记录孟子在政治、道德等方面的主张的。思想大体上与孔子相同，只是除仁之外，更强调义。这里选的与梁惠王、齐宣王等的问答，讲王道、仁政，劝说国君要爱民保民，虽然他的话未必能实行，总是可取的。议论气势磅礴，辞令巧妙，能够随地取譬，说得浅明活泼，头头是道。与《论语》风格的简朴相比，《孟子》文章以雄健流畅见长，读时要注意。

孟子（前372—前289），名轲，字子舆，战国时邹（今在山东邹城东南）人。他大概从孔子的孙子子思的门人学习过，信服孔子的学说,自称为孔子的私淑(未亲受业,而宗仰其学)弟子。他对治国大事有一套既有理论又有办法的主张,可是周游各诸侯国,没有君主采纳。晚年和弟子万章之徒作《孟子》七篇,以宣扬儒家的学说。

梁惠王曰①:"寡人愿安承教②。"孟子对曰:"杀人以梃与刃③,有以异乎④?"曰:"无以异也。""以刃与政⑤,有以异乎?"曰:"无以异也。"曰:"庖有肥肉⑥,厩有肥马⑦,民有饥色⑧,野有饿莩⑨,此率兽而食人也⑩。兽相食,且人恶之⑪;为民父母⑫,行政不免于率兽而食人,恶在其为民父母也⑬?仲尼曰⑭:'始作俑者,其无后乎⑮?'为其象

---

①〔梁惠王〕就是魏惠王,名罃(yīng),战国时魏国的君主,前370—前319年在位。魏惠王时期,魏从安邑(今山西夏县西北)迁都大梁(今河南开封),所以又称梁惠王。惠是谥号。 ②〔寡人〕寡德之人。君王的谦称。〔安〕安心,专心。〔承教〕接受指教。 ③〔以〕用。〔梃(tǐng)〕棍棒。〔刃〕有刃的兵器,刀剑之类。 ④〔有以异乎〕有不同吗?以,助词。异,分别。 ⑤〔政〕行政手段。 ⑥〔庖(páo)〕厨房。 ⑦〔厩(jiù)〕马圈。 ⑧〔饥色〕饥饿的面容。 ⑨〔野〕田野,郊外。〔饿莩(piǎo)〕饿死的人。莩,通"殍"。 ⑩〔率〕率领。 ⑪〔且〕尚且。〔恶(wù)〕厌恶,不喜欢。〔之〕代兽相食(互相残害)。 ⑫〔为民父母〕古代认为百姓是王侯的子民,王侯要抚养百姓,所以这样说。 ⑬〔恶(wū)在其为民父母也〕怎么还能做百姓的父母呢?恶在,何在。意思是没有,没做到。恶,怎么,哪里。下文"天下恶乎定""彼恶知之"的"恶"同。 ⑭〔仲尼〕孔子,字仲尼。 ⑮〔始作俑(yǒng)者,其无后乎〕最初制造殉葬用的偶像的人,他会断绝后代吧。俑,古时陪葬用的泥偶人或木偶人。其……乎,表示推断语气。

人而用之也①。如之何其使斯民饥而死也②?"

举例,由小及大,批评梁惠王的政治是只图自己享受,不顾老百姓死活。

梁惠王曰:"晋国,天下莫强焉③,叟之所知也④。及寡人之身⑤,东败于齐,长子死焉⑥;西丧地于秦七百里⑦;南辱于楚⑧。寡人耻之⑨,愿比死者一洒之⑩,如之何则可?"孟子对曰:"地方百里而可以王⑪。王如施仁政于民⑫,省刑罚⑬,薄税敛⑭,深耕易耨⑮,壮者以暇日修其孝悌忠

---

①〔为其象人而用之也〕因为做的偶人像真人而用它(陪葬)。孟子认为孔子爱人,看到用像人的偶人陪葬,觉得这样做不仁,所以斥责他。其,代始作俑者。之,代俑。 ②〔如之何其使斯民饥而死也〕怎么可以使这些百姓饥饿而死呢?其,那(种做法)。 ③〔晋国,天下莫强焉〕天下没有比晋国更强的国家了。春秋时,晋国疆域逐渐扩大,现在山西省大部、河北省西南部、河南省北部和陕西省一角都属它。后于公元前376年,韩、赵、魏三家分晋地,晋遂亡。魏原也属晋,所以魏惠王自称晋国。 ④〔叟(sǒu)〕古时对老年人的敬称。 ⑤〔及寡人之身〕到了我身上。 ⑥〔东败于齐,长子死焉〕梁惠王三十年(前340),齐国用田忌为将,孙膑为军师,在马陵大败魏军,杀魏将庞涓,俘虏太子申(惠王长子)。《史记》只记他被俘,未知死于何时。 ⑦〔西丧(sàng)地于秦七百里〕梁惠王三十一年(前339),秦国伐魏国,魏因安邑离秦近,迁都大梁。后魏屡献河西之地(指山西、陕西两省间黄河南段的西边一带)给秦国。 ⑧〔南辱于楚〕指梁惠王后元十一年(前324)魏在襄陵(今河南睢县西)被楚国打败的事。 ⑨〔寡人耻之〕我以之为耻。之,代败于齐、秦、楚等事。 ⑩〔愿比死者一洒(xǐ)之〕愿意为战死者报仇雪恨。比,为。洒,通"洗",洗雪。 ⑪〔地方百里而可以王(旧读 wàng)〕有方百里的土地(指小国)就能够称王(为天下之主)。方百里,方形两边相距一百里。 ⑫〔施〕推行。 ⑬〔省〕少用。〔刑罚〕古时刑指肉刑、死刑,罚指令罪犯用金钱赎罪,都是对罪犯实行惩治。 ⑭〔薄〕少收。〔税敛〕国家向百姓征收的钱粮。 ⑮〔深耕易耨(nòu)〕深耕土地,除去杂草。易,治。耨,锄草。

信①,入以事其父兄②,出以事其长上③,可使制梃以挞秦、楚之坚甲利兵矣④。彼夺其民时⑤,使不得耕耨以养其父母,父母冻饿,兄弟妻子离散。彼陷溺其民⑥,王往而征之⑦,夫谁与王敌⑧?故曰⑨:'仁者无敌。'王请勿疑。"

　　向梁惠王宣传行仁政的好处,可以使国家富强,天下无敌。

　　孟子见梁襄王⑩,出⑪,语人曰⑫:"望之不似人君⑬,就之而不见所畏焉⑭。卒然问曰⑮:'天下恶乎定⑯?'吾对曰:'定于一⑰。''孰能一之⑱?'对曰:'不嗜杀人者能一之⑲。''孰能与之⑳?'对曰:'天下莫不与也。王知夫苗乎㉑?七

---

①〔壮者以暇日修其孝悌忠信〕壮年人用余暇的时间学习孝悌忠信。孝,孝顺父母。悌,恭顺兄长。忠,忠心爱国。信,诚实待人。　②〔入〕进家。〔事〕侍奉。　③〔出〕出门到外边。〔长上〕比自己年长和地位高的人。　④〔可使制梃以挞秦、楚之坚甲利兵矣〕可以使(壮年人)制作棍棒用来打击秦国和楚国的武力了。意思是壮年人都尊君亲上就会为国效死。坚甲利兵,坚固的盔甲,锋利的兵器,用来代表整个兵力。　⑤〔彼〕那个,那个国君。〔夺〕抢去,占去。〔民时〕指百姓耕种收割的时令。　⑥〔陷溺〕陷到井里,淹在水里,意思是暴政害民。　⑦〔征之〕讨伐他们(不行仁政的国君)。　⑧〔夫〕用在句首的助词,有说起来的意味。〔敌〕敌对,能抵抗。　⑨〔故曰〕所以说。　⑩〔梁襄王〕梁惠王的儿子,名赫。　⑪〔出〕出来。　⑫〔语(旧读 yù)人曰〕告诉人说。　⑬〔望〕远看。〔不似人君〕不像君王的样子。　⑭〔就之〕走近他。〔不见所畏〕看不见有什么可畏的地方。意思是没有威严的仪表。　⑮〔卒(cù)然〕猝然,突然。　⑯〔天下恶(wū)乎定〕天下怎样能够安定?　⑰〔定于一〕天下统一就可以安定。一,归于一统。　⑱〔孰能一之〕谁能统一天下?这句和"孰能与之"都是梁襄王的问话。　⑲〔嗜〕喜好。　⑳〔与〕归附他。之,代统一天下的君王。　㉑〔夫〕助词。

五　寡人愿安承教　35

八月之间旱①,则苗槁矣②;天油然作云③,沛然下雨④,则苗浡然兴之矣⑤。其如是⑥,孰能御之⑦?今夫天下之人牧⑧,未有不嗜杀人者也;如有不嗜杀人者,则天下之民皆引领而望之矣⑨。诚如是也⑩,民归之,由水之就下⑪,沛然,谁能御之?'"

举禾苗为例,为不成材的梁襄王讲统一天下的大道理:要爱民,不嗜杀人。这是宣扬仁政的加重说法。

齐宣王问曰⑫:"齐桓晋文之事⑬,可得闻乎⑭?"孟子对曰:"仲尼之徒无道桓文之事者⑮,是以后世无传焉⑯,臣未之闻也⑰。无以,则王乎⑱?"曰:"德何如则可以王矣⑲?"曰:"保民而王⑳,莫之能御也㉑。"曰:"若寡人者,可以保民乎哉?"曰:"可。"曰:"何由知吾可也㉒?"曰:"臣

---

① 〔七八月〕这是用周历,相当于阴历五六月。 ② 〔槁(gǎo)〕枯干。 ③ 〔油然〕兴盛的样子。〔作〕兴起。 ④ 〔沛然〕水势盛大的样子,这里形容雨量充足。 ⑤ 〔浡然〕同"勃然",奋发的样子。〔兴〕生,挺起。 ⑥ 〔其如是〕这样。其,助词。 ⑦ 〔御〕阻止。 ⑧ 〔人牧〕君主。牧,养,人牧就是教养百姓的人。 ⑨ 〔引领而望之〕伸长脖子盼望着。领,脖子。 ⑩ 〔诚如是〕如果真能这样。 ⑪ 〔民归之,由水之就下〕百姓归顺他,像水向下流一样。由,通"犹"。就,趋向。 ⑫ 〔齐宣王〕战国时齐国的国君,姓田,名辟疆,约前319—前301年在位。 ⑬ 〔齐桓晋文〕齐桓公,晋文公,都是春秋时称霸的诸侯。〔事〕事业,这里指霸业。 ⑭ 〔可得闻乎〕可以听一听吗? ⑮ 〔仲尼之徒〕孔子的门徒。〔道〕说。 ⑯ 〔传〕传述。 ⑰ 〔未之闻也〕未闻之也,没有说说过齐桓晋文的事。 ⑱ 〔无以,则王乎〕不能不谈的话,就谈谈王道吧。以,同"已",止。王,行王道以统一天下。 ⑲ 〔德何如〕德行怎么样。 ⑳ 〔保〕爱护。 ㉑ 〔莫〕没有人。〔之〕助词。 ㉒ 〔何由〕从哪里。

闻之胡龁曰①：'王坐于堂上②，有牵牛而过堂下者，王见之，曰："牛何之③？"对曰："将以衅钟④。"王曰："舍之⑤！吾不忍其觳觫⑥，若无罪而就死地⑦。"对曰："然则废衅钟与⑧？"曰："何可废也？以羊易之⑨。"'不识有诸⑩？"曰："有之。"曰："是心足以王矣⑪。百姓皆以王为爱也⑫，臣固知王之不忍也⑬。"王曰："然⑭，诚有百姓者⑮，齐国虽褊小⑯，吾何爱一牛？即不忍其觳觫，若无罪而就死地，故以羊易之也。"曰："王无异于百姓之以王为爱也⑰，以小易大，彼恶知之⑱？王若隐其无罪而就死地⑲，则牛羊何择焉⑳？"王笑曰："是诚何心哉㉑！我非爱其财而易之以羊也。宜乎百姓之谓我爱也㉒。"曰："无伤也㉓，是乃仁术也㉔，见牛未见羊也。君子之于禽兽也，见其生，不忍见其死；闻

---

①〔胡龁（hé）〕齐宣王左右的一个小官。②〔堂〕殿堂，朝堂。③〔何之〕到哪里去。何，哪里。之，往。疑问代词作宾语，放在动词前面。④〔衅（xìn）钟〕古时新钟铸成，要杀牲取血，涂抹钟的缝隙，使之完固。也有人说这是一种血祭仪式。⑤〔舍之〕放了它。⑥〔觳（hú）觫（sù）〕恐惧发抖的样子。⑦〔若无罪而就死地〕好像没有罪而走向死地。若，像。就，走向。⑧〔然则〕那么。〔与〕同"欤"。⑨〔以羊易之〕用羊换它（牛）。⑩〔不识有诸〕不知道有这件事吗？识，知道。诸，"之乎"的合音。⑪〔是心〕这样的心。是，此。⑫〔以王为爱〕认为王是吝惜。⑬〔固〕本来。⑭〔然〕正是这样。⑮〔诚有百姓者〕的确有那样的百姓。⑯〔褊（biǎn）小〕狭小。⑰〔无异〕不要怪。异，奇怪。⑱〔彼〕他们。指百姓。⑲〔隐〕疼爱，不忍。⑳〔牛羊何择焉〕在牛和羊中挑选什么呢？意思是牛和羊都一样是生命。㉑〔是诚何心哉〕这（指以羊易牛）真是什么想法呢？㉒〔宜乎〕应该，难怪。乎，表感叹语气。㉓〔无伤〕无害，没有关系。㉔〔是乃仁术〕这是仁慈的心术。

其声，不忍食其肉。是以君子远庖厨也①。"王说曰②："《诗》云③：'他人有心，予忖度之④。'夫子之谓也⑤。夫我乃行之，反而求之，不得吾心⑥；夫子言之，于我心有戚戚焉⑦。此心之所以合于王者，何也⑧？"曰："有复于王者曰⑨：'吾力足以举百钧⑩，而不足以举一羽⑪；明足以察秋毫之末⑫，而不见舆薪⑬。'则王许之乎⑭？"曰："否。""今恩足以及禽兽，而功不至于百姓者⑮，独何与⑯？然则一羽之不举，为不用力焉⑰；舆薪之不见，为不用明焉；百姓之不见保⑱，为不用恩焉⑲。故王之不王，不为也，非不能也。"曰："不为者与不能者之形何以异⑳？"曰："挟太山以超北海㉑，语人曰：'我不能。'是诚不能也。为长者折枝㉒，语人曰：'我不能。'是不为也，非不能也。故王之不王，非挟太山以超北海之类也；王之不王，是折枝之类也。"

---

①〔远（旧读yuàn）〕远离。〔庖厨〕厨房。 ②〔说（yuè）〕同"悦"。 ③〔《诗》〕《诗经》。 ④〔他人有心，予忖（cǔn）度（duó）之〕别人有什么心思，我能够揣度。此句见《诗经·小雅·巧言》。 ⑤〔夫子之谓也〕谓夫子也，正是说的先生这样的人。之，助词。 ⑥〔夫我乃行之，反而求之，不得吾心〕我这样做了，反过头来追究，（却）不了解自己的思想。乃，竟。 ⑦〔戚戚〕心动的样子。 ⑧〔合〕符合。 ⑨〔复〕告。 ⑩〔钧〕古代的重量单位，等于三十斤。 ⑪〔一羽〕一根羽毛。 ⑫〔明〕视力。〔察〕看清楚。〔秋毫〕鸟兽秋天生出的新的细毛。〔末〕尖端。 ⑬〔舆薪〕整车的柴。舆，车。 ⑭〔许〕相信。 ⑮〔功〕功德，功绩。 ⑯〔独何与〕却是为什么呢？ ⑰〔为（wèi）〕因为。下文的两个"为"字同。 ⑱〔见保〕受到爱护。见，被。 ⑲〔恩〕恩惠，恩泽。 ⑳〔形〕情况，具体表现。〔何以异〕怎样区别？何以，凭什么。 ㉑〔挟（xié）太山以超北海〕腋下挟着泰山跳过北海。太山，就是泰山，在今山东省。超，跳过。北海，渤海，在今山东省北边。 ㉒〔折枝〕折树木的枝，指轻而易举的事。

举实事，用比喻，从多方面证明王道的优越；并着重说明只要有不忍之心，能爱民，行仁政，以王道征服天下并不难。

【研读参考】一、在先秦诸子书里，《孟子》写得比较浅显生动，文字气势雄浑，如河水顺流而下，所以宜于做学习文言的读本。杨伯峻《孟子译注》（中华书局出版）有详注，有译文，便于初学，可以找来读读（或者读前两三篇）。

二、《孟子》发议论，常常用比喻，以小事明大理。举本篇为例，说说这种写法的优点。

三、说说在本篇里，"恶""以""异""夫""见"各有哪些用法。

六　《庄子》选　庄子

【解说】本篇中"庄子与惠子游于濠梁之上"选自《庄子·秋水》,"庄子行于山中"选自《山木》,"庄子送葬"选自《徐无鬼》,"庄周家贫"选自《外物》,题目都是编者加的。《庄子》是战国时期道家的重要著作,包括内篇《逍遥游》《齐物论》等七篇,外篇《骈(pián)拇》《马蹄》等十五篇,杂篇《庚桑楚》《徐无鬼》等十一篇,共三十三篇。一般认为内篇是庄子自己作的,外篇、杂篇是他的弟子和道家后学作的。在战国时期的许多学派里,道家是消极的,对社会和人生都采取悲观的否定态度。他们认为世间没有真理,没有是非,任何一般人喜爱的东西都没有积极价值。因而可取的生活之道唯有安时处顺,也就是无声无臭地混下去。很明显,这种思想是无足取的。但是《庄子》仍不失为一部重要著作,因为它的思想方法深刻而细密,有不少值得借鉴的地方。更重要的是表现思想的方法,也就是文章的写法有突出的优点:气势奔放,想象丰富,说理明快,尤其变化神奇,不管是征引史实还是编造故事,几乎随手拈来,且都使人感到,虽异想天开而能够恰到好处。因为文章写得巧妙,所以后代不少人想学它,就是说,在散文写作方面有巨大的影响。

用故事讲道理是《庄子》书中常见的，一般是故事形象生动，道理微妙深刻。本篇选的四则就是这样。第一则，庄子同惠子的辩论，说到根本是对知识的看法问题。庄子认为，人能够知道己身以外的别人。惠子反驳，可是惠子无意中已经表示自己知道庄子，这等于认可了庄子的理论，所以输了。第二则是反对胶着于一种认识，这种看法虽然未必正确，可是故事讲得很有风趣。第三则，写庄子和惠子在学问方面友情的深厚，以匠石和郢人的合作为比喻，可说是轻轻点染而有山川无尽之妙。第四则，用讲故事反驳监河侯的不切实际，话非常轻松，理由却显得更加充分。古代子书讲道理，常常用讲故事的形式，其中以《庄子》的成就为最大。这样写，可以化枯燥为活泼，而且常常是用字少而说理明，所以值得特别注意。

　　作者庄子（前369—前286），姓庄，名周，战国时期宋国蒙（今河南商丘东北）人。曾做漆园（有人说在河南省，有人说在安徽省，还有人说在山东省）吏。是个不求闻达的学者，晚年大概以教学及著述为生。《庄子》书中提到他的活动，多系寓言，是靠不住的。

庄子与惠子游于濠梁之上①

　　庄子与惠子游于濠梁之上。庄子曰："鲦鱼出游从容②，

---

① 〔惠子〕惠施，战国时宋国人。著名的思想家。同庄子是好朋友。〔濠（háo）梁〕濠水的鱼梁上。濠，水名，在今安徽凤阳。梁，鱼梁，捕鱼的堤坝。　② 〔鲦（tiáo）鱼〕白鱼。〔从（cōng）容〕自由自在的样子。

是鱼之乐也①。"惠子曰:"子非鱼②,安知鱼之乐③?"庄子曰:"子非我,安知我不知鱼之乐?"惠子曰:"我非子,固不知子矣④;子固非鱼矣,子之不知鱼之乐全矣⑤。"庄子曰:"请循其本⑥。子曰'汝安知鱼乐'云者⑦,既已知吾知之,而问我⑧,我知之濠上也⑨。"

　　写庄子深入分析惠子的认识,并用惠子的认识反驳惠子。

庄子行于山中

　　庄子行于山中,见大木⑩,枝叶盛茂,伐木者止其旁而不取也⑪。问其故⑫,曰:"无所可用⑬。"庄子曰:"此木以不材得终其天年⑭。"

　　夫子出于山⑮,舍于故人之家⑯。故人喜,命竖子杀雁

---

①〔是〕此,这(是)。 ②〔子〕你。 ③〔安〕怎么。 ④〔固〕固然,自然。 ⑤〔全〕完全,确定是。 ⑥〔循其本〕寻找根源。意思是要从起初追求。 ⑦〔子曰'汝安知鱼乐'云者〕你说"汝安知鱼乐"这句话。云者,所说的话。 ⑧〔既已知吾知之,而问我〕既然你已经知道我知道鱼的快乐,可是还来问我。 ⑨〔我知之濠上也〕我是在濠水的鱼梁上知道的。意思是,我也是由此知彼。 ⑩〔木〕树。 ⑪〔伐木者〕砍树的人。〔止〕停留。〔取〕要。指砍伐。 ⑫〔故〕(不砍大树的)原因。 ⑬〔无所可用〕没有可用的。 ⑭〔以不材得终其天年〕因为不成材(不中用)而能够过完它天赋的寿命。 ⑮〔夫子〕先生。指庄子。 ⑯〔舍于故人之家〕到朋友家里。舍,息止。故人,老朋友。

而烹之①。竖子请曰:"其一能鸣,其一不能鸣,请奚杀②?"主人曰:"杀不能鸣者。"

明日,弟子问于庄子曰:"昨日山中之木以不材得终其天年,今主人之雁以不材死,先生将何处③?"庄子笑曰:"周将处乎材与不材之间④。"

写庄子主张对事物要灵活地看,不可胶着于一点。

庄子送葬⑤

庄子送葬,过惠子之墓,顾谓从者曰⑥:"郢人垩漫其鼻端若蝇翼⑦,使匠石斫之⑧。匠石运斤成风⑨,听而斫之⑩,尽垩而鼻不伤⑪。郢人立不失容⑫。宋元君闻之⑬,召匠石曰:'尝试为寡人为之⑭。'匠石曰:'臣则尝能斫之⑮。虽

---

① 〔竖子〕童子,年轻的奴仆。〔烹〕本作"亨",读为"享",即"飨",用酒食招待。另一说,烹,煮。 ② 〔请奚杀〕请问杀哪一只?奚,何。 ③ 〔何处(chǔ)〕站在哪一边。意思是,究竟是不材好呢,还是有材好呢? ④ 〔周〕庄子自称。〔乎〕于。〔材与不材之间〕意思是不胶着于一种认识。 ⑤ 〔送葬〕为某人(不是惠子)送葬。 ⑥ 〔顾〕回头看。〔从者〕跟随的人。 ⑦ 〔郢(yǐng)人〕楚国人。郢,春秋时楚国都城,在今湖北江陵。〔垩(è)漫其鼻端若蝇翼〕白土的泥点溅到鼻尖上,像蝇翅那样薄。垩,白土。用白粉涂白也叫垩。漫,染污。 ⑧ 〔匠石〕名叫石的匠人。〔斫(zhuó)之〕削掉它。斫,砍,削。 ⑨ 〔运斤成风〕挥动斧头,像刮风那样(极言其快)。斤,斧。 ⑩ 〔听(随)〕信(随)斧头所至。表示极度熟练。 ⑪ 〔尽垩〕泥点完全削除。 ⑫ 〔立不失容〕站着面不改色。 ⑬ 〔宋元君〕宋元公。春秋时宋国国君,名佐,前531—前517年在位。 ⑭ 〔尝试为(wèi)寡人为之〕试着给我做做看。尝,试。寡人,君主自称。 ⑮ 〔臣则尝能斫之〕我以前是能削。尝,曾经。

然，臣之质死久矣①。'自夫子之死也②，吾无以为质矣，吾无与言之矣③。"

写任何巧技都离不开必要的条件，以比喻庄子与惠子相知之深。

庄周家贫

庄周家贫，故往贷粟于监河侯④。监河侯曰："诺⑤，我将得邑金⑥，将贷子三百金，可乎？"庄周忿然作色曰⑦："周昨来，有中道而呼者⑧。周顾视，车辙中有鲋鱼焉⑨。周问之曰：'鲋鱼，来⑩！子何为者邪⑪？'对曰：'我，东海之波臣也⑫，君岂有斗升之水而活我哉⑬？'周曰：'诺，我且南游吴越之王⑭，激西江之水而迎子⑮，可乎？'鲋鱼忿然作色曰：'吾失我常与⑯，我无所处⑰，吾得斗升之水然活

---

①〔质〕对手。保证的条件或人物。 ②〔夫子〕指惠施。 ③〔吾无与言之矣〕我没有人可以交谈了。 ④〔贷（dài）粟〕借粮。〔监河侯〕监河的官。刘向《说苑》作魏文侯。 ⑤〔诺（nuò）〕好吧。 ⑥〔邑金〕封地交纳的税金。金，金属货币，不是黄金。 ⑦〔忿然作色〕生气而变了脸色。 ⑧〔中道〕道路中间。 ⑨〔鲋（fù）鱼〕鲫鱼。 ⑩〔来〕这是呼唤鲋鱼使之注意的话。 ⑪〔子何为者邪〕你是做什么的呀？邪，同"耶"。 ⑫〔波臣〕意思是水里的小人物。 ⑬〔岂有〕可有。〔斗升之水〕一点点水。〔活我〕使我活，救活我。 ⑭〔且〕将。〔南游吴越之王〕往南到吴国越国去游说君主。吴越是水乡。 ⑮〔激〕震荡，推拥。〔西江〕大概指吴越之西的大水，即长江。 ⑯〔吾失我常与〕我失去经常做伴的（指水）。常与，常在一起的东西。与，相伴。 ⑰〔我无所处（chǔ）〕我没有地方安身。

耳①。君乃言此②,曾不如早索我于枯鱼之肆③!'"

写不切实际的大话无用而可笑。

【研读参考】一、用讲故事的形式说理或表示褒贬,名为寓言,古代子书里常见,后代也间或有。如果喜欢这种写法,可以找些寓言选本读读。

二、写一段小文,评论庄子和惠子的濠梁辩论,说明谁胜,为什么。

三、不用讲故事的形式,你代庄子写几句悼念惠子的话(也着重表现二人在学问上相知之深)。然后说说匠石运斤的故事有什么优点。

四、从本篇中把"为"字找出来,讲讲各个的意义。

---

① 〔然〕乃,就。② 〔乃〕竟。③ 〔曾(zēng)不如早索我于枯鱼之肆〕还不如先到卖干鱼的店里寻找我呢。意思是,不切实际的话毫无用处。曾,乃,还。

六 《庄子》选

七 《汤问》篇选 列子

【解说】本篇选自《列子·汤问》。《汤问》篇从殷汤问夏革（jí）宇宙间的时空问题写起，后面写了许多故事，以表现世间许多微妙的道理；这里选了四则，其中"纪昌学射"有删节，题目都是编者加的。《列子》八卷，包括《天瑞》《黄帝》《周穆王》《仲尼》《汤问》《力命》《杨朱》《说符》。关于作者和著书的年代，一直没有定论。旧传列御寇著，有人甚至认为连列御寇这个人也没有。至于内容，有人说绝大部分是先秦旧有的，可能有汉以后的人增加的；也有人说是晋人伪造的。思想比较庞杂，基本上是道家，同《庄子》相近，但也有其他各家的成分。不过文章写得很好，深刻精练，清新活泼，又因为故事、寓言等用得多，显得生动有趣。

这里选的四则，主要讲技艺的高超和学习方法，故事都写得精练生动。想象力的丰富也是值得注意的特点，如"余音绕梁㭼，三日不绝"，"贯虱之心而悬不绝"，"不以目视，不以策驱"，形容的巧妙都非一般文章所能及。还有用故事说理，没有直说教训的话而教训意义很明显，很深刻，也是值得学习的。

传说的作者列御寇，战国时郑国人。传说他很穷，郑国的大官子阳曾给他送米。《庄子》书中曾提到"列子御风而行",指的大概是另一个传说的人物。

薛谭学讴①

薛谭学讴于秦青,未穷青之技②,自谓尽之,遂辞归。秦青弗止③,饯于郊衢④,抚节悲歌⑤,声震林木⑥,响遏行云⑦。薛谭乃谢⑧,求反⑨,终身不敢言归⑩。

写薛谭学未有成而自满,以反衬秦青歌唱技艺之高。

秦青顾谓其友曰⑪:"昔韩娥东之齐⑫,匮粮⑬,过雍门⑭,鬻歌假食⑮,既去而余音绕梁欐⑯,三日不绝,左右以其人弗去⑰。过逆旅⑱,逆旅人辱之。韩娥因曼声哀哭⑲,一里老幼悲愁垂涕⑳,相对三日不食,遽而追之㉑。娥还,复

---

① 〔薛谭〕和下文的秦青,都是秦国善歌的人。〔讴(ōu)〕歌唱。② 〔穷〕尽。③ 〔弗止〕不拦阻。④ 〔饯于郊衢〕在郊外的通衢给他饯行。饯,用酒食送行。衢,通往四面的路。⑤ 〔抚节〕打着拍子。抚,通"拊(fǔ)",击打。节,一种打拍子的乐器,用竹子编的。⑥ 〔声震林木〕形容歌声响亮。⑦ 〔响遏(è)行云〕形容歌声高亢。遏,止住。⑧ 〔谢〕道歉,谢罪。⑨ 〔求反〕要求回去(接着学习)。反,同"返"。⑩ 〔不敢言归〕不敢说(不继续学而)回家。⑪ 〔顾〕回头看。⑫ 〔韩娥〕古代韩国一个善歌的人。〔之〕往。〔齐〕齐国。⑬ 〔匮(kuì)〕缺乏。⑭ 〔雍门〕齐国都城的一个门。⑮ 〔鬻(yù)歌〕卖唱。〔假食〕求食。假,借。⑯ 〔梁欐(lì)〕屋梁。欐,中梁。⑰ 〔左右以其人弗去〕近处的人以为那个人(韩娥)还没走。以,以为。⑱ 〔逆旅〕客店。逆,迎接。⑲ 〔曼声〕拉长声音。⑳ 〔垂涕〕落泪。㉑ 〔遽(jù)而追之〕赶紧去追他。遽,急。

为曼声长歌，一里老幼喜跃抃舞①，弗能自禁②，忘向之悲也③，乃厚赂发之④。故雍门之人至今善歌哭，效娥之遗声⑤。"

转而写韩娥，以显示奇境之中更有奇境。

伯牙鼓琴⑥

伯牙善鼓琴，钟子期善听⑦。伯牙鼓琴，志在登高山⑧，钟子期曰："善哉，峨峨兮若泰山⑨。"志在流水，钟子期曰："善哉，洋洋兮若江河⑩。"伯牙所念⑪，钟子期必得之⑫。伯牙游于泰山之阴⑬，卒逢暴雨⑭，止于岩下，心悲，乃援琴而鼓之⑮。初为霖雨之操⑯，更造崩山之音，曲每奏⑰，钟子期辄穷其趣⑱。伯牙乃舍琴而叹曰⑲："善哉，善哉，子之听夫志，想象犹吾心也⑳，吾于何逃声哉㉑？"

---

① 〔抃（biàn）舞〕拍着巴掌舞蹈。抃，两手相击。　② 〔禁（jīn）〕忍住。　③ 〔向〕以前。　④ 〔厚赂发之〕给很多钱送走他。发，遣，打发。　⑤ 〔效娥之遗声〕效法韩娥流传下来的声调。　⑥ 〔伯牙〕春秋时鲁国大夫俞伯牙。〔鼓琴〕弹琴。　⑦ 〔钟子期〕春秋时楚国汉上樵夫，深通音律。　⑧ 〔志在登高山〕（弹琴时）想的是登上高山。　⑨ 〔善哉，峨（é）峨兮（xī）若泰山〕好啊，（琴音）高巍巍的像泰山。峨，高。兮，语气助词，相当于"啊"。　⑩ 〔洋洋〕水势盛大的样子。　⑪ 〔所念〕心里想的。　⑫ 〔必得之〕一定理会到。之，代上句"所念"。　⑬ 〔阴〕阴面，山的北面。　⑭ 〔卒（cù）〕猝然，忽然。　⑮ 〔援〕引，拿过来。　⑯ 〔霖雨之操〕大雨的琴曲。操，琴曲。霖，长久降雨。　⑰ 〔曲每奏〕每逢奏起一支琴曲。　⑱ 〔穷其趣〕完全理解他的心情。　⑲ 〔舍〕放下。　⑳ 〔子之听夫志，想象犹吾心也〕你听琴心，所想象的就像我所想的。夫，语气助词。　㉑ 〔吾于何逃声哉〕我在哪里隐藏我的声音呢？意思是我别弹琴，一弹琴你就知道我想的是什么。

写俞伯牙善琴，钟子期善听，以表现二人造诣之高，相知之深。

纪昌学射①

甘蝇，古之善射者，彀弓而兽伏鸟下②。弟子名飞卫，学射于甘蝇，而巧过其师。

先写飞卫精于射箭。

纪昌者，又学射于飞卫。飞卫曰："尔先学不瞬③，而后可言射矣。"纪昌归，偃卧其妻之机下④，以目承牵挺⑤。二年之后，虽锥末倒眦而不瞬也⑥。

写飞卫教纪昌先学不瞬。

以告飞卫⑦，飞卫曰："未也⑧，亚学视而后可⑨。视小如大，视微如著⑩，而后告我。"昌以牦悬虱于牖⑪，南面而

----

①〔纪昌〕与下文中的甘蝇、飞卫，都是古代传说中善射的人。 ②〔彀(gòu)弓而兽伏鸟下〕一射兽就倒下，鸟就落下。形容百发百中。彀弓，张弓，拉开弓。 ③〔尔〕你。〔不瞬〕不眨(zhǎ)眼。 ④〔偃(yǎn)卧〕仰面躺着。〔机〕织机。 ⑤〔以目承牵挺〕用眼睛注视着牵挺。承，这里解作由下向上注视。牵挺，织机的部件之一，经线的丝缕都穿在它身上，下边连着两块踏板，板一上一下，经线随着一开一合，纬线就在开时穿过，而织成布帛。 ⑥〔锥末〕锥子尖。〔倒(dào)眦(zì)〕刺在眼眶上。倒，尖向下落下……。 ⑦〔以告飞卫〕把(不瞬的情况)告诉飞卫。这句省略了"以"字的宾语"之"。 ⑧〔未也〕还不行啊。 ⑨〔亚〕次，再。 ⑩〔微〕细微。〔著〕显著。 ⑪〔牦(máo)〕指牦牛尾的毛。〔虱(shī)〕虱子。〔牖(yǒu)〕窗户。

七 《汤问》篇选　49

望之①。旬日之间②，浸大也③。三年之后，如车轮焉。以睹余物，皆丘山也。乃以燕角之弧、朔蓬之簳射之④，贯虱之心而悬不绝⑤。

写飞卫进一步要求纪昌学视小如大。

以告飞卫，飞卫高蹈拊膺曰⑥："汝得之矣⑦。"

写纪昌因专心而终于有成。

造父学御⑧

造父之师曰泰豆氏⑨。造父之始从习御也⑩，执礼甚卑⑪，泰豆三年不告⑫。造父执礼愈谨⑬，乃告之曰："古诗言⑭：'良弓之子必先为箕⑮，良冶之子必先为裘。'汝先观吾趣⑯，趣如吾，然后六辔可持⑰，六马可御。"造父曰：

---

① 〔南面〕面向南。 ② 〔旬日〕十日。 ③ 〔浸（jìn）〕渐渐。 ④ 〔燕（yān）角之弧〕用燕地的牛角装饰的弓。弧，弓。〔朔蓬之簳（gǎn）〕用北地蓬梗做的箭。朔，北方。簳，箭杆。 ⑤ 〔贯〕穿透。〔悬〕指悬虱的毛。 ⑥ 〔高蹈〕抬高脚踏步。〔拊膺〕拍胸脯。 ⑦ 〔之〕指射的要诀。 ⑧ 〔造父〕古代有名的驭手，为周穆王驾驭八骏，很受优待。〔御〕驾车。 ⑨ 〔泰豆氏〕古代传说中的一个有名御者。 ⑩ 〔始从习御〕开始跟泰豆氏学驾车。 ⑪ 〔执礼〕行从师之礼。〔卑〕谦恭。 ⑫ 〔不告〕不告诉（御之道），不教给（御之道）。 ⑬ 〔愈谨〕越发恭顺。 ⑭ 〔古诗〕具体不知指何诗。《礼记·学记》有这两句话，作"良冶之子必学为裘，良弓之子必学为箕"。 ⑮ 〔良弓〕优秀的弓匠。〔必先为箕〕一定要先学做簸箕。下句说良冶之子必先为裘，都是说学者必须先从简单、容易处下手，而后才能学会复杂、艰难的。箕、裘都必须柔屈补接才能完成，制弓的人要调筋角，冶金的人要和金铁，技术相类，但比制箕缝裘要复杂得多。 ⑯ 〔先观吾趣〕先看看我的行动。趣，趋向。 ⑰ 〔六辔（pèi）〕六匹马的马缰。

"唯命所从①。"

写造父为学技术而十分虚心。

泰豆乃立木为涂②，仅可容足③，计步而置④，履之而行⑤，趣走往还⑥，无跌失也。造父学之，三日尽其巧。泰豆叹曰："子何其敏也⑦！得之捷乎⑧？凡所御者亦如此也⑨。曩汝之行⑩，得之于足，应之于心⑪。推于御也⑫，齐辑乎辔衔之际，而急缓乎唇吻之和⑬，正度乎胸臆之中，而执节乎掌握之间⑭，内得于中心而外合于马志⑮，是故能进退履绳而旋曲中规矩⑯，取道致远而气力有余⑰。诚得其术也⑱，得之于衔，应之于辔⑲；得之于辔，应之于手；得之于手，应之于心。则不以目视，不以策驱⑳，心闲体正㉑，六辔不乱，

---

① 〔唯命所从〕专听（你的）教导。 ② 〔立木为涂〕竖立木杆作为道路。涂，通"途"。 ③ 〔容足〕安放下脚。 ④ 〔计步而置〕数着步数安放（木杆）。 ⑤ 〔履之而行〕踩着它走路。 ⑥ 〔趣走往还〕来回快速地走。趣，同"趋"。 ⑦ 〔何其敏也〕怎么这样快呀！敏，敏捷。 ⑧ 〔得之捷乎〕学得这样迅速吗？ ⑨ 〔凡所御者亦如此也〕所有驾车上的事也是这样。 ⑩ 〔曩（nǎng）〕从前。〔行〕走路。 ⑪ 〔得之于足，应之于心〕足走得得法，心和它相应。 ⑫ 〔推于御也〕把走路的道理扩大到驾车上。 ⑬ 〔齐辑乎辔衔之际，而急缓乎唇吻之和〕在运用缰绳衔勒中使得车舆整齐，而车行的快慢却依靠马衔的松紧。辑，协调。 ⑭ 〔正度乎胸臆之中，而执节乎掌握之间〕由心里制定法度，而凭仗手去调节步法。 ⑮ 〔内得于中心〕这样做同自己的想法相合。〔外合于马志〕这样做同马的心意相合。 ⑯ 〔进退履绳〕前进后退都合乎规矩。履，从中走过。绳，绳墨，规矩。〔旋曲〕回旋转折。〔中（zhòng）〕合于。 ⑰ 〔取道〕上路。〔致远〕到达远处。 ⑱ 〔诚得其术也〕（如果）真能得到驾车的技术。 ⑲ 〔得之于衔，应之于辔〕在衔勒上得手了，辔也就随之得手了。 ⑳ 〔不以策驱〕不用马鞭去赶马。策，马鞭。 ㉑ 〔心闲体正〕心里很从容，身体很端正。

而二十四蹄所投无差①,回旋进退莫不中节②。然后舆轮之外可使无余辙③,马蹄之外可使无余地④,未尝觉山谷之险,原隰之夷⑤,视之一也⑥。吾术穷矣⑦,汝其识之⑧!"

写造父有志苦学而得到泰豆的教导,终于成功。

【研读参考】一、《列子》八篇,其中《汤问》和《说符》两篇里写了很多故事,有兴趣可以找来看看。

二、本篇中有不少夸张的写法。这种写法有什么修辞作用?就篇中的实例深入体会。

三、有些词的某种用法,文言中常见,现代汉语不用了,如:

(1) 未穷青之技。
(2) 昔韩娥东之齐。
(3) 忘向之悲也。
(4) 诚得其术也。

阅读时要注意这种情况,能够用笔记下来更好。

---

① 〔二十四蹄〕指六匹马的蹄。〔投〕投放。 ② 〔中节〕合于法度。节,车上銮铃有节奏的声响。 ③ 〔余辙〕另外的车辙。 ④ 〔余地〕剩余的地方。意思是马蹄都踏在一定的地方,即使没有剩余的地方马也不会陷落。 ⑤ 〔原隰(xí)〕平原和低地。〔夷〕平。 ⑥ 〔视之一也〕看它们都是一样的。之,山谷和原隰。 ⑦ 〔吾术穷矣〕意思是我的本事你都学到了。 ⑧ 〔汝其识(zhì)之〕你可要记住啊。其,表示希望语气。识,通"志"。

八　王制　荀子

【解说】本篇选自《荀子》。《王制》是一篇很长的讲治国之道的论文,这里只选讲"群"之重要的一小部分。王制,明王治国的规程和办法。《荀子》是战国后期儒家的一部重要著作,二十卷,三十二篇,绝大部分是荀子自己作的。荀子学问渊博,思想深刻而绵密,对于前期儒家孔子、孟子等的理想主义思想,他多有修正,如改性善说为性恶说,改信天命为信人力,改重仁义为重礼法,都有进步意义。文章的风格与《论语》《孟子》大不同:它已经不是记事记言,而是单纯地发议论。又因为荀子思想深刻而绵密,发议论要求深邃、透彻、有力,所以文章不像《论语》《孟子》那样活泼、亲切、易解。但是它有值得注意的特点:逻辑性强,证明自己主张的写法繁富多变,因而有强大的说服力。我们写论文,应当视为良好的借鉴。

　　作者荀子(前313?—前238),姓荀,名况,赵国人。有的书称他为荀卿或孙卿。他在齐国做过祭酒(行礼时的首席),在楚国做过兰陵(治今山东兰陵县兰陵镇)令,还到秦国见过秦昭王。老年在兰陵著书,死在那里。

水火有气而无生①，草木有生而无知②，禽兽有知而无义③。人有气有生有知，亦且有义，故最为天下贵也④。

引水火、草木、禽兽作比较，证明人是最高贵的。

力不若牛⑤，走不若马⑥，而牛马为用⑦，何也？曰：人能群⑧，彼不能群也。人何以能群？曰：分⑨。分何以能行⑩？曰：义。故义以分则和⑪，和则一⑫，一则多力，多力则强，强则胜物⑬，故宫室可得而居也⑭。故序四时⑮，裁万物⑯，兼利天下⑰，无它故焉⑱，得之分、义也。

人高贵，是因为有义，能分，能群。能群就有力量。

故人生不能无群，群而无分则争⑲，争则乱，乱则离⑳，离则弱，弱则不能胜物，故宫室不可得而居也。不可少顷舍礼义之谓也㉑。

承上段，从反面说明人不能无群，以证明礼义的重要。

---

① 〔气〕体质。〔生〕生命。 ② 〔知〕知觉。 ③ 〔义〕指能辨别是非并做合理的事。 ④ 〔天下贵〕天下可贵之物。 ⑤ 〔不若〕赶不上。 ⑥ 〔走〕奔跑。 ⑦ 〔为用〕为人所使用。 ⑧ 〔群〕合群，有组织地过社会生活。 ⑨ 〔分(fèn)〕位分，本分。指各有自己的地位和职责。 ⑩ 〔行〕实行。 ⑪ 〔义以分则和〕意思是，用义来指导人，使之守本分，则社会能够和睦。 ⑫ 〔一〕团结一致。 ⑬ 〔胜物〕战胜并统辖其他事物。 ⑭ 〔宫室可得而居〕能够安然住在好房子里。 ⑮ 〔序四时〕顺应春夏秋冬的时节。 ⑯ 〔裁万物〕整治利用天地间的事物。 ⑰ 〔兼利天下〕使天下之人都能够得利（各得其所）。 ⑱ 〔故〕原因。 ⑲ 〔群而无分〕很多人在一起而不守本分。 ⑳ 〔离〕不团结，你争我夺。 ㉑ 〔不可少顷舍礼义之谓也〕这就是为什么说不能短时间扔开礼义的意思啊。礼，生活中的各种良好规矩。

能以事亲谓之孝①,能以事兄谓之弟②,能以事上谓之顺,能以使下谓之君③。君者,善群也④。群道当则万物皆得其宜⑤,六畜皆得其长⑥,群生皆得其命⑦。故养长时则六畜育⑧,杀生时则草木殖⑨,政令时则百姓一⑩,贤良服⑪。

进一步从正面阐明善群的伟大作用。

圣王之制也⑫,草木荣华滋硕之时⑬,则斧斤不入山林⑭,不夭其生⑮,不绝其长也。鼋鼍鱼鳖鳅鳣孕别之时⑯,罔罟毒药不入泽⑰,不夭其生,不绝其长也。春耕夏耘⑱,秋收冬藏,四者不失时,故五谷不绝而百姓有余食也⑲。污池渊沼川泽⑳,谨其时禁㉑,故鱼鳖优多而百姓有余用也。斩伐养长不失其时㉒,故山林不童而百姓有余材也㉓。

承上段,发挥"群道当则万物皆得其宜"的道理。

----

① 〔以事亲〕以礼义事亲。事,侍奉。亲,父母。 ② 〔弟(tì)〕同"悌",对兄恭顺。 ③ 〔君〕这里指有统治才能。 ④ 〔善群〕长于使人团结而为群。 ⑤ 〔群道当(dàng)〕使人合群的办法得当。〔宜〕指合适的条件。 ⑥ 〔六畜〕马、牛、羊、猪、狗、鸡。〔长(zhǎng)〕发育。 ⑦ 〔得其命〕能顺利地生活。 ⑧ 〔时〕正当其时,不早不晚。 ⑨ 〔杀生〕砍除。〔殖〕繁殖。 ⑩ 〔百姓一〕百姓合一,听从指挥。 ⑪ 〔贤良服〕有才能的人听从使用。 ⑫ 〔圣王〕最贤明的君主。〔制〕行政规程。 ⑬ 〔荣华滋硕〕花叶茂盛。荣华,开花。滋,长。硕,大。 ⑭ 〔斧斤〕斧和斤都是砍伐树木的工具。 ⑮ 〔夭(yāo)〕过早地死亡。 ⑯ 〔鼋(yuán)〕团鱼。〔鼍(tuó)〕鳄鱼。〔鳖(biē)〕甲鱼。〔鳅(qiū)〕泥鳅。〔鳣(zhān)〕鲟鱼。〔孕别〕孕育。别,生育后与母体分别。 ⑰ 〔罔罟(gǔ)〕渔具。罔,同"网"。罟,捕鱼的网。 ⑱ 〔耘(yún)〕除草。 ⑲ 〔余食〕余粮。 ⑳ 〔污池渊沼川泽〕泛指江河湖海。污,停水处。 ㉑ 〔谨其时禁〕严格按时禁止。谨,慎重,严。 ㉒ 〔不失其时〕有定时,按时不误。 ㉓ 〔童〕秃,没有树木。〔余材〕用不尽的木材。

圣王之用也①，上察于天②，下错于地③，塞备天地之间，加施万物之上④；微而明，短而长，狭而广，神明博大以至约⑤。故曰：一与一是为人者⑥，谓之圣人。

结尾总说圣王治世的原则。

【研读参考】一、本篇中作者的主张是什么？是怎么证明的？也可用提纲的形式写出来。

二、本篇中论证道理，常提到因果关系，举例说明这有什么好处。

三、讲到国家、社会方面的情况，有的古今类似，可是所用词语有别，从本篇中找一些例子。

---

①〔用〕行事。②〔察于天〕考察天时。③〔错〕通"措"，安放。④〔塞备天地之间，加施万物之上〕意思是行事无孔不入，面面俱到。塞备，充满。⑤〔微而明，短而长，狭而广，神明博大以至约〕意思是达到神奇的地步。虽幽暗而明亮，虽短而长，虽狭窄而广大，虽玄妙繁杂而归于简单。微，暗而不明。约，简约。⑥〔一与一〕意思是有纯一的原则（指礼义、分、群等）。〔是为人〕意思是这样处理人事（治理国家）。

九　晏子故事三则　晏子春秋

【解说】本篇选自《晏子春秋·内篇·杂下》，题目都是编者加的。《晏子春秋》是战国时期一部记事的散文著作，包括《内篇·谏上》《内篇·谏下》《内篇·问上》《内篇·问下》《内篇·杂上》《内篇·杂下》《外篇·重而异者》《外篇·不合经术者》，共八篇。相传是晏子所作，当然靠不住，大概是战国后期熟悉齐国，尤其是晏子言行的什么人写的。内容不完全是写实；即使有史实作根据，作者也多加以夸张和渲染。因此，它虽然是记晏子言行的，却可以当作历史小说看。晏子，名婴，字平仲，是管仲之后齐国的大政治家。他生活朴素，爱国爱民，在国内敢于主持正义，抑强扶弱，又善于辞令，出使能对抗强权，所以在当时名声很大。《晏子春秋》着重宣扬晏子的才能和美德，写得生动有趣，也有深刻的思想意义。

这里选的三则，前一则写晏子生活的俭约，后两则写他出使的机智，都简练而富有戏剧意味。

晏子辞千金之赐①

晏子方食②,景公使使者至③,分食食之④,使者不饱,晏子亦不饱。使者反⑤,言之公⑥。公曰:"嘻⑦!晏子之家若是其贫也⑧?寡人不知⑨,是寡人之过也⑩。"使吏致千金与市租⑪,请以奉宾客⑫。晏子辞。三致之,终再拜而辞曰⑬:"婴之家不贫,以君之赐⑭,泽覆三族⑮,延及交游⑯,以振百姓⑰,君之赐也厚矣,婴之家不贫也。婴闻之⑱,夫厚取之君而施之民⑲,是臣代君君民也⑳,忠臣不为也㉑;厚取之君而不施于民,是为筐箧之藏也㉒,仁人不为也;进取

---

①〔辞〕辞却,不受。 ②〔方食〕正在吃饭。 ③〔景公〕春秋时齐国国君,名杵臼,前547—前490年在位。〔使使者〕派使臣。 ④〔分食〕把食物分出来。〔食(sì)之〕给使者吃。 ⑤〔反〕同"返"。 ⑥〔言之公〕言之于公。把(晏子贫困的情况)告诉齐景公。 ⑦〔嘻(xī)〕叹词,表示惊叹。 ⑧〔若是其贫也〕其贫若是乎?他穷得像这样吗? ⑨〔寡人〕君主自称。 ⑩〔是〕此。〔过〕错误。 ⑪〔致〕送。〔金〕金属钱币。〔与〕和。〔市租〕买卖货物的税款(指收税权)。 ⑫〔以〕用(千金与市租)。〔奉〕供养,招待。 ⑬〔终〕终于,最后还是。〔再拜〕拜两次。表示十分恭敬。 ⑭〔以〕由于。 ⑮〔泽覆〕恩泽遍及。〔三族〕父族、母族、妻族。 ⑯〔延及〕伸展到。〔交游〕朋友。 ⑰〔振〕救济。 ⑱〔婴闻之〕我听说这样(引古语常常这样说)。 ⑲〔夫厚取之君而施之民〕从君主那里拿来厚赏然后散给百姓。夫,助词,有引起下文的作用。 ⑳〔是臣代君君民也〕这就是臣子代替君主统治人民。君民,为人民之君,统治人民。 ㉑〔不为〕不这样做。 ㉒〔筐箧(qiè)之藏〕用筐箧收藏财物,敛财。筐和箧都是竹器。

于君①,退得罪于士②,身死而财迁于它人③,是为宰藏也④,智者不为也。夫十总之布⑤,一豆之食⑥,足于中,免矣⑦。"

写晏子俭约,不受千金之赐,并从忠、仁、智三方面说明不受的理由。

景公谓晏子曰:"昔吾先君桓公以书社五百封管仲⑧,不辞而受,子辞之何也⑨?"晏子曰:"婴闻之,圣人千虑⑩,必有一失⑪,愚人千虑,必有一得⑫。意者管仲之失而婴之得者耶⑬?故再拜而不敢受命⑭。"

从与管仲的对比中进一步突出晏子的高尚品质。

晏子使吴⑮

晏子使吴。吴王谓行人曰⑯:"吾闻晏婴,盖北方辩于

---

①〔进〕向上。指在朝中。下文"退"指在朝外。 ②〔得罪于士〕意思是,取得君主赏赐不能与士人共享而得罪他们。 ③〔财迁于它人〕财物转为别人所有。 ④〔为(wèi)宰藏〕为家臣蓄积财物。 ⑤〔十总(旧读zōng)之布〕粗布。总,丝八十根。 ⑥〔一豆之食〕一样食物。豆,古代一种食器。 ⑦〔足于中,免矣〕意思是内心满足就可以免于忧患。 ⑧〔先君〕前代的君主。〔桓公〕春秋时齐国国君,春秋五霸之一。〔书社五百〕就是五百个里的土地人口。古二十五家为里,里各立社。书社就是书写的人名在册。〔管仲〕齐桓公的国相,辅佐桓公建立霸业。 ⑨〔子〕你(有尊重的意味)。 ⑩〔千虑〕多次考虑。 ⑪〔失〕错误。 ⑫〔得〕对了,正确。 ⑬〔意者管仲之失而婴之得者耶〕想来这是管仲的错处,而是我的对处吧?意,推测。 ⑭〔受命〕接受君命。 ⑮〔使吴〕出使到吴国。吴,春秋时吴国。 ⑯〔谓〕告诉。〔行人〕管外交事务的官名。

辞、习于礼者也①。命傧者曰②：'客见则称天子请见③。'"明日，晏子有事④，行人曰："天子请见。"晏子蹴然⑤。行人又曰："天子请见。"晏子蹴然。又曰："天子请见。"晏子蹴然者三⑥，曰："臣受命弊邑之君⑦，将使于吴王之所，以不敏而迷惑⑧，入于天子之朝。敢问吴王恶乎存⑨？"然后吴王曰："夫差请见⑩。"见之以诸侯之礼⑪。

写晏子确是辩于辞而习于礼，所以能取得外交的胜利。

晏子使楚⑫

晏子使楚。楚人以晏子短⑬，为小门于大门之侧而延晏子⑭。晏子不入，曰："使狗国者从狗门入。今臣使楚，不当从此门入。"傧者更道，从大门入⑮。

---

①〔盖〕大概是。〔北方〕指中原地区各国，吴在南，中原在北。〔辩于辞〕善于辞令。辩，有口才。〔习于礼〕熟知礼仪。 ②〔命傧（bīn）者曰〕你告诉傧者，让他这样说。傧者，接引宾客的人。 ③〔客见则称天子请见〕客人来等待会见，就说天子请你进来会见。天子，诸侯各国的共主。那时候只有周王可称天子。 ④〔有事〕意思是有进见吴王的活动。 ⑤〔蹴（cù）然〕局促不安的样子。蹴，同"蹙"。 ⑥〔三〕第三次。 ⑦〔弊邑〕敝邑，鄙陋的国家，指齐国。这是谦词。 ⑧〔以不敏而迷惑〕因为自己不聪明而糊涂了（意思是走错了地方）。 ⑨〔敢问〕大胆请问。谦逊的说法。〔恶（wū）乎存〕在哪里？恶，何。存，在。 ⑩〔夫差（chāi）〕吴王的名字。 ⑪〔见之以诸侯之礼〕（吴王）用诸侯的礼仪会见了晏子。见之的"之"代晏子。 ⑫〔楚〕春秋时楚国。 ⑬〔以〕因。〔短〕身材矮小。 ⑭〔为〕做，设置。〔延〕迎接。 ⑮〔更〕改。〔道〕通"导"，引导。

写晏子善于辞令,故能不失身份。

见楚王,王曰:"齐无人耶①?使子为使。"晏子对曰:"齐之临淄三百闾②,张袂成阴③,挥汗成雨,比肩继踵而在④,何为无人?"王曰:"然则何为使子?"晏子对曰:"齐命使,各有所主⑤。其贤者使使贤主,不肖者使使不肖主⑥。婴最不肖,故宜使楚矣⑦。"

写晏子对于恶意的污辱,能及时予以有力的反击。

【研读参考】 一、先秦诸子著书,一般是以发议论、讲道理为重点,《晏子春秋》却以记晏子的活动为重点。因为意在记活动,所以近于历史的"传",浅近易读,比较有趣。

二、文言中有些词用法比较灵活,举本篇中"使""食""君""以"为例,说说这种情况。

---

① 〔无人〕缺少人。意思是没有合格的人。 ② 〔临淄(zī)〕齐国首都,在今山东淄博东北。〔闾(lú)〕古二十五家为一闾。 ③ 〔张袂(mèi)成阴〕都举起袖子来就像阴了天。袂,衣袖。 ④ 〔比肩继踵(zhǒng)〕肩并肩,脚跟脚(形容人多)。踵,脚跟。 ⑤ 〔各有所主〕意思是针对出使之国而不同对待。 ⑥ 〔不肖〕没有才干的,不好的。 ⑦ 〔宜〕应该。

一〇 《说林》篇选 韩非子

【解说】本篇选自《韩非子·说林》。《说林》分上、下二篇，前三则见《说林上》，最后一则见《说林下》，题目都是编者加的。《韩非子》是战国时期重要的法家著作，全书二十卷，包括《初见秦》《存韩》《难言》等五十五篇，绝大部分是韩非自己所作。韩非生在战国晚期，学问精深，在儒、道、法等学派的基础上建立了自己的思想体系。所著基本上是政治性的论文，内容主要是讲法治和权术。法治是由君主以严刑峻法统治国家，要人民绝对服从；权术是君主为了巩固统治，富国强兵，应使用威权和谋略，使人民成为君主的工具。因为目的在于辅佐君主成霸，所以不讲仁义，不主张法先王。他的主张有进取的一面，但是为专制统治说教献计而轻视人民，缺点也是严重的。

在先秦诸子里，《韩非子》的议论文造诣是很高的，主要优点是眼光锐敏，论点明确，论辩的方法多变，证据确凿，语言明快，逻辑性强，因而有强大的说服力。为了阐明自己的主张，常常引用史实或故事为证。这种论证方法本来是先秦诸子所常用的，可是《韩非子》用得更多，更生动有力。如这里选的几则都讲历史故事，可是读了会觉得作者因事而明之理确是不错。我们现在写议论文,这种因事见理的写法还是值得借鉴的。

作者韩非(约前280—前233),战国晚年韩国的公子,喜欢研究刑名法术的学问。曾经从荀子求学,和李斯同学,李斯以为自己学问不如韩非。《史记》说他口吃,没有讲话的才能,可是长于著作。他曾建议韩王变法,韩王不听,于是把自己的主张写为《孤愤》《五蠹》等篇。文章传到秦国,秦王(就是后来的秦始皇)非常赏识,让他到了秦国。因为受李斯的陷害,不久死在狱里。

师老马与蚁①

管仲、隰朋从桓公伐孤竹②,春往冬反③,迷惑失道。管仲曰:"老马之智可用也。"乃放老马而随之④,遂得道⑤。

管仲利用老马找到道路。

行山中,无水。隰朋曰:"蚁冬居山之阳⑥,夏居山之阴,蚁壤寸而有水⑦。"乃掘地,遂得水。

隰朋利用蚂蚁找到水。

以管仲之圣而隰朋之智⑧,至其所不知,不难师于老马

---

①〔师〕以……为师。 ②〔管仲、隰(xí)朋〕齐桓公的两个大臣。管仲是相,隰朋是将。〔孤竹〕古时北方一个小国,在现在河北卢龙东南。 ③〔反〕同"返"。 ④〔放〕放开,解脱羁绊让它自己随便走。 ⑤〔得道〕找到道路。 ⑥〔山之阳〕山的阳面(南面)。下句的"阴"指背阴的一面,即北面。 ⑦〔蚁壤寸而有水〕蚁穴口高一寸下边就有水。蚁壤,蚂蚁窝口的积土。有的本子作"蚁壤一寸而仞有水",意思是蚁穴高一寸,挖地八尺就有水。 ⑧〔以管仲之圣而隰朋之智〕凭管仲的圣明和隰朋的智慧。而,连词。

与蚁①。今人不知以其愚心而师圣人之智②，不亦过乎③？

点明主旨：要虚心向圣贤学习。

不死药④

有献不死之药于荆王者⑤，谒者操之以入⑥。中射之士问曰⑦："可食乎？"曰："可。"因夺而食之⑧。王大怒，使人杀中射之士。中射之士使人说王曰⑨："臣问谒者，曰'可食'，臣故食之，是臣无罪而罪在谒者也⑩。且客献不死之药，臣食之而王杀臣，是死药也⑪，是客欺王也。夫杀无罪之臣而明人之欺王也⑫，不如释臣。"王乃不杀。

中射之士用巧妙的辞令破除了不死药的迷信。

---

①〔不难〕不以为难。意思是愿意。②〔以其愚心而师圣人之智〕拿自己愚钝的心去效法圣人的智慧。③〔过〕错误。④〔不死药〕吃了可以长生的药。这是骗人的。⑤〔荆王〕战国楚顷襄王，名横，前298—前263年在位。古时楚、荆互用。⑥〔谒者〕管进谒的人，大致同于现在的传达。〔操〕持，拿。〔之〕代不死药。⑦〔中射之士〕中射士，诸侯宫里的侍御之臣。⑧〔因〕因而。因前省略了主语"中射之士"。⑨〔说（旧读 shuì）王〕向荆王解说。⑩〔是〕这，这样看来。⑪〔是死药也〕这反而是致人于死的药。⑫〔夫〕助词，引起议论。〔明〕表明。

巧诈不如拙诚

乐羊为魏将而攻中山①。其子在中山,中山之君烹其子而遗之羹②。乐羊坐于幕下而啜之③,尽一杯④。文侯谓堵师赞曰⑤:"乐羊以我故而食其子之肉。"答曰:"其子而食之⑥,且谁不食⑦?"乐羊罢中山⑧,文侯赏其功而疑其心。

乐羊虽有战功,却因忍心食其子之肉而受到猜疑。

孟孙猎得麑⑨,使秦西巴持之归⑩。其母随之而啼⑪,秦西巴弗忍而与之⑫。孟孙归,至而求麑,答曰:"余弗忍而与其母。"孟孙大怒,逐之。居三月⑬,复召以为其子傅⑭。其御曰⑮:"曩将罪之⑯,今召以为子傅,何也?"孟孙曰:"夫不忍麑,又且忍吾子乎⑰?"

---

①〔乐(yuè)羊〕姓乐,名羊,战国时魏国的大将,以战功封在灵寿(今河北灵寿)。也有人说名"乐阳"。〔中山〕战国时位于燕赵之间的一个小国,国都在今河北灵寿。 ②〔烹其子而遗(旧读 wèi)之羹〕把乐羊的儿子煮了而把肉汤送给乐羊。其,之,都指乐羊。遗,送给。遗之羹,遗之以羹,以羹遗之。 ③〔幕〕帐幕,军用帐篷。〔啜(chuò)〕喝。 ④〔尽一杯〕把一碗都喝完了。 ⑤〔文侯〕魏国国君。〔堵师赞〕魏文侯的近臣,大概是姓堵师名赞。 ⑥〔而〕尚且,还。 ⑦〔且〕尚,还。 ⑧〔罢〕停止(攻中山回魏国)。 ⑨〔孟孙〕孟孙是姓,指鲁国某一个大夫。〔麑(ní)〕幼鹿。 ⑩〔秦西巴〕孟孙的侍从。〔持之归〕把麑带回家。 ⑪〔其〕代麑。 ⑫〔弗忍〕不忍心,可怜它。 ⑬〔居〕过了。 ⑭〔复召以为其子傅〕又召(秦西巴)回来做他(孟孙)儿子的师傅。 ⑮〔其御〕他(孟孙)的御者(赶车的人)。 ⑯〔曩(nǎng)〕从前。〔将罪之〕要治他罪。 ⑰〔又且忍吾子乎〕还会忍心对我的儿子不好吗?

秦西巴虽有过，却因不忍麑之母而受到信任。

故曰：巧诈不如拙诚。乐羊以有功见疑①，秦西巴以有罪益信②。

根据以上事实，证明巧诈不如拙诚。

海大鱼

靖郭君将城薛③，客多以谏者④。靖郭君谓谒者曰："毋为客通⑤。"齐人有请见者，曰："臣请三言而已⑥，过三言⑦，臣请烹⑧。"靖郭君因见之⑨。

先写齐人进谏的来由，意在表明此事之不易。

客趋进曰⑩："海大鱼。"因反走⑪。靖郭君曰："请闻其说⑫。"客曰："臣不敢以死为戏⑬。"靖郭君曰："愿为寡人言之。"答曰："君闻大鱼乎？网不能止⑭，缴不能絓也⑮；

---

①〔见〕被。文言常用"见"表示被动。 ②〔以有罪益信〕因为有罪而越发得到信任。益，更加。 ③〔靖郭君〕战国时齐威王的儿子田婴。靖郭君是他的封号。〔城薛〕修薛城。城，动词，修城。薛，齐国的城邑，在今江苏北部邳（pī）州一带。 ④〔客多以谏者〕门客里许多人拿这事进谏。 ⑤〔毋（wú）为（wèi）〕不要给……〔通〕传达。 ⑥〔三言〕三个字。〔已〕止。 ⑦〔过〕超过。 ⑧〔臣请烹〕我愿煮死。"请"字表客气，没有意义，像"请问"的请。 ⑨〔因〕于是。 ⑩〔趋〕小步快走。是在尊者长者面前的礼貌。 ⑪〔因反走〕就回头跑。走，跑。 ⑫〔请闻其说〕愿意听听你的说辞。 ⑬〔以死为戏〕把死当作儿戏。意思是再说就该被煮了。 ⑭〔网不能止〕渔网不能拦住它。 ⑮〔缴（zhuó）不能絓（guà）〕带绳索的钓钩不能绊住它。

荡而失水①,鲵蚁得意焉②。今夫齐,亦君之海也③。君长有齐④,奚以薛为⑤?君失齐⑥,虽隆薛城至于天⑦,犹无益也⑧。"

  承上段,写进谏的巧妙辞令,意在表明理由的正大。

  靖郭君曰:"善。"乃辍不城薛⑨。

  结尾写进谏成功。

【研读参考】 一、作者在本篇的四则故事里各表示了什么意见?用四句简明的话写出来。

  二、两种相反的情况对比,能够使道理更明确。举本篇为例,说说这种情况。

  三、有些词,现代汉语里经常用作名词,可是在文言里常常用作动词。你能从本篇中举出一些吗?

----

① 〔荡〕冲到岸上。 ②〔鲵蚁得意焉〕鲵蛄(gū)和蚂蚁就高兴了。大鱼不能动,鲵蛄和蚂蚁可以吃它的肉。 ③〔君之海〕是说您在齐国就像大鱼在海里一样。 ④〔长有齐〕长久有齐国。 ⑤〔奚以薛为〕要薛做什么呢?奚,何,什么。为,助词,表疑问。 ⑥〔君失齐〕(如果)您失掉齐国。 ⑦〔隆〕高筑。 ⑧〔犹〕还是。 ⑨〔乃辍(chuò)不城薛〕就停下来不修薛城了。有的本子作"乃辍城薛"。

一〇 《说林》篇选   67

一一　渔父 楚辞

【解说】本篇选自《楚辞》。中国古代有两部韵文的总集：一部是《诗经》，收中原一带各国的诗歌三百多篇；一部是《楚辞》，收南方楚地屈原、宋玉等作的诗歌若干篇。《楚辞》中的作品，句式和篇幅都比较长，不像《诗经》，多数是四个字一句，并采取同一格调反复吟咏的形式。《楚辞》想象丰富，富于浪漫色彩。所收作品主要是屈原的，计有《离骚》《九歌》《天问》《卜居》《渔父》等篇。到西汉，刘向把这些辑在一起，后面加上宋玉、贾谊等的作品，总共十六篇，定名为《楚辞》；东汉王逸为《楚辞》作注，又加上自己的一篇，所以今本《楚辞》共十七篇。

《渔父》也有人以为不是屈原的作品。但是文章写得好，基本上用散文的语言，以渔父和屈原的问答为线索，写出两种对立的生活态度，以突出屈原人品的坚贞和高尚。对话精练，能够以简驭繁，寓深于浅；末尾以歌唱收束，余韵不尽。

作者屈原（约前 340—前 278），名平，字原，战国时楚国的贵族。楚怀王时官至左徒。忠正，有才能，主张整饬内政，联齐抗秦。因受奸臣排挤，主张不能实行，还被放逐。后来楚国的情况越来越坏，他悲愤绝望，终于投汨（mì）罗江（在湖南湘阴）而死。

屈原既放①,游于江潭②,行吟泽畔③,颜色憔悴④,形容枯槁⑤。渔父见而问之曰⑥:"子非三闾大夫与⑦?何故至于斯⑧?"屈原曰:"举世皆浊我独清⑨,众人皆醉我独醒⑩,是以见放⑪。"

> 由屈原回答渔父写起,先表明屈原的生活态度不合于世俗,遂被放逐。

　　渔父曰:"圣人不凝滞于物⑫,而能与世推移⑬。世人皆浊,何不淈其泥而扬其波⑭?众人皆醉,何不餔其糟而歠其醨⑮?何故深思高举⑯,自令放为⑰?"

> 渔父劝屈原随波逐流以取容于世。这是写另一种生活态度,与屈原对比。

　　屈原曰:"吾闻之⑱,新沐者必弹冠⑲,新浴者必振

---

① 〔放〕被放逐,从朝中被赶出来。 ② 〔江〕指沅江。〔潭〕深渊。 ③ 〔行吟〕边走边唱。〔泽畔〕沼泽边。 ④ 〔憔(qiáo)悴(cuì)〕黄瘦。 ⑤ 〔枯槁〕原指草木枯萎,没有生气。这里指人消瘦。 ⑥ 〔渔父(fǔ)〕打鱼的老人。父,对老年男子的尊称。 ⑦ 〔子〕你。带有尊敬的意思。〔三闾(lǘ)大夫〕楚国官名,掌管王族昭、屈、景三姓的事务。〔与〕同"欤"。 ⑧ 〔何故〕因为什么。故,原因。〔斯〕这样子。 ⑨ 〔浊〕指迷于利禄。 ⑩ 〔醉〕指昧于危亡。 ⑪ 〔是以见放〕因此被放逐。 ⑫ 〔凝滞于物〕黏着(zhuó)于外物,为身外的事物所牵扯。凝滞,拘执不变。 ⑬ 〔与世推移〕和世俗共同变动。 ⑭ 〔淈(gǔ)其泥而扬其波〕意思是合在一起搅乱。淈,浊。这里是使之浊的意思。其,指浊流。扬,用手抛激。 ⑮ 〔餔(bū)其糟而歠(chuò)其醨(lí)〕意思是合在一起混。餔,吃。糟,酒糟。歠,同"啜",饮。醨,通"漓",薄酒。 ⑯ 〔深思〕为国家危亡而担忧。〔高举〕指超脱利禄。 ⑰ 〔自令放为〕使自己被流放呢?为,表示疑问的句末助词。 ⑱ 〔闻之〕听见古语或格言这样说。《孟子·离娄上》也引过以下的话。 ⑲ 〔沐〕洗头。〔弹冠〕掸帽子

衣①。安能以身之察察②,受物之汶汶者乎③?宁赴湘流④,葬于江鱼之腹中⑤,安能以皓皓之白⑥,而蒙世俗之尘埃乎⑦?"

  加深一步写屈原的坚贞清白,宁死不变。

  渔父莞尔而笑⑧,鼓枻而去⑨,歌曰:"沧浪之水清兮⑩,可以濯吾缨⑪;沧浪之水浊兮⑫,可以濯吾足⑬。"遂去,不复与言⑭。

  写渔父的歌虽仍意在劝屈原随俗,而重点是表示两种相反的生活态度只能各行其是。

【研读参考】一、《楚辞》中作品多数有韵,文字比较艰深,初学不容易读懂。但我们要知道,这是古代文学作品的瑰宝,尤其像《离骚》《九歌》,感情真挚,想象丰富,文字优美。到文言程度提高一些,应该找有新注的本子读一读。

  二、用几句简明的话,说说屈原和渔父的生活态度各是怎样的。

  三、把本篇中对称的句子找出来。

————

①〔浴〕洗澡。〔振衣〕抖抖衣服。 ②〔察察〕皎洁。 ③〔汶(旧读 mén)汶〕浑浊,污染。 ④〔宁〕宁可。〔赴湘流〕投身湘水中。湘,湘江,湖南省的大河。 ⑤〔葬于江鱼之腹中〕意思是淹死,让鱼吃掉。 ⑥〔皓皓〕洁白的样子。 ⑦〔蒙〕受。 ⑧〔莞(wǎn)尔〕微笑的样子。 ⑨〔鼓枻(yì)〕摇桨。 ⑩〔沧浪(láng)〕沧浪水,在湖南省常德地区,是沧山的水和浪山的水合流后的名称。一说是汉水下游。〔清〕比喻社会清明。 ⑪〔濯(zhuó)吾缨(yīng)〕洗我系帽的带子。比喻可以向上,即出仕。"清"和"缨"押韵。 ⑫〔浊〕比喻社会混乱。 ⑬〔濯吾足〕洗我的脚。比喻向下,即隐居。"浊"和"足"押韵。 ⑭〔不复与言〕不再同屈原讲话。意思是知道劝也没有用。

一二　上书谏吴王　枚乘

【解说】本篇选自《文选》，个别字从《汉书》本传。汉高祖刘邦统一天下以后，封同姓子弟为王，到各地去统治一个区域。刘濞（pì）是高祖二哥刘仲的儿子，受封为吴王，统治长江下游一带，势力最强大。汉文帝时期，吴王的太子入朝（长安），同皇太子赌博，吵架，被皇太子打死。吴王怨恨，想造反。枚乘（shèng）在吴做郎中，认为吴王这样做很危险，所以上书劝他不要这样做。吴王不听。到汉景帝时，吴王感到中央的削藩政策对各王国不利，于是联合胶西、楚、赵等共七国，起兵反对中央。不久被周亚夫等的中央军打败，吴王被杀。枚乘上书谏诤共两次（第二次是在离开吴国之后），本篇是第一次写的。

《文选》是我国最早的一部内容丰富的诗文选集，南朝梁武帝的儿子萧统所选，萧统三十一岁即死，谥昭明，所以通称《昭明文选》。所选上起先秦，下到南朝梁，分文章为赋、诗、骚等三十八类，今本共六十卷。《文选》选文着重辞采秾丽，魏晋以后多收骈俪文，对后来的影响很大。虽然选文的标准不尽妥善，可是保存了不少优美的文学作品，所以历代视为研读古代诗文的必读书。

本篇是奏疏类文章，内容重在讲道理，明是非。古人写这类文章，一般是多引古语古事，正反对比，反复申说。本篇也是这样，我们读了，感到理由充足，意思恳切。作议论文，这种写法值得借鉴的地方很多。

作者枚乘（？—前140），字叔，汉朝淮阴（今江苏淮安市淮阴区）人。曾在吴王那里做郎中。吴王密谋造反抗拒中央，他上书谏诤。吴王不听，他到梁国去，梁孝王尊他为上客。汉武帝即位，他年已老，武帝用安车蒲轮征召他，死在路上。他是汉初的辞赋大家，可是传到现在的作品不多，最有名的是《七发》。

臣闻得全者昌①，失全者亡。舜无立锥之地以有天下②，禹无十户之聚以王诸侯③。汤武之土不过百里④，上不绝三光之明⑤，下不伤百姓之心者，有王术也⑥。故父子之道，

----

①〔臣闻〕我听（古语）说。臣，枚乘自称。以下引的古语是战国时齐国淳于髡向驺（zōu）忌子说的，原话是："得全全昌，失全全亡。"（见《史记·田敬仲完世家》）〔得全〕原指臣事君处处得当，这里指行事要毫无失误。 ②〔舜〕上古的贤君，继尧而有天下。〔无立锥之地〕没有一点土地。意思是原来是平民。立锥，锥子尖向下那样小。〔以〕而。 ③〔禹〕上古的贤君，继舜而有天下。〔无十户之聚〕（部下）不足十户人家。聚，村落。〔王（旧读 wàng）诸侯〕统率诸侯国。 ④〔汤〕商朝开国的君主。〔武〕周武王，周朝开国的君主。〔土〕地，疆域。〔百里〕方百里，纵横各一百里。 ⑤〔上不绝三光之明〕意思是行政合理，天象不发生异常现象。上，上天。绝，断。三光，日、月、星。 ⑥〔王术〕行王道的办法。王道是儒家设想的最好的政治。

天性也①；忠臣不避重诛以直谏②，则事无遗策③，功流万世④。臣乘愿披腹心而效愚忠⑤，惟大王少加意，念恻怛之心于臣乘言⑥。

开头举古事为证，说明上书直谏的意图。这是全文的序说。

夫以一缕之任系千钧之重⑦，上悬之无极之高⑧，下垂之不测之渊⑨，虽甚愚之人犹知哀其将绝也⑩。马方骇⑪，鼓而惊之⑫；系方绝⑬，又重镇之⑭。系绝于天⑮，不可复结，队入深渊⑯，难以复出，其出不出，间不容发⑰。能听忠臣之言，百举必脱⑱。必若所欲为⑲，危于累卵⑳，难于上天；

---

① 〔父子之道，天性也〕意思是，父子间的伦理关系是不可改易的。《孝经·圣治章》："父子之道，天性也，君臣之义也。"所以下文接说忠臣的事。 ② 〔重诛（zhū）〕指死罪。〔直谏〕直说谏诤的话。 ③ 〔遗策〕失计。 ④ 〔流〕向下传。 ⑤ 〔披腹心〕拿出真心。披，露出。〔效愚忠〕尽自己的忠心。愚，自谦的说法。 ⑥ 〔惟大王少加意，念恻（cè）怛（dá）之心于臣乘言〕希望大王稍加考虑，想想我进谏的恳挚之心。惟，助词，表示希望语气。少，稍微。 ⑦ 〔一缕〕一根线。〔任〕负担。〔系〕连接。〔千钧〕表示极大的重量。古代三十斤是一钧。 ⑧ 〔无极〕无限。 ⑨ 〔不测之渊〕深渊。不测，不能测量。 ⑩ 〔哀〕悲伤，担心。〔绝〕断。 ⑪ 〔方〕正在。〔骇〕惊怕。 ⑫ 〔鼓〕击鼓。〔惊〕吓唬。 ⑬ 〔系〕名词，指缕。 ⑭ 〔重镇之〕加上重量来压它。镇，压。 ⑮ 〔绝于天〕在极高处断了。 ⑯ 〔队〕同"坠"。 ⑰ 〔其出不出，间（jiàn）不容发〕意思是，坠入与不坠入，两者相差极微。比喻情势极度危急。间不容发，空隙容不下一根头发，就是两者的距离比发丝还细小。间，空隙。 ⑱ 〔百举必脱〕意思是可以免除各种灾祸。百举，一切行动。 ⑲ 〔必若所欲为〕一定像（你）想做的那样干。 ⑳ 〔累卵〕把蛋一层层堆起来。比喻不安稳，很危险。

变所欲为，易于反掌①，安于泰山。今欲极天命之寿②，敝无穷之乐③，究万乘之势④，不出反掌之易以居泰山之安⑤，而欲乘累卵之危走上天之难⑥，此愚臣之所大惑也⑦。

用安危祸福对比，说明弃福取祸是不智的。

人性有畏其影而恶其迹者⑧，却背而走⑨，迹愈多，影愈疾⑩；不如就阴而止⑪，影灭迹绝。欲人勿闻，莫若勿言；欲人勿知，莫若勿为。欲汤之沧⑫，一人炊之⑬，百人扬之⑭，无益也；不如绝薪止火而已。不绝之于彼⑮，而救之于此⑯，譬由抱薪而救火也⑰。

举因果关系的道理，说明治本的重要。

养由基，楚之善射者也，去杨叶百步，百发百中⑱。杨叶之大，加百中焉⑲，可谓善射矣。然其所止⑳，百步之内

---

①〔反掌〕把手掌翻过来。 ②〔极天命之寿〕用天所赋予的一生。极，尽。 ③〔敝〕尽，指享尽。 ④〔究万乘（旧读shèng）之势〕意思是穷极富贵，如同天子。究，穷尽。万乘，一万辆兵车，是天子的制度。 ⑤〔出〕采取。 ⑥〔乘〕乘坐。 ⑦〔大惑〕想不明白，感到不可理解。 ⑧〔人性〕有的人有这个脾气。〔恶（wù）〕厌憎。〔迹〕脚印。 ⑨〔却背而走〕转过身子来跑（使自己不见身影）。却，退。背，反身。走，跑。 ⑩〔影愈疾〕意思是影子随人跑，跟人一样快。疾，速。 ⑪〔就阴而止〕在背阴的地方停住。阴，阳光照不到的地方。 ⑫〔汤〕热水。〔沧（chuàng）〕冷。 ⑬〔炊〕烧火。 ⑭〔扬〕用勺舀沸水再倾下以散热。 ⑮〔彼〕指"炊之"。 ⑯〔此〕指"扬之"。 ⑰〔由〕同"犹"，好像。 ⑱〔养由基，楚之善射者也，去杨叶百步，百发百中〕《史记·周本纪》："楚有养由基者，善射者也，去柳叶百步而射之，百发而百中之。"楚，楚国。善射，射箭技艺高明。去，离开。杨叶，柳叶。百发百中，箭不虚发。 ⑲〔杨叶之大，加百中焉〕意思是柳叶很小，距离百步之远，却百发百中。 ⑳〔止〕指所射的距离。

耳,比于臣乘,未知操弓持矢也①。

> 与养由基善射相比,说明自己的直谏是深谋远虑。

福生有基②,祸生有胎③;纳其基④,绝其胎,祸何自来?泰山之霤穿石⑤,殚极之绠断干⑥,水非石之钻⑦,索非木之锯⑧,渐靡使之然也⑨。夫铢铢而称之,至石必差;寸寸而度之,至丈必过⑩。石称丈量,径而寡失⑪。夫十围之木⑫,始生而蘖⑬,足可搔而绝⑭,手可擢而拔⑮,据其未生,先其未形也⑯。磨砻砥砺⑰,不见其损,有时而尽⑱;种树畜养⑲,不见其益⑳,有时而大;积德累行㉑,不知其善,有时

----

①〔比于臣乘,未知操弓持矢也〕意思是,养由基与自己比就差远了,他等于还不知道射术。表示自己所见甚远,不仅百步。②〔基〕始。③〔胎〕始。④〔纳〕收藏使不能显露。⑤〔霤(liù)〕高处滴下的水。〔穿石〕穿透石头。⑥〔殚(dān)极之绠(gěng)断干(hán)〕意思是,细小的井绳可以磨断井栏。殚,尽。绠,同"绠",汲水的绳。干,井栏,古时用木制。⑦〔水非石之钻〕水不是钻石的器具。⑧〔索非木之锯〕绳索不是锯木的器具。⑨〔渐靡〕渐渐地磨切。靡,切。〔使之然〕使它如此。⑩〔夫铢(zhū)铢而称之,至石(shí)必差;寸寸而度(duó)之,至丈必过〕一铢一铢地称量,至石必有差异;一寸一寸地度量,到丈必有差误。意思是积小误必成大误。铢,古代量名,一两的二十四分之一。石,一百二十斤。⑪〔石称丈量,径而寡失〕用石来称,用丈来量,就直接而少差误。径,直接。⑫〔十围之木〕大树。围,两手的拇指食指从两头合拢来的长度。⑬〔始生而蘖(niè)〕刚出生时是嫩芽。⑭〔足可搔而绝〕用脚可以触断。⑮〔手可擢(zhuó)而拔〕用手可以拔掉。擢,揪。⑯〔据其未生,先其未形〕在它(十围之木)未长成之前就抑止它。意思是防患于未然。据,依。⑰〔磨砻(lóng)砥(dǐ)砺(lì)〕意思是磨炼。砻,也是磨。砥,砺,都是磨刀石。⑱〔不见其损,有时而尽〕意思是,磨的时候看不见磨石减少,时间长了会用完。⑲〔种树畜养〕种植物,养牲畜。树,动词,栽。⑳〔益〕增长。㉑〔累行〕积累好的行为。

而用①；弃义背理，不知其恶，有时而亡。臣愿大王熟计而身行之②，此百世不易之道也③。

最后说明要慎始，以防小事滋长成为大祸，暗示吴王不要有反叛的意图和行动。

【研读参考】一、古人写议论文章，常常引古语来论证自己主张的正确。引古语，有时明白指出来源，如"孔子曰""诗云"之类，也常常不举来源，而用"闻"来表示是古人所说。还有时候用"夫"字引起，如本篇"夫以一缕之任……"见于《孔丛子》。读的时候要注意。

二、本篇中哪些话是正反对比的？

三、文言中用数目字，有的表示实数，有的不表示实数。本篇中的数目字，哪些是不表示实数的？它们各表示什么意思？

---

① 〔用〕见实效，得善报。 ② 〔熟计〕仔细考虑。〔身行之〕自身实践。
③ 〔世〕三十年。〔易〕改变。

一三　人间训　淮南子

【解说】本篇选自《淮南子·人间训》,原文很长,这里只选一小部分,个别字句根据后人校勘做了改动。《人间训》这篇是讲世间祸福得失的道理的,据《淮南子》最后一篇《要略》所说,是意在"分别百事之微,敷陈存亡之机,使人知祸之为福,亡之为得,成之为败,利之为害也"。原篇名大概是"人间",汉朝高诱给《淮南子》作注,于篇名后加"训"字,训是训释的意思。

《淮南子》是我国古代子书里很重要的一种,由西汉刘安集合门下许多方术之士和儒生所著。原有内篇、中篇、外篇三部分,现在只存内篇《原道训》《俶(chù)真训》《天文训》等二十一篇,分为二十一卷。思想基本上是道家,也吸收了儒、法、阴阳等学派的思想。说理深广而透彻,多引古语古事,保存了许多古代的文献材料。

本篇讲世间祸福利害的转化,引史实为证,文笔生动,事浅而意深,与现在的辩证观点有相合之处。

作者刘安(前179—前122),汉高祖刘邦的孙子。他父亲刘长受封为淮南王,他袭爵位。读书多,能写文章。汉武帝时,他谋反未成,自杀。

天下有三危：少德而多宠①，一危也；才下而位高②，二危也；身无大功而受厚禄，三危也。

<small>提出三危的论点，以引起下文的议论。</small>

故物或损之而益③，或益之而损。何以知其然也④？昔者楚庄王既胜晋于河雍之间⑤，归而封孙叔敖⑥，辞而不受。病且死⑦，谓其子曰："吾则死⑧，王必封女⑨，女必让肥饶之地而受沙石之地⑩。楚越之间有寝丘者⑪，其地确而名丑⑫，荆人鬼⑬，越人禨⑭，人莫之利也⑮。"孙叔敖死，王果封其子以肥饶之地，其子辞而不受，请有寝之丘⑯。楚国之俗，功臣二世而夺禄⑰，惟孙叔敖独存⑱。此所谓损之而益也。

<small>举损之而益的例子，以表明祸福的相因关系。</small>

---

①〔多宠〕多有宠幸，也就是爱好多。②〔才下〕才能低下。③〔物〕泛指事物。〔损之而益〕损害他反而使他得益。④〔然〕这样。⑤〔楚庄王〕春秋五霸之一，前613—前591年在位。〔胜晋于河雍之间〕指鲁宣公十二年邲（bì）之战。那次战争晋国统帅是荀林父（fǔ）。邲在今河南省郑州市东，当时是郑国的地方。河，黄河。雍，指衡雍城，在今河南原阳。⑥〔封〕把土地赐给功臣并予以爵位。〔孙叔敖〕楚国的令尹，这次也随楚王出征。⑦〔且〕将。⑧〔则〕若。⑨〔女〕同"汝"。⑩〔肥饶之地〕肥沃富饶的土地。〔沙石之地〕多沙石的土地。⑪〔越〕越国。〔寝丘〕地名，在今河南沈丘。下文"有寝之丘"即寝丘。有，用在专名前的助词，无义。⑫〔确而名丑〕土地浇薄而名称又坏。按寝丘前有妒谷，后有戾丘。妒，嫉妒，戾，暴戾，都是坏名字。⑬〔荆人鬼〕楚国人好事奉鬼。⑭〔越人禨（jī）〕越国人好禨祥的事。禨，祥，求福。⑮〔莫之利也〕莫利之也，没有认为它有利的。⑯〔请〕请求。⑰〔功臣二世而夺禄〕有功的大臣，两代之后就收回封地。⑱〔惟孙叔敖独存〕只有孙叔敖的后代独自保留封地。

何谓益之而损？昔晋厉公南伐楚①，东伐齐，西伐秦，北伐燕，兵横行天下而无所绻②，威服四方而无所诎③，遂合诸侯于嘉陵④。气充志骄⑤，淫佚无度⑥，暴虐万民。内无辅拂之臣⑦，外无诸侯之助。戮杀大臣⑧，亲近导谀⑨。明年，出游匠骊氏⑩，栾书、中行偃劫而幽之⑪，诸侯莫之救⑫，百姓莫之哀，三月而死。夫战胜攻取⑬，地广而名尊⑭，此天下之所愿也，然而终于身死国亡。此所谓益之而损者也。

从反面举益之而损的例子，以表明祸福的相因关系。

夫孙叔敖之请有寝之丘，沙石之地，所以累世不夺也⑮；晋厉公之合诸侯于嘉陵，所以身死于匠骊氏也。众人皆知利利而病病也⑯，唯圣人知病之为利，知利之为病也。

---

①〔晋厉公〕春秋时晋国国君，前580—前573年在位。 ②〔绻（quǎn）〕屈，挫折。 ③〔诎（qū）〕屈。 ④〔合〕会合。〔嘉陵〕《左传》作"柯陵"，在今河南许昌南。合诸侯是春秋鲁成公十七年的事。 ⑤〔气充志骄〕意气满盈，心志骄横。自以为不可一世。 ⑥〔淫佚无度〕荒淫奢侈，没有节制。 ⑦〔辅拂（bì）〕辅佐。拂，同"弼"。 ⑧〔戮杀大臣〕指杀郤（xì）至、郤犫（chōu）、郤锜（qí）等，事亦在鲁成公十七年。 ⑨〔导谀（yú）〕引诱人、奉承人的人。指胥童、夷阳五、长鱼矫等。 ⑩〔匠骊（lí）氏〕晋厉公嬖爱的大夫。 ⑪〔栾（luán）书、中行（háng）偃〕都是晋国的卿相。中行偃，即荀偃。〔劫而幽之〕劫持他并且囚禁起来。《左传》说也是在鲁成公十七年；杀晋厉公在十八年正月。 ⑫〔莫之救〕莫救之，没有人救他。 ⑬〔战胜攻取〕打仗就得胜，攻城就攻下。 ⑭〔名尊〕名望崇高。 ⑮〔所以累世不夺〕因此一代一代地存在而没被夺取。 ⑯〔利利而病病〕以利为利而以病为病。前一"利""病"是动词。

夫再实之木根必伤①，掘藏之家必有殃②，以言大利而反为害也③。张武教智伯夺韩魏之地而擒于晋阳④，申叔时教庄王封陈氏之后而霸天下⑤。孔子读《易》至《损》《益》⑥，未尝不喟然而叹曰⑦："益损者，其王者之事与⑧。"

总前二例，说明损益祸福的辩证关系。

事或欲利之⑨，适足以害之⑩；或欲害之，乃反以利之。

---

①〔再实之木根必伤〕一年结两次果的树一定伤根。 ②〔掘藏〕挖掘人家的坟墓，盗取殉葬的珍宝。〔殃〕祸害。 ③〔以言大利而反为害也〕用以说明大利反倒成为危害呀。 ④〔张武教智伯夺韩魏之地而擒于晋阳〕张武教唆智伯侵夺韩氏、魏氏两家的土地而在晋阳被擒杀。张武，智伯的臣。智氏，和范氏、中行氏、魏氏、韩氏、赵氏同是春秋晋国世代的卿相。春秋末年，智伯依仗自己强大，先灭了范氏、中行氏，又要求魏氏（宣子）、韩氏（康子）给他土地，韩魏两家都忍痛割地给他。他又向赵氏（襄子）要地，赵襄子不给，他就纠合韩、魏两家一起围攻赵氏的晋阳，决水灌城。赵襄子派人联合韩、魏两家，共击智伯，智氏亡，土地被三家分掉。张武被擒，赵襄子杀了他。 ⑤〔申叔时〕楚国大夫。〔封陈氏之后〕立陈国的后代，使陈国仍旧存在下去。春秋前期，陈国的国君淫乱，被夏征舒杀死，陈国大乱。楚庄王出兵平定了陈国，并派兵戍守（实际上就是占领了陈国）。申叔时出使齐国回来，楚庄王问他为什么不表示庆贺，他回答说：本来是兴兵伐罪，现在乘机留兵戍守，人家会说我们是为了贪图土地。于是楚庄王把戍卒撤回，恢复了陈国。〔而霸天下〕楚庄王恢复陈国之后，诸侯都来朝见楚国。 ⑥〔孔子读《易》至《损》《益》〕孔子念《易经》念到《损》卦、《益》卦。传说孔子读《易经》很用心，至于"韦编三绝"（穿竹简的皮线断了几次）。《易经》是周朝讲算卦的书，共有六十四卦。 ⑦〔喟（kuì）然〕叹气的样子。 ⑧〔其〕表示测度的词。〔王者〕因行政合理而成王的人。〔与（yú）〕同"欤"，表示不肯定的语气助词。 ⑨〔或欲利之〕有时想使他得到好处。 ⑩〔适〕恰好。

利害之反，祸福之门①，不可不察也。阳虎为乱于鲁②，鲁君令人闭城门而捕之，得者有重赏，失者有重罪。围三匝矣③，阳虎将举剑而自刎颈④。门者止之曰⑤："我将出子⑥。"阳虎因赴围而逐⑦，扬剑提戈而走。门者出之，顾反取其出之者以戈推之⑧，攘袪薄腋⑨。出之者怨之曰："我非故与子友也⑩，为之蒙死被罪⑪，而乃反伤我⑫，宜矣其有此难也⑬。"鲁君闻阳虎失⑭，大怒，问所出之门⑮，使有司拘之⑯，伤者受大赏，而不伤者被重罪⑰。此所谓害之而反利之者也。

以阳虎为例，说明欲害的结果与本意相违。

何谓欲利之而反害之？楚恭王与晋人战于鄢陵⑱，战

①〔祸福之门〕祸福的来由。 ②〔阳虎〕春秋时代鲁国权臣季氏的家臣。季氏是鲁国世代专权的家族，阳虎又专季氏的权，后来叛国。 ③〔匝（zā）〕周。 ④〔举剑而自刎（wěn）颈〕举起剑割脖子。刎，割断。 ⑤〔门者〕守门的人。 ⑥〔出子〕放你出（城门）。 ⑦〔赴围而逐〕向围着的人奔驰过去。 ⑧〔顾反取其出之者以戈推之〕就返回头把放他出去的人拉过来用戈刺。顾，乃，就。反，同"返"。推，进，这里是刺的意思。 ⑨〔攘袪（qū）薄腋〕割断袖子，迫近腋下。 ⑩〔我非故与子友也〕我不是本来和你有交情。 ⑪〔为之蒙死被罪〕为放你走冒着死罪。 ⑫〔而乃反伤我〕你竟然反倒伤害我。而，你。乃，竟然。 ⑬〔宜矣其有此难（nàn）也〕这是谓语提前加重语气的句子。意思是，你有这次危难是应该的。其，代阳虎。 ⑭〔失〕跑掉。 ⑮〔问所出之门〕查问（阳虎）所出的城门。 ⑯〔有司〕有关的负责人。〔之〕代守门的人。 ⑰〔伤者受大赏，而不伤者被重罪〕因为受伤是同阳虎战斗的证据。 ⑱〔楚恭王〕就是楚共王（古"恭"和"共"通用）。春秋时楚国国君，前590—前560年在位。〔晋人〕指晋厉公。〔鄢（yān）陵〕当时郑国的土地，今河南鄢陵。这次战争在鲁成公十六年。

酣①，恭王伤而休②。司马子反渴而求饮③，竖阳谷奉酒而进之④。子反之为人也⑤，嗜酒而甘之，不能绝于口⑥，遂醉而卧。恭王欲复战，使人召司马子反，辞以心疾⑦。王驾而往视之⑧，入幄中而闻酒臭⑨。恭王大怒曰："今日之战，不穀亲伤⑩，所恃者司马也，而司马又若此！是忘楚国之社稷而不恤吾众也⑪。不穀无与复战矣⑫！"于是罢师而去之⑬，斩司马子反以为僇⑭。故竖阳谷之进酒也，非欲祸子反也，诚爱而欲快之也⑮，而适足以杀之。此所谓欲利之而反害之者也。

举阳谷为例，说明欲利的结果也会与本意相违。

【研读参考】一、古代子书常常用讲故事的形式发表议论。故事，有的是事实，是历史故事；有的不是事实，是寓言故事。用这种形式发表议论有什么好处？

---

①〔战酣（hān）〕打得正起劲。②〔伤而休〕受了伤，从战场退下来。指恭王被晋人射中眼睛。③〔司马子反〕司马，官名，相当于军中元帅。子反，楚公子，名侧，子反是字。④〔竖〕年轻的仆役。〔阳谷〕这个仆役的名字。⑤〔为人〕指性格、作风。⑥〔嗜酒而甘之，不能绝于口〕好喝酒，越喝越有味儿，喝起来就没完。⑦〔辞〕推辞。⑧〔驾而往视之〕坐上车去看他（的病）。驾，套上车。⑨〔幄（wò）〕帐幕。古时行军，携带帐幕，供夜间住宿。〔臭（xiù）〕气味。⑩〔不穀亲伤〕我自身受了伤（此战楚共王伤目）。不穀，人君谦称自己，如"寡人"。穀，善。⑪〔社稷（jì）〕国家的代称。〔不恤吾众〕不体贴我的军队。⑫〔无与复战矣〕没人可以共同再作战了。⑬〔罢师〕停止战争。〔去〕离去。⑭〔僇（lù）〕杀以示众的意思。僇，通"戮"。⑮〔诚爱而欲快之〕实在是对他好而想使他快活。

二、证明自己主张的正确,比故事更常用的是古语(包括古书、圣贤的话、格言等)和日常事理(如物不平则鸣)之类。本篇中有没有?如有,指出来。

三、本篇是西汉的文章,已经习用对偶句,如"横行天下而无所绖,威服四方而无所诎"。把这样的句式都找出来,体会一下,是不是比散句显得声音美、意思重?

四、注意并讲讲下面的写法:

(1)人莫之利　诸侯莫之救　百姓莫之哀

(2)战胜攻取

(3)利利而病病

(4)宜矣其有此难也

一四　项羽败亡　司马迁

【解说】本篇选自《史记·项羽本纪》，题目是编者加的。《项羽本纪》记叙项羽由少年时代起到败亡为止的重要事迹，以及秦汉之际许多政治军事方面的大事，内容很多，这里只选最后一小部分。项羽（前232—前202），名籍，字羽（一说字子羽），下相（在今江苏宿迁）人。出身楚国贵族，祖先数代为楚将。秦二世元年（前209）随着他叔父项梁在吴（今江苏苏州）起兵抗秦。勇武善战，当时各方武力很少能抵挡他。秦亡以后，他自立为西楚霸王，成为当时的霸主。与刘邦争天下，最后在垓（gāi）下被围，失败自杀。《史记》记项羽最后一段事迹，表面是写战争场面的演变，项羽怎样被围，怎样自杀而了结，实际是写英雄末路的种种表现以及作者的惋惜心情。写帐中歌唱，写乌江自刎，情景交融，使千载后的读者仍能想见其慷慨悲歌、宁死不辱的英雄气概。人都说《史记》不只是历史作品，而且是上好的文学作品，本篇正可以证明这一点。

《史记》是第一部纪传体的通史，也是二十几部正史的第一部。内容为"本纪"十二篇，主要记历代帝王和他们历年的历史大事；"表"十篇，为朝代编年；"书"八篇，记典章制度等；

"世家"三十篇，记诸侯国等；"列传"七十篇，记人物等。"列传"部分分量比较重，内容最丰富，不只收上层社会人物，还收游侠、刺客、俳优等下层社会人物。写人物都有声有色，寓褒寓贬。全书五十多万字，一百三十篇，内十篇有残缺，由褚少孙补写。记事上起黄帝，下至汉武帝太初年间，前后共约三千年，是我国古代历史总结性的大著作。《史记》记事分为"本纪""列传"等，体制精审，所以成为以后历朝修史的范本。

作者司马迁（前145或前135—?），字子长，汉朝龙门（今陕西韩城）人。他父亲司马谈是大学者，曾官太史令。他继承家学，精通天文、星历、历史等学问。成年以后，他到南北各地游历，考察风俗人情。他父亲死时，他受遗命，一定要把写史的任务完成。后来他做了太史令，又大量读了皇家的藏书，于是根据《左传》《国语》等文献以及自己采访的资料，开始写史。天汉二年（前99），因为为李陵（作战不利，投降匈奴）辩护，认为他将要在匈奴立功而归汉，得罪下狱，第二年受了宫刑。出狱以后，他忍辱著书，终于完成了《史记》。司马迁不只学问好，人品也高尚，在《史记》中，处处表现了他反对残暴，同情受苦难的人民，使历代千千万万的读者受到教育。关于他的经历、思想以及著史的苦心，可以看他自己写的《史记·太史公自序》和《报任安书》（见《汉书·司马迁传》）。

项王军壁垓下[①]，兵少食尽，汉军及诸侯兵围之数重[②]。

————

[①]〔壁〕动词，扎营。〔垓下〕在今安徽灵璧东南。 [②]〔汉军〕汉王刘邦的军队。〔诸侯〕指韩信、彭越等。〔数重（chóng）〕多层。

夜闻汉军四面皆楚歌①,项王乃大惊曰:"汉皆已得楚乎? 是何楚人之多也②!"项王则夜起③,饮帐中。有美人名虞④, 常幸从⑤;骏马名骓⑥,常骑之。于是项王乃悲歌慷慨⑦,自 为诗曰⑧:"力拔山兮气盖世⑨!时不利兮骓不逝⑩!骓不逝 兮可奈何!虞兮虞兮奈若何⑪!"歌数阕⑫,美人和之⑬。项 王泣数行下⑭,左右皆泣⑮,莫能仰视⑯。

　　写项羽陷入重围,知末路已至,对着美人良马感慨悲歌。

于是项王乃上马骑⑰,麾下壮士骑从者八百余人⑱,直 夜溃围南出⑲,驰走。平明⑳,汉军乃觉之㉑,令骑将灌婴以 五千骑追之㉒。项王渡淮㉓,骑能属者百余人耳㉔。项王至阴

---

① 〔汉军四面皆楚歌〕四面围项王的汉军都唱楚国音调的歌。这表示楚人多已降汉,所以引起项王的惊疑。　② 〔是〕此,这。　③ 〔则〕便,就。　④ 〔虞(yú)〕《汉书》作"姓虞氏",就是后代戏剧里的虞姬。　⑤ 〔常幸从〕为项羽所宠幸,经常随着项羽。　⑥ 〔骏马〕良马。〔骓(zhuī)〕黑白杂色的马。　⑦ 〔慷慨〕悲愤感叹。　⑧ 〔为诗〕吟诗。　⑨ 〔兮〕助词,相当于"啊"。〔盖世〕高出当代。　⑩ 〔逝〕往,行。　⑪ 〔奈若何〕奈何你,怎样安置你。若,你。　⑫ 〔歌数阕(què)〕唱了几遍。阕,一曲终了。　⑬ 〔和(hè)之〕随着一起唱。　⑭ 〔泣数行(háng)下〕流下许多泪。　⑮ 〔左右〕侍从的人。　⑯ 〔莫能仰视〕因极悲痛而不能抬头看。　⑰ 〔骑(旧读 jì)〕一人乘一马,马军。以下"骑"字(除"骑从者""吾骑此马"的"骑"以外)同。　⑱ 〔麾(huī)下〕部下。麾,主帅的军旗。〔骑从者〕骑马跟着的。　⑲ 〔直夜〕当夜。〔溃围〕突围。　⑳ 〔平明〕天亮的时候。　㉑ 〔觉〕发现。　㉒ 〔灌婴〕汉功臣,后封颍阴侯。　㉓ 〔淮〕淮河。　㉔ 〔属(zhǔ)〕连接,跟随。

陵①,迷失道②,问一田父③,田父绐曰"左"④。左,乃陷大泽中⑤。以故汉追及之⑥。项王乃复引兵而东,至东城⑦,乃有二十八骑⑧。汉骑追者数千人。项王自度不得脱⑨。谓其骑曰:"吾起兵至今八岁矣⑩,身七十余战⑪,所当者破,所击者服⑫,未尝败北⑬,遂霸有天下⑭。然今卒困于此⑮,此天之亡我,非战之罪也⑯。今日固决死⑰,愿为诸君快战⑱,必三胜之⑲,为诸君溃围,斩将,刈旗⑳,令诸君知天亡我,非战之罪也。"乃分其骑以为四队,四向㉑。汉军围之数重。项王谓其骑曰:"吾为公取彼一将。"令四面骑驰下,期山东为三处㉒。于是项王大呼驰下,汉军皆披靡㉓,遂斩汉一将。是时,赤泉侯为骑将㉔,追项王,项王瞋目而

----

① 〔阴陵〕秦时县名,在今安徽定远西北。 ② 〔迷失道〕迷失了路。 ③ 〔田父(fǔ)〕老年农人。 ④ 〔绐(dài)〕欺骗。〔左〕向左行,向左拐。 ⑤ 〔大泽〕低洼泥地。今安徽全椒东南三十里有地名迷沟,距阴陵五里,相传是项羽所陷入的大泽。 ⑥ 〔以故〕因此。 ⑦ 〔东城〕秦时县名,在今安徽定远东南。 ⑧ 〔乃有〕竟只有。 ⑨ 〔自度(duó)不得脱〕自己估计不能逃脱了。 ⑩ 〔岁〕年。 ⑪ 〔身七十余战〕亲身经历战斗七十多次。 ⑫ 〔所当者破,所击者服〕(我)所敌对的一定打败,(我)所攻打的一定降服。 ⑬ 〔败北〕失败。北,败退。 ⑭ 〔霸有天下〕为天下之霸主。霸,动词,称霸。 ⑮ 〔卒困于此〕终于在此受围困。 ⑯ 〔此天之亡我,非战之罪也〕这是天意使我灭亡,不是战斗不能取胜。 ⑰ 〔固决死〕自然是决战而死。 ⑱ 〔为(wèi)诸君快战〕为诸位痛快地打一场。 ⑲ 〔三胜〕指下文溃围、斩将、刈旗。 ⑳ 〔刈(yì)旗〕砍倒敌将的旗。 ㉑ 〔四向〕面向四面。 ㉒ 〔期山东为三处〕约定冲到山的东面,分三处集合。 ㉓ 〔披靡(mǐ)〕溃散。 ㉔ 〔赤泉侯〕汉将杨喜,后来封赤泉侯。

叱之①，赤泉侯人马俱惊，辟易数里②。与其骑会为三处。汉军不知项王所在，乃分军为三，复围之。项王乃驰，复斩汉一都尉③，杀数十百人④。复聚其骑，亡其两骑耳⑤。乃谓其骑曰："何如?"骑皆伏曰⑥："如大王言⑦。"

> 写项羽的勇武和自负，兵力将尽的时候还能突围斩将。

于是项王乃欲东渡乌江⑧。乌江亭长枻船待⑨，谓项王曰："江东虽小⑩，地方千里⑪，众数十万人⑫，亦足王也⑬。愿大王急渡。今独臣有船⑭，汉军至，无以渡。"项王笑曰："天之亡我，我何渡为！且籍与江东子弟八千人渡江而西⑮，今无一人还，纵江东父兄怜而王我⑯，我何面目见之？纵彼不言，籍独不愧于心乎⑰？"乃谓亭长曰："吾知公长者⑱。吾骑此马五岁，所当无敌，尝一日行千里，不忍杀之，以赐公⑲。"乃令骑皆下马步行，持短兵接战⑳。独籍所杀汉军数百人㉑。项王身亦被十余创㉒。顾见汉骑司马吕马童㉓，

---

① 〔瞋（chēn）目〕睁大眼睛，瞪眼。〔叱（chì）〕大声吆喝。　② 〔辟易〕惊退。　③ 〔都尉（wèi）〕武官名。　④ 〔数十百人〕相当于现在说百八十人。　⑤ 〔亡〕失落，损失。　⑥ 〔伏〕拜伏。　⑦ 〔如〕正像。　⑧ 〔乌江〕在今安徽和县东北。　⑨ 〔亭长〕当时的乡官。〔枻（yǐ）船待〕船靠岸等待（项羽）。枻，同"舣"。　⑩ 〔江东〕长江下游的江南一带。　⑪ 〔方千里〕方形每边一千里。　⑫ 〔众〕人民，群众。　⑬ 〔足王（旧读wàng）〕可以统治，足够称王。　⑭ 〔独〕仅仅。〔臣〕谦逊地称自己，相当于后来说"在下"。　⑮ 〔且〕况且。〔籍〕项羽自称。　⑯ 〔纵〕即使。〔怜而王我〕同情我而奉我为王。　⑰ 〔独〕难道。　⑱ 〔长者〕忠厚人。　⑲ 〔赐〕赠。　⑳ 〔短兵〕轻便的短武器。　㉑ 〔独〕单是。　㉒ 〔被十余创（chuāng）〕受伤十几处。创，伤。　㉓ 〔顾〕回头。〔骑司马〕马军武官名。

曰:"若非吾故人乎①?"马童面之②,指王翳曰③:"此项王也。"项王乃曰:"吾闻汉购我头千金④,邑万户⑤,吾为若德⑥。"乃自刎而死⑦。王翳取其头,余骑相蹂践争项王⑧,相杀者数十人。最其后⑨,郎中骑杨喜⑩,骑司马吕马童,郎中吕胜、杨武各得其一体。五人共会其体⑪,皆是⑫。故分其地为五⑬:封吕马童为中水侯,封王翳为杜衍侯,封杨喜为赤泉侯,封杨武为吴防侯,封吕胜为涅阳侯⑭。

写项羽经历的结尾,拒渡乌江,自杀以谢江东父老,以谢故人。这是最后描画项羽的英雄气概。

项王已死,楚地皆降汉⑮,独鲁不下⑯。汉乃引天下兵欲屠之。为其守礼义,为主死节⑰,乃持项王头视鲁⑱,鲁父兄乃降⑲。始⑳,楚怀王初封项籍为鲁公㉑,及其死,鲁最后下,故以鲁公礼葬项王谷城㉒。汉王为发哀㉓,泣之而去。

---

①〔若〕你。〔故人〕旧相识,老朋友。 ②〔面之〕(不得已)面向项羽。 ③〔指王翳(yì)〕指项羽给王翳看。 ④〔购〕悬赏而求。〔千金〕一千斤金子。 ⑤〔邑万户〕封给万户作为食邑(受封者可以收食邑内人民的租税以供自己享用),也就是封为万户侯。 ⑥〔吾为若德〕我给你一点好处。 ⑦〔刎(wěn)〕割脖子。 ⑧〔相蹂践争项王〕互相纵马践踏争夺项羽尸体。 ⑨〔最其后〕最末了,就是争夺的结果。 ⑩〔郎中骑〕官名,郎中令属下的骑将。 ⑪〔会〕合。 ⑫〔皆是〕都不错。意思是,他们所得的一部分确实都是项羽的尸体。 ⑬〔其地〕指万户的食邑。 ⑭〔涅〕读niè。 ⑮〔楚地〕指原属项羽的地区。 ⑯〔独〕只有。〔不下〕没有攻破,即不投降。 ⑰〔主〕指项羽。〔死节〕宁死而守节义。 ⑱〔视鲁〕给鲁人看(示众)。 ⑲〔父兄〕指大众。 ⑳〔始〕起初。 ㉑〔楚怀王〕名心,是项羽叔父项梁所立楚国最后的君主。 ㉒〔以鲁公礼葬项王谷城〕用安葬鲁国国君的礼仪把项羽安葬在谷城。谷城,山名,在今山东东阿东北。 ㉓〔发哀〕丧礼中哭号,表示悲痛。

写鲁的情况,这是从侧面描写项羽的流风遗爱。

诸项氏枝属①,汉王皆不诛。乃封项伯为射阳侯②。桃侯、平皋侯、玄武侯皆项氏③,赐姓刘④。

末尾交代一下汉王如何对待项羽的族属。

太史公曰⑤:吾闻之周生曰⑥,"舜目盖重瞳子⑦。"又闻项羽亦重瞳子,羽岂其苗裔邪⑧?何兴之暴也⑨!夫秦失其政⑩,陈涉首难⑪,豪杰蜂起⑫,相与并争,不可胜数⑬。然羽非有尺寸⑭,乘势起陇亩之中⑮,三年,遂将五诸侯灭秦⑯,分裂天下,而封王侯,政由羽出⑰,号为霸王⑱,位虽不终⑲,近古以来未尝有也。及羽背关怀楚⑳,放逐义帝而自立㉑,

---

①〔枝属〕宗族。 ②〔项伯〕项羽的族叔,曾官楚国左尹,暗中交汉王刘邦。 ③〔皆项氏〕都是姓项的。 ④〔赐姓刘〕把皇帝的刘姓赏给异姓人。这是一种荣宠。 ⑤〔太史公〕司马迁自称。他曾官太史令。"太史公曰"以下是司马迁评论本篇的话。 ⑥〔周生〕汉朝儒者。 ⑦〔舜〕上古帝王。〔盖〕相当于口语的"大概是"。〔重瞳(tóng)子〕两个眸子。这是古代的一种传说。 ⑧〔苗裔(yì)〕后代子孙。 ⑨〔暴〕猝然。意思是忽然崛起于民间。 ⑩〔秦失其政〕秦国政治暴乱。 ⑪〔陈涉〕名胜,秦末农民起义领袖。〔首难(nàn)〕首先发动抗秦。难,指起兵。 ⑫〔蜂起〕成群起来。 ⑬〔不可胜(shēng)数(shǔ)〕数不过来。胜,禁得住。 ⑭〔非有尺寸〕没有一点土地可以凭借。尺寸,形容极小的地方。 ⑮〔乘势起陇亩之中〕乘秦末大乱的形势从田野间兴起。 ⑯〔将〕统率。〔五诸侯〕指战国的齐、赵、韩、魏、燕五国。 ⑰〔政由羽出〕政令都由项羽发布。 ⑱〔号〕号称。 ⑲〔位〕指项羽的政权地位。〔不终〕没有保持到底。 ⑳〔背关〕放弃关中。〔怀楚〕思乡东归而都彭城(今江苏徐州)。 ㉑〔放逐义帝而自立〕指杀楚怀王,自立为王。

怨王侯叛己，难矣①。自矜功伐②，奋其私智而不师古③，谓霸王之业④，欲以力征经营天下⑤，五年卒亡其国，身死东城，尚不觉寤⑥，而不自责，过矣⑦。乃引"天亡我，非用兵之罪也"⑧，岂不谬哉⑨！

　　司马迁对项羽的评论，虽长短兼述，但仍含惋惜的心情。

【研读参考】一、《史记》文章好，对后代影响很大，被历代看作标准文言。学文言，有了相当的根底以后，最好能够多读些《史记》上的文章。选注本中，王伯祥《史记选》、郑权中《史记选讲》都可以用。

　　二、专就本篇讲，项羽在作者心目中是个什么人物？从哪些记叙可以看出作者的评价？是怎样评价的？

　　三、你看过戏剧《霸王别姬》吗？戏剧中情节与本篇有什么不同？为什么要改？

　　四、文言中有些词的用法现在没有了，如名词的"骑"，动词的"壁"。你还能从本篇中再找出一些吗？

---

①〔难矣〕意思是项羽这样做，还想成大事，就难了。②〔自矜功伐〕自夸功业。指前"身七十余战……"等语。矜，夸。伐，功勋。③〔奋其私智〕逞他的个人意愿。〔师古〕效法古人。④〔谓〕认为。⑤〔力征〕用武力征服。〔经营〕指夺取并治理。⑥〔觉寤（wù）〕觉悟。寤，觉醒。⑦〔过矣〕错了。⑧〔乃引〕竟称道。⑨〔岂不谬哉〕难道不是荒谬的吗！谬，错误。

一五　万石君传　司马迁

【解说】本篇选自《史记·万石张叔列传》，删去篇末一部分。给万石君等人作传，司马迁的用意是："敦厚慈孝，讷于言，敏于行，君子长者。"（《史记·太史公自序》）我们现在读这一篇，于作者的主旨之外，还可以看到另外的更为重要的一种情况，那就是，在封建社会里，居于封建专制的高压之下，想要平安无事，就必须像万石君一家那样，"战战兢兢，如临深渊，如履薄冰"，"恭谨无与为比"。文学作品中有所谓揭露讽刺的。这样的作品，常常是平铺直叙地述说现实，作者不加评论，可是读者却能从中看出是非善恶，因而有强大而明显的教育意义。对于本篇，我们无妨也这样理解。

写法方面，同《史记》中其他传记一样，都能以寥寥几笔，勾画出一幅生动逼真的有血有肉的人物形象。如石建的因"马"字少一笔而吓得要死，石庆的清点马匹之后才敢答"六马"，都能使人如闻其声，如见其人。有人说，读《史记》，有时感到像读小说，像看戏，这话确实有道理。

万石君名奋,其父赵人也①,姓石氏。赵亡,徙居温②。高祖东击项籍③,过河内④,时奋年十五,为小吏⑤,侍高祖⑥。高祖与语,爱其恭敬,问曰:"若何有⑦?"对曰:"奋独有母⑧,不幸失明。家贫。有姊,能鼓琴⑨。"高祖曰:"若能从我乎?"曰:"愿尽力。"于是高祖召其姊为美人⑩,以奋为中涓⑪,受书谒⑫,徙其家长安中戚里⑬,以姊为美人故也。其官至孝文时⑭,积功劳至大中大夫⑮。无文学⑯,恭谨无与比。

先写明石奋的出身及性格特点。

文帝时,东阳侯张相如为太子太傅⑰,免⑱,选可为傅者,皆推奋⑲,奋为太子太傅。及孝景即位⑳,以为九卿㉑;迫近,惮之㉒,徙奋为诸侯相㉓。奋长子建,次子甲,次子

①〔赵〕战国时赵国。都城在今河北邯郸。 ②〔徙(xǐ)居〕搬家。〔温〕汉县名,在今河南温县西南。 ③〔高祖〕指刘邦。 ④〔河内〕秦时指黄河以北之地。 ⑤〔小吏〕指县中差役。 ⑥〔侍〕(接待时)侍奉。 ⑦〔若何有〕你家里有什么人?若,你。 ⑧〔独〕只(有母,无父)。 ⑨〔鼓琴〕弹琴。 ⑩〔召其姊为美人〕意思是纳石奋姊为妃嫔,封为美人。美人,宫中女官名。 ⑪〔中涓(juān)〕官名,掌管传达一类事务。原意是管理宫中扫除。涓,清扫。 ⑫〔受书谒〕收受文书,传达大臣、宾客进见的名帖。谒,名帖。 ⑬〔长安中戚里〕长安城内住皇帝戚属的一条街。 ⑭〔孝文〕汉文帝刘恒。 ⑮〔积功劳至大中大夫〕积累功劳,升到大中大夫。大中大夫是备皇帝顾问的官。 ⑯〔无文学〕没有学问,不能著文。 ⑰〔太子太傅〕官名,太子的老师。当时的太子是后来的汉景帝刘启。 ⑱〔免〕免官,撤职。 ⑲〔推〕荐举。 ⑳〔孝景〕汉景帝。 ㉑〔以为九卿〕用为九卿的官。九卿,奉常、郎中令、卫尉等九种中央的长官。 ㉒〔迫近,惮(dàn)之〕意思是,中央官员离皇帝近,容易进谏,所以怕他常来麻烦。 ㉓〔徙奋为诸侯相(xiàng)〕外调石奋做王国的相。相,王国封地里管行政的官。

乙①，次子庆，皆以驯行孝谨②，官皆至二千石③。于是景帝曰："石君及四子皆二千石，人臣尊宠乃集其门④。"号奋为万石君⑤。

> 进一步写石奋的经历及家属，重点在交代万石君称号的由来。

孝景帝季年⑥，万石君以上大夫禄归老于家⑦，以岁时为朝臣⑧。过宫门阙⑨，万石君必下车趋⑩，见路马必式焉⑪。子孙为小吏，来归谒⑫，万石君必朝服见之，不名⑬。子孙有过失，不谯让⑭，为便坐，对案不食⑮。然后诸子相责⑯，因长老肉袒固谢罪⑰，改之，乃许⑱。子孙胜冠者在侧⑲，虽

---

① 〔次子甲、次子乙〕甲、乙是代称，原名不详。 ② 〔以〕因为。 〔驯行孝谨〕行为驯良，孝顺谨慎。驯，顺。 ③ 〔二千石（shí）〕汉朝比较高的官级名。秩（官级）二千石，月俸一百二十斛（hú）谷。 ④ 〔尊宠乃集其门〕一家都显贵（受皇帝尊重宠幸）。 ⑤ 〔号奋为万石君〕叫石奋为万石君。石奋及四子各为二千石，加起来是万石。 ⑥ 〔季年〕末年。 ⑦ 〔以上大夫禄归老于家〕拿着上大夫的待遇，告老回家。 ⑧ 〔以岁时〕按照一年中的节日。〔朝臣〕朝见皇帝的臣子。 ⑨ 〔宫门阙（què）〕皇帝的宫门。阙，原指皇宫门两旁的高建筑物。 ⑩ 〔趋〕小步快走。表示恭敬。 ⑪ 〔见路马必式焉〕（石奋在车上）见到皇帝的车马，一定凭轼致敬。路马，也写作"辂（lù）马"。辂，皇帝用的大车。式，凭轼，俯身伏在车前横木上，表示敬意。 ⑫ 〔归谒〕回家省视。 ⑬ 〔必朝服见之，不名〕一定穿着礼服接见，不呼唤（子孙的）名字。意思是不以家属的关系来接待。 ⑭ 〔谯（qiáo）让〕呵责。 ⑮ 〔为便坐，对案不食〕因此而不坐正座，面对食案而不吃。这是表示心不安。 ⑯ 〔相责〕互相批评。 ⑰ 〔因长老肉袒固谢罪〕意思是，请家族中年长的人说情，有过的人赤膊再三请罪。肉袒，脱掉上衣，表示认罪。固，坚决。 ⑱ 〔乃许〕（石奋）才原谅。 ⑲ 〔胜（shēng）冠者〕已成年的。胜，能够戴。冠，古人二十岁加冠。

燕居必冠①，申申如也②。僮仆䜣䜣如也，唯谨③。上时赐食于家④，必稽首俯伏而食之⑤，如在上前⑥。其执丧⑦，哀戚甚悼⑧。子孙遵教，亦如之。万石君家以孝谨闻乎郡国⑨，虽齐鲁诸儒质行⑩，皆自以为不及也⑪。

> 具体写万石君的"恭谨无与比"，归老家居，对子孙，都谨慎严格。

建元二年⑫，郎中令王臧以文学获罪⑬。皇太后以为儒者文多质少⑭，今万石君家不言而恭行⑮，乃以长子建为郎中令、少子庆为内史⑯。建老白首⑰，万石君尚无恙⑱。建为郎中令，每五日洗沐⑲，归谒亲，入子舍⑳，窃问侍者㉑，取

---

①〔燕居〕闲居。〔必冠〕一定戴冠。表示严肃。 ②〔申申如也〕很安详的样子。如，助词，作用同"然"。 ③〔䜣（yín）䜣如也，唯谨〕很谨慎恭敬，此外无他。䜣䜣，同〔訚（yín）訚〕，恭谨的样子。 ④〔上时赐食于家〕皇帝有时赏食物送到石奋家。上，指皇帝。 ⑤〔稽（qǐ）首俯伏而食之〕跪拜伏地而吃。稽首，叩头。 ⑥〔如在上前〕如同在皇帝面前。 ⑦〔执丧〕居丧，办丧事。 ⑧〔哀戚甚悼〕十分悲痛。戚、悼，都是悲伤。 ⑨〔以孝谨闻乎郡国〕因孝顺谨慎而在各处有名。乎，于。郡，中央直辖的行政区。国，王侯的封地。 ⑩〔齐鲁〕周朝齐国鲁国之地，现在山东省一带，是儒家学者多的地方。〔质行〕躬行，实行，即品行高尚。 ⑪〔不及〕赶不上。 ⑫〔建元二年〕公元前139年。建元，汉武帝刘彻的年号。 ⑬〔郎中令〕皇帝的侍卫官。〔获罪〕指得罪窦太后（文帝的皇后，景帝的母亲，武帝的祖母）。 ⑭〔文多质少〕多繁文而少实际。 ⑮〔不言〕少发议论。 ⑯〔内史〕官名，管理京城政务。 ⑰〔建老白首〕石建年老，白了头发。 ⑱〔尚无恙（yàng）〕还健在。 ⑲〔洗沐〕休假。沐，洗头。 ⑳〔子舍〕小屋，侍仆的住所。 ㉑〔窃问〕私下问。

亲中裙厕牏①,身自浣涤②,复与侍者,不敢令万石君知,以为常③。建为郎中令,事有可言,屏人恣言,极切④;至廷见⑤,如不能言者⑥。是以上乃亲尊礼之⑦。

> 写万石君长子建的恭谨,是间接写万石君的性格特点。

万石君徙居陵里⑧。内史庆醉归,入外门不下车⑨。万石君闻之,不食。庆恐,肉袒请罪,不许。举宗及兄建肉袒⑩,万石君让曰:"内史贵人⑪,入闾里,里中长老皆走匿⑫,而内史坐车中自如,固当⑬!"乃谢罢庆⑭。庆及诸子弟入里门,趋至家。

> 写少子庆的举止,亦即写万石君的恭谨。

万石君以元朔五年中卒⑮。长子郎中令建哭泣哀思,扶杖乃能行⑯。岁余⑰,建亦死。诸子孙咸孝⑱,然建最甚,甚

---

①〔取亲中裙厕牏(tóu)〕取父亲(石奋)的内衣。中裙,厕牏,都是贴身衣服。 ②〔身自浣涤〕亲自洗濯。 ③〔以为常〕总是这样。 ④〔事有可言,屏(bǐng)人恣言,极切〕有事应该向皇帝说,避开别人,畅所欲言,说得恳切。屏,避开。恣,尽情。 ⑤〔廷见〕与大臣一起朝见皇帝。 ⑥〔如不能言者〕像不能讲话的样子。 ⑦〔是以〕因此。〔上乃亲尊礼之〕连皇帝也尊重他。 ⑧〔陵里〕茂陵邑中的里巷。 ⑨〔外门〕里巷之门。 ⑩〔举宗〕全家族。 ⑪〔内史贵人〕内史是大官。 ⑫〔入闾里,里中长老皆走匿(nì)〕进入里门,里中长老都避开(怕冲撞长官)。匿,隐藏。 ⑬〔坐车中自如,固当〕坐在车里很自在,正是理所当然!这是反语,表示气愤。 ⑭〔谢罢庆〕令石庆走开。谢,辞去。罢,遣去。 ⑮〔元朔五年〕公元前124年。元朔,汉武帝的年号。〔卒〕去世。其时石奋已九十六岁。 ⑯〔扶杖乃能行〕这是按照古礼行事,表示极悲痛。《仪礼·既夕礼》:"杖乃行。"《礼记·檀弓上》:"故君子之执亲之丧也,水浆不入于口者三日,杖而后能起。" ⑰〔岁余〕一年多以后。 ⑱〔咸〕都。

于万石君。建为郎中令,书奏事①,事下②,建读之,曰:"误书③!'马'字与尾当五,今乃四,不足一④,上谴,死矣⑤!"甚惶恐。其为谨慎,虽他皆如是⑥。

写万石君的恭谨家风。

万石君少子庆为太仆⑦,御出⑧,上问车中几马⑨,庆以策数马毕⑩,举手曰⑪:"六马。"庆于诸子中最为简易矣⑫,然犹如此⑬。为齐相,举齐国皆慕其家行⑭,不言而齐国大治⑮,为立石相祠⑯。元狩元年⑰,上立太子,选群臣可为傅者,庆自沛守为太子太傅⑱。七岁迁为御史大夫⑲。元鼎五年秋⑳,丞相有罪㉑,罢,制诏御史㉒:"万石君先帝尊之,子孙孝;其以御史大夫庆为丞相㉓,封为牧丘侯。"

---

①〔书奏事〕上书禀告皇帝。 ②〔事下〕奏章经皇帝阅后发回。 ③〔误书〕(我)写错字了! ④〔"马"字与尾当五,今乃四,不足一〕"马"字四点连下曲的一笔应是五笔,现在是四笔,缺少一笔。 ⑤〔上谴(qiǎn),死矣〕皇帝会谴责我,我活不成了。 ⑥〔虽他皆如是〕即使是别的事也这样谨慎。 ⑦〔太仆〕官名,九卿之一,掌管皇家的车马。 ⑧〔御出〕给皇帝驾车出行。御,驾驭车马。 ⑨〔上问车中几马〕皇帝问驾车用几匹马。 ⑩〔以策数(shǔ)马毕〕用鞭子一匹一匹地把马数完。策,鞭子。 ⑪〔举手〕致敬。 ⑫〔简易〕不拘守礼节,随便。 ⑬〔然犹如此〕尚且这般谨慎。 ⑭〔举〕全,整个。〔慕其家行(旧读 xìng)〕仰慕石庆家的好品德。 ⑮〔不言而齐国大治〕不发表什么意见,齐国就感化而很太平。 ⑯〔为(wèi)立石相祠〕给石庆建立生祠。 ⑰〔元狩(shòu)元年〕公元前122年。元狩,汉武帝的年号。 ⑱〔自沛守为太子太傅〕由沛郡太守升任太子太傅。沛,今江苏沛县。 ⑲〔御史大夫〕官名,是丞相的副职。 ⑳〔元鼎五年〕公元前112年。元鼎,汉武帝的年号。 ㉑〔丞相〕指赵周。 ㉒〔制诏御史〕皇帝下诏书给御史。制、诏,都是皇帝的命令。 ㉓〔其〕助词,表祈使。

再写少子庆,"最为简易"尚能教化齐国,足见万石君恭谨家风的突出。

【研读参考】一、写传记,要叙明一人或一家的经历,又要表明所以要立传的主旨,因而在选择材料和组织材料方面就要大费斟酌。说说本篇是怎样处理的。

二、文言简练,省主语的情况比现代汉语多。看看本篇第一段,哪些谓语前省了主语?主语应是什么?

三、用现代汉语改写"万石君徙居陵里"一段。如果原文太简,可以添些语句,以求明白通畅。

一六 《新序》选 刘向

【解说】本篇选自《新序》。《新序》今本残缺，前两则录自清严可均校辑《全上古三代秦汉三国六朝文·全汉文》卷三十九，题目都是编者加的。《新序》是汉朝刘向整理宫中藏书，根据旧有材料编写的历史故事书。原为三十卷，后来有残缺，宋朝曾巩整理为十卷，计《杂事》五卷，《刺奢》一卷，《节士》一卷，《义勇》一卷，《善谋》二卷，合一百六十六条。所收故事以战国以前的为多，汉朝的不过几条。作者编写这部书，目的在于介绍历史故事，使当时人，尤其上层有权势的人，引为鉴戒。思想内容自然是封建时代的，有不少落后成分；但也有不少故事，如这里选的三则，有的写出使抗强权，有的戒骄奢，有的重视人民福利，今天看来还有教育意义。作者文笔朴实、简练，平铺直叙而能予人以清晰的印象，这一点值得注意。

作者刘向（约前77—前6），本名更生，字子政，汉朝皇室的后代。有学问，能作辞赋。后改名向。官光禄大夫、中垒校尉等。为人方正，反对宦官、外戚专政。后来专力校书二十多年，编成《新序》《说苑》《列女传》等书；整理古书，写了《别录》，在校勘和目录学方面贡献很大。传世著作有《刘中垒集》等。

齐遣淳于髡到楚①

齐遣淳于髡到楚。髡为人短小②,楚王甚薄之③,谓曰:"齐无人邪④,而使子来?子何长也⑤?"对曰:"臣无所长,腰中七尺剑,欲斩无状王⑥。"王曰:"止⑦,吾但戏子耳⑧。"即与髡共饮酒,谓髡曰:"吾有仇在吴国⑨,子宁能为吾报之乎⑩?"对曰:"臣来,见道旁野民持一头鱼⑪,上田祝曰⑫:'高得万束,下得千斛⑬。'臣窃笑之⑭,以为礼薄而望多也⑮。王今与吾半日之乐⑯,而委以吴王⑰,非其计⑱。"楚王嘿然⑲。

写淳于髡善于辞令,能够面折楚王,出使不辱。

---

①〔淳(chún)于髡(kūn)〕战国时齐国人,滑稽多辩。《史记·滑(旧读gǔ)稽列传》曾记载他进谏齐威王的故事。〔楚〕战国时楚国。 ②〔短小〕身材矮小。 ③〔楚王〕与齐威王同时的是楚肃王、楚宣王,不知指哪一个。〔甚薄之〕很看不起他。薄,鄙视。 ④〔无人〕缺少人才。 ⑤〔子何长也〕你有什么特长?长,才能。 ⑥〔无状王〕不好的君王。无状,无善状,无礼。 ⑦〔止〕不要这样。 ⑧〔但〕只是。〔戏子〕和你开玩笑。 ⑨〔吴国〕其时吴国已经灭亡。古代故事有时不合史实。 ⑩〔宁(nìng)〕岂,难道。〔报〕报仇。 ⑪〔野民〕田野之民,即农民。 ⑫〔上田祝曰〕在地头祷告。祝,祈祷。 ⑬〔高得万束,下得千斛〕希望收成好可以得万束,差一些也要得千斛。束,禾黍的捆。斛,古代计量器,上古十斗是一斛,中古五斗是一斛。 ⑭〔窃〕私下。 ⑮〔礼薄〕祭礼少(只一头鱼)。〔望〕希求。 ⑯〔与〕给。 ⑰〔委以吴王〕把向吴王报仇的事托付给我。 ⑱〔非其计〕不是好主意,谋划得不对。 ⑲〔嘿然〕说不出话。嘿,同"默"。

晋灵公骄奢[1]

晋灵公骄奢,造九层之台[2],费用千亿[3]。谓左右曰[4]:"敢有谏者斩!"[5]孙息闻之[6],求见。灵公张弩操矢见之[7],谓之曰:"子欲谏邪?"孙息曰:"臣不敢谏也。"公曰:"子何能[8]?"孙息曰:"臣能累十二博棋[9],加九鸡子于其上[10]。"公曰:"吾少学[11],未尝见也,子为寡人作之[12]。"孙息即正颜色[13],定志意[14],以棋子置于下,而加九鸡子于其上。左右屏息[15],灵公俯伏[16],气息不续[17]。公曰:"危哉,危哉!"孙息曰:"臣谓是不危也[18],复有危此者[19]。"公曰:"愿见之。"孙息曰:"公为九层之台,三年不成,男不得耕,女不得织[20],国用空虚[21],户口减少,吏民叛亡[22],邻国

---

[1]〔晋灵公〕春秋时晋国君主,前620—前607年在位。 [2]〔九层〕极言其高,不是实数。〔台〕楼台。 [3]〔亿〕十万。"千亿"也是极言其多。 [4]〔左右〕身旁侍从的人。 [5]〔敢有谏者斩〕有敢谏阻造台的,就杀掉他。 [6]〔孙息〕生平不详。 [7]〔张弩操矢〕拉开弓,拿着箭。 [8]〔能〕技能。 [9]〔累十二博棋〕十二枚博棋的棋子叠在一起。博棋,一种赌具。 [10]〔鸡子〕鸡蛋。 [11]〔少学〕缺少学识。 [12]〔寡人〕少德之人。君主的谦称。〔作之〕表演。 [13]〔正颜色〕使表情严肃。 [14]〔定志意〕稳定心意,沉住气。 [15]〔屏(bǐng)息〕闭住气。 [16]〔俯伏〕向前探身(注意看)。古人跪坐在席上,身向前即伏。 [17]〔气息不续〕呼吸暂停。 [18]〔是〕这个(指棋上累卵)。 [19]〔复有危此者〕更有比这个危险的。 [20]〔男不得耕,女不得织〕意思是人民被征调去修楼台而失去正业。古代男耕女织是本分。 [21]〔用〕用度,财货。 [22]〔叛亡〕背叛逃亡。

谋议①，将兴兵，社稷一灭②，君何所望？"灵公曰："寡人之过乃至于此！"即坏九层之台③。

　　写孙息不计个人利害，关心国家安危，用巧妙的方法进谏成功。

梁君出猎④

　　梁君出猎，见白雁群。梁君下车，彀弓欲射之⑤。道有行者⑥，梁君谓行者"止"。行者不止，白雁群骇⑦。梁君怒，欲射行者。其御公孙袭下车抚矢曰⑧："君止！"梁君忿然作色而怒曰⑨："袭不与其君而顾与他人⑩，何也？"公孙袭对曰："昔齐景公之时⑪，天大旱三年，卜之，曰⑫：'必以人祠乃雨⑬。'景公下堂顿首曰⑭：'凡吾所以求雨者⑮，为吾民也。今必使吾以人祠，乃且雨⑯，寡人将自当之⑰。'言未卒而天大雨方千里者⑱，何也？为有德于天而惠于民也⑲。

---

① 〔谋议〕策划。② 〔社稷（jì）〕土神和谷神，代国家。③ 〔坏〕拆毁。④ 〔梁〕战国时魏国，也称梁国。⑤ 〔彀（gòu）弓〕张弓。⑥ 〔行者〕行路人。⑦ 〔白雁群骇〕意思是雁群见到行人而惊怕飞去。⑧ 〔御公孙袭〕赶车的人叫公孙袭。〔抚矢〕握住箭。⑨ 〔忿（fèn）然〕发怒的样子。〔作色〕脸上现出怒色。⑩ 〔与〕亲附。〔顾〕却，反。⑪ 〔齐景公〕春秋时齐国君主，前547—前490年在位。⑫ 〔曰〕（卦上辞）说。⑬ 〔必以人祠（cí）乃雨〕一定要杀生人祭神才下雨。祠，祭祀。⑭ 〔顿首〕（向天）叩头。⑮ 〔凡吾所以求雨者〕我来求雨的原因。凡，总之。⑯ 〔乃且雨〕才将下雨。⑰ 〔自当之〕自己来承当"以人祠"的牺牲品，就是把自己杀掉。⑱ 〔言未卒〕话还没说完。〔方千里〕方形每面一千里。⑲ 〔为有德于天而惠于民也〕是因为德行感动上天，恩惠给予百姓。

今主君以白雁之故而欲射人①,袭谓主君言无异于虎狼!"梁君援其手②,与上车③。归,入庙门④,呼"万岁"⑤,曰:"幸哉今日也⑥!他人猎皆得禽兽,吾猎得善言而归⑦。"

  写公孙袭进谏,梁君纳谏,以表明爱人民之为上德。

【研读参考】一、《史记·滑稽列传》记几个人的故事,第一个就是淳于髡。说楚国攻打齐国,齐威王派淳于髡到赵国去请救兵,也是礼物很薄,淳于髡用过田间看见农夫以少量祭品求大丰收的可笑景象来讽刺齐王,故事同这里选的一则很像。古代有许多故事是经过辗转传说、改动传下来的,我们不可尽信为史实。

  二、古人写故事,常常由于强调教训而夸张某种情节,我们读它要有所取舍。本篇的三则,哪些是因夸张而不合情理的?

  三、"……者",有的代人,有的不代人。看看本篇中哪些是代人的。

---

① 〔主君〕称呼国君。 ② 〔援〕引,拉。 ③ 〔与上车〕跟他一同上车。 ④ 〔庙〕祖庙。猎有所获要先祭祖。 ⑤ 〔呼"万岁"〕表示感激高兴。 ⑥ 〔幸哉〕我真幸运呀! ⑦ 〔善言〕有教训意思的话,与人为善的话。

一七　书虚篇　王充

【解说】本篇选自《论衡》,有删节,少数字据黄晖《论衡校释》改。《书虚篇》开头是一段总论,表示书籍上的话,有些并不可信,以下举书传所记共十二事,逐项论证它的不合事理,原文很长,这里只选三事,可以表现作者破除谬妄精神的一斑。书虚,意思是指出书籍上的谬妄之处。《论衡》是我国古代一部思想价值很高的书。作者生在东汉,那正是阴阳五行、谶纬法术等迷信说法盛行的时期,作者认为这些都虚妄不可信,所以大声疾呼地揭露驳斥。这种唯物主义思想和疾伪如仇、实事求是的精神,在古代是不多见的。全书三十卷,八十五篇(内第四十四《招致篇》缺),最后《自纪篇》记叙作者自己的经历和著书的用意,是了解作者及其著作的好材料。《论衡》思想新颖,说理透彻,逻辑性强,只是文字嫌冗长,不流利,在古籍中语言是比较差的。

作者王充(27—97?),字仲任,东汉会(kuài)稽上虞(今在浙江省绍兴市上虞区)人。小时候死了父亲。喜欢读书,到都城洛阳去求学。曾入太学,跟班彪学习。买不起书,常到书肆里去读,记忆力好,所以成为渊博的学者。曾做功曹、治中等小官，不愿在官场中混，回家著书。用三四十年精力，写成《论衡》等书。

世信虚妄之书①，以为载于竹帛上者②，皆贤圣所传，无不然之事③，故信而是之④，讽而读之⑤；睹真是之传⑥，与虚妄之书相违⑦，则并谓短书⑧，不可信用。夫幽冥之实尚可知⑨，沉隐之情尚可定⑩，显文露书⑪，是非易见，笼总并传非实事⑫，用精不专⑬，无思于事也⑭。

泛说世人分辨书中事的真伪常常不经思考，混淆不清。

夫世间传书诸子之语⑮，多欲立奇造异，作惊目之论⑯，以骇世俗之人；为谲诡之书⑰，以著殊异之名⑱。传书言：延陵季子出游⑲，见路有遗金。当夏五月，有披裘而薪者⑳，

---

①〔世〕世人。〔虚妄之书〕不符合实际的书。 ②〔竹帛〕书籍。古代无纸，文字或写在竹简上，或写在帛（丝织品）上。 ③〔然〕对，是。 ④〔是〕认为对。 ⑤〔讽〕背诵。 ⑥〔真是之传〕真正实在的传述。是，实在，可靠。 ⑦〔相违〕相背，不相同。 ⑧〔并谓短书〕一概称之为短书。短书，小说杂记之类。 ⑨〔幽冥之实〕幽暗的事实。指人所未见的。 ⑩〔沉隐之情〕沉埋隐蔽的情实。指人所未知的。〔定〕断定，推知。 ⑪〔显文露书〕明显的文字，浅露的书籍。 ⑫〔笼总并传非实事〕笼统地说都不是实在的事情。传，解说。 ⑬〔精〕精神，心。 ⑭〔无思于事〕对事物不思考。 ⑮〔传（zhuàn）书〕记事之书。〔诸子〕许多子书，如《庄子》《韩非子》《吕氏春秋》等。 ⑯〔惊目之论〕使人一见就感到惊诧的言论。 ⑰〔谲（jué）诡〕怪诞欺诈。 ⑱〔著〕显露。 ⑲〔延陵季子〕春秋末期吴国公子季札，封于延陵（今江苏武进）。吴季子不肯继承他父亲为王，到北方中原各国去观光，是一个有学问、有道德的人物。《韩诗外传》和《吴越春秋》都记有以下的故事。 ⑳〔薪者〕打柴的人。

季子呼薪者曰:"取彼地金来!"薪者投镰于地,瞋目拂手而言曰①:"何子居之高,视之下,仪貌之庄,语言之野也②?吾当夏五月,披裘而薪,岂取金者哉?"季子谢之③,请问姓字。薪者曰:"子皮相之士也④,何足语姓字⑤!"遂去不顾⑥。世以为然,殆虚言也⑦。夫季子耻吴之乱⑧,吴欲共立以为主,终不肯受,去之延陵⑨,终身不还,廉让之行⑩,终始若一。许由让天下⑪,不嫌贪封侯⑫;伯夷委国饥死⑬,不嫌贪刀钩⑭。廉让之行,大可以况小⑮,小难以况大⑯,季子能让吴位,何嫌贪地遗金?季子使于上国⑰,道

---

① 〔瞋(chēn)目拂手〕瞪着眼睛摆摆手。瞋,张目怒视。 ② 〔何子居之高,视之下,仪貌之庄,语言之野也〕怎么你把自己摆得那么高,把别人看得这么低下,仪容那么文雅,语言这么粗野呢。子,你。庄,端重。 ③ 〔谢〕谢过,道歉。 ④ 〔皮相之士〕只看外表的人。 ⑤ 〔语(旧读 yù)〕告诉。 ⑥ 〔去〕离开。〔不顾〕不回头看,不理。 ⑦ 〔殆(dài)〕大概是。 ⑧ 〔耻吴之乱〕以吴国的内乱为耻。吴国公子阖闾为了争王位,派专诸刺杀吴王僚而自己做了吴王。季札是他们弟兄中最小的,不愿牵连到他们的争夺中。 ⑨ 〔之〕往。 ⑩ 〔廉让之行(旧读 xíng)〕廉洁谦让的操守。以下"公子之行"的"行"同。 ⑪ 〔许由〕唐尧时的隐士。尧要把天下让给他,他不接受,逃到箕山去隐居。 ⑫ 〔不嫌贪封侯〕不会有贪封侯的事。嫌,有人说是"得"的意思。 ⑬ 〔伯夷委国饥死〕伯夷委弃国家以至饿死。伯夷是商朝孤竹国国君的长子。国君要把君位传给第三个儿子叔齐,叔齐让伯夷,伯夷就逃避了。叔齐也不做国君,跟伯夷跑了。武王伐纣,他俩劝阻不成功,就逃到首阳山去采薇充饥。后来饿死了。 ⑭ 〔刀钩〕指很细微不值钱的东西。 ⑮ 〔大可以况小〕大的可以概括小的。意思是大的能做,小的自然不在话下。况,比。 ⑯ 〔小难以况大〕小的难以概括大的。意思是小的能做,大的未必能做。 ⑰ 〔使于上国〕出使到中原。上国,指中原各国。

过徐①,徐君好其宝剑②,未之即予③,还而徐君死,解剑带冢树而去④。廉让之心,耻负其前志也⑤。季子不负死者,弃其宝剑,何嫌一叱生人取金于地⑥?季子未去吴乎⑦,公子也;已去吴乎,延陵君也。公子与君⑧,出有前后⑨,车有附从⑩,不能空行于涂明矣⑪,既不耻取金,何难使左右而烦披裘者?世称柳下惠之行⑫,言其能以幽冥自修洁也⑬。贤者同操⑭,故千岁交志⑮。置季子于冥昧之处⑯,尚不取金,况以白日⑰,前后备具⑱,取金于路,非季子之操也。

举延陵季子的事迹为例,论证传书的不可信。

传书称:魏公子之德⑲,仁惠下士⑳,兼及鸟兽㉑。方与

---

① 〔徐〕徐国,在今江苏北部。 ② 〔好(hào)〕爱。〔其〕代延陵季子。 ③ 〔未之即予〕未即予之。没有立即给他。之,代徐君。即,立刻。予,给。 ④ 〔带〕挂。〔冢(zhǒng)树〕坟上的树。 ⑤ 〔耻负其前志〕以背弃他早先的心愿为耻。负,背弃。前志,指北上时徐君爱剑,季札心里已经决定给他(而当时没给)的事情。 ⑥ 〔何嫌一叱生人取金于地〕(像这样的人)怎么会指使一个不熟识的人从地上拾取黄金呢?意思是他绝不会这样做。 ⑦ 〔未去吴乎〕没有离开吴国嘛。吴,指吴国国都。乎,语气助词,这里没有疑问的意思。 ⑧ 〔公子与君〕公子的身份和君的身份。 ⑨ 〔出有前后〕出门时前面和后面都有侍从。前,后,都指侍从的人。 ⑩ 〔车有附从〕坐的车有陪同的副车。附,依傍,靠近。从,跟随。 ⑪ 〔空行〕什么都不携带地单人出行。〔涂〕通"途"。〔明矣〕是显然的。 ⑫ 〔柳下惠〕展禽。春秋时鲁国人,住在柳下,谥惠。他是古代有名的品行端正的人。 ⑬ 〔能以幽冥自修洁〕能够在无人见到的地方仍然洁身自好。 ⑭ 〔操〕操守。 ⑮ 〔千岁交志〕虽然相隔千年而心意相通。 ⑯ 〔冥昧之处〕晦暗而没人看见的地方。 ⑰ 〔况以白日〕何况是在白天。 ⑱ 〔前后备具〕随从的人都在跟前。 ⑲ 〔魏公子〕信陵君无忌,战国时四公子之一,曾窃符救赵。本文故事见《列士传》。 ⑳ 〔下士〕使己身在士之下,待士人有礼貌。 ㉑ 〔兼及鸟兽〕连对鸟兽也仁慈。

客饮①,有鹯击鸠②,鸠走③,逃于公子案下,鹯追击,杀于公子之前。公子耻之,即使人多设罗④,得鹯数十枚⑤,责让以击鸠之罪⑥,击鸠之鹯低头不敢仰视,公子乃杀之。世称之曰:"魏公子为鸠报仇。"此虚言也。夫鹯,物也⑦,情心不同⑧,音语不通⑨。圣人不能使鸟兽为义理之行⑩,公子何人,能使鹯低头自责?鸟为鹯者以千万数⑪,向击鸠蜚去⑫,安可复得⑬?能低头自责,是圣鸟也,晓公子之言则知公子之行矣⑭,知公子之行则不击鸠于其前。人犹不能改过,鸟与人异,谓之能悔,世俗之语,失物类之实也⑮。

举魏公子为鸠复仇的传说为例,论证传书的不可信。

传书又言:燕太子丹使刺客荆轲刺秦王⑯,不得⑰,诛死⑱。后高渐丽复以击筑见秦王⑲,秦王说之⑳,知燕太子之

---

①〔方〕正当。 ②〔鹯(zhān)〕一种猛禽,常搏击鸠、鸽、燕、雀之类。 ③〔走〕逃跑。 ④〔罗〕捕鸟的网。 ⑤〔数十枚〕几十只。 ⑥〔责让〕责备。 ⑦〔物也〕意思是不是人。 ⑧〔情心不同〕感情思想和人不一样。 ⑨〔通〕互相了解。 ⑩〔义理之行〕符合人类道德的行为。 ⑪〔以千万数(shǔ)〕上千上万。 ⑫〔向击鸠蜚(fēi)去〕(如果)当初杀死鸠之后飞走。向,从前,当初。蜚,通"飞"。 ⑬〔安可复得〕怎么可以再捉住呢? ⑭〔晓公子之言〕理解公子的语言。 ⑮〔失物类之实〕不合事物的实际。 ⑯〔燕(yān)太子丹使刺客荆轲(kē)刺秦王〕详见《史记·刺客列传》。 ⑰〔不得〕没有成功。 ⑱〔诛死〕被杀死。 ⑲〔高渐丽〕《史记》作"高渐离"。荆轲的好朋友,善于击筑(zhù)。〔以〕凭借。〔筑〕乐器,形状像琴,十三弦,用竹尺敲击。 ⑳〔说〕通"悦",喜欢。

客①,乃冒其眼②,使之击筑。渐丽乃置铅于筑中以为重③。当击筑,秦王膝进④,不能自禁⑤,渐丽以筑击秦王颡⑥,秦王病伤,三月而死⑦。夫言高渐丽以筑击秦王,实也;言中秦王,病伤,三月而死,虚也。夫秦王者,秦始皇帝也。始皇二十年,燕太子丹使荆轲刺始皇,始皇杀轲明矣⑧。二十一年,使将军王翦攻燕,得太子首⑨。二十五年,遂伐燕而虏燕王喜。后不审何年⑩,高渐丽以筑击始皇,不中,诛渐丽。当三十七年,游天下⑪,到会稽⑫,至琅邪⑬,北至劳盛山⑭,并海⑮,西至平原津而病⑯,到沙丘平台⑰,始皇崩⑱。夫谶书言始皇还⑲,到沙丘而亡;传书又言病筑疮,三月而死于秦。一始皇之身,世或言死于沙丘,或言死于秦。其死,言恒病疮⑳,传书之言多失其实,世俗之人不能

---

① 〔知燕太子之客〕知道他是燕太子的门客。 ② 〔冒〕蔽,蒙。按《史记》有"秦始皇惜高渐离善击筑,重赦之,乃矐(hè)其目"的记载。矐,使失明,就是使它瞎。这里的"冒"也是使失明的意思。 ③ 〔以为重〕作为重量,加重(筑的)分量。 ④ 〔膝进〕用双膝向前移动。表示喜欢听。古人席地而坐,膝进就省得站起来。 ⑤ 〔不能自禁〕不能抑制自己,还往前移动。 ⑥ 〔颡(sǎng)〕额。 ⑦ 〔三月而死〕这种传说不知出于何书。 ⑧ 〔始皇杀轲明矣〕始皇杀死荆轲这件事是明明白白的。 ⑨ 〔得太子首〕秦攻燕急,燕王杀了太子丹,把人头送往秦国表示谢罪。 ⑩ 〔不审何年〕不知道(说不清)是哪年。 ⑪ 〔游天下〕在全国各处巡行。 ⑫ 〔会稽〕山名,在今浙江绍兴。 ⑬ 〔琅(láng)邪(yá)〕山名,在今山东诸城东南。 ⑭ 〔劳盛山〕《史记》作荣成山,在今山东省。 ⑮ 〔并(bàng)海〕傍着海,沿着海滨。并,通"傍"。 ⑯ 〔平原津〕在今山东平原县南。 ⑰ 〔沙丘平台〕沙丘宫,在今河北平乡东北,宫中有平台。 ⑱ 〔崩〕天子死叫"崩"。 ⑲ 〔谶(chèn)书〕预言吉凶的书。 ⑳ 〔其死,言恒病疮〕对他的死,说是长时间苦于疮伤。

一七 书虚篇

定也①。

> 举秦始皇之死的两种说法为例,论证传书的不可信。

【研读参考】 一、本篇先提出论点,然后举出好多书传中的谬说,根据史实或事理予以驳斥。这样写,论点鲜明,论证有力,因而说服力强。写议论文,这种写法值得借鉴。

二、本篇斥为谬妄的三种传说,性质不同,不可信的程度不同。有的稍有常识就知道是假的,有的不然,因而驳斥所根据的理由也不能相同。说说这方面的情况。

三、举本篇中语句为例,说明"是""语""让""况""下"这些字都不止一种意义。

---

① 〔不能定〕不能断定是非。

一八　龚遂传 班固

【解说】本篇选自《汉书·循吏传》，有删节。《汉书》是我国"正史"的第二部，是《史记》之后一部重要的纪传体史书。体裁模仿《史记》，主要在两点上有不同：一、《史记》记叙很多朝代的史事，是"通史"，《汉书》记叙西汉一个朝代［由汉高祖元年（前206）到王莽地皇四年（23），共二百二十九年］的史事，是"断代史"；二、《汉书》在《史记》的基础上有所改进，如称"书"为"志"，并"世家"入"列传"，增加了"古今人表""艺文志"等。《汉书》内容包括十二帝纪、八表、十志、七十列传四部分，共一百卷。因为《史记》记事到汉武帝时期，所以《汉书》记叙西汉史实，前半多取材于《史记》。与《史记》相比，《汉书》记事比较平实，文笔虽然不像《史记》那样灵活生动，却能以严谨、整饬、华丽见长，所以对后来的影响也很大。《汉书》绝大部分出于班固之手，只有"八表"是他妹妹班昭续的，"天文志"是马续帮助班昭续的。

《史记》列传部分有"循吏"传和"酷吏"传，"循吏"是记载忠于职守、依理而行、为人民所爱戴的官，"酷吏"是记载执法严苛以至于伤害人民、为人民所畏惧的官。《汉书》也有

"循吏"和"酷吏"两种传,《循吏传》共记叙文翁、王成、黄霸、朱邑、龚遂、召(shào)信臣六个人的事迹。记龚遂,主要谈两件事,事昌邑王刘贺和治渤海郡,重点是治渤海郡,所以这里删去事昌邑王贺一部分。龚遂治渤海郡,政策是对民宽厚,鼓励生产,所以不久就见了功效。作者写这部分平铺直叙,却能够以小情节表现大方针,说理明确而重点突出。

作者班固(32—92),字孟坚,东汉安陵(今陕西咸阳)人。九岁能写文章,成年之后成为博学的大作家,曾写《两都赋》,在文学史上很有名。他父亲班彪(biāo)是有名的史学家,写过《史记后传》。班彪死后,班固继续他父亲写这部书。因为有人告他私改国史,被捕下狱;幸而他弟弟班超为他辩白,才放出来。后来汉明帝器重他,让他做兰台令史的官,掌管校书、修史。他用二十多年精力,写成《汉书》。汉和帝永元初年,他随窦宪出征匈奴,后来窦宪得罪,他也入狱,死在狱里。

龚遂,字少卿,山阳南平阳人也①。以明经为官②,至昌邑郎中令③,事王贺④。

先介绍龚遂的姓名、籍贯和最初经历。

…………

---

①〔山阳南平阳〕山阳郡南平阳县。山阳郡,在今山东西南部。南平阳县,今山东邹城。 ②〔以明经为官〕凭借明经的资历做官。明经,明于经术。汉朝选取明于经术的人做官。 ③〔昌邑郎中令〕昌邑王国(汉朝受封王统辖的地域称"国")的郎中令。郎中令,官名,掌守卫宫殿。 ④〔事王贺〕事奉昌邑王刘贺。贺荒淫无度,汉昭帝死后没有儿子,他嗣位为皇帝,二十七天就被废。

宣帝即位①,久之,渤海左右郡岁饥②,盗贼并起,二千石不能禽制③。上选能治者④,丞相御史举遂可用⑤,上以为渤海太守⑥。时遂年七十余,召见,形貌短小,宣帝望见⑦,不副所闻⑧,心内轻焉⑨,谓遂曰:"渤海废乱⑩,朕甚忧之⑪。君欲何以息其盗贼⑫,以称朕意⑬?"遂对曰:"海濒遐远⑭,不沾圣化⑮,其民困于饥寒而吏不恤⑯,故使陛下赤子盗弄陛下之兵于潢池中耳⑰。今欲使臣胜之邪,将安之也⑱?"上闻遂对⑲,甚说⑳,答曰:"选用贤良,固欲安之

----

①〔宣帝〕名询,昌邑王被废后即位为皇帝。②〔渤海左右郡岁饥〕渤海郡和它相邻的郡遇到灾荒。渤海郡,今河北沧县以西以北一带。岁饥,荒年,谷物歉收。③〔二千石(shí)〕汉朝官级名,月俸一百二十斛谷。太守是这个品级的官。〔禽制〕捉拿制裁。禽,通"擒"。④〔上〕皇帝。⑤〔丞相御史〕丞相,御史大夫,汉朝最高的官。举,推荐。⑥〔以为〕以之为,用他做。⑦〔望〕从远处看。⑧〔不副所闻〕和所听到的(龚遂)不相称(chèn)。副,符合。⑨〔心内轻焉〕心里就轻视(他)了。表示没说出来。⑩〔废乱〕政治废弛,秩序紊乱。⑪〔朕(zhèn)〕原意是"我"。古时贵贱皆自称朕,秦始定为皇帝自称。⑫〔何以息其盗贼〕用什么办法消除那里的盗贼。⑬〔称(chèn)〕合。⑭〔海濒(bīn)遐(xiá)远〕海边的地方(离京城)很远。濒,水边。遐,远。⑮〔沾〕沾濡,这里是接受的意思。〔圣化〕皇帝的教化。⑯〔吏不恤〕官吏不怜恤,不能安抚。⑰〔陛下赤子〕您的老百姓。陛下,对皇帝的敬称。赤子,新生的小孩。意思是,天下的老百姓都是您的孩子。〔陛下之兵〕您的武器。〔潢(huáng)池〕积水的池塘。全句意思是,百姓造反不过是您的孩子在水塘里玩弄兵器罢了。⑱〔今欲使臣胜之邪(yé),将安之也〕现在您是让我去战胜(镇压)他们呢,还是安抚他们呢?将,抑,还是。邪,也,用法都同"耶"。⑲〔对〕答话。⑳〔说〕通"悦"。以下"说其有让"的"说"同。

也①。"遂曰:"臣闻治乱民犹治乱绳,不可急也;唯缓之②,然后可治。臣愿丞相御史且无拘臣以文法③,得一切便宜从事④。"上许焉,加赐黄金赠遣⑤。

写龚遂提出治渤海的方针,宣帝同意,并授予便宜从事的权力。

乘传至渤海界⑥。郡闻新太守至⑦,发兵以迎⑧,遂皆遣还。移书敕属县⑨:悉罢逐捕盗贼吏⑩;诸持鉏钩田器者皆为良民⑪,吏无得问⑫;持兵者乃为盗贼。遂单车独行至府,郡中翕然⑬,盗贼亦皆罢。渤海又多劫略相随⑭,闻遂教令⑮,即时解散,弃其兵弩而持鉏钩。盗贼于是悉平,民安土乐业⑯。遂乃开仓廪假贫民⑰,选用良吏,尉安牧养焉⑱。

写龚遂治渤海成功,人民得以安居乐业。

---

①〔固欲安之〕本来是要安抚他们。 ②〔唯缓之〕只有放松他们(宽容他们)。 ③〔且无拘臣以文法〕姑且不要用法令条文限制我。无,通"毋"。以下"吏无得问"的"无"同。 ④〔便宜从事〕根据情况,不呈报上级而按照最有效的办法处理事情。 ⑤〔加赐〕格外赐予。〔赠遣〕给予赏赐派他前往。 ⑥〔乘传(zhuàn)〕坐着传车。传车,驿站用以接送公家人员的车。 ⑦〔郡〕指太守的官署。 ⑧〔发兵以迎〕派遣军队去迎接。 ⑨〔移书敕(chì)属县〕行文命令所属各县。敕,告诫。 ⑩〔悉罢逐捕盗贼吏〕全部撤销捕盗的官吏。悉,完全。罢,除去。 ⑪〔鉏(chú)钩田器〕锄,镰刀,种田的工具。 ⑫〔吏无得问〕官吏不得盘问干涉。 ⑬〔翕(xī)然〕和顺的样子。 ⑭〔劫略相随〕抢劫掠夺,互相追随。意思是结帮抢掠。略,强力夺取。 ⑮〔教令〕训诫和命令。 ⑯〔安土〕安心在本乡本土住。 ⑰〔开仓廪(lǐn)〕打开(公家的)粮仓。廪,米仓。〔假〕给。 ⑱〔尉安牧养〕安慰(百姓),养育(百姓)。尉,通"慰"。牧,驯养(有轻视百姓的意思)。

遂见齐俗奢侈①，好末技②，不田作③，乃躬率以俭约④，劝民务农桑⑤。令口种一树榆、百本薤、五十本葱、一畦韭⑥；家二母彘、五鸡⑦。民有带持刀剑者，使卖剑买牛，卖刀买犊，曰："何为带牛佩犊⑧！"春夏不得不趋田亩⑨，秋冬课收敛⑩，益蓄果实菱芡⑪。劳来循行⑫，郡中皆有蓄积，吏民皆富实，狱讼止息⑬。

继上段，仍写龚遂的政绩，以身作则，移风易俗，发展经济，止息争端，使渤海呈现富庶太平景象。

数年，上遣使者征遂⑭，议曹王生愿从⑮。功曹以为王生素耆酒⑯，无节度⑰，不可使⑱。遂不忍逆⑲，从至京师。王生日饮酒，不视太守⑳。会遂引入宫㉑，王生醉，从后呼

----

① 〔齐俗〕齐地的风俗。渤海郡临近古齐国。 ② 〔好末技〕爱好细小的技巧（指农业以外的各种技艺）。末，不重要的。 ③ 〔田作〕在田地里劳动。 ④ 〔躬率以俭约〕亲自带头崇尚俭约。躬，亲身。率，率领。俭约，俭朴。 ⑤ 〔务农桑〕致力于种农田、植桑养蚕。 ⑥ 〔口〕每个人。〔一树榆〕一棵榆树。〔百本薤（xiè）〕一百棵薤。本，棵。薤，似韭，根部有鳞茎，可以吃。 ⑦ 〔家二母彘（zhì）〕每家养两头母猪。 ⑧ 〔带牛佩犊〕把可以换来牛和犊的东西佩带在身上。意思是能生利的不让它生利。 ⑨ 〔趋田亩〕到农田去。趋，向……走。 ⑩ 〔课收敛〕督促收获。课，考核。敛，收。 ⑪ 〔益蓄果实菱芡（qiàn）〕更多地积蓄果品、菱角和芡实。益，增益。芡，芡实，鸡头米。 ⑫ 〔劳（旧读lào）来（旧读lài）循行〕劝勉人民依照规定实行。劳来，劝勉。循，依循。行，实行，做。 ⑬ 〔狱讼〕犯罪和诉讼。 ⑭ 〔征〕征召。调他到朝中。 ⑮ 〔议曹〕类似参议的官。曹，太守属下的行政单位。〔愿从〕希望随着入京。 ⑯ 〔功曹〕掌管记功选职的官。〔素耆（shì）酒〕平素很好喝酒。耆，通"嗜"。 ⑰ 〔节度〕节制。 ⑱ 〔使〕用。 ⑲ 〔逆〕违逆，不依从。 ⑳ 〔不视太守〕不理会太守。 ㉑ 〔会遂引入宫〕恰好龚遂受引见要进宫。

曰:"明府且止①,愿有所白②。"遂还问其故,王生曰:"天子即问君何以治渤海③,君不可有所陈对④,宜曰'皆圣主之德,非小臣之力也'。"遂受其言,既至前,上果问以治状⑤,遂对如王生言⑥。天子说其有让⑦,笑曰:"君安得长者之言而称之⑧?"遂因前曰⑨:"臣非知此,乃臣议曹教戒臣也⑩。"上以遂年老不任公卿⑪,拜为水衡都尉⑫,议曹王生为水衡丞⑬,以褒显遂云⑭。

> 写龚遂晚年的经历,年老而仍能保有禄位。夹写王生嗜酒而有机智,使平铺直叙中生小波澜,显得文笔生动多变。

【研读参考】 一、旧时代读书人,不管是读文还是读史,"前四史"(《史记》《汉书》《后汉书》《三国志》)都是必读书。为了提高阅读文言的能力,如果有兴趣,可以再读几篇《汉书》上的文章。顾廷龙、王煦华选注本分量不大,可用(只是注嫌简略,要用词典辅助)。

---

①〔明府且止〕请太守停一停。明府,对太守的敬称。后世对知县尊称"明府"。 ②〔有所白〕有话告诉您。白,告诉。 ③〔即〕如果。 ④〔陈对〕答说(自己的治绩)。 ⑤〔治状〕治理(渤海)的情况。 ⑥〔遂对如王生言〕龚遂照着王生的话回答。 ⑦〔说其有让〕喜欢他有谦让的心。 ⑧〔长者〕年高有德的人。〔称〕说。 ⑨〔前〕上前。 ⑩〔教戒〕教导戒饬。 ⑪〔不任公卿〕不能胜任公卿的重责。 ⑫〔拜为水衡都尉〕授予水衡都尉的官职。拜,朝廷授予官爵(指位高的官)。水衡都尉掌管上林苑,并管御用物品,铸钱币。 ⑬〔水衡丞〕水衡都尉的副职。 ⑭〔褒显〕褒扬而使之有声誉。

二、有些词，文言中常常用另一写法，如"擒"写"禽"。像这样的用法，本篇中还有，找出来。能够准备一个小本，把这类用法都抄下来，记熟了，对理解文言有很大好处。

三、试试把"宣帝即位"一段译成现代语，要求简练而流畅。

一九　短文三篇　曹操

【解说】本篇中"军谯（qiáo）令"选自《三国志·魏书·武帝纪》汉献帝建安七年（202），"与荀彧（yù）书追伤郭嘉"（原是两篇）选自《三国志·魏书·郭嘉传》注引《傅子》（书名，晋傅玄著），"祀故太尉桥玄文"选自《三国志·魏书·武帝纪》建安七年注引《褒赏令》。汉献帝建安七年，曹操于打败袁绍、刘备之后，行军到故乡沛（pèi）国（行政区划名，等于郡）谯县［今安徽亳（bó）州］，驻军，下了"军谯令"。荀彧字文若，郭嘉字奉孝，都是曹操的得力谋士。郭嘉有才，通政治军事，曹操很器重他。赤壁之战曹操战败，曾叹息说："郭奉孝在，不使孤至此！"所以郭嘉死后，曹操写信给荀彧，表示很深的悲痛。桥玄，字公祖，东汉末年的大官，做到司徒（三公之一，管行政）、太尉（三公之一，管军事）。曹操年轻时候曾受到他的推重，所以成大业以后还感激他，经过故乡的时候向他致祭。

　　三篇意思都很正大，感情也深挚，文字简洁。尤其值得注意的是，像是漫不经意地写琐事，而能够更真切地表现自己的深情，如"国中终日行，不见所识""常言'吾往南方则不生还'""……车过三步，腹痛勿怪"。不粉饰，不用力，却能够清楚地表达出诚意,使人感动。

作者曹操(155—220),字孟德。生在东汉末年的混乱时代,参加镇压黄巾起义的军事行动,势力逐渐强大。汉献帝建安元年(196),他把汉献帝拢到自己的势力之下,以后假天子以令诸侯,收罗人才,扩大势力,逐步削平了吕布、袁绍、袁术、韩遂、马超等地方割据势力,统一了北方一带。他有政治远见,在用兵的同时,还注意经济的恢复和建设,兴修水利,推行屯田制度。建安十三年(208)进位为丞相,十八年(213)为魏公,二十一年(216)为魏王。死后,他儿子曹丕代汉做了皇帝,追尊他为武帝。曹操不但是政治家、军事家,而且是大作家。诗文都写得很好,雄伟而真挚。著作不少,曾给《孙子》作注,并有军事著作《兵书接要》等。文集有《魏武帝集》三十卷,没有传下来,现在见到的有明朝张溥辑的《魏武帝集》,中华书局新印的《曹操集》。

军谯令[①]

吾起义兵[②],为天下除暴乱[③]。旧土人民死丧略尽[④],国

[①]〔军〕驻军,驻扎。 [②]〔义兵〕指汉献帝初平元年(190)关东许多州郡讨伐董卓(汉末的大奸臣)的军队。曹操是其中之一。 [③]〔暴乱〕残暴扰乱。这里指董卓专权。董卓凭武力诛杀大臣,屠戮百姓,废立皇帝,毒死太后,独揽朝政,是历史上有名的残暴人物。 [④]〔旧土〕故乡。〔略尽〕几乎完了。略,大致。

一九 短文三篇　119

中终日行①,不见所识②,使我凄怆伤怀③。其举义兵已来④,将士绝无后者⑤,求其亲戚以后之⑥,授土田⑦,官给耕牛⑧,置学师以教之⑨。为存者立庙,使祀其先人⑩。魂而有灵⑪,吾百年之后何恨哉⑫。

下令为阵亡将士立祠,使存者得祀其先人,自己可以心安。

与荀彧书追伤郭嘉

郭奉孝年不满四十,相与周旋十一年⑬,险阻艰难皆共罹之⑭。又以其通达,见世事无所疑滞⑮,欲以后事属之⑯,

---

①〔国中〕域中,这个区域之内(指谯县范围之内)。 ②〔所识〕认识的人。 ③〔凄怆(chuàng)〕悲痛。〔伤怀〕伤心。 ④〔其〕那,那些。〔已〕同"以"。 ⑤〔将士绝无后者〕将士(指已死的)里绝嗣没有后代的。绝,绝嗣,没有子孙。无后,没有后代,和绝嗣意思一样。 ⑥〔求其亲戚以后之〕访求他的近亲作为他的后代。亲戚,指同族的近亲。后,做动词用,继承。 ⑦〔授土田〕(由官方)给予土地。 ⑧〔官〕官府。 ⑨〔置学师〕设置学校,安排教师。 ⑩〔为存者立庙,使祀(sì)其先人〕为活着的(指阵亡将士的遗孤)建立祠庙(庙里安放阵亡将士的牌位),使他们(指活着的)奉祀他们的祖先。 ⑪〔魂而有灵〕灵魂如果有知。而,如果。 ⑫〔吾百年之后何恨哉〕我死后还有什么遗憾呢?百年之后,死后。百年,人的一生。 ⑬〔相与周旋〕共同活动。 ⑭〔险阻〕险恶不平的道路。这里指艰苦的战争生活。〔罹(lí)〕遭遇。 ⑮〔以其通达,见世事无所疑滞〕因为他明白人情事理,看世间的事物没有不明白的。滞,不灵活,不明晓。 ⑯〔欲以后事属(zhǔ)之〕想把身后的事务托付他。属,通"嘱",托付,交给。

何意卒尔失之①，悲痛伤心。今表增其子满千户②，然何益亡者③！追念之感深④。且奉孝乃知孤者也⑤；天下人相知者少，又以此痛惜，奈何奈何⑥！

> 从共患难日久、通达世务、了解自己三方面称赞郭嘉，痛惜他的早亡。

追惜奉孝不能去心⑦。其人见时事兵事过绝于人⑧。又人多畏病，南方有疫，常言"吾往南方则不生还"⑨。然与共论计⑩，云当先定荆⑪。此为不但见计之忠厚⑫，必欲立功分，弃命定⑬。事人心乃尔⑭，何得使人忘之！

> 写郭嘉有才有识，且对己忠贞，再一次表示痛惜。

---

①〔何意卒（cù）尔失之〕哪里想到突然间失掉他。卒尔，猝然。卒，通"猝"。 ②〔表增其子满千户〕上表请求增加他儿子的食邑到一千户。表，给皇帝上书。食邑，封地，赋税归受封的人享受。 ③〔何益亡者〕对死者有什么好处呢？ ④〔追念〕回想。〔感〕感伤。 ⑤〔且〕况且。〔乃〕是。〔知孤〕理解我。孤，王侯谦称自己。 ⑥〔奈何〕怎么办。表示极痛惜。 ⑦〔去心〕忘掉，撇开。 ⑧〔过绝〕远远地超过。 ⑨〔常言……〕这是郭嘉表示，自己体弱，到南方不能适应，必有死的危险。 ⑩〔与共论计〕和他一起讨论大势。计，动词，计议。 ⑪〔云当先定荆〕说是应当先平定荆州。荆州在南方。 ⑫〔为〕是。〔见计之忠厚〕表现了为国谋划的忠诚。见，表现，显示。 ⑬〔必欲立功分（fèn），弃命定〕（还表现了）一定要立功尽职，不顾生命的危险。分，职分。 ⑭〔事人心乃尔〕事奉人忠心竟是这样。尔，如此。

祀故太尉桥玄文①

　　故太尉桥公,诞敷明德②,泛爱博容③。国念明训④,士思令谟⑤。灵幽体翳⑥,邈哉晞矣⑦!
　　　　先泛说桥玄的美德,表示十分惋惜他的死亡。
　　吾以幼年⑧,逮升堂室⑨,特以顽鄙之姿⑩,为大君子所纳⑪。增荣益观,皆由奖助⑫,犹仲尼称不如颜渊⑬,李生之

---

①〔故〕过去的,死去的。 ②〔诞敷明德〕广泛地传布他的大德。诞,大。敷,布,传播。明德,大德,最高尚的德行。 ③〔泛爱博容〕普遍地爱百姓,广博地接纳人物。指人的心地很宽大,对人事多所称许。 ④〔国念明训〕国家怀念(您)明智的教训。 ⑤〔令谟(mó)〕美好的谋略。 ⑥〔灵幽体翳(yì)〕灵魂隐蔽起来,躯体埋藏起来。指死。 ⑦〔邈(miǎo)哉晞(xī)矣〕远远地离开人间了。邈,远。晞,干。古人以露水晒干比喻人死亡。哉,矣,表示感叹语气。 ⑧〔以〕于,在。 ⑨〔逮(dài)〕及,赶上。〔升堂室〕到您那里受教。《论语·先进》:"由也升堂矣,未入于室也。"后来称弟子中造诣高的为升堂入室。 ⑩〔特〕只。〔顽鄙之姿〕顽钝鄙陋的资质。这是自谦的话。 ⑪〔为大君子所纳〕受到您的接纳。大君子,对桥玄的敬称。这两句是说您所接纳的人都是名望很好的人,我虽然顽鄙,也受到您破格的接待。 ⑫〔增荣益观,皆由奖助〕增加我的荣誉和在士大夫中的声望,都是由于您的奖掖。增,益,都是增加的意思。观,给人的印象。奖助,称赏而帮助。 ⑬〔犹〕好像。〔仲尼称不如颜渊〕孔子说颜渊造诣最高。仲尼,孔子的字。颜渊,名回,孔子最称许的学生。《论语·公冶长》:"子谓子贡曰:'女(汝)与回也孰愈(谁好)?'对曰:'赐(子贡名端木赐)也何敢望回?回也闻一以知十,赐也闻一以知二。'子曰:'弗如也,吾与(同意)女弗如也。'"

厚叹贾复①。士死知己②，怀此无忘③。又承从容约誓之言④："殂逝之后⑤，路有经由⑥，不以斗酒只鸡过相沃酹⑦，车过三步，腹痛勿怪⑧。"虽临时戏笑之言，非至亲之笃好⑨，胡肯为此辞乎⑩？匪谓灵忿能诒己疾⑪，怀旧惟顾⑫，念之凄怆。

  写桥玄待己之厚，往日二人交谊之深，所以更难抑制伤痛之情。

  奉命东征⑬，屯次乡里⑭，北望贵土⑮乃心陵墓⑯。裁致薄奠⑰，公其尚飨⑱！

  最后写致祭和致祭的缘由。

---

①〔李生之厚叹贾复〕李生深深地赞叹贾复。贾复是东汉光武帝创业的得力将领。《东观（guàn）汉记·贾复传》（今本卷八）说：他"治《尚书》，事舞阴（地名）李生。李生奇之，谓门人曰：'贾生容貌志意如是，而勤于学，此将相之器。'" ②〔士死知己〕士为知己的人牺牲生命。《史记·刺客列传》（豫让曰）："士为知己者死，女为说（悦）己者容。" ③〔怀此无忘〕记住这些，永远不忘。 ④〔又承从（cōng）容约誓之言〕又蒙您闲谈时向我约誓的话。从容，不急迫。 ⑤〔殂（cú）逝〕死。 ⑥〔路有经由〕行路经过那里。 ⑦〔斗〕一种大酒杯。〔过〕到那里去。〔沃酹（lèi）〕奠酒，把酒浇在地上，表示祭奠。沃，浇灌。 ⑧〔腹痛〕是说，你不祭奠，鬼魂使你肚子痛。 ⑨〔笃好〕交谊很好。笃，厚。 ⑩〔胡肯为此辞乎〕怎么肯说这样的话呢？胡，何，怎么。 ⑪〔匪〕通"非"。〔灵忿〕魂灵发怒。〔诒（yí）〕给予。〔疾〕病。 ⑫〔怀旧惟顾〕想起往日的交谊。怀旧，想念过去。惟顾，思念。 ⑬〔奉命〕受皇帝（指汉献帝）的命令。 ⑭〔屯〕驻扎。〔次〕停在，住在。〔乡里〕家乡。 ⑮〔贵土〕您的乡里。桥玄的故乡是睢（suī）阳县（在今河南商丘），在谯县以北。 ⑯〔乃心陵墓〕于是我的心就到您的坟墓前。 ⑰〔裁〕酌量备办。〔致〕送。〔薄奠〕菲薄的奠仪。 ⑱〔公其尚飨〕您来享用吧！其，助词，表示希望的语气。尚，犹如说请。飨，享受。

【研读参考】一、文章长好还是短好？当然要看内容怎么样。内容充实、复杂，一万字不嫌多；反之，一百字也嫌多余。如果内容一样，同样写得明白、流利、生动，那就字数越少越好。本篇的三则，好处都是字数不多而内容充实，并且写得不平板单调。读时要多体会这种优点。

二、书札的文字风格要亲切，祭文的文字风格要典重，从本篇的后二则可以看出来。举文中语句为例说说这种情况。

三、试把《祀故太尉桥玄文》译成现代语。

二〇　与朝歌令吴质书　曹丕

【解说】本篇选自《文选》。吴质（177—230），字季重，东汉末济（jǐ）阴（今山东省菏泽市定陶区）人。有才能文，受到曹丕（pī）的赏识。曹丕称帝以后，官至振威将军、都督河北诸军事，封列侯。在曹丕立为魏太子之前，他是曹丕的宾客和重要谋士。《三国志·王粲传》附《吴质传》注引《魏略》，说吴质先任朝（zhāo）歌（县名，在今河南淇县）长，后改元城（县名，在今河北大名）令，其后"太子（魏王曹操的太子曹丕）南在孟津（今河南孟津）小城，与质书曰"。按照这个记载，曹丕写此信的时候，吴质应该是元城令，可是《文选》标题（原信当然没有标题）称朝歌令。又，写信时间，如果那时候曹丕已经是太子，那就不能早于汉献帝建安二十三年（218），因为二十二年（217）十月才立为太子，可是《魏略》又说是在西征之时。按《三国志·魏书·武帝纪》，建安十九年（214）十二月曹操到孟津，二十年（215）三月西征，信又像是建安二十年五月写的。不同的说法对比，以二十年五月（其时吴质任朝歌令）较合情理，因为还有一封有名的信是二十三年二月写的。

信写得感情很充沛，文字很华丽；并且多用对偶，也可见当时骈俪文的风气。

　　作者曹丕（187—226），字子桓，曹操的次子。他哥哥曹昂早死，所以曹操为魏公时他是世子，为魏王时立他为太子。建安二十五年（220），曹操去世，他废了汉献帝，自立为皇帝，建都洛阳，国号魏。死后谥文，所以历史上称为魏文帝。他是文武全才，读书很多，诗和文章都写得很好。曾著《典论》，其中《论文》一篇在文学批评史上有很高的地位。著作多已散佚，残存的一些，后人辑为《魏文帝集》。

　　五月十八日，丕白①，季重无恙②！涂路虽局③，官守有限④，愿言之怀⑤，良不可任⑥。足下所治僻左⑦，书问致简⑧，益用增劳⑨。

　　开头写问候语，表示思念之切。

　　每念昔日南皮之游⑩，诚不可忘⑪。既妙思六经⑫，逍遥

---

①〔丕白〕丕，作者自称。白，告语，说。某某白，是旧时书信开头结尾的常用语。　②〔无恙（yàng）〕无病。书信里问候的话，如同现在说祝你安好。　③〔涂路虽局〕虽然相距不远。涂，通"途"。局，近。　④〔官守有限〕职务在身，不得随便移动。　⑤〔愿言之怀〕想念你的心情。《诗·邶（bèi）风·二子乘舟》："愿言思子，中心养养。"这是用"愿言"代替"思子"。　⑥〔良不可任〕真受不了。良，诚然。任，担当。　⑦〔足下〕对朋友的敬称。〔所治僻左〕在偏僻的地方做官。所治，治理的地方。左，偏鄙。　⑧〔书问致简〕写信问候很少。致，极。简，稀少。　⑨〔益用增劳〕因此而更加思念。益，更加。用，因。劳，忧思，思念。下文"我劳如何"的"劳"同。　⑩〔南皮之游〕南皮，今河北南皮。游，交游，宴乐。　⑪〔诚〕实在。　⑫〔既〕已经。〔妙思六经〕深入地研习六经。六经，诗、书、礼、易、乐、春秋。

百氏①；弹棋闲设，终以六博②；高谈娱心③，哀筝顺耳④；驰骋北场，旅食南馆⑤；浮甘瓜于清泉，沉朱李于寒水⑥。白日既匿，继以朗月⑦，同乘并载⑧，以游后园，舆轮徐动⑨，参从无声⑩，清风夜起，悲笳微吟⑪。乐往哀来⑫，怆然伤怀⑬。余顾而言⑭，斯乐难常⑮，足下之徒⑯，咸以为然⑰。今果分别，各在一方⑱；元瑜长逝⑲，化为异物⑳。每一念至㉑，何时可言㉒？

　　回忆昔日聚会的欢乐，归结到好景不常，所以更加怀念。

————

①〔逍（xiāo）遥（yáo）百氏〕意思是，广泛谈论诸子百家的著作。逍遥，优游自得。 ②〔弹（tán）棋闲设，终以六博〕总是备有弹棋的游艺，其后还有六博的游戏。意思是游艺项目很多。闲，平常，随意。 ③〔高谈〕畅谈。〔娱心〕使心中快乐。 ④〔哀筝顺耳〕哀婉的筝声很好听。筝，古弦乐器。 ⑤〔驰骋北场，旅食南馆〕在北场骑马奔驰，在南馆一同进食。场，空地。旅，众，大家一同。馆，可以停驻的房舍。 ⑥〔浮甘瓜于清泉，沉朱李于寒水〕意思是用清凉的泉水浸泡果品。甘瓜，有甜味的瓜。朱李，红色的李子。 ⑦〔白日既匿（nì），继以朗月〕意思是夜以继日（地游玩）。匿，隐藏，指日落。朗，明亮。 ⑧〔同乘并载〕一同坐在车上。 ⑨〔舆（yú）轮徐动〕车轮缓缓转动。舆，车。徐，慢。 ⑩〔参（cān）从〕陪同坐车的侍从。〔无声〕不说话。表示恭谨。 ⑪〔悲笳（jiā）微吟〕悲凉的笳声轻轻地响。笳，胡笳。 ⑫〔乐往哀来〕欢乐过去了，变为悲伤。 ⑬〔怆（chuàng）然伤怀〕非常伤心。怆然，悲痛的样子。 ⑭〔余顾而言〕我回过头（对大家）说。 ⑮〔斯乐难常〕这种乐趣难得常有。 ⑯〔足下之徒〕你们大家。 ⑰〔咸以为然〕都认为是这样。 ⑱〔各在一方〕各在不同的区域。一方，一个方位。 ⑲〔元瑜〕阮瑀（yǔ），字元瑜。建安七子之一。〔长逝〕永远离去了。指死。 ⑳〔化为异物〕变为另一种东西。指鬼魂。 ㉑〔每一念至〕每次这个念头来到，每次想到。 ㉒〔何时可言〕什么时候能够说说呢？

方今蕤宾纪时①，景风扇物②，天气和暖，众果具繁③。时驾而游④，北遵河曲⑤，从者鸣笳以启路⑥，文学托乘于后车⑦。节同时异⑧，物是人非⑨，我劳如何⑩！

由目前的游乐想到过去，再一次表示深切的怀念。

今遣骑到邺⑪，故使枉道相过⑫。行矣自爱⑬！丕白。

结尾说明写信的来由。

【研读参考】 一、三国时代的文章，与两汉相比，明显地可以看出，已经更加注重辞藻。我们读这封信，会觉得文字华丽，语句整齐，声韵铿锵。吴质有一篇《答魏太子笺》，称赞曹丕的文章是："发言抗论，穷理尽微，摛（chī，铺叙）藻下笔，鸾凤之文奋矣。"这样的评论可以帮助我们深入体会本篇。

二、把本篇的对偶句都找出来，多读几遍。

三、以下语句中加点的词，现在要怎么说？

───────

① 〔方今〕现在。〔蕤（ruí）宾纪时〕时当五月。蕤宾，十二律的第七律。《礼记·月令》："仲夏之月，……律中（zhòng）蕤宾。" ② 〔景风扇（shān）物〕南风吹拂万物。《史记·律书》："景风居南方。" ③ 〔众果具繁〕各种水果都繁茂。具，全，备。 ④ 〔时驾而游〕常常驾车出游。 ⑤ 〔北遵河曲〕往北沿着河曲走。河曲，黄河旁幽静的地方。 ⑥ 〔鸣笳〕吹胡笳。〔启路〕在前开路。 ⑦ 〔文学〕太子文学，文学侍从的官。〔托乘〕附乘，陪乘。 ⑧ 〔节同时异〕节令相同，时事已与昔年不一样。 ⑨ 〔物是人非〕景物依旧，人非昔年共游之人。 ⑩ 〔我劳如何〕我是怎样的思念呢！《诗经·小雅·绵蛮》："道之云远，我劳如何！" ⑪ 〔遣骑（旧读 jì）到邺（yè）〕派骑马的人到邺城。邺，曹操为魏王时的都城，在今河北临漳。 ⑫ 〔枉道〕绕道。〔相过〕前去访问，送信。 ⑬ 〔行矣自爱〕希望此后自己多保重。行矣，意思是今后。

（1）丕白。季重无恙！
（2）良不可任。……诚不可忘。
（3）斯乐难常，足下之徒，咸以为然。
（4）时驾而游，北遵河曲。

二一 《高士传》选 皇甫谧

【解说】本篇中"江上丈人"选自《高士传》卷上,"王斗"选自卷中,"韩康""汉滨老父"选自卷下。高士,清高之士,一般指品格高尚的隐居之士。旧时代,在专制皇帝和大官僚的统治之下,政治清明、社会安定的时候不多,有些人不愿同流合污,宁可过穷困的隐居生活,所以受到人们的称赞。为这样的高士立传,一方面可以宣扬好人好事,一方面可以警戒世俗,在当时是有积极意义的。和皇甫谧(mì)同时的嵇康也曾著《高士传》,没有传下来。皇甫谧著的《高士传》,据后人考证,原来只收七十二人。今传本三卷,其收被衣、王倪、啮缺等九十一人(有的版本九十六人),其中多出的几个人是后人整理此书时根据嵇康《高士传》和《后汉书》增加的。

  本篇选的四则,情节都很简单,但人物的性格都表现得具体生动,像王斗和汉滨老父的言论,眼光锐敏,爱憎分明,很有教育意义。

  作者皇甫谧(215—282),字士安,别号玄晏先生,魏晋间安定朝那(今宁夏固原东南)人。品格高尚,一生没做官。有学问,喜欢著书,著有《帝王世纪》《高士传》《玄晏春秋》等。

他还是有名的医学家,著有《甲乙经》,深入地阐述了中医学的经络理论。

江上丈人①

　　江上丈人者,楚人也②。楚平王以费无忌之谗杀伍奢③,奢子员亡④,将奔吴。至江上,欲渡无舟,而楚人购员甚急⑤,自恐不脱⑥。见丈人,得渡,因解所佩剑以与丈人⑦,曰:"此千金之剑也,愿献之⑧。"丈人不受,曰:"楚国之法,得伍员者爵执珪⑨,金千镒⑩,吾尚不取⑪,何用剑为⑫?"不受而别。莫知其谁⑬。

　　写丈人救人之危难而不受报,且不留姓名而去。

----

①〔江〕长江。〔丈人〕对老年男子的敬称。《史记·伍子胥列传》说是个渔父。 ②〔楚人〕(春秋时)楚国人。 ③〔楚平王以费无忌之谗杀伍奢〕楚平王听信费无忌的谗言杀害了伍奢。楚平王,名居,春秋时楚国君主,前528—前516年在位。费无忌,楚国大夫。伍奢,楚平王时做太子太傅。费无忌造谣说太子不好,平王杀了伍奢。 ④〔奢子员(yún)亡〕伍奢的儿子伍员逃走。楚平王杀伍奢之前,恐怕他的儿子伍尚、伍员报仇,叫伍奢写信把两个儿子都叫回京城,假说儿子回京就赦免伍奢的罪。伍尚兄弟料到信里的话不真,商量之后,伍尚回京,伍员逃走。结果伍尚和伍奢一起被害。伍员逃往吴国。 ⑤〔购员甚急〕悬赏捉拿伍员很紧急。 ⑥〔不脱〕逃不脱。 ⑦〔因〕于是。 ⑧〔献〕奉送。 ⑨〔得伍员者爵执珪(guī)〕捉到伍员的人,封以执珪的爵位。执珪,楚国最高的爵位。 ⑩〔金千镒(yì)〕(赏给)一千镒金子。镒,重量单位,等于二十四两。 ⑪〔尚〕尚且,还。 ⑫〔何用剑为〕干什么要这把剑呢? 为,表疑问语气的助词。 ⑬〔莫知其谁〕莫知其为谁,不知道他是谁。

二一　《高士传》选　131

员至吴，为相①，求丈人②，不能得，每食辄祭之曰③："名可得闻而不可得见，其唯江上丈人乎④？"

写伍员富贵以后对丈人的怀念和赞扬，是由侧面写丈人的高尚。

王　斗

王斗者，齐人也⑤。修道不仕⑥，与颜斶并时⑦。曾造齐宣王门⑧，欲见宣王。宣王使谒者延斗入⑨，斗曰："斗趋见王为好势⑩，王趋见斗为好士，于王何如⑪？"

写王斗向齐宣王提出谁应礼遇谁的问题。

谒者还报⑫，王曰："先生徐之⑬，寡人请从⑭。"王趋而迎之于门，曰："寡人奉先君之宗庙⑮，守社稷⑯，闻先生直

---

①〔员至吴，为相〕伍员到吴国后做了国相。意思是做了大官。　②〔求〕访求，寻觅。　③〔每食辄祭之〕每逢吃饭就祭他。辄，就。　④〔其唯江上丈人乎〕怕是只有江上丈人吧？其，表示推测语气的助词。　⑤〔齐〕战国时齐国。　⑥〔修道不仕〕学道不做官。道，修身养性的道理和方法。　⑦〔与颜斶（chù）并时〕和颜斶同时。颜斶，齐宣王时人。齐宣王请他做高官，他辞谢而去。　⑧〔造〕赴，到。〔齐宣王〕战国初期齐国的君主。　⑨〔使谒者延斗入〕派传达请王斗进宫。谒者，管接待宾客的官吏。延，请进。　⑩〔斗趋见王为好（hào）势〕（要是）我跑向前去见宣王，那是我喜好势力。趋，小步快走，是在尊长面前的礼节。　⑪〔于王何如〕在国王方面认为应当怎样做？　⑫〔还报〕回去报告（齐宣王）。　⑬〔徐之〕慢慢地。之，助词，没有意义。　⑭〔请从〕请求（愿意）听从（先生）。　⑮〔奉先君之宗庙〕奉，祀奉。先君，祖先。宗庙，祭祀祖先的庙。　⑯〔守社稷〕治理国家。

言正谏不讳①。"斗曰:"王之忧国爱民,不若王之爱尺縠也②。"王曰:"何谓也③?"斗曰:"王使人为冠④,不使左右便辟而使工者何也⑤?为能之也⑥。今王治齐国,非左右便辟则无使也⑦。臣故曰不如爱尺縠也。"

　　写齐宣王礼遇王斗,虚心求教,王斗婉转地指出他的缺点。

　　王起谢曰⑧:"寡人有罪于国家矣。"于是举士五人⑨,任之以官。齐国大治,王斗之力也。

　　写齐宣王纳谏礼士,收到齐国大治的效果。

韩　康

　　韩康,字伯休,京兆霸陵人也⑩。常游名山采药,卖于长安市中,口不二价者三十余年⑪。时有女子买药于康⑫,怒康守价⑬,乃曰:"公是韩伯休邪⑭,乃不二价乎⑮?"康叹

————

①〔直言正谏不讳〕用直率的言语规劝而无隐讳。　②〔不若〕不如。〔尺縠(hú)〕一尺长的縠。縠,绉纱,一种有皱纹的细软的丝织品。　③〔何谓也〕这是说什么?这话是什么意思?　④〔使人为冠〕教人做帽子。　⑤〔左右便(pián)辟(bì)〕身边亲信的小人。便辟,善于逢迎谄媚的人。　⑥〔为能之也〕为的是工人善于做帽子啊。　⑦〔非左右便辟则无使也〕不是身边亲信的小人就不任用。无使,不使用。　⑧〔起谢〕起身道歉。　⑨〔举〕选拔。　⑩〔京兆〕西汉京都长安的行政区划名,在现在陕西省西安市一带。〔霸陵〕长安东面邻近的县名,属京兆尹管辖。　⑪〔口不二价〕卖商品不要谎,不还价。　⑫〔时〕那时。　⑬〔怒康守价〕不满韩康坚持所定价格。　⑭〔公〕你。敬称。　⑮〔乃〕竟然。

曰:"我欲避名①,今区区女子皆知有我②,何用药为③?"遂遁入霸陵山中④。

　　写韩康采药为生,隐姓名而不得,避居深山。

公车连征不至⑤。桓帝时⑥,乃备玄𫄸安车以聘之⑦。使者奉诏造康⑧,康不得已,乃佯许诺⑨。辞安车⑩,自乘柴车冒晨先发⑪。至亭⑫,亭长以韩征君当过⑬,方发人牛修道桥⑭,及见康柴车幅巾⑮,以为田叟也⑯,使夺其牛,康即释驾与之⑰。有顷⑱,使者至,夺牛翁乃征君也⑲。使者欲奏杀亭长⑳,康曰:"此自老子与之㉑,亭长何罪?"乃止。康因中路逃遁㉒。以寿终㉓。

----

①〔我欲避名〕我想不让人知道名声。 ②〔区区〕小小的,一般的。 ③〔何用药为〕还卖什么药呢? ④〔遁〕逃走。 ⑤〔公车〕传(zhuàn)车,驿站公用的车。汉朝应朝廷征聘的人由公家用车转送。 ⑥〔桓帝〕东汉桓帝,名志,公元147—167年在位。 ⑦〔玄𫄸(xūn)安车〕带着礼品,驾着安车。玄,黑色;𫄸,浅绛色:都指丝织品。安车,一种小车,可以安坐,是优待老年人的车。 ⑧〔奉诏造康〕奉皇帝的命令到韩康那里去。 ⑨〔佯(yáng)〕假装。 ⑩〔辞〕谢绝。 ⑪〔自乘柴车冒晨先发〕自己坐着柴车冒着清晨的寒气先出发了。柴车,粗劣的车。 ⑫〔亭〕秦汉制度:十里一亭,十亭一乡。亭是最低的地方行政单位。 ⑬〔韩征君〕即韩康。征君,被皇帝征召的人士。〔当过〕要从这里经过。 ⑭〔方发人牛修道桥〕正在征调人和牛修理道路和桥梁。 ⑮〔柴车幅巾〕乘坐柴车,只(用绢一幅)束头,不戴冠。 ⑯〔田叟(sǒu)〕种田的老头儿。 ⑰〔释驾〕卸下牛,释,解下。驾,驾车的牲口。 ⑱〔有顷〕过了一会儿。 ⑲〔夺牛翁〕被夺去驾车牛的老人。这里句子有省略。 ⑳〔奏杀亭长〕呈报朝廷杀掉亭长。 ㉑〔此自老子与之〕这本来是我给他的。自,这里是本来的意思。老子,我老头子,韩康自称。 ㉒〔康因中路逃遁〕韩康借机会半路逃走。 ㉓〔以寿终〕平平安安地老死。

写韩康逃避朝廷征召,以及他对人宽厚。

汉滨老父①

汉滨老父者,不知何许人也②。桓帝延熹中幸竟陵③,过云梦④,临沔水⑤,百姓莫不观者,有老父独耕不辍⑥。

写老父轻视皇帝的声势。

尚书郎南阳张温异之⑦,使问曰⑧:"人皆来观,老父独不辍,何也?"老父笑而不答。温下道百步自与言⑨,老父曰:"我,野人也⑩,不达斯语⑪。请问天下乱而立天子邪?理而立天子邪⑫?立天子以父天下邪⑬?役天下以奉天子邪⑭?昔圣王宰世⑮,茅茨采椽而万人以宁⑯,今子之君劳人

---

① 〔汉滨老父〕汉水边上一位老年人。 ② 〔不知何许人〕不知道是哪里的人。何许,何处。 ③ 〔延熹〕汉桓帝的年号(158—167)。〔幸〕皇帝驾临。〔竟陵〕在今湖北天门西北。 ④ 〔过云梦〕经过云梦泽。云梦泽,古代很大的沼泽名。现在湖北省许多小湖泊就是云梦泽淤积后形成的。 ⑤ 〔沔(miǎn)水〕汉水下游将入长江的一段,古时称沔水。 ⑥ 〔独耕不辍〕独自耕田而不停止。这是表示不理睬。 ⑦ 〔尚书郎南阳张温〕做尚书郎的南阳人张温。尚书郎,尚书省的中级官吏。南阳,郡名,今河南南阳一带。〔异之〕以他为奇怪。 ⑧ 〔使问曰〕派人去问他说。 ⑨ 〔下道百步自与言〕离开大路一百步亲自和他谈话。 ⑩ 〔野人〕生活在田野的人。不是在朝廷上做官的。 ⑪ 〔不达斯语〕不懂得这句话。达,明了。斯语,指张温说的应当去看而不看的那些话。 ⑫ 〔理而立天子〕天下太平而立皇帝。理,治,太平。 ⑬ 〔父天下〕做天下人的父亲,像父亲对待儿子一样抚爱人民。 ⑭ 〔役天下以奉天子〕驱使天下的人奉养皇帝。役,役使。 ⑮ 〔宰世〕主宰天下,统治天下。 ⑯ 〔茅茨(cí)采椽〕用茅草盖屋顶,用栎(lì)木作椽。茨,茅苇的屋顶。采,栎木。〔万人〕天下人。〔以〕因而。

自纵①，逸游无忌②，吾为子羞之，子何忍欲人观之乎③？"

　　写老父痛斥皇帝游乐害民的罪过。

　　温大惭，问其姓名，不告而去。

　　写老父不留姓名的高士风度。

【研读参考】　一、为高士作传，除了专书以外，正史中也常常这样，如《后汉书》有《逸民传》，以后从《晋书》起多有《隐逸传》，写法大致与这里选的几则相同。

　　二、讲讲本篇中这几个字：亡、购、趋、造、亭、顷、许。

　　三、用现代语译《韩康》一则。

---

①〔子之君〕您的君主。这样说，是不认为天下的君主。〔劳人自纵〕劳累人民而自己纵情享乐。　②〔逸游无忌〕放荡地游乐而无所忌惮。　③〔何忍〕怎么忍心。

二二　思旧赋并序　向秀

【解说】本篇选自《文选》。思旧是怀念死去的朋友嵇（jī）康和吕安。嵇康，字叔夜，三国时谯（qiáo）国铚（zhì）（今安徽宿州）人。曾任魏的中散大夫，世称嵇中散。为人清高，有才学，能诗文，善弹琴，研究老庄及养生之学。著有《嵇康集》。吕安，字仲悌，三国时东平（今山东东平）人。两个人都曾在山阳（今河南焦作一带）寄居。三国晚期，魏的大权落在司马氏手里，嵇康等不附和司马氏，并同大将军司马昭的亲信钟会有仇恨，所以钟会就诬陷他们，怂恿司马昭把他们杀了。向秀同嵇康是好朋友，传说曾经一同打铁；同吕安也有交谊，传说曾经一同灌园。嵇康和吕安是魏将让位于晋的时候被杀的。大概是晋朝初年，向秀经过山阳，想到好友被害，满腔悲愤而不敢明言，于是写一篇赋，专从怀念方面说说自己的心情。

赋是介于诗和散文之间的一种文体，开始于战国时期。荀子写过少量的赋；《楚辞》中的大部分作品，后代称为辞赋。这种文体的特点是，用优美的辞藻描画景物，抒发感情，格调尽量求铺张，声音尽量求和谐。如果可以把文章分为实用的和华美的两类，赋属于后一类，即所谓美文。汉朝人喜欢用这种文体，如司马相如的《子虚赋》《上林赋》，班固的《两都赋》，张衡的《两京赋》等，大多篇幅较长，用秾丽繁缛的文字宣扬所写事物的富丽和奇特，我们现在读它常常感到乏味。到六朝，赋的题材和内容都扩大了，都市以外，几乎什么都可以写，内容也由单纯描画景物变为兼写心情，甚至着重写心情。篇幅也大多变短，不再像汉赋那样繁重。文字的格调更求美化，经常用对偶和押韵。本篇是六朝早期的赋，对偶用得很少，只是押韵（两段各押一韵）。

文章写得简短而含蓄，这就更足以说明作者的隐痛是如何深切。鲁迅在《为了忘却的记念》里说："年青时读向子期《思旧赋》，很怪他为什么只有寥寥的几行，刚开头却又煞了尾。然而，现在我懂得了。"所谓懂得，就是在残暴恐怖的统治之下，也只能这样微微地暗示一下。但我们现在读它，却更能够在隐约平淡的文字中，体察到暴君的刀锋和作者的热泪。

作者向秀（227？—272），字子期，三国时怀县〔今河南武陟（zhì）〕人。曾官散骑（旧读 jì）常侍。竹林七贤（嵇康、阮籍、山涛、向秀、阮咸、王戎、刘伶）之一。为人清高，有学问。曾为《庄子》作注，将完成时去世，今传郭象注或者有他的见解。

余与嵇康、吕安居止接近①。其人并有不羁之才②，然嵇志远而疏③，吕心旷而放④，其后各以事见法⑤。嵇博综技

---

①〔居止〕住所。 ②〔其人〕那（两个）人。〔并〕俱，都。〔不羁（jī）之才〕不可羁绊的才能。不羁，孤高放逸，不受世俗拘束。 ③〔志远而疏〕心意高远，脱略世俗。 ④〔心旷而放〕心意开朗，旷达不拘。 ⑤〔以事〕因事，因某种行为触犯上方。〔见法〕遭刑杀。见，被。法，刑。

艺①，于丝竹特妙②；临当就命③，顾视日影④，索琴而弹之⑤。余逝将西迈，经其旧庐⑥。于时日薄虞渊⑦，寒冰凄然⑧，邻人有吹笛者⑨，发声寥亮⑩。追思曩昔游宴之好⑪，感音而叹⑫，故作赋云⑬。

正文之前先写序，以说明作这篇赋的缘由。强调两点：一、旧有交谊；二、闻笛声而触景生情。

将命适于远京兮⑭，遂旋反而北徂⑮。济黄河以泛舟兮⑯，经山阳之旧居⑰。瞻旷野之萧条兮⑱，息余驾乎城隅⑲。

----

①〔博综技艺〕有多方面的技能。博，广泛。综，包括各方面。 ②〔于丝竹特妙〕特别精于音乐。丝竹，琴瑟箫管等乐器。 ③〔临当〕在……时。〔就命〕终命，死。 ④〔顾视日影〕看看日光照物之影（计算离就刑时还有多久）。 ⑤〔索琴而弹之〕传说嵇康临刑时索琴，弹只有他自己会的《广陵散》曲，弹完叹息说："广陵散于今绝矣！"索，求取。 ⑥〔逝将西迈，经其旧庐〕往西去，经过他们的旧居（实际是从洛阳回来，经过山阳）。逝将，《诗经·魏风·硕鼠》有"逝将去女（汝）"的句子。逝，行。迈，往。 ⑦〔日薄虞渊〕太阳将落。薄，逼近。虞渊，传说日落的地方。 ⑧〔寒冰凄然〕天气很冷。凄然，寒冷的样子。 ⑨〔邻人〕嵇康的邻居。 ⑩〔寥(liáo)亮〕清脆响亮。 ⑪〔曩(nǎng)昔〕从前。〔游宴之好〕游玩宴饮的交谊。 ⑫〔感音而叹〕因笛声引起怀念故友的感情而叹息。 ⑬〔故〕所以。〔云〕语气助词。 ⑭〔将命适于远京〕奉命往遥远的京城去。将命，奉命。适，往。京，指洛阳。〔兮(xī)〕辞赋中常用的语气词。 ⑮〔遂〕就。〔旋反〕回来。旋，回来。反，同"返"。〔徂(cú)〕往。 ⑯〔济〕渡。〔以〕相当于"而"。〔泛舟〕水上行船。 ⑰〔旧居〕嵇康的旧居在山阳县。 ⑱〔瞻(zhān)〕视。 ⑲〔息〕停。〔驾〕车。〔乎〕相当于"于"。〔城隅〕城内偏僻地方。隅，角落。

践二子之遗迹兮①,历穷巷之空庐②。叹《黍离》之愍周兮③,悲《麦秀》于殷墟④。惟古昔以怀今兮⑤,心徘徊以踌躇⑥。栋宇存而弗毁兮⑦,形神逝其焉如⑧?

    景物萧瑟,室在人亡。这是由所见方面写伤痛。

  昔李斯之受罪兮⑨,叹黄犬而长吟⑩。悼嵇生之永辞兮⑪,顾日影而弹琴,托运遇于领会兮⑫,寄余命于寸阴⑬。

―――――

① 〔践二子之遗迹〕踏着他们两个人的脚印。这是说经过他们两个人走过的地方。二子,指嵇康、吕安。 ② 〔历穷巷之空庐〕走过小巷中(嵇、吕住过的)空房子。 ③ 〔叹《黍离》之愍(mǐn)周〕因《黍离》愍周之情境而慨叹。《黍离》,《诗经·王风》的一篇诗。《诗经·王风·黍离》序说,周朝东迁洛邑(在今河南洛阳)以后,周大夫经过周朝的故都镐(hào)京(在今陕西西安),见宗庙宫室生了禾黍,感叹西周颠覆,彷徨不忍离去,因而作了这篇诗。诗的第一句是"彼黍离离(茂盛的样子)"。愍,哀伤。 ④ 〔悲《麦秀》于殷墟〕因《麦秀》伤殷之情境而悲痛。《麦秀》,《史记·微子世家》说,箕子(纣王的伯父或叔父)经过殷朝的故都,见宫室毁坏,生了禾黍,很伤感,作了《麦秀》诗,诗的第一句是"麦秀渐渐兮"。〔殷墟〕殷都城的旧址,这里指殷朝最后的都城朝(zhāo)歌,在今河南省淇县东北。这里用《黍离》《麦秀》的古事,是暗示自己也有改朝换代之痛。 ⑤ 〔惟〕思,想到。〔以〕而。下句同。 ⑥ 〔踌(chóu)躇(chú)〕驻足不前。 ⑦ 〔栋宇〕房屋。 ⑧ 〔形神逝其焉如〕形体和精神到哪里去了。逝,离去,往。其,助词。焉如,何往。如,往。 ⑨ 〔李斯〕秦丞相。秦二世时受赵高陷害被杀。〔受罪〕受刑。 ⑩ 〔叹黄犬而长吟〕《史记·李斯列传》说,李斯临刑时对他的儿子说:"吾欲与若(你)复牵黄犬,俱出上蔡(李斯的家乡)东门逐狡兔,岂可得乎!"长吟,这里指李斯临死慨叹的话。 ⑪ 〔悼〕哀痛。〔嵇生〕嵇康。〔永辞〕永辞人世,死。 ⑫ 〔托运遇于领会〕把命运寄托在偶然的遭遇上。运遇,命运。领会,像衣领的相合那样遇到。 ⑬ 〔寄余命于寸阴〕把残余的生命寄托在转瞬的时间里。寸阴,极短的时间,指顾视日影,索琴而弹。

听鸣笛之慷慨兮①,妙声绝而复寻②。停驾言其将迈兮③,遂援翰而写心④。

　　因听到笛声而想到嵇康的琴声,想到李斯、嵇康的被杀。死的死了,连愤怒的话也不敢说,只能以慨叹写心。这是由所思方面写伤痛。

【研读参考】一、本篇心情沉痛而多隐约其辞,从文中哪些地方可以看出来?

　　二、文中引《黍离》和《麦秀》二诗,引李斯事,各有什么作用?

　　三、赋是尽力求华美的文字,比较难译。试试把本篇赋的部分译为现代语的散文。

---

①〔慷慨〕激越悲凉。 ②〔妙声〕指往日嵇康的琴音。〔复寻〕又继续。指笛声。 ③〔停驾言其将迈〕停下的车子就要走了。言,其,都是助词。迈,远行。 ④〔援翰而写心〕提起笔来,写出心里的感慨。援,拿。翰,毛笔。

二三　王粲传　陈寿

【解说】本篇选自《三国志·魏书》。《王粲传》近于其他史书的《文苑传》，除王粲以外，还简略地叙述了徐幹、陈琳、阮瑀（yǔ）、应（yīng）玚（yáng）、刘桢等十几个人的事迹。本篇只选王粲的那一部分。《三国志》是记叙东汉末年到晋建国以前（190—280）大约九十年间魏蜀吴鼎立并争斗情况的史书。体裁如《汉书》，是纪传体的断代史。因为记三国的事，所以分为三部分：《魏书》三十卷，《蜀书》十五卷，《吴书》二十卷，共六十五卷。书是晋朝初年作的，晋朝是继曹魏立国的，所以《三国志》不得不把魏看作正统，写曹操、曹丕等都像写帝王的本纪，写刘备、孙权等就用列传的体裁。《三国志》是根据当时能看到的许多史料写的，剪裁、组织都很精当，文笔简洁，所以后来的评论家说作者"善叙事，有良史之才"。在我国的正史里，《三国志》和《史记》《汉书》《后汉书》齐名，称"前四史"，从前是读书人的必读书。

现在传世的《三国志》都是有注本，这注是南朝宋裴松之作的。裴松之，字世期，闻喜（今山西闻喜）人。他搜集一百几十种书，采用其中的史料，为《三国志》作注，因为多有补充和辨正，注的字数竟比原文多了将近两倍。注引用的书，大多数现在没有了，所以后代的评论家认为有很高的史料价值。

作者陈寿（233—297），字承祚，巴西郡安汉（今四川南充）人。少年时候曾从当时有名的学者谯（qiáo）周学习。其后在蜀汉做过小官，因为耿直，不得意。晋立国以后，受到名人张华的赏识，做了著作郎的官。所著除《三国志》以外，还有《益部耆旧传》《古国志》等。

王粲，字仲宣，山阳高平人也[1]。曾祖父龚[2]，祖父畅[3]，皆为汉三公[4]；父谦为大将军何进长史[5]。进以谦名公之胄[6]，欲与为婚[7]，见其二子[8]，使择焉[9]。谦弗许[10]。以疾免[11]，卒于家。

先叙述王粲的家世。

献帝西迁[12]，粲徙长安[13]，左中郎将蔡邕见而奇之[14]。时

---

[1]〔山阳高平〕山阳郡高平侯国，在今山东邹城西南。 [2]〔龚〕王龚，字伯宗，汉顺帝时官太尉。 [3]〔畅〕王畅，字叔茂，汉灵帝时官司空，以刚直清高著名。 [4]〔三公〕东汉时太尉、司徒、司空称三公。 [5]〔何进〕字遂高，妹妹是灵帝的皇后。曾官侍中、大将军、太傅等。〔长（zhǎng）史〕高级官府的属官，相当于近代的秘书长。 [6]〔以〕认为。〔胄（zhòu）〕后嗣，后代。 [7]〔欲与为婚〕（何进）愿与王家结成婚姻之好。 [8]〔见（xiàn）其二子〕叫两个儿子出来拜见王谦。见，引见。 [9]〔使择焉〕让他选择一个（做女婿）。 [10]〔弗许〕没答应。因为何进是外戚，清高的人不愿与他结亲。 [11]〔以疾免〕因病（这是托词）免了官职。 [12]〔献帝〕东汉末代皇帝刘协，公元189—220年在位。〔西迁〕东汉都城在洛阳。献帝即位时才九岁，董卓专权，杀太后，杀大臣，朝政大乱，东方各地起兵讨董卓，所以董卓挟持献帝迁往长安（现在陕西省西安市）。时在初平元年（190）春天，献帝即位还不到一年。 [13]〔徙（xǐ）〕迁居。 [14]〔左中郎将〕保卫皇帝及宫殿的高级官员。〔蔡邕（yōng）〕字伯喈（jiē），东汉著名学者。〔奇之〕以他为奇。奇，惊异。之，指王粲。

邕才学显著①,贵重朝廷②,常车骑填巷③,宾客盈坐④,闻粲在门⑤,倒屣迎之⑥。粲至,年既幼弱⑦,容状短小⑧,一坐尽惊⑨。邕曰:"此王公孙也⑩,有异才,吾不如也。吾家书籍文章尽当与之⑪。"年十七,司徒辟⑫,诏除黄门侍郎⑬,以西京扰乱⑭,皆不就⑮。乃之荆州依刘表⑯。表以粲貌寝而体弱通侻⑰,不甚重也⑱。表卒⑲,粲劝表子琮令归太祖⑳。太祖辟为丞相掾㉑,赐爵关内侯㉒。太祖置酒汉滨㉓,粲奉觞

---

①〔才学显著〕蔡邕的文章、天文、术数、音乐、绘画、书法都很精妙。②〔贵重朝廷〕贵重于朝廷,在朝中受到重视。 ③〔车骑(旧读 jì)填巷〕是说蔡邕住宅前车马拥挤,客人极多。填,充塞。 ④〔盈坐〕满座。⑤〔闻粲在门〕听说王粲在门外(来访)。 ⑥〔倒屣(xǐ)迎之〕倒穿着鞋就跑去迎接他。这是形容因为特别尊重来客而急忙迎接。古人居室内,坐席上,不穿鞋。 ⑦〔弱〕年岁小。 ⑧〔容状〕体貌。 ⑨〔一坐〕满座(所有客人)。 ⑩〔王公〕指王畅。 ⑪〔与之〕送给他。 ⑫〔司徒〕相当于丞相的官,当时称司徒。〔辟(bì)〕召用(为什么官)。 ⑬〔诏〕皇帝命令。〔除〕授官。〔黄门侍郎〕掌宫廷事务的大臣。 ⑭〔扰乱〕指董卓乱长安朝政的情况。 ⑮〔不就〕不接受官职。 ⑯〔之〕往。〔荆州〕汉十三州之一,统辖现在湖北省、湖南省及其邻近一带。州治在汉寿(今湖南常德东北)。〔依〕投靠。〔刘表〕字景升,东汉末任荆州牧(州的长官)。王粲往荆州在献帝初平四年(193)。他在荆州共住了十五年。 ⑰〔以〕因为。〔貌寝〕相貌不扬。寝,丑陋。〔通侻(tuō)〕随随便便,不拘小节。侻,通"脱"。 ⑱〔重〕重视。 ⑲〔表卒〕刘表死于献帝建安十三年(208)。 ⑳〔表子琮(cóng)〕刘表少子刘琮。建安十三年七月,曹操出兵攻刘表,九月刘琮投降。〔归〕归顺。〔太祖〕曹丕追尊曹操的庙号。㉑〔丞相掾(yuàn)〕丞相府的属官。当时曹操是汉丞相。 ㉒〔赐爵关内侯〕赏给关内侯的爵位。关内侯,一种不很高的爵位。以上两句说的官职、爵位都是王粲的。 ㉓〔置酒〕设酒宴。〔汉滨〕汉水之滨。

贺曰①:"方今袁绍起河北②,仗大众③,志兼天下④,然好贤而不能用⑤,故奇士去之⑥。刘表雍容荆楚⑦,坐观时变⑧,自以为西伯可规⑨。士之避乱荆州者⑩,皆海内之俊杰也⑪;表不知所任⑫,故国危而无辅⑬。明公定冀州之日⑭,下车即缮其甲卒⑮,收其豪杰而用之⑯,以横行天下⑰;及平江、汉⑱,引其贤俊而置之列位⑲,使海内回心⑳,望风而愿治㉑,文武并用㉒,英雄毕力㉓,此三王之举也㉔。"后迁军谋祭酒㉕。魏国既建㉖,拜侍中㉗。博物多识㉘,问无不对㉙。时旧

---

① 〔奉觞(shāng)〕双手举杯。觞,酒具。 ② 〔袁绍〕字本初,汉末起兵讨董卓。后与曹操抗衡,被曹操打败。〔河北〕黄河以北,袁绍的势力范围。 ③ 〔仗大众〕依靠人多势众。 ④ 〔志兼天下〕有意吞并全国。 ⑤ 〔好(hào)贤〕爱贤才。 ⑥ 〔奇士〕有特殊才能的人。〔去之〕离开他。 ⑦ 〔雍容荆楚〕在荆楚一带安闲自在。雍容,从容。荆楚,指荆州牧统辖的地区。 ⑧ 〔坐观时变〕意思是暂时不动,等待时机。 ⑨ 〔西伯可规〕可以仿效周文王(慢慢压倒商朝)。西伯,周文王原来的封号。规,效法。 ⑩ 〔乱〕指董卓乱政之后,中原一带连年有战事。 ⑪ 〔海内〕天下。〔俊杰〕才能出众的人。 ⑫ 〔任〕任用。 ⑬ 〔辅〕辅佐的人。 ⑭ 〔明公〕敬称,指曹操。〔定冀州〕指建安五年(200)打败袁绍的事。冀州,现在河北省中南部。 ⑮ 〔下车〕刚到那里。〔缮(shàn)〕治理,整顿。〔甲卒〕泛指武备。甲,铠甲,这里指兵器。卒,士兵。 ⑯ 〔收〕招揽。 ⑰ 〔横行〕扫荡。 ⑱ 〔江、汉〕指刘表的势力范围。江,长江。汉,汉水。 ⑲ 〔引〕招纳。〔置〕安置。〔列位〕职位。列,序列。 ⑳ 〔回心〕归心,悦服。 ㉑ 〔望风〕远远看到(曹操的善政)。〔愿治〕希望太平。 ㉒ 〔文武〕指善政和用兵。 ㉓ 〔毕力〕尽力。 ㉔ 〔三王〕指夏、商、周三代开国之君。〔举〕措施。 ㉕ 〔迁〕调动官职。〔军谋祭酒〕军中的总参谋。这是曹操设的官,本名"军师祭酒",晋朝避司马师的讳,改写军谋祭酒。 ㉖ 〔魏国既建〕指建安十八年(213)曹操封魏王的事。 ㉗ 〔拜〕举行仪式授予官职。〔侍中〕皇帝的顾问官。 ㉘ 〔博物多识〕广泛认识事物,知识丰富。 ㉙ 〔问无不对〕有问必能对答。

仪废弛①,兴造制度②,粲恒典之③。

　　接着写王粲的平生主要经历,并连带写他的才能。这是传的重点。

初④,粲与人共行,读道边碑⑤,人问曰:"卿能暗诵乎⑥?"曰:"能。"因使背而诵之,不失一字⑦。观人围棋,局坏⑧,粲为覆之⑨。棋者不信,以帕盖局⑩,使更以他局为之⑪。用相比校⑫,不误一道⑬。其强记默识如此⑭。性善算⑮,作算术,略尽其理⑯。善属文⑰,举笔便成⑱,无所改定,时人常以为宿构⑲;然正复精意覃思⑳,亦不能加也㉑。著诗、赋、论、议垂六十篇㉒。

　　着重写王粲的为人:才高,能写作。——史传的后部常常这样写。

建安二十一年㉓,从征吴㉔。二十二年春,道病卒㉕,时

----

① 〔旧仪废弛(chí)〕昔日的法度荒废、松懈。仪,法。弛,放松。
② 〔兴造制度〕创立规章制度。　③ 〔恒〕经常。〔典之〕主持其事。
④ 〔初〕当初。这是追述以前的事常用的说法。　⑤ 〔碑〕石碑,指碑文。
⑥ 〔卿〕你。古时朋友间表示亲切的称呼。〔暗诵〕背诵。　⑦ 〔失〕差错。
⑧ 〔局坏〕摆在棋盘上的棋子被搅乱。局,棋盘。　⑨ 〔覆之〕照原样把棋子摆上。　⑩ 〔帕(pà)〕头巾。　⑪ 〔更〕再,另。〔为之〕指把棋子照原样摆上。　⑫ 〔比校(jiào)〕核对是否符合原样。校,对照,核对。　⑬ 〔道〕棋子的位置。　⑭ 〔强(qiǎng)记〕记忆力好。〔默识(zhì)〕暗记(的本领)。　⑮ 〔善〕擅长。　⑯ 〔略尽其理〕能大致通晓道理。　⑰ 〔属(zhǔ)文〕写文章。属,联缀。　⑱ 〔举笔〕提笔。　⑲ 〔宿构〕先期写好。宿,先。　⑳ 〔正复精意覃(tán)思〕即使再精心思考。正,果真。覃思,深思。　㉑ 〔不能加〕不能作得更好。　㉒ 〔垂〕将及。　㉓ 〔建安二十一年〕公元216年。　㉔ 〔从征吴〕随曹操军队征东吴。　㉕ 〔道病卒〕行军路上病死。

年四十一。粲二子,为魏讽所引①,诛②。后绝③。

最后写王粲的结局,有怜惜之意。

【研读参考】 一、我国有一部用浅近文言写的长篇章回小说《三国演义》,其中情节就是以《三国志》和裴松之的注为根据的。这部小说在民间很流行,其中许多事迹还编为戏剧。如果看过《三国演义》,读《三国志》会感到亲切,容易理解。

二、《三国志》的文笔以"简"见长。因为简,所以更常用以叙事寓褒贬的写法,如第一段赞美王谦清高,只说"谦弗许"。读文言作品要多注意这种写法。

三、文言中有些词,常常要根据上下文才能确定它表示什么意义。举本篇中"弱""引""坐""以"为例,说说这种情况。

---

① 〔为魏讽所引〕受魏讽的牵连。引,受审时说别人有罪。魏讽,魏相国钟繇(yóu)的属官,曾图谋反,被人告发,牵连被杀的有几千人。 ② 〔诛〕杀。 ③ 〔后绝〕后代断绝。

二四　道意 葛洪

【解说】本篇选自《抱朴子·内篇》，有删节。《抱朴子》是晋朝一部有名的讲道教思想的书，《内篇》二十卷，讲神仙方药、鬼怪变化、养生延年、禳邪却祸一类事；《外篇》五十卷，讲人间得失、世事好坏一类事。可以说，《内篇》完全是道教的东西，《外篇》则大部分是传统的儒家思想。作者学问渊博，社会经验丰富，所以书中议论能够多方辨证，反复申说，细致入理。《道意》篇的主旨是说道教的修炼方法是合理的、可信的，可是世人偏偏不信，而信虚妄的各种假神，这是愚昧的。原文很长，这里只选有积极意义的几个故事。

作者葛洪（约281—341），字稚川，别号抱朴子，西晋东晋间丹阳句容（今江苏句容）人。做过谘议、参军等小官。年轻时候喜欢道教的导引、炼丹等法术，听说交趾（今广东、广西一带）产丹砂（炼丹的原料），要求到那里做官。后来在广东罗浮山炼丹多年，死在那里。葛洪虽然迷信道教，对于世事，思想还是通达的，如主张文章要切于实用，不可贵古贱今，在当时都有进步意义。所著除《抱朴子》以外，他还精通医学，曾著《金匮药方》一百卷，节略为《肘后备急方》三卷。

天下有似是而非者①,实为无限②,将复略说故事③,以示后人之不解者。

　　提出天下有很多似是而非的事,以表明有斥虚妄的必要。

昔汝南有人④,于田中设绳罥以捕獐⑤……有鲍鱼者⑥,乃以一头置罥中而去。本主来⑦,于罥中得鲍鱼,怪之⑧,以为神,不敢持归。于是村里闻之⑨,因共为起屋立庙⑩,号为鲍君⑪。后转多奉之者⑫,丹楹藻棁⑬,钟鼓不绝⑭。病或有偶愈者⑮,则谓有神。行道经过⑯,莫不致祀焉⑰。积七八年⑱,鲍鱼主后行过庙下,问其故,人具为之说⑲。其鲍鱼主乃曰⑳:"此是我鲍鱼耳,何神之有㉑?"于是乃息㉒。

　　举为鲍鱼立庙为例,以证明事之似是而非。

---

①〔似是而非〕表面像是这样,实际不是这样。 ②〔实为无限〕实在是多得不可限量。 ③〔将复略说故事〕将要再简略地说些旧事。 ④〔汝南〕郡名,今河南汝南及其周围一带。 ⑤〔设绳罥(juàn)〕设置捕捉野兽的网。罥,挂。〔獐(zhāng)〕鹿类。 ⑥〔有鲍鱼者〕意思是手里有鲍鱼的。鲍鱼,腌鱼。此处说得不清楚,或有缺文。 ⑦〔本主〕指设绳罥的人。 ⑧〔怪之〕以罥中有鲍鱼一事为怪。 ⑨〔里〕乡里。 ⑩〔起屋〕兴建房屋。 ⑪〔号(hào)为鲍君〕称呼它为鲍君。 ⑫〔转〕移,渐。〔奉〕信奉。 ⑬〔丹楹(yíng)藻棁(zhuō)〕红漆的明柱,彩绘的梁上短柱。丹,红。楹,堂前的柱子。藻,藻饰,画花纹作为装饰。棁,梁上的短柱。 ⑭〔钟鼓不绝〕敲钟打鼓的声音不断。信奉的人络绎不绝,应和祭祀的钟鼓声就不断。 ⑮〔偶愈〕碰巧好了。 ⑯〔行道〕走路的人。 ⑰〔致祀(sì)〕祭祀,上供。 ⑱〔积七八年〕过了七八年。积,积累。 ⑲〔具为之说〕原原本本地告诉他。具,完备。 ⑳〔其〕那。 ㉑〔何神之有〕哪有什么神呢! ㉒〔于是乃息〕于是(祀神之风)才停止。

又南顿人张助者耕白田①,有一李栽应在耕次②,助惜之,欲持归,乃掘取之,未得即去③,以湿土封其根④,以置空桑中⑤,遂忘取之。助后作远职不在⑥,后其里中人见桑中忽生李,谓之神。有病目痛者⑦,荫息此桑下⑧,因祝之言⑨:"李君⑩!能令我目愈者,谢以一豚⑪。"其目偶愈,便杀豚祭之。传者过差⑫,便言此树能令盲者得见。远近翕然⑬,同来请福⑭,常车马填溢⑮,酒肉滂沱⑯。如此数年,张助罢职来还,见之,乃曰:"此是我昔所置李栽耳,何有神乎?"乃斫去⑰,便止也⑱。

　　举祭祀李树为例,以证明事之似是而非。

　　又汝南彭氏墓近大道,墓口有一石人⑲。田家老母到市⑳,买数片饼以归,天热,过荫彭氏墓口树下㉑,以所买之饼暂著石人头上㉒,忽然便去而忘取之。行路人见石人头

---

①〔南顿〕旧县名,在今河南项城。〔白田〕没有禾苗的田地。 ②〔李栽〕李树苗。〔耕次〕要耕种的处所。次,处所。 ③〔未得即去〕不能够立刻就走。即,即时。 ④〔封〕聚土,这里是包裹的意思。 ⑤〔空桑〕桑树上的空洞。 ⑥〔作远职〕在远方任职。 ⑦〔病目痛〕患眼痛。病,患。 ⑧〔荫息〕荫蔽在阴凉处休息。 ⑨〔因祝之〕于是向它祝祷。 ⑩〔李君〕对李树的敬称。 ⑪〔豚〕(tún) 小猪。 ⑫〔传者过差〕传说的人说得很错,与实际不同。 ⑬〔远近翕(xī)然〕远远近近的人心思行动都一致。翕然,和谐的样子。 ⑭〔请福〕请求(神)保佑。 ⑮〔填溢〕拥挤。填,塞。溢,满。 ⑯〔滂沱(tuó)〕雨大的样子。这里形容酒肉堆得很多。 ⑰〔乃斫(zhuó) 去〕就砍掉(它)。 ⑱〔便止也〕(祭树的事)就停止了。 ⑲〔墓口〕通向墓地的路口。 ⑳〔田家〕农家。 ㉑〔过荫彭氏墓口树下〕走过彭氏墓口,在树下乘凉。 ㉒〔著(zhuó)〕附著,放置。

上有饼，怪而问之。或人云①："此石上有神，能治病，愈者以饼来谢之。"如此转以相语②，云头痛者摩石人头③，腹痛者摩石人腹，亦还以自摩④，无不愈者。遂千里来就石人治病。初但鸡肋⑤，后用牛羊，为立帐帷⑥，管弦不绝⑦。如此数年，忽日前忘饼母闻之，乃为人说⑧，始无复往者。

举石人治病为例，以证明事之似是而非。

又洛西有古大墓⑨，穿坏多水⑩，墓中多石灰。石灰汁主治疮⑪，夏月行人有病疮者烦热⑫，见此墓中水清好，因自洗浴⑬，疮偶便愈。于是诸病者闻之，悉往自洗，转有饮之以治腹内疾者⑭。近墓居人便于墓所立庙舍而卖此水⑮，而往买者又常祭庙中，酒肉不绝。而来买者转多，此水尽，于是卖水者常夜窃他水以益之⑯。其远道人不能往者，皆因行便⑰，或持器遣信买之⑱。于是卖水者大富。人或言无神，官申禁止⑲，遂填塞之，乃绝。

举墓水治病为例，以证明事之似是而非。

---

①〔或人〕有那么一个人。 ②〔转以相语〕辗转地互相告诉。 ③〔云〕说是。 ④〔还以自摩〕反回来抚摩自己（的头或腹）。 ⑤〔初但鸡肋（lèi）〕开始仅仅用鸡肋作供品。表示供品轻。 ⑥〔为（wèi）立帐帷（wéi）〕为（石人）设立帐幕。 ⑦〔管弦〕指奏乐。 ⑧〔乃为人说〕就为大家解说。 ⑨〔洛西〕洛水西岸。 ⑩〔穿坏多水〕坟墓塌陷，里面存很多水。 ⑪〔主治疮〕有治疮的作用。主，管。 ⑫〔夏月〕夏季，或专指阴历六月。〔烦热〕心中烦躁。 ⑬〔因〕于是。 ⑭〔转有〕逐渐地有。转，转移，由洗转为饮。 ⑮〔墓所〕坟墓的处所。〔立庙舍〕修建起庙宇。 ⑯〔益〕增加。 ⑰〔因行便〕借旁人行路的方便。 ⑱〔信〕使者。 ⑲〔官申禁止〕官方出令禁止。申，明示。

又兴古太守马氏在官①，有亲故人投之求恤焉②。马乃令此人出外住③，诈云是神人道士④，治病无不手下立愈⑤。又令辨士游行⑥，为之虚声⑦，云能令盲者登视⑧，躄者即行⑨。于是四方云集⑩，趋之如市⑪，而钱帛固已山积矣⑫。又敕诸求治病者⑬，"虽不便愈⑭，当告人言愈也⑮，如此则必愈；若告人未愈者，则后终不愈也。道法正尔⑯，不可不信。"于是后人问前来者，前来者辄告之云已愈，无敢言未愈者也。旬日之间⑰，乃致巨富焉⑱。

举马氏有意骗人因而致富为例，以证明事之似是而非。

凡人多以小黠而大愚⑲，闻延年长生之法⑳，皆为虚诞㉑，

---

①〔兴古太守马氏在官〕兴古郡太守姓马的在任上。兴古郡，在云南境内。 ②〔亲故人〕亲戚朋友等熟人。〔投〕投奔。〔恤〕怜恤，周济。 ③〔出外住〕离开他家到外边去住。 ④〔诈云〕欺骗人说。 ⑤〔手下立愈〕一动手治疗马上就痊愈。立，立刻。 ⑥〔辨士〕能说会道的人。〔游行〕各处走动。 ⑦〔为之虚声〕为他吹嘘。虚声，不切实际地鼓吹。 ⑧〔盲者登视〕瞎子马上能看见。登，登时，立刻。 ⑨〔躄（bì）者即行〕不能走路的人马上能走路。躄，瘸腿。 ⑩〔云集〕像云一样集拢来。 ⑪〔趋之如市〕向那里跑像赶集市一样。 ⑫〔固已山积矣〕本来就已经堆得像山了。 ⑬〔敕（chì）〕告诫。 ⑭〔便愈〕立时病愈。便，就，即时。 ⑮〔当告人言愈〕应当告诉别人说病好了。 ⑯〔道法正尔〕道术的法力就是这样。尔，如此。 ⑰〔旬日〕十天。意思是不久。 ⑱〔乃致巨富〕就成了很有钱的人。致，达到，得到。 ⑲〔以小黠（xiá）而大愚〕因为小处机灵而在大处愚蠢。黠，聪明而狡猾。 ⑳〔延年长生〕延长寿命，长生不死。道教迷信，说是用某些方法修炼就可以长生。 ㉑〔皆为虚诞〕都认为瞎说。为，以为，认为。虚诞，荒唐无稽。

而喜信妖邪鬼怪，令人鼓舞祈祀所谓神者①，皆马氏诳人之类也。聊记其数事，以为未觉者之戒焉②。

> 总括前文，点明主旨在于警戒世人勿受非理的欺骗。

【研读参考】 一、多举事例以证明自己的论点，是古人常用的发表议论的方法。这样写，所谓事实胜于雄辩，会有更强的说服力。这一点要深入体会。

二、本篇文字质朴，没用华丽的辞藻。这种风格能予人以浅显亲切的感觉，也有可取之处。

三、篇中所举故事，有的完全由于愚昧；有的不然，而是愚而兼诈，所以更应该揭露驳斥。指出哪些叙述是揭露诈伪的。

----

① 〔令人鼓舞祈祀所谓神者〕叫人家奏乐舞蹈祭祀所说的那个神。鼓，敲鼓以娱神。舞，舞蹈以娱神。祈，祈求，向神求福。祀，给神上供。
② 〔聊记其数事，以为未觉者之戒〕姑且记那样几件事，作为没清醒的人的警戒。

二五　兰亭集序　王羲之

【解说】本篇选自《晋书·王羲之传》。《晋书》是唐朝房玄龄等编的记载晋朝（西晋和东晋）史实的纪传体断代史，一百三十卷，是正史的一种。西晋灭亡以后，东晋元帝司马睿（ruì）于公元317年在江南建国，以建康（今江苏南京）为都城，北方的上层人士大多逃往江南。穆帝永和九年（353），东晋的许多名人，包括谢安、孙绰、支遁、王羲之等共四十一人，于三月三日在会（kuài）稽郡山阴县（今浙江绍兴）的兰亭集会，宴乐赋诗。最后由王羲之作一篇序，并当场写出，这就是有名的法帖《兰亭序》。手迹是行楷体，笔画圆润挺拔，风格流丽妩媚，成为书法史上的名迹。传说手迹传到唐初，唐太宗多方寻求，终于得到了它。太宗因为特别爱好它，死前嘱咐要用它殉葬，后来就埋到昭陵里了。

这篇序同时是一篇名文，写景抒情都文简而意深。至于叹人生之无常等感慨，是当时所谓名士的流行思想，我们要批判地看。

作者王羲之（303—361），字逸少，琅（láng）邪（yá）临沂（yí）（今山东临沂）人，在江南居会稽山阴。曾官右军将军、会稽内史。他和他的儿子王献之（合称"二王"）是我国著名的书法家，对后代影响很大。传世的作品，真迹很少，石刻和唐人临摹的还有一些。因为他做过右军将军，所以后代讲书法的文章多称他为王右军。

永和九年，岁在癸丑①，暮春之初②，会于会稽山阴之兰亭③，修禊事也④。群贤毕至⑤，少长咸集⑥。此地有崇山峻岭⑦，茂林修竹⑧；又有清流激湍⑨，映带左右⑩。引以为流觞曲水⑪，列坐其次⑫，虽无丝竹管弦之盛⑬，一觞一咏⑭，亦足以畅叙幽情⑮。是日也⑯，天朗气清，惠风和畅⑰。仰观

---

① 〔岁在癸（guǐ）丑〕用干支纪年，这一年是癸丑年。 ② 〔暮春之初〕阴历三月初。暮春，春季的末一个月。暮，晚。 ③ 〔会稽〕郡名，今浙江北部和江苏东南部一带。〔兰亭〕在绍兴市西南，地名兰渚（zhǔ）。渚有亭。 ④ 〔修禊（xì）事也〕做禊这件事。禊，古代一种消除不祥的祭礼，常于春秋二季在水边举行。后来士大夫在三月三日郊游宴乐，称为修禊。 ⑤ 〔群贤〕指孙绰、谢安、支遁等人。〔毕至〕全都来到。 ⑥ 〔少（shào）长（zhǎng）〕如王羲之的儿子王凝之、王徽之是少；谢安、王羲之等是长。〔咸集〕都聚集在一起。咸，全。 ⑦ 〔崇山〕高山。 ⑧ 〔修竹〕高高的竹子。修，长。 ⑨ 〔激湍（tuān）〕流势很急的水。 ⑩ 〔映带左右〕辉映点缀在旁边。 ⑪ 〔引以为流觞曲水〕引（清流激湍）作为流觞的曲水。觞，酒杯。流觞，把盛酒的杯从水的上游放出，顺流而下，流到谁的面前，那人就取而饮酒。曲水，引水环曲为渠，以流酒杯。 ⑫ 〔列坐其次〕列坐在曲水之旁。次，处所。 ⑬ 〔丝竹管弦之盛〕演奏音乐的热闹。丝竹管弦，都是乐器。箫笛用竹制成，是管类。琴瑟用弦丝制成，是弦类。 ⑭ 〔一觞一咏〕喝点酒，作点诗。 ⑮ 〔幽情〕深藏的感情。 ⑯ 〔是日也〕这一天呀。 ⑰ 〔惠风〕和风。

宇宙之大，俯察品类之盛①，所以游目骋怀②，足以极视听之娱③，信可乐也④。

> 先叙盛会的时间和缘由，并从天气好、环境美、人心乐三方面写盛会的难得。

夫人之相与，俯仰一世⑤，或取诸怀抱，晤言一室之内⑥，或因寄所托，放浪形骸之外⑦。虽趣舍万殊⑧，静躁不同⑨，当其欣于所遇⑩，暂得于己⑪，快然自足⑫，曾不知老之将至⑬；及其所之既倦⑭，情随事迁⑮，感慨系之矣⑯。向之所欣⑰，俯仰之间⑱，已为陈迹⑲，犹不能不以之兴

---

①〔品类之盛〕地上万物的繁多。品类，指万物。 ②〔所以游目骋（chěng）怀〕这样来放纵眼力（观察事物），开畅胸怀（欣赏风景）。所以，这里是"用来"的意思。骋，奔驰。 ③〔极视听之娱〕尽情地享受看和听的乐趣。 ④〔信〕实在，诚然。 ⑤〔夫人之相与，俯仰一世〕人在人群中相交往，周旋应付度过一生。夫，引起下文论述的助词。相与，相交接。与，交好。俯仰，指在社会上应酬的进退周旋。 ⑥〔取诸怀抱，晤言一室之内〕在室内畅谈自己的心意。诸，之于。怀抱，胸怀，心中所想。晤言，对面谈话。 ⑦〔因寄所托，放浪形骸之外〕就着自己所爱好的事物，寄托自己的情怀，不受拘束，放纵无羁地过活。因，依，随着。寄，寄托。所托，所寄托者，指所爱好的事物。放浪，放纵无拘束。形骸，身体。 ⑧〔趣（qū）舍万殊〕意思是各有各的爱好。趣，通"趋"，往，取。舍，舍弃。殊，不同。 ⑨〔静躁〕安静与活动。 ⑩〔欣于所遇〕对所接触的事物感到高兴。 ⑪〔暂得于己〕短时适意。得于己，自得。 ⑫〔快然〕高兴的样子。 ⑬〔曾（zēng）〕乃，竟。〔不知老之将至〕这是《论语·述而》篇里的话。 ⑭〔其〕他。〔所之既倦〕（对于）所喜爱或得到的事物已经厌倦。之，往，到达。 ⑮〔情随事迁〕感情随着事物的变化而变化。 ⑯〔感慨系之〕感慨随着而产生。系，附着。 ⑰〔向〕过去，以前。 ⑱〔俯仰之间〕表示很短的时间。与上文的"俯仰"意思不同。 ⑲〔陈迹〕旧迹。

怀①，况修短随化②，终期于尽③。古人云："死生亦大矣④。"岂不痛哉！

> 由相聚相知想到盛事不常，在大化中不能不"终期于尽"。——与第一段写聚会的欢乐相比，这是深入一层写思虑。

每览昔人兴感之由⑤，若合一契⑥，未尝不临文嗟悼⑦，不能喻之于怀⑧。固知一死生为虚诞，齐彭殇为妄作⑨。后之视今，亦由今之视昔⑩，悲夫⑪！故列叙时人⑫，录其所

---

①〔以之兴怀〕因它而引起心中的感触。以，因。之，指"向之所欣……已为陈迹"。兴，发生，引起。 ②〔修短随化〕寿命长短，听凭造化。化，指自然。 ③〔终期于尽〕最后归结于消灭。期，期限。 ④〔死生亦大矣〕死生也是件大事。《庄子·德充符》："仲尼曰：'死生亦大矣，而不得与之变。'" ⑤〔每览昔人兴感之由〕每看到古人发生感慨的原因（对死生大事）。 ⑥〔若合一契〕像符契那样相合。意思是大家都一样。 ⑦〔临文嗟(jiē)悼〕读文时叹息哀伤。临，接近，面对。 ⑧〔不能喻之于怀〕不能从心里理解它。这是说，自己看到古人对死生发生感慨的那些文章，就为此悲伤感叹，可是也说不出是什么原因。喻，明白。 ⑨〔固知一死生为虚诞(dàn)，齐彭殇(shāng)为妄作〕这才知道把死和生等同起来的说法是不真实的，把长寿和短命等同起来的说法是妄造的。固，当然。一，看作一样；齐，看作相等：都作动词用。虚诞，虚妄的话。彭，彭祖，相传尧时人，寿八百岁。殇，未成年死去的人。妄作，妄造，胡说。一死生，齐彭殇，都是庄子的看法。《庄子·齐物论》说："予恶(wū)乎知夫死者不悔其始之蕲(qí)生乎？"（我怎么能知道死了的人不后悔当初求生呢？）这是所谓"一死生"。又说："莫寿于殇子，而彭祖为夭。"（没有比夭亡的儿童更长寿的，而活了八百岁的彭祖是短命的。）这是所谓"齐彭殇"。 ⑩〔后之视今，亦由今之视昔〕后来的人看现在，看不见现在的人，也正像现在的人看以前，看不见以前的人一样。由，通"犹"。 ⑪〔夫〕助词，用在句末，表感叹。 ⑫〔列叙时人〕一个一个记下当时与会的人。

二五 兰亭集序　157

述①。虽世殊事异②，所以兴怀，其致一也③。后之览者④，亦将有感于斯文⑤。

> 再深入一层写人生的感慨。既然伤怀为古今所同，也只好"录其所述"供后人凭吊。——以说明作序的缘由作结。

【研读参考】一、学习语文，也要求字能够写得清楚、整齐、美观；那么，如果练习过一个时期楷书，已经有相当根底，可以学学王羲之的书法，以求再提高。近年新印的有唐人临摹的三种《兰亭序》《王羲之传本墨迹选》，以及唐朝和尚怀仁集的《圣教序》，都可临写。

二、本篇文字简练、优美、流丽、变化多，在六朝文章中是特别宜于诵读的。可以多读几遍。

三、文言对偶的语句，为了避免重复、单调，常常用不同的字表示相类的意思，如："群贤毕至，少长咸集"，"毕"和"咸"意思相类；"崇山峻岭"，"崇"和"峻"意思相类；其他如"仰观"与"俯察"的"观""察"，"游目骋怀"的"游""骋"也是这样。这也是一种修辞的讲究，读时要注意。

---

①〔录其所述〕写下他们作的诗。（把这些诗合起来就编成一本诗集，本文是它的序。） ②〔虽世殊事异〕纵使时代变了，事情不同了。虽，纵然。 ③〔其致一也〕人们的情趣是一样的。 ④〔后之览者〕后世读今天的诗文的人。 ⑤〔斯文〕这次集会的诗文。

二六　黄宪传　范晔

【解说】本篇选自《后汉书》。《后汉书》是记述东汉史实的纪传体断代史。作者是东晋末年到南朝宋时人，其时记东汉史实的书还有不少，他都不满意，于是根据十几种书（主要是东汉官修的《东观汉记》），取其精华，删繁补缺，写成帝纪十篇，列传八十篇，共九十卷。原计划写十篇志，没有完成。后人把晋司马彪《续汉书》的八篇志（三十卷，南朝梁刘昭注）补入，成为现在通行的一百二十卷本。作者有史识，能文章，又因为他根据的史书绝大部分今已不存，所以《后汉书》就成为记述东汉历史的最重要的典籍，列入正史，与《史记》《汉书》《三国志》合称"前四史"。《后汉书》在史书的体例上还有所创造，如"党锢（gù）""独行""逸民""文苑""方术""列女"诸传，都为后来的史书开创了先例。

　　本篇写黄宪，笔法有独特的地方，就是全篇从侧面写。这是因为"言论风旨，无所传闻"，所以只能借别人的言行来烘托。这样写，就本人的事迹说有些迷离恍惚，却能予人以真切的印象。这种写法也值得注意。

　　作者范晔（yè）（398—446），字蔚宗。顺阳山阴〔今河南淅(xī)川]人。官僚家庭出身。年轻时候非常好学,读书很多,长于书法,通晓音律,文章写得很好。十几岁就出来做官。刘裕建立宋朝以后,曾任尚书吏部郎、宣城太守、左卫将军等官。后来因为想拥立宋文帝的弟弟刘义康做皇帝,被人告发,逮捕入狱被杀,死时才四十八岁。所著除《后汉书》以外,还有文集,没有传下来。

　　黄宪,字叔度,汝南慎阳人也①。世贫贱②,父为牛医。
　　先概括介绍黄宪的身世。
　　颍川荀淑至慎阳③,遇宪于逆旅④,时年十四⑤,淑竦然异之⑥,揖与语,移日不能去⑦。谓宪曰:"子,吾之师表也⑧。"既而前至袁阆所⑨,未及劳问⑩,逆曰⑪:"子国有颜子,宁识之乎⑫?"阆曰:"见吾叔度邪⑬?"
　　转入正题,表彰黄宪。先写他幼年就以言谈气度

---

①〔汝南慎阳〕汝南郡慎阳县。汝南郡,汉朝所置,在今河南南部。慎阳,在今河南正阳附近。　②〔世〕世世代代。指父以上几代先人。　③〔颍(yíng)川〕秦朝郡名,在今河南中部。〔荀淑〕字季和,颍川颍阴(今河南许昌)人。高行博学,桓帝时曾任朗陵侯国国相,长于处理政务。　④〔逆旅〕客店。逆,迎接。旅,行旅。　⑤〔时〕当时。〔年十四〕指黄宪的年龄。　⑥〔竦(sǒng)然〕肃敬的样子。〔异之〕以黄宪为出奇。　⑦〔移日〕日影移动。表示时间很久。〔去〕离开。　⑧〔师表〕典范。表,表率。　⑨〔既而〕接着,其后。〔袁阆(láng)〕原作袁闳(hóng),误。袁阆,字奉高,汝南人。曾任郡功曹,以人品清正著名。　⑩〔劳(旧读lào)问〕问候。　⑪〔逆〕迎头。　⑫〔子国有颜子,宁识之乎〕你的郡里有个颜回,可认识他吗?国,郡、国在汉朝并称,这里指汝南郡。颜子,颜回,孔子最优秀的学生,又最年轻。这里将黄宪比作颜回。宁,岂,难道。　⑬〔见吾叔度邪〕(是)看见我们叔度了吧?吾,这里是表示亲近的说法。

使当时名士折服。

是时，同郡戴良才高倨傲①，而见宪未尝不正容②，及归，罔然若有失也③。其母问曰："汝复从牛医儿来邪④？"对曰："良不见叔度，不自以为不及；既睹其人⑤，则瞻之在前，忽焉在后⑥，固难得而测矣。"同郡陈蕃、周举常相谓曰⑦："时月之间不见黄生⑧，则鄙吝之萌复存乎心⑨。"及蕃为三公⑩，临朝叹曰⑪："叔度若在，吾不敢先佩印绶矣⑫。"

----

①〔同郡〕指汝南郡。〔戴良〕字叔鸾，慎阳人。恃才傲物，隐居不仕，州郡催他应征，全家逃入江夏山中。〔倨（jù）傲〕骄傲。倨，傲慢。②〔正容〕端正容貌。指颜色严肃，衣冠整齐。③〔罔（wǎng）然〕迷惘的样子。〔若有失〕好像丢掉什么。沉闷的样子。④〔汝复从牛医儿来邪〕你又从黄宪那里回来吧？牛医儿，轻视黄宪的称呼。⑤〔既睹其人〕一见到他。既，已经。其人，那人，指黄宪。⑥〔瞻之在前，忽焉在后〕看上去在前边，忽然间又在后边。表示不可测度。《论语·子罕》："颜渊喟然叹曰：'仰之弥高，钻之弥坚，瞻之在前，忽焉在后。'"这是赞美孔子的话。⑦〔陈蕃、周举〕东汉末期两个名士。陈蕃，字仲举，官至豫章（郡名，在江西南昌一带）太守、太傅。为人方正严峻，是当时名流的领袖。后来被宦官杀害。周举，字宣光，博学多闻，官并（bīng）州（汉代管辖山西和陕北一带）刺史，弹劾贪污不法的官吏，很受时人的称赞。⑧〔时月之间〕一个月或三两个月的时间。表示时间不长。⑨〔鄙吝之萌〕鄙陋贪吝的根芽。萌，芽。⑩〔三公〕指做了太傅。东汉的三公是太尉、司徒、司空。周朝的三公是太师、太傅、太保。这里借周朝的制度来称汉朝的官。⑪〔临朝〕上朝的时候。临，接近。⑫〔先佩印绶（shòu）〕意思是先做这个官。佩，佩戴。印，官印。绶，系印的丝带。佩印绶指做官。

太守王龚在郡①，礼进贤达②，多所降致③，卒不能屈宪④。

> 继写郡中名士戴良、陈蕃等对黄宪的倾心，以表明黄宪的修养远远超过一般人。

郭林宗少游汝南⑤，先过袁阆，不宿而退⑥；进往从宪⑦，累日方还⑧。或以问林宗⑨，林宗曰："奉高之器⑩，譬诸氿滥⑪，虽清而易挹⑫；叔度汪汪若千顷陂⑬，澄之不清，淆之不浊⑭，不可量也⑮。"

> 更进一步，举当时的大名士郭林宗对黄宪的推崇，以表明黄宪的品格确是高不可及。

宪初举孝廉⑯，又辟公府⑰，友人劝其仕⑱，宪亦不拒之，暂到京师而还⑲，竟无所就⑳。年四十八终，天下号曰

---

①〔王龚（gōng）〕字伯宗，高平（今山西高平）人。好才爱士，安帝时做汝南太守。〔在郡〕做郡守。 ②〔礼进贤达〕用礼对待并推引贤明通达的人（做官）。礼，动词，敬重。 ③〔降（jiàng）致〕使降心而来。降，下降，降低自己原来清高的思想。致，罗致，招来。 ④〔卒〕终于。〔屈宪〕使黄宪屈节而去做官。 ⑤〔郭林宗〕名泰，太原（今山西太原）人。精于《春秋》，善于鉴别人物。当时名士都愿和他交往。 ⑥〔退〕告辞。 ⑦〔进〕前。〔从宪〕跟黄宪在一起。 ⑧〔累日〕连日，不止一天。累，重叠。 ⑨〔以问〕拿（对二人态度不同）来问。 ⑩〔器〕才识气度。 ⑪〔譬诸氿（guǐ）滥〕可以比作小泉水。诸，之于。 ⑫〔易挹（yì）〕容易舀取。意思是没有什么了不得。 ⑬〔汪汪〕水势浩大的样子。〔陂（bēi）〕池塘。 ⑭〔淆〕混淆，搅扰。 ⑮〔量（liàng）〕估量。 ⑯〔举孝廉〕被举荐作孝廉。孝廉，东汉选拔人才，由各地官吏从所辖地区内推选又孝亲又廉洁的人上报给朝廷，由朝廷任用。 ⑰〔辟（bì）公府〕被征辟到三公的府衙去（做官）。辟，征召。 ⑱〔劝其仕〕劝他去做官。 ⑲〔暂到京师〕暂时到了京城，到京城过了很短的时候。 ⑳〔无所就〕没有任什么官。就，就职。

"征君"①。

　　最后写黄宪的清高及其早死。

　　论曰②：黄宪言论风旨③，无所传闻，然士君子见之者④，靡不服深远⑤，去玼吝⑥，将以道周性全，无德而称乎⑦？余曾祖穆侯以为宪隤然其处顺⑧，渊乎其似道⑨，浅深莫臻其分，清浊未议其方⑩，若及门于孔氏⑪，其殆庶乎⑫。故尝著论云⑬。

　　总论黄宪，一方面从理论上加深推崇黄宪，一方面表明作传的意旨。

【研读参考】一、本书第一册有《范式传》，也是从《后汉书》中

---

①〔征君〕被皇帝征召的有学识的人叫征士，尊称征君。②〔论曰〕这是作者的评论。③〔风旨〕风度和思想。④〔士君子〕士人君子。士，读书人。君子，品德高尚的人。⑤〔靡（mǐ）不服深远〕没有不佩服他气度深远的。⑥〔去玼（cī）吝〕去掉缺点和鄙吝的思想。玼，玉的瑕污。⑦〔将以道周性全，无德而称乎〕莫非是因为他的道术和天性都很完备，以致没有突出的美德可以称道吗？将，或是。道指学得的知能，性指先天的禀赋。⑧〔穆侯〕范晔的曾祖父范汪，字玄平，在晋朝做官，封武兴侯。死后谥穆。〔隤（tuí）然其处顺〕柔顺地自处于顺适。隤，柔。其，代黄宪。顺，泰然自若。⑨〔渊乎其似道〕深沉蓄积像道一样。道，存于天地之间的理。⑩〔浅深莫臻（zhēn）其分（fèn），清浊未议其方〕不管说深说浅，都说不到他造诣的程度；不管说清说浊，都说不到他造诣的境地。意思是造诣之高，难于捉摸。臻，到。分，所具有的实际。方，境况。⑪〔若及门于孔氏〕如果赶上受到孔子的教诲。及门，正式拜师受教。⑫〔其殆庶乎〕那大概接近（于圣人）了吧。殆，大概。庶，差不多，接近。《论语·先进》："回也其庶乎？屡空。"⑬〔尝著论〕（穆侯）曾经写文评论（黄宪）。〔云〕语气助词。

二六 黄宪传　163

选的。那一篇正面写范式的言行,以表彰范式的高尚品德;本篇完全从侧面写,以表彰黄宪的高尚品德。写法不同,效果一样,从此中可以领悟"文无定法"的道理。

二、用现代语译"是时"和"论曰"两段,前一段要求情景生动,后一段要求道理明确。

二七　《世说新语》故事六则　刘义庆

【解说】本篇六则分别选自《世说新语》的《容止》《捷悟》《伤逝》《任诞》《排调》《规箴（zhēn）》，题目都是编者加的。《世说新语》是六朝时期一部有名的著作，南朝宋刘义庆和他的门下士所作，今本六卷（上、中、下三卷各分上、下）。内容是记述汉魏一直到东晋间流传的上层人物的遗闻逸事，按事情性质分为德行、言语、政事、文学、方正、雅量、识鉴、赏誉、品藻、规箴、捷悟、夙惠、豪爽、容止、自新、企羡、伤逝、栖逸、贤媛、术解、巧艺、宠礼、任诞、简傲、排调、轻诋、假谲、黜免、俭啬、汰侈、忿狷、谗险、尤悔、纰（pí）漏、惑溺、仇隙三十六门。记事都很简短，但是能够抓住人物性格及事件的特点，绘影绘声地描写，所以生动有趣。因为艺术性强，所以对后来影响很大，如唐朝编《晋书》，采用其中的大量材料；用它的体裁编的同性质的书也不少，如宋孔平仲的《续世说》、清王晫（zhuó）的《今世说》等；读书人写文章，甚至闲谈，多引用其中的故事，认为这样可以增加雅兴。其实里边的记事，有些只是传闻，并非史实，如曹操和杨修过曹娥碑下就是此类，因为他们并没到过浙江。过去目录把此书编入"小说"类，很有道理。但它的记事能够反映六朝时期士大夫阶层的精神面貌和社会风气（大部分是应该批判的），今天看来还是有史料价值的。

《世说新语》问世不很久，南朝梁刘峻（字孝标）就为它作了注，引书近四百种，又补充了不少史料和逸闻。这注同《三国志》的裴松之注是一类，为后世保存了大量的史料。

本篇选的几则有个共同的特点，文字简短而人物形象生动，故事幽默有趣。语言朴实自然，毫不雕琢。这都值得注意。

作者刘义庆（403—444），彭城（今江苏徐州）人。南朝宋的宗室，封临川王。曾任南兖（yǎn）州刺史、荆州刺史等官。好学，喜欢文士，同当时的名士袁淑、何长瑜、鲍照等都有交往。所著除《世说新语》以外，还有《幽明录》《宣验记》等小说和文集。

魏武将见匈奴使①

魏武将见匈奴使，自以形陋②，不足雄远国③，使崔季珪代④，帝自捉刀立床头⑤。既毕⑥，令间谍问曰⑦："魏王何

---

①〔魏武〕曹操。曹丕称帝后追尊他为武帝。〔匈奴使〕匈奴的外交使臣。匈奴，古代少数民族之一，在今内蒙古和以北大片地区。 ②〔自以〕自己认为。〔形陋〕相貌不好看。传说曹操体貌短小。 ③〔不足雄远国〕不能用威仪震服远国。远国，指匈奴。 ④〔崔季珪（guī）〕崔琰（yǎn）字季珪。传说他相貌清朗而威重。 ⑤〔帝自捉刀立床头〕曹操自己握刀站在魏王（崔季珪代）的座位旁（充当护卫）。床，古时坐具。 ⑥〔既毕〕指接见完了。 ⑦〔间谍〕探听消息的人。

如?"匈奴使答曰:"魏王雅望非常①;然床头捉刀人,此乃英雄也。"魏武闻之,追杀此使②。

记小事以表现曹操有超人的丰神和机智。

魏武尝过曹娥碑下③

魏武尝过曹娥碑下,杨修从④。碑背上见题作"黄绢幼妇,外孙齑臼"八字⑤。魏武谓修曰:"解不⑥?"答曰:"解。"魏武曰:"卿未可言⑦,待我思之。"行三十里,魏武乃曰:"吾已得⑧。"令修别记所知⑨。修曰⑩:"黄绢,色丝也,于字为'绝'⑪,幼妇,少女也,于字为'妙',外孙,女子也⑫,于字为'好',齑臼,受辛也,于字为'辝'⑬,所谓'绝妙好辝'也。"魏武亦记之,与修同,乃

---

①〔雅望非常〕高雅的丰采很了不得。 ②〔追杀此使〕派人追去,杀死使者。因为他眼光太敏锐,放他回去,怕对于己方不利。 ③〔曹娥〕古代著名的孝女,东汉时上虞(今浙江上虞)人。父亲死在江中,她为寻父尸,投江而死,县令为她立了碑。传说蔡邕(yōng)看见碑文,在碑上题了"黄绢幼妇,外孙齑(jī)臼"八个字。 ④〔杨修〕字德祖,东汉末年人。曾任曹操的行军主簿(主管文书),后被曹操杀死。〔从〕跟随。 ⑤〔题〕书写。这里是刻的意思。〔齑臼(jiù)〕春辛辣味的齑之臼。齑是姜、蒜、韭菜等的碎末,臼是石头制的中部凹下的春器。 ⑥〔解不(fǒu)〕理解不理解? 不,同"否"。 ⑦〔卿〕你,亲切的称呼。 ⑧〔得〕意思是理解了。 ⑨〔别记所知〕在另一个地方把自己的理解写下来。 ⑩〔修曰〕以下是写下来的话。 ⑪〔于字〕在组成的字形上说。 ⑫〔女子〕女儿的孩子。 ⑬〔辝〕"辞"的异体写法。

叹曰:"我才不及卿,乃觉三十里①!"

写杨修聪明过人。

王仲宣好驴鸣②

王仲宣好驴鸣。既葬,文帝临其丧③,顾语同游曰④:"王好驴鸣,可各作一声以送之⑤。"赴客皆一作驴鸣。

写当时名流的放诞不羁。

阮仲容步兵居道南⑥

阮仲容步兵居道南,诸阮居道北⑦,北阮皆富,南阮贫。七月七日北阮盛晒衣⑧,皆纱罗锦绮⑨;仲容以竿挂大布犊

---

①〔乃觉三十里〕竟至走三十里才想明白。觉,知道。 ②〔王仲宣〕王粲,字仲宣。〔好驴鸣〕喜欢听驴叫。 ③〔文帝〕魏文帝曹丕。王粲是建安二十二年(217)死的,那时候曹丕还没即位(220年即位),这是追述时的称呼。〔临(旧读 lìn)〕往吊死者。 ④〔顾语〕转身(同他们)说。〔同游〕指同往吊唁的人,即下文的"赴客"。 ⑤〔各作一声以送之〕每人学一声驴叫来送王粲走(离开现世)。 ⑥〔阮仲容步兵〕阮咸,字仲容,曾官散骑侍郎。阮籍的侄子,与阮籍合称大小阮,都是"竹林七贤"里的人物。步兵,步兵校尉。字号之后加官衔,有尊重的意味。这里说阮咸做步兵校尉是错记,做步兵校尉的是阮籍。〔道南〕里巷路南。 ⑦〔诸阮〕阮氏其他人家。 ⑧〔七月七日〕传说七月七日晒衣服可防虫咬。〔盛〕多,大量地。 ⑨〔纱罗锦绮〕意思是,都是上好材料的。纱、罗是质地薄的丝织品。锦、绮是有花纹的丝织品。

鼻裈于中庭①。人或怪之，答曰："未能免俗②，聊复尔耳③。"

写阮咸愤世嫉俗，鄙视暴发户。

何次道往瓦官寺④

何次道往瓦官寺，礼拜甚勤。阮思旷语之曰⑤："卿志大宇宙⑥，勇迈终古⑦。"何曰："卿今日何故忽见推⑧？"阮曰："我图数千户郡尚不能得⑨，卿乃图作佛⑩，不亦大乎？"

写阮裕用幽默的话讽刺何充的迷信。

桓南郡好猎⑪

桓南郡好猎。每田狩⑫，车骑甚盛⑬，五六十里中旌旗

---

① 〔大布〕粗布。〔犊鼻裈（kūn）〕一种有裆的裤子，形如小牛的鼻子。〔中庭〕院里。 ② 〔未能免俗〕不能脱离旧俗。言外之意，也只好随着俗气一下。 ③ 〔聊复尔耳〕姑且也这样而已。聊，姑且。尔，如此。耳，而已，罢了。 ④ 〔何次道〕何充，字次道，东晋时曾官吏部尚书和宰相，迷信佛教。〔瓦官寺〕在都城建康（现在江苏省南京市），寺内有瓦官阁，很高。 ⑤ 〔阮思旷〕阮裕，字思旷，曾官金紫光禄大夫。〔语（旧读 yù）之曰〕跟他说。 ⑥ 〔志大宇宙〕志向大于宇宙，志向比天地还大。 ⑦ 〔勇迈终古〕勇气超过往古。 ⑧ 〔忽见推〕忽而给予夸奖。言外之意，过去没有过。见，犹如说加以。 ⑨ 〔我图数千户郡〕我想做个小郡太守。图，谋求。数千户，表示区域不大。 ⑩ 〔乃〕竟，居然。〔作佛〕成佛。 ⑪ 〔桓南郡〕桓玄，字敬道，东晋时人。继承他父亲桓温的爵位，为南郡公。〔好（hào）猎〕喜欢打猎。 ⑫ 〔田狩（shòu）〕打猎。 ⑬ 〔车骑（旧读 jì）甚盛〕车马很多。

蔽隰①,骋良马,驰击若飞②,双甄所指③,不避陵壑④。或行阵不整⑤,麇兔腾逸⑥,参佐无不被系束⑦。桓道恭⑧,玄之族也⑨,时为贼曹参军⑩,颇敢直言。常自带绛绵绳⑪,箸腰中⑫。玄问此何为⑬,答曰:"公猎好缚人士,会当被缚⑭,手不能堪芒也⑮。"玄自此小差⑯。

写桓道恭用委婉的话抗议桓玄的粗暴。

【研读参考】 一、《世说新语》在六朝典籍里是比较浅显、容易读的书,又因为故事性强,读时会感到有趣,所以宜于作为课外涉览的读物。如果时间允许,可以找来翻翻,自己选一些读读。

二、文言中称呼某人,尤其是上层人物,表示尊重,花样很多。常称字或别号,有时还称官职、籍贯、谥号等。《世说新语》在这方面表现得尤其突出,读时要注意。

三、可以学习本篇的写法,自己用现代语记几则有趣的人物活动。要求文字不多而能够形象生动,并隐含作者的褒贬。

----

① 〔旌旗蔽隰(xí)〕旗帜遮盖大地。隰,低湿的地方。 ② 〔骋(chěng)良马,驰击若飞〕使骏马奔驰,飞快地追击猎物。骋,使马跑。 ③ 〔双甄(zhēn)所指〕左右两翼人马所到之处。双甄,左翼右翼。打猎如同作战,可以兵分两翼。指,趋向。 ④ 〔不避陵壑(hè)〕意思是,不管地势如何都向前冲。陵,丘陵。壑,山沟。 ⑤ 〔行(háng)阵不整〕打猎的阵容不整齐。 ⑥ 〔麇(jūn)兔腾逸〕獐兔逃掉。腾逸,跳跃逃去。 ⑦ 〔参佐〕僚属,部下。〔系(jì)束〕捆绑。 ⑧ 〔桓道恭〕字祖猷,曾官淮南太守。 ⑨ 〔族〕本族,同姓。 ⑩ 〔贼曹参军〕参军是参佐官名,分曹(相当现在的"科")办事,贼曹掌管捕盗贼。 ⑪ 〔绛(jiàng)绵绳〕紫红色的棉线绳。 ⑫ 〔箸(zhuó)腰中〕掖(yē)在腰部。箸,同"着",放置。 ⑬ 〔此何为〕带条绳子做什么? ⑭ 〔会当〕总免不了要。 ⑮ 〔不能堪芒〕不能忍受粗绳的芒刺。 ⑯ 〔自此小差(chài)〕从此略好一些,从此缚人的事少一些。差,病愈。

二八 《百喻经》选 求那毗地 译

【解说】本篇选自《百喻经》。《百喻经》又名《百句譬喻经》，是佛教的一种经典，用譬喻来宣扬佛教的教理，以勉励学佛的人遵循正道进修的。原是印度和尚僧伽（qié）斯（或译僧伽斯那）编辑的，六朝南齐时候印度和尚（那时候不少外国和尚来中国）求那毗（pí）地译成中文。书名"百喻"，实际是九十八则。每一则都是先讲一个简短的故事，末尾联系佛教的内容，表明故事的教训意义。本篇四则都只选故事部分，略去末尾教训的话。故事大都生动有趣，可以当作寓言读。鲁迅相当重视这部书，1914年曾经赞助南京金陵刻经处用木版刻印；1926年王品青编印《痴花鬘（mán）》（《百喻经》的另一个名字），鲁迅曾为他写序文《痴花鬘题记》（见《集外集》）。

由汉末到唐代，我国翻译了大量的佛教典籍。译文虽然用的是当时的文言，可是因为一要迁就梵（fàn）语（古印度语）的原文，二要通俗以求收到传教的效果，所以译文具有特殊风格：质朴、简洁、恳切，多用六朝习用的四字句，又吸收不少口语成分。这虽然不能算道地的文言，因为数量多，并且对后代的语录体白话有影响，所以也值得注意。

译者求那毗地（？—502）（这是原名的译音，译义是"安进"），印度人。年轻时候出家，从老师僧伽斯学习，学识渊博。南朝齐建元元年（479）来中国，住在建康（今江苏南京）毗耶离寺，后住正观寺。齐武帝永明十年（492）译成《百喻经》。此外还译有《须达长者经》等。

三重楼喻①

往昔之世②，有富愚人，痴无所知③。到余富家④，见三重楼，高广严丽⑤，轩敞疏朗⑥，心生渴仰⑦，即作是念⑧：我有财钱，不减于彼⑨，云何顷来而不造作如是之楼⑩？即唤木匠而问言曰："解作彼家端正舍不⑪？"木匠答言："是我所作⑫。"即便语言⑬："今可为我造楼如彼⑭。"是时木匠即便经地垒墼作楼⑮。愚人见其垒墼作舍⑯，犹怀疑惑，不能了知⑰，而问之言："欲作何等⑱？"木匠答言："作三重

---

① 〔三重（chóng）楼喻〕三层楼的比喻。重，层。 ② 〔往昔〕从前。 ③ 〔痴〕呆傻。 ④ 〔余富家〕另外的富人家。 ⑤ 〔高广严丽〕又高又宽，庄严华丽。 ⑥ 〔轩敞疏朗〕开阔敞亮。轩，高。疏，稀，不挤。 ⑦ 〔渴仰〕极度的羡慕。 ⑧ 〔即作是念〕就兴起（下面说的）这个念头。即，就。 ⑨ 〔减〕少。〔彼〕指三层楼的主人。 ⑩ 〔云何〕为什么。〔顷来〕近日。 ⑪ 〔解作彼家端正舍不（fǒu）〕能够修建他家那样气派的房屋吗？解，通晓。端正，庄严宏伟。不，同"否"。 ⑫ 〔是我所作〕（那座房舍）是我修建的。 ⑬ 〔即便语言〕就马上告诉说。即便，立刻。 ⑭ 〔彼〕那。指富家的三重楼。 ⑮ 〔经地垒墼（jī）作楼〕量地垒砖修建楼房。经，量度。墼，还没烧过的砖坯，这里指砖。 ⑯ 〔作舍〕修建居室。 ⑰ 〔不能了知〕不能清楚地知道。了，彻底明白。 ⑱ 〔欲作何等〕想修建什么。

屋。"愚人复言："我不欲下二重之屋①，先可为我作最上屋②。"木匠答言："无有是事。何有不作最下重屋而得造彼第一之屋③？不造第二，云何得造第三重屋？"愚人固言④："我今不用下二重屋，必可为我作最上者⑤。"时人闻已⑥，便生怪笑，咸作此言⑦："何有不造下第一屋而得上者⑧！"

讽刺愚人，意在说明脱离实际的幻想必不能实现。

说人喜瞋喻⑨

过去有人，共多人众坐于屋中⑩，叹一外人德行极好⑪，唯有二过⑫：一者喜瞋⑬，二者作事仓卒⑭。尔时此人过在门外⑮，闻作是语，便生瞋恚⑯。即入其屋，擒彼道己过恶之人⑰，以手打扑⑱。傍人问言⑲："何故打也？"其人答言："我曾何时喜瞋仓卒⑳？而此人者道我恒喜瞋恚㉑，作事仓

---

①〔我不欲下二重之屋〕我不想要下边那两层屋子。②〔先可为我作最上屋〕可以先为我修建最上边那层屋，即先盖第三层。③〔何有〕哪里有。④〔固〕坚决地。⑤〔必可〕必须。⑥〔时人闻已〕当时人听到之后。已，完毕。⑦〔咸〕全都。⑧〔下〕下边。⑨〔说人喜瞋（chēn）〕说别人好生气。瞋，因发怒而瞪眼。⑩〔共多人众〕和很多人在一起。共，同。人众，很多人。⑪〔叹〕叹惜。〔外人〕另外的人。⑫〔唯〕只。〔过〕缺点。⑬〔一者喜瞋〕第一是好生气。一者，其中第一点。⑭〔作事仓卒（cù）〕做事情匆忙，欠思考。⑮〔尔时〕那时候。〔过在门外〕从门外过。⑯〔瞋恚（huì）〕恼怒怨恨。⑰〔擒彼道己过恶之人〕抓住那说自己缺点的人。擒，捉拿。⑱〔打扑〕打。⑲〔傍（páng）〕通"旁"。⑳〔我曾何时喜瞋仓卒〕我什么时候曾经好生气，遇事匆忙过？㉑〔者〕助词，无意义。〔道〕说。〔恒〕经常。

二八 《百喻经》选　　173

卒,是故打之①。"傍人语言:"汝今喜瞋仓卒之相即时现验②,云何讳之③?"

讽刺知过不改、错上加错的可笑行为。

口诵乘船法而不解用喻④

昔有大长者子⑤,共诸商人入海采宝。此长者子善诵入海捉船方法⑥,若入海水漩洑洄流矶激之处⑦,当如是捉,如是正,如是住⑧。语众人言⑨:"入海方法我悉知之⑩。"众人闻已,深信其语。既至海中,未经几时,船师遇病⑪,忽然便死⑫。时长者子即便代处⑬,至洄洑漩流之中,唱言当如是捉,如是正⑭。船盘回旋转⑮,不能前进。至于宝所⑯,举船商人没水而死⑰。

讽刺空言而不能实行,结果必致身受其害。

----

① 〔是故打之〕因此打他。 ② 〔相(xiàng)〕形象。〔现验〕表现出来作验证。 ③ 〔讳(huì)〕隐瞒。 ④ 〔口诵乘船法而不解用〕嘴里念叨驾船的方法而不懂得实际操作。 ⑤ 〔大长(zhǎng)者〕有德行喜施舍的富翁。〔子〕儿子。 ⑥ 〔入海捉船〕进入大海驾驶船只。 ⑦ 〔若〕如果。〔漩洑(fú)洄(huí)流矶(jī)激之处〕水流回漩石水激荡的地方。漩,洑,洄,都是回旋的水流。矶激,水石相激。 ⑧ 〔当如是捉,如是正,如是住〕应当像这样控制,这样校正方位,这样停住。 ⑨ 〔语(旧读 yù)〕告诉。 ⑩ 〔悉〕全都。 ⑪ 〔船师遇病〕驾船的师傅害病。 ⑫ 〔忽然便死〕忽然之间就死了。 ⑬ 〔代处(chǔ)〕代替驾船。处,处理。 ⑭ 〔唱言〕大声说。 ⑮ 〔盘回旋转〕盘旋不进。 ⑯ 〔至于宝所〕到了采宝物的处所。 ⑰ 〔举〕全。〔没水〕淹没在水里。

为恶贼所劫失㲲喻①

昔有二人为伴,共行旷野,一人被一领㲲②,中路为贼所剥③,一人逃避,走入草中。其失㲲者先于㲲头裹一金钱④,便与贼言:"此衣适可直一枚金钱⑤,我今求以一枚金钱而用赎之⑥。"贼言:"金钱今在何处?"即便㲲头解取示之⑦,而与贼言:"此是真金。若不信我语,今此草中有好金师⑧,可往问之。"贼既见之⑨,复取其衣⑩。如是⑪,愚人㲲与金钱一切都失,自失其利,复使彼失。

讽刺愚人处理事情糊涂,结果害己害人。

【研读参考】一、《百喻经》有文学古籍刊行社新印本,有断句,无注。因为文字浅易,找来看看,不只可以欣赏故事,还可以锻炼读浅近文言的能力。

二、仿本篇故事的格调,用现代语写一两个你听到的或自编的讽刺的小故事。

---

①〔㲲(dié)〕细毛布。 ②〔一人被一领㲲〕每人披着一件细毛布的衣服。被,披。领,衣服数量单位。 ③〔中路〕半路上。〔剥〕剥去,从身上强行扒去。 ④〔先〕事先。 ⑤〔适可〕正好。〔直〕通"值"。 ⑥〔用赎〕用金钱赎。 ⑦〔即便〕就。〔示之〕给贼看。 ⑧〔金师〕制金器的师傅,金工。 ⑨〔贼既见之〕贼人已经看见金师。 ⑩〔复取其衣〕又剥取了金师的衣服。 ⑪〔如是〕就这样。

二九　永宁寺　杨衒之

【解说】本篇选自《洛阳伽（qié）蓝记》，有删节。伽蓝是梵语（古印度语）的音译，义译是佛寺。《洛阳伽蓝记》是南北朝时期北朝一部性质很特别的著作。作者生在北魏末年，在洛阳做过官。北魏的统治者拓跋氏是鲜卑族，占据现在山西北部到内蒙古一带，建立代国。四世纪末（398）建都平城（今山西大同）。他们信奉佛教，大量建造佛寺、佛塔，雕铸佛像。大同云冈石窟就是那时留下的。拓跋氏势力逐渐向南发展，传到孝文帝，于公元494年迁都洛阳，并改姓元，积极吸收汉族文化。他们仍大量建造佛寺、佛塔，铸造佛像。洛阳龙门石窟主要就是那时开凿的。据说当时佛寺多到一千三百多所。后来经过尔朱氏和高欢（原是尔朱荣的大将）的扰乱，洛阳破坏得很厉害，佛寺都荒废了。北魏分裂为东魏、西魏。作者于东魏孝静帝武定五年（547）再到洛阳，回想当年，非常感慨。恐怕后世不能知道昔年的盛况，所以写了这部书。书以地区为纲，分"城内""城东""城南""城西""城北"五卷。每一地区再以佛寺为纲，先写寺，然后写与寺有关的历史以及社会的各个方面，包括神话传说。叙述分正文和注两部分（现在不容易完全分清，所以本篇不分），也是个创举。文笔细致秾丽，无论写景物还是写人物活动，都是尽力描画，所以虽是记事文，却成为有高度造诣的文学作品。

本篇所选《永宁寺》是《洛阳伽蓝记》记述的第一个佛寺，写景物、记史实都内容丰富、文字优美。尤其可注意的是作者的感慨和见识。他疾恶如仇，叹息天命是靠不住的虚说，这在当时是很难得的。

作者杨衒（xuán）之（生卒年不详），北魏末年北平（郡名，在今河北满城）人。史书没有他的传。在《洛阳伽蓝记》里，他自己说做过奉朝请和抚军司马等官，还有人说他做过秘书监。又有人说他姓羊或阳，不是姓杨。实际情况已经考不清楚。

永宁寺，熙平元年灵太后胡氏所立也①。在宫前阊阖门南一里御道西②。

开头先写明永宁寺的来历和位置。

中有九层浮图一所③，架木为之，举高九十丈④，上有金刹⑤，复高十丈，合去地一千尺⑥，去京师百里已遥见之⑦。初掘基至黄泉下⑧，得金像三十躯⑨，太后以为信法之

---

①〔熙平〕北魏孝明帝（516—528年在位）的第一个年号。〔灵太后〕孝明帝的母亲，姓胡。 ②〔阊（chāng）阖（hé）门〕皇宫南门。〔御道〕由阊阖门直通城南面中间的宣阳门的大街。 ③〔浮图〕佛塔。 ④〔举〕全。 ⑤〔刹（chà）〕塔上部安放佛骨的柱形尖顶。 ⑥〔去地〕离地面。 ⑦〔京师〕京城（洛阳）。 ⑧〔初〕以前开始动工之时。〔掘基〕挖地基。〔黄泉〕地下水，地下很深的地方。 ⑨〔金像〕金铸的佛像。〔躯〕身躯，佛像的一尊。

征①，是以营造过度也②。刹上有金宝瓶③，容二十五石④。宝瓶下有承露金盘三十重⑤，周匝皆垂金铎⑥。复有铁锁四道⑦，引刹向浮图四角⑧，锁上亦有金铎，大小如一石瓮子⑨。浮图有九级，角角皆悬金铎，合上下有一百二十铎。浮图有四面，面有三户六窗⑩，户皆朱漆⑪。扉上有五行金钉⑫，合有五千四百枚⑬，复有金环铺首⑭。殚土木之功⑮，穷造形之巧⑯，佛事精妙⑰，不可思议，绣柱金铺⑱，骇人心目。至于高风永夜⑲，宝铎和鸣⑳，铿锵之声㉑，闻及数十里。

重点写寺门内的塔，从多方面形容它雄伟富丽。

浮图北有佛殿一所，形如太极殿㉒。中有丈八金像一

---

① 〔信法之征〕信奉佛法的证验。这里是吉祥的意思。 ② 〔营造过度〕修建得过分豪华。 ③ 〔金宝瓶〕佛塔刹柱上用以盛舍利（佛骨）的金瓶（可能是外贴金箔）。 ④ 〔容二十五石（shí）〕可以装二十五石（现在读dàn，十斗）。 ⑤ 〔承露金盘三十重（chóng）〕三十层的承露金盘。承露金盘是接露水的，传说吃这露水可以长生。 ⑥ 〔周匝（zā）〕周围。〔铎（duó）〕铃。 ⑦ 〔铁锁〕铁锁链。〔四道〕四条。 ⑧ 〔引〕拉。 ⑨ 〔一石瓮子〕盛一石粮的缸。 ⑩ 〔户〕小门。 ⑪ 〔朱漆〕（涂有）红漆。朱，正红色。 ⑫ 〔扉（fēi）〕门扇。〔行（háng）〕排。 ⑬ 〔枚〕颗。 ⑭ 〔金环铺首〕衔着金环的铺首。铺首是安在门上衔门环的，形作龙、螭（chī，蛟龙之属）、狮、虎之类，铜制，或饰以金银。 ⑮ 〔殚（dān）〕尽。〔功〕工巧。 ⑯ 〔穷〕尽，极。 ⑰ 〔佛事〕有关佛教的事物，包括建筑、雕塑、图画、供具等。 ⑱ 〔绣柱〕画着或雕着花纹的柱子。〔铺〕铺首。 ⑲ 〔至于高风永夜〕到秋天，长夜吹着秋风。 ⑳ 〔和（hè）鸣〕互相应和地响。和，声音相应。 ㉑ 〔铿（kēng）锵（qiāng）〕金属相敲的声音。 ㉒ 〔太极殿〕皇宫正殿。

躯，中长金像十躯①，绣珠像三躯②，金织成像五躯③，玉像二躯，作工奇巧，冠于当世④。僧房楼观一千余间⑤，雕梁粉壁，青琐绮疏⑥，难得而言⑦。栝柏松椿⑧，扶疏檐溜⑨；丛竹香草，布护阶墀⑩。是以常景碑云⑪："须弥宝殿⑫，兜率净宫⑬，莫尚于斯也⑭。"

重点写塔后的佛殿和僧房，强调它宏丽清幽。

装饰毕功⑮，明帝与太后共登之，视宫内如掌中，临京师若家庭⑯。以其目见宫中，禁人不听升⑰。衒之尝与河南尹胡孝世共登之⑱，下临云雨⑲，信哉不虚⑳。时有西域沙门菩提达摩者㉑，波斯国胡人也㉒，起自荒裔㉓，来游中土㉔，

---

①〔中长〕像真人的中长高度（与丈八的高度比）。②〔绣珠像〕上有彩色珍珠的佛像。③〔金织成像〕用金线编织的佛像。④〔冠（guàn）〕位居第一，超过。〔当世〕当时的世间。⑤〔观（guàn）〕楼台。⑥〔青琐绮（qǐ）疏〕华丽的门窗。琐，连环的花纹。绮疏，雕镂成绮文。绮，有花纹的丝织品，这里指花纹。疏，刻镂。⑦〔难得而言〕无法形容。⑧〔栝（guā）柏松椿〕四种长寿的树。栝，桧。⑨〔扶疏〕枝叶四布。〔檐溜（liù）〕屋檐。⑩〔布护〕散布，布满。〔墀（chí）〕阶。⑪〔常景〕字永昌，曾官中书舍人、黄门侍郎和幽州刺史。〔碑〕指常景写的永宁寺碑文。⑫〔须弥〕佛教的宝山。⑬〔兜率〕天上。〔净宫〕清雅的宫殿。⑭〔莫尚于斯〕没有比这更好的。尚，超过。⑮〔毕功〕完工。⑯〔临〕从高处向下看。〔家庭〕庭院。⑰〔不听升〕不允许登上去。听，任凭。⑱〔河南尹〕河南府的府尹。〔胡孝世〕生平不详。⑲〔下临云雨〕向下接近云雨。即在云之上。⑳〔信哉〕确实啊。㉑〔西域〕泛指现在新疆及其以西的广大地区。〔沙门〕和尚。〔菩提达摩〕南印度人，梁武帝时候来中国，后住在嵩山少林寺，是佛教禅宗的祖师。㉒〔波斯国〕现在伊朗（这是作者记错了）。〔胡人〕中古时泛称西方外族人。㉓〔荒裔（yì）〕遥远的外国。荒，未开化。裔，边远之地。㉔〔中土〕中国。

二九 永宁寺 179

见金盘炫日①，光照云表②，宝铎含风③，响出天外④，歌咏赞叹⑤，实是神功。自云年一百五十岁，历涉诸国⑥，靡不周遍⑦，而此寺精丽，阎浮所无也⑧，极佛境界亦未有此⑨；口唱"南无"⑩，合掌连日⑪。至孝昌二年中⑫，大风发屋拔树⑬，刹上宝瓶随风而落，入地丈余，复命工匠更铸新瓶⑭。

进一步由人的观感写，以烘托永宁寺的冠绝当世。

永安三年⑮，逆贼尔朱兆囚庄帝于寺⑯。时太原王位极心骄⑰，功高意侈⑱，与夺任情⑲，臧否肆意⑳。帝怒谓左右

---

①〔金盘炫日〕塔上的金盘被日光照耀而发出金光。炫，照耀。 ②〔云表〕云外。极言其高。 ③〔含风〕被风吹动的意思。 ④〔响〕声响。 ⑤〔歌咏赞叹〕用吟唱和叙说来赞美塔的精妙。 ⑥〔历涉诸国〕一个一个地走过许多国家。涉，走过。 ⑦〔靡（mǐ）不周遍〕没有不全部走遍的。靡，无。 ⑧〔阎浮〕五天竺，即印度。 ⑨〔极佛境界〕意思是走遍佛教区域。极，直到，穷尽。 ⑩〔南（nā）无（mó）〕梵语的音译，皈依的意思。 ⑪〔合掌〕左右掌相合，表示恭敬。 ⑫〔孝昌〕孝明帝的第四个年号（525—527）。 ⑬〔发〕刮坏。 ⑭〔更（gèng）〕再。 ⑮〔永安〕北魏孝庄帝（528—530年在位）的年号。 ⑯〔尔朱兆〕尔朱荣的侄子，骁勇善战，是尔朱荣的得力将领。尔朱荣被孝庄帝杀死以后，他从晋阳（今山西太原）进兵，渡过黄河，攻破洛阳，把庄帝囚在永宁寺。 ⑰〔时〕这是追述不久前的过去。〔太原王〕尔朱荣，姓尔朱，名荣，北地秀容（今山西朔州）人。世代做酋长，实力很强。孝明帝于武泰元年（528）死去，尔朱荣联络皇族并（bīng）州刺史元天穆起兵，立长乐王子攸为帝，即孝庄帝，攻到洛阳，杀太后、朝臣等两千多人。孝庄帝即位以后，尔朱荣总揽兵权，元天穆任侍中，共专朝政，所以孝庄帝不能忍受。〔位极心骄〕官位高到极点，心情骄纵。 ⑱〔功高意侈〕功劳大，想望过分。 ⑲〔与夺任情〕给人官爵，夺人官爵，都任凭自己的喜怒之情。 ⑳〔臧否（pǐ）〕褒贬，说好说坏。〔肆意〕随意。

曰："朕宁作高贵乡公死，不作汉献帝生①！"九月二十五日，诈言产太子，荣、穆并入朝②，庄帝手刃荣于明光殿③，穆为伏兵鲁遅所杀④，荣世子部落大人亦死焉⑤。荣部下车骑将军尔朱阳都等二十人随入东华门⑥，亦为伏兵所杀。唯右仆射尔朱世隆素在家⑦，闻荣死，总荣部曲⑧，烧西阳门⑨，奔河桥⑩。至十月一日，隆与荣妻北乡郡长公主至芒山冯王寺⑪，为荣追福荐斋⑫。即遣尔朱侯讨伐、尔朱那律归等领胡骑一千⑬，皆白服，来至郭下⑭，索太原王尸丧⑮。

---

①〔朕（zhèn）宁作高贵乡公死，不作汉献帝生〕我宁可像高贵乡公那样死，也不像汉献帝那样活着。朕，皇帝自称。高贵乡公，曹髦（máo），魏文帝曹丕的孙子。做皇帝时，大权已落到司马昭手中，他不能忍受，率领僮仆数百名去杀司马昭，被司马昭部将成济杀死，时仅二十岁。死后贬去帝号，称为高贵乡公。汉献帝，刘协，是董卓之乱以后东汉最后一个皇帝。后被曹操挟制，忍气吞声活了多少年，最后把帝位让给曹丕。 ②〔荣、穆并入朝〕尔朱荣和元天穆都去上朝贺喜。 ③〔庄帝手刃荣于明光殿〕伏兵出来，尔朱荣跑到庄帝座前，庄帝座下有刀，就亲手杀死尔朱荣。明光殿，在太极殿左边。 ④〔遅〕读 xiān。 ⑤〔世子〕王侯的储君。这里指尔朱荣的长子尔朱菩提，他是随同尔朱荣一起进朝的。部落大人是他在部落里的称号。 ⑥〔东华门〕皇宫东面二门，北名东华门，南名云龙门。 ⑦〔右仆射（yè）〕官名，相当于副宰相。〔尔朱世隆〕尔朱荣的从弟。〔素〕日常。 ⑧〔总〕统率。〔部曲〕部下。 ⑨〔西阳门〕京城西面四门，南一名西明门，南二名西阳门。 ⑩〔河桥〕在今河南孟县南。晋朝杜预造河桥于富平津，是战略要地。 ⑪〔荣妻北乡郡长（zhǎng）公主〕尔朱荣的妻，封北乡郡长公主，是南安王元桢的女儿。长公主，皇帝的姐妹。〔芒山〕北邙（máng）山，在洛阳城北。〔冯王寺〕北魏皇族冯熙建立的寺院之一。 ⑫〔追福〕给寺主财物，祈求死后免祸得福。〔荐斋〕进斋供。 ⑬〔尔朱侯讨伐、尔朱那律归〕两个人名。 ⑭〔郭〕外城。 ⑮〔尸丧（sāng）〕尸体。

帝升大夏门望之①，遣主书牛法尚谓归等曰②："太原王立功不终③，阴图衅逆④，王法无亲⑤，已依正刑⑥。罪止荣身⑦，余皆不问。卿等何为不降⑧？官爵如故⑨。"归曰："臣从太原王来朝陛下，何忽今日枉致无理⑩？臣欲还晋阳，不忍空去⑪，愿得太原王尸丧，生死无恨⑫。"发言雨泪⑬，哀不自胜⑭。群胡恸哭⑮，声振京师。帝闻之，亦为伤怀⑯。遣侍中朱元龙赍铁券与世隆⑰，待之不死⑱，官位如故。世隆谓元龙曰："太原王功格天地⑲，道济生民⑳，赤心奉国㉑，神明所知。长乐不顾信誓㉒，枉害忠良，今日两行铁字何足可信？吾为太原王报仇，终不归降㉓。"元龙见世隆呼帝为长

---

①〔大夏门〕洛阳城三个北门，西边的名大夏门。 ②〔主书〕中书省的官名。〔归〕尔朱那律归。 ③〔立功不终〕为国立功而不能始终如一。孝庄帝是尔朱荣拥立的，但后来没有像开始那样忠心。 ④〔阴图衅（xìn）逆〕暗地里谋叛逆。衅，隙，裂痕。 ⑤〔王法无亲〕国法不论亲疏。 ⑥〔已依正刑〕已经依照合理的刑法杀了。 ⑦〔罪止荣身〕惩罚只限于尔朱荣本身。 ⑧〔卿等〕你们。 ⑨〔官爵如故〕（如果不反叛）官职和爵位照旧。 ⑩〔何忽今日枉致无理〕为什么忽然之间现时冤枉地招来毫无道理的待遇？ ⑪〔空去〕空手走开。 ⑫〔生死〕不管死活。 ⑬〔发言雨泪〕说着话流泪不止。雨，落。 ⑭〔不自胜（shēng）〕自己禁不住。 ⑮〔群胡〕指所率胡骑。〔恸（tòng）〕因过于悲痛而大哭。 ⑯〔亦为伤怀〕也为这情况伤心。 ⑰〔侍中〕皇帝左右的大官。〔朱元龙〕名瑞，字元龙，曾任尔朱荣的户曹参军。〔赍（jī）〕送东西给人。〔铁券〕铁制，瓦形，上嵌金字，写明有何功绩，将来何种情况免罪。分为两份，本人及朝廷各存一份。 ⑱〔待之不死〕将来有任何罪状也不处死刑。 ⑲〔功格天地〕功劳大到顶天立地。格，至。 ⑳〔道济生民〕（他的）道术救济了百姓。 ㉑〔赤心〕真诚的心。〔奉国〕侍奉国家，为国家操劳。 ㉒〔长乐〕长乐王，孝庄帝称帝前的封号。称他为长乐，是不承认他为皇帝的意思。〔不顾信誓〕不顾当初奉他称帝时的誓约。 ㉓〔终不归降〕无论如何也不投降。

乐，知其不款①，且以言帝②。帝即出库物置城西门外③，募敢死之士以讨世隆，一日即得万人。与归等战于郭外，凶势不摧④。归等屡涉戎场⑤，便利击刺⑥；京师士众未习军旅⑦，虽皆义勇，力不从心。三日频战而游魂不息⑧。帝更募人断河桥⑨，有汉中人李苗为水军⑩，从上流放火烧桥。世隆见桥被焚，遂大剽生民⑪，北上太行⑫。帝遣侍中源子恭、黄门郎杨宽领步骑三万镇河内⑬。世隆至高都⑭，立太原太守长广王晔为主⑮，改号曰建明元年，尔朱氏自封王者八人。

　　外观写完，转而写与寺有关的历史大事：先追述庄帝和尔朱氏冲突的经过。

　　长广王都晋阳，遣颖川王尔朱兆举兵向京师⑯。子恭军

————

① 〔不款〕没有为臣的诚心，决心背叛。款，诚。　② 〔且〕并且。和上句的"知"呼应。〔言〕告诉。　③ 〔库物〕国库储藏的财物。　④ 〔凶势不摧〕（敌方）凶猛的气势没受摧折。　⑤ 〔戎场〕战场。　⑥ 〔便利击刺〕刺杀的动作很敏捷。　⑦ 〔未习军旅〕没有学过战斗，不熟悉战斗的动作。　⑧ 〔三日频战〕连续战斗了三天。频，屡次。〔游魂〕游散的精气，指胡兵。　⑨ 〔更〕又。　⑩ 〔汉中〕今陕西秦岭以南一带。〔李苗〕字子宣，官通直散骑常侍。〔为水军〕组织水军，带领水军。　⑪ 〔大剽（piāo）〕大规模地掠夺。剽，抢掠。　⑫ 〔太行（háng）〕太行山。　⑬ 〔源子恭〕官征南将军、给事黄门侍郎。〔杨宽〕官散骑常侍、骠（piào）骑将军。这时还没做黄门郎，可能是记错了。〔步骑〕步兵和骑兵。〔镇河内〕镇守河内。河内，今河南沁（qìn）阳。　⑭ 〔高都〕高都郡，今山西晋城一带。　⑮ 〔长广王晔（yè）〕元晔，字华兴，孝庄帝时封为长广王，出为太原太守。立为皇帝后不久被废。〔主〕国主，国君。　⑯ 〔颖（yíng）川王尔朱兆〕上句"尔朱氏自封王者八人"中的一个。

失利①,兆自雷陂涉渡②,擒庄帝于式乾殿③。帝初以黄河奔急,谓兆未得猝济④;不意兆不由舟楫,凭流而渡⑤,是日水浅,不没马腹,故及此难⑥。书契所记⑦,未之有也。衔之曰:"昔光武受命,冰桥凝于滹水⑧;昭烈中起,的卢踊于泥沟⑨。皆理合于天,神祇所福⑩,故能功济宇宙,大庇生民⑪。若兆者,蜂目豺声⑫,行穷枭獍⑬,阻兵安忍⑭,贼害君亲⑮,皇灵有知⑯,鉴其凶德⑰;反使孟津由膝,赞其逆

---

①〔失利〕打了败仗。 ②〔雷陂(bēi)〕黄河的一个渡口。〔涉〕徒步渡水。 ③〔式乾殿〕在太极殿的后方。 ④〔谓〕以为。〔猝(cù)济〕很快地过河。 ⑤〔凭流〕不用船而徒涉。 ⑥〔故及此难(nàn)〕所以遭到这个危难(指被俘被杀)。 ⑦〔书契〕历史。契,刻的文字。 ⑧〔光武受命,冰桥凝于滹(hū)水〕汉光武帝刘秀受天命将要做皇帝,滹沱河的水凝结成一条冰桥,使得光武帝平安渡过。公元24年,光武帝从蓟(jì,北京附近)南逃,遇到大风雪。到滹沱河(在今河北中部)边,没有渡船,正在发愁,河水结冰了。 ⑨〔昭烈中起,的卢踊于泥沟〕汉昭烈帝刘备将要中兴汉室,的卢马就从泥沟里跳上来,使刘备脱离危险。当初刘备到荆州投靠刘表,有一次,刘表的将领要杀他,他骑的卢马逃走,到城西檀溪,马陷到溪里,他焦急地说:"的卢,今日厄矣(今天遭难了),可努力!"的卢一踊三丈,就过了河。昭烈,刘备的谥号。的卢马,额上有白斑的马,迷信传说,这样的马危害主人。 ⑩〔皆理合于天,神祇(qí)所福〕都在道理上合乎天意,受到神明的保佑。祇,地神。 ⑪〔功济宇宙,大庇(bì)生民〕功业伟大,救济了全世,大大地保护了百姓。以上所说都指有德的君主。 ⑫〔蜂目豺声〕眼睛像蜂,声音像豺。残暴的形象。 ⑬〔行穷枭獍(jìng)〕行为比枭獍都恶劣。穷,极,达到极点。枭,猫头鹰,传说是吃母亲的鸟。獍,传说是吃父亲的兽。 ⑭〔阻兵安忍〕依仗有兵而安于残暴不仁。 ⑮〔贼害君亲〕杀害国君。 ⑯〔皇灵〕天神。 ⑰〔鉴〕照见,知道。〔凶德〕凶恶的品质。

心①。《易》称天道祸淫，鬼神福谦②，以此验之，信为虚说③。"时兆营军尚书省④，建天子金鼓⑤，庭设漏刻⑥，嫔御妃主皆拥之于幕⑦，锁帝于寺门楼上⑧。时十二月，帝患寒⑨，随兆乞头巾⑩，兆不与。遂囚帝还晋阳⑪，缢于三级寺⑫。

  写冲突的结果和作者的感慨。

  永熙三年二月⑬，浮图为火所烧。帝登凌云台望火⑭，遣南阳王宝炬、录尚书事长孙稚将羽林一千救赴火所⑮，莫不悲惜，垂泪而去。火初从第八级中平旦大发⑯，当时雷雨

---

①〔反使孟津由膝，赞其逆心〕（天神不惩罚他）反倒让孟津的水才没到膝盖，帮助他那叛逆的凶心。孟津，黄河的一个重要渡口。由，经过，到。 ②〔《易》称天道祸淫，鬼神福谦〕《易经》说，天道降灾祸于做坏事的人，鬼神赐福利于谦恭有礼的人。《易经·谦卦》："天道亏盈而益（增益）谦，地道变盈而流谦，鬼神害盈而福谦。" ③〔以此验之，信为虚说〕用（尔朱兆过河）这件事来验证它，实在是虚假的话。 ④〔营军〕驻扎军队。〔尚书省〕最高的行政机关名。 ⑤〔建天子金鼓〕设置天子专用的金鼓。建，置。金，钟。 ⑥〔庭设漏刻〕庭院里设置滴漏的报时器。这是皇宫里才有的。 ⑦〔嫔（pín）御妃主皆拥之于幕〕霸占皇帝的女眷。妃，嫔，皇帝的妻妾。御，妃嫔的统称。主，皇帝的姑姑、姐妹、女儿。 ⑧〔寺门楼〕永宁寺大门的门楼。 ⑨〔患寒〕感到冷，怕冷。 ⑩〔随〕向。〔头巾〕帽子。 ⑪〔囚帝还晋阳〕把庄帝当囚徒一样带到晋阳。 ⑫〔缢（yì）〕勒死。〔三级寺〕在晋阳城内，寺里有一座三级的塔。 ⑬〔永熙〕魏孝武帝的年号（532—534）。 ⑭〔凌云台〕在宫城西北角，高二十丈。 ⑮〔南阳王宝炬〕庄帝时封。孝武帝被悍将逼赴长安，宝炬随去。宇文黑獭（tǎ）杀害孝武帝，立宝炬为帝，为西魏文帝。〔录尚书事长（zhǎng）孙稚〕长孙稚，字承业，孝武帝时官太傅、录尚书事。〔羽林〕羽林军，皇帝的禁卫军。〔救赴〕前往救。〔所〕处所。 ⑯〔平旦〕平明，天亮。〔发〕起。

晦冥①，杂下霰雪②。百姓道俗咸来观火③，悲哀之声振动京邑。时有三比丘赴火而死④。火经三月不灭。

　　写永宁寺的毁坏。

【研读参考】一、《洛阳伽蓝记》是南北朝时期一部重要著作，因为它不只保存了大量的史料，而且给文学爱好者提供了一种优美的读物。这部书因为体例新颖——写时分为本文和注两部分，经过后代辗转传抄、刻印，正文和注混在一起了。近代有些人整理，想恢复原状，其中以周祖谟《洛阳伽蓝记校释》（中华书局出版，有注，有洛阳图）较为精审，如果想多读一些，可以用这个本子。

　　二、这部书以寺院为纲，详写寺的情况以及与寺有关的种种事物，内容复杂，可是条理很清楚。要深入体会，学习文章的组织材料。

　　三、根据本篇，用现代语叙述北魏孝庄帝和尔朱氏斗争的经过及其结果。要求文字不多而情节清楚。

────────

①〔晦冥〕昏暗。②〔霰（xiàn）〕雪粒。③〔道俗〕出家人和世俗（不出家的）人。④〔比丘〕僧人，和尚。〔赴火而死〕这是佛教舍身救难的意思。

三〇　请正文风书　李谔

【解说】本篇选自《隋书·李谔（è）传》，题目是编者加的。《隋书》是记述隋朝一代历史的纪传体断代史，正史的一种，八十五卷，唐魏徵等撰。其中十志（礼仪、音乐、经籍等，三十卷）是唐于志宁等撰，兼载南朝梁、陈，北朝齐、周的典章制度。《经籍志》开始用经、史、子、集四部分类法，在目录学方面影响很大。

写文章，汉朝末年已经有文字求华丽的趋势。到南北朝，这种风气越来越厉害，有不少消闲应酬的文章，正如本篇所说："连篇累牍，不出月露之形；积案盈箱，唯是风云之状。"就是说，文章专重辞章藻饰而内容空虚，只能做士大夫阶层的装饰品而不切于实用。据《李谔传》记载，他看到"属文之家，体尚轻薄，递相师效，流宕（dàng）忘反"，觉得必须禁止，所以向隋文帝上书。皇帝很重视他的意见，把他的奏章"颁示天下"。不过社会风气究竟不是一朝一夕所能改变的，就以这篇上书说，它的主旨是反对骈体（四六对句）的，自己却用了严格的骈体。实际上，"颁示天下"也没有起什么大作用，骈体一直到唐朝前期还很盛行。

本篇反对文风浮靡,思想性很强。文章的布局、叙事、说理都很得体。也可以当作骈文的样本读。

作者李谔(530?—600?),字士恢,赵郡(今河北赵县一带)人。做过北齐和北周的官。到隋朝,官比部、考功二曹侍郎,治书侍御史等。史书说他任职识大体,对人民比较宽厚。

臣闻古先哲王之化民也①,必变其视听②,防其嗜欲③,塞其邪放之心④,示以淳和之路⑤。五教六行为训民之本⑥,《诗》《书》《礼》《易》为道义之门⑦。故能家复孝慈⑧,人知礼让。正俗调风⑨,莫大于此。其有上书献赋⑩,制诔镌铭⑪,皆以褒德序贤⑫,明勋证理⑬;苟非惩劝,义不

---

① 〔古先哲王〕古代圣明的君主。〔化民〕教化百姓。 ② 〔变其视听〕意思是,改变他们视听的爱好,使他们爱看爱听的都符合教化的需要。 ③ 〔防其嗜欲〕防备他们发生邪恶的嗜好和欲望。 ④ 〔邪放之心〕邪僻放逸的心。放,脱离正轨。 ⑤ 〔淳(chún)和之路〕淳朴和顺的生活方式。 ⑥ 〔五教〕五常(也称"五伦")之教。五常:父义,母慈,兄友,弟恭,子孝。〔六行〕六种好的操行,有二说:一说指孝、友、睦、姻、任、恤;一说指仁、义、礼、智、信、乐。前说即孝亲,友于兄弟,睦于九族,和于夫妇,待人恩信,赈济贫乏。 ⑦ 〔道义之门〕道德仁义的门径。 ⑧ 〔家复孝慈〕家家都回到子孝亲慈的轨道上。 ⑨ 〔正俗调风〕端正风俗。调,调和,调节。 ⑩ 〔其有〕意思近于"那些"。〔上书献赋〕向天子献书赋。书,指提意见的文章。赋,一般是歌功颂德的韵文。 ⑪ 〔制诔(lěi)镌(juān)铭〕作悼念文字,刻纪念铭文。诔,哀悼死者的文字,内容总是褒奖死者的德行。镌,刻。铭,镂刻以志不忘的文字,如刻石以记死者功德的文字为墓志铭。 ⑫ 〔褒德序贤〕褒扬德行,称述贤良。序,叙。 ⑬ 〔明勋证理〕宣扬功勋,论证事理。

徒然①。

　　先由正面，写古先哲王以品德文章为教化的工具。

　　降及后代②，风教渐落③。魏之三祖④，更尚文词⑤，忽君人之大道⑥，好雕虫之小艺⑦。下之从上，有同影响⑧，竞骋文华⑨，遂成风俗。江左齐、梁⑩，其弊弥甚⑪，贵贱贤愚，唯务吟咏⑫。遂复遗理存异⑬，寻虚逐微⑭，竞一韵之奇⑮，争一字之巧。连篇累牍⑯，不出月露之形⑰；积案盈箱⑱，唯是风云之状。世俗以此相高⑲，朝廷据兹擢士⑳。利

---

① 〔苟非惩劝，义不徒然〕假如没有惩戒劝勉的意义，按道理说就不白白地写文章。② 〔降（jiàng）〕下，这里指时代由前而后。③ 〔风教〕风俗教化。〔落〕衰落。④ 〔魏之三祖〕魏武帝曹操，文帝曹丕，明帝曹叡（ruì）。⑤ 〔更尚〕更加重视。⑥ 〔忽〕忽略。〔君人之大道〕治国的道理。君人，君民，治理人民。⑦ 〔雕虫之小艺〕雕章琢句的小技能（指作诗文）。扬雄《法言·吾子》："或问'吾子少而好赋？'曰：'然。童子雕虫篆刻。'俄而曰：'壮夫不为也。'" ⑧ 〔下之从上，有同影响〕下边的人跟随上边的风尚，就好像影子跟随形体，响跟随声音一样。⑨ 〔竞骋（chěng）文华〕（写文章）极力求华丽。竞，极力争取。骋，驰逐。⑩ 〔江左齐、梁〕江南的齐朝、梁朝。江左，长江以南。⑪ 〔其弊弥甚〕那种弊病越发厉害。弊，指竞骋文华的风俗。⑫ 〔唯务吟咏〕只是用力作诗文。⑬ 〔遗理存异〕撇开事理，保留那些新奇小巧的辞藻。⑭ 〔寻虚逐微〕搜求虚浮，追求微末。虚，微，都指文辞华美的技巧。⑮ 〔一韵之奇〕一个韵的奇妙。行文一般是两句一韵。⑯ 〔牍（旧读 dù，与下句"箱"平仄相对）〕古代写字的木片。⑰ 〔不出〕不外，总是。〔月露〕泛指景物，如我们现在说风花雪月。⑱ 〔积案盈箱〕堆积在桌子上的，装满在箱子里的。指写出的诗文。⑲ 〔相高〕互相推崇。⑳ 〔据兹擢（zhuó）士〕根据这来提拔士子（去做官）。兹，这，指奇巧的文章。

禄之路既开①，爱尚之情愈笃②。于是闾里童昏③，贵游总卯④，未窥六甲⑤，先制五言⑥。至如羲皇、舜、禹之典⑦，伊、傅、周、孔之说⑧，不复关心，何尝入耳。以傲诞为清虚⑨，以缘情为勋绩⑩，指儒素为古拙⑪，用词赋为君子⑫。故文笔日繁⑬，其政日乱，良由弃大圣之轨模⑭，构无用以为用也⑮。损本逐末⑯，流遍华壤⑰，递相师祖⑱，久而愈扇⑲。

承上段，转而写魏、晋、齐、梁文风浮靡的情况，

----

① 〔利禄之路〕做官的门路。指凭奇巧的文章而得擢用。 ② 〔爱尚之情愈笃（dǔ）〕爱好崇尚（这种文章）的心情越发深厚。笃，厚。 ③ 〔闾（lǘ）里童昏〕乡里间无知的人。童，未成年。昏，愚昧。 ④ 〔贵游〕还没做官的王公子弟。〔总卯（guàn）〕把头发束成两个角，这里指富贵人家的幼童。 ⑤ 〔六甲〕指历法干支相配的甲子、甲寅、甲辰、甲午、甲申和甲戌。《汉书·食货志》："八岁入小学，学六甲五方书计之事。"这是说八岁就开始学历数、地理、算术等科目。 ⑥ 〔五言〕指诗。六朝以前，诗大都是五言。 ⑦ 〔羲皇、舜、禹之典〕指《易经》《尚书》中的篇章。传说伏羲氏（上古帝王）画八卦。《尚书》中有《虞书》《夏书》等。典，传下来的文献。 ⑧ 〔伊、傅、周、孔之说〕泛指圣贤的言论。伊，伊尹，商汤的贤相。傅，傅说（yuè），殷高宗武丁的贤相。周，周公。孔，孔子。 ⑨ 〔傲诞〕骄傲放肆。〔清虚〕清静虚无，是老庄学派尊崇的境界。 ⑩ 〔缘情〕描画出细腻的感情。缘，顺随，把持。〔勋绩〕功劳，高的成就。 ⑪ 〔儒素〕儒雅朴素。指安心求学。 ⑫ 〔用词赋为君子〕凭借词赋的优美就把作者当作才德出众的人。 ⑬ 〔文笔日繁〕文章一天比一天繁多。六朝时称有韵的文章为"文"，无韵的文章为"笔"。 ⑭ 〔良〕实在是。〔大圣〕泛指古代圣贤。〔轨模〕法度楷模。 ⑮ 〔构〕编造，把假的说成真的。 ⑯ 〔损本逐末〕损伤了重大的根本，追求轻微的末节。本，指治世的道术；末，指浮华的文采。 ⑰ 〔流遍华壤〕流风遍及中华的土地。 ⑱ 〔递相师祖〕一个传一个地互相效法。师，以之为师。祖，效法。 ⑲ 〔扇（shān）〕通"煽"，原是煽动、煽惑的意思，这里作炽烈解，是说这种风气已经煽动起来，越来越旺盛了。

对比之下，足见古代是而近世非。

及大隋受命①，圣道聿兴②，屏黜轻浮③，遏止华伪④。自非怀经抱质⑤，志道依仁⑥，不得引预搢绅⑦，参厕缨冕⑧。开皇四年⑨，普诏天下⑩，公私文翰⑪，并宜实录⑫。其年九月，泗州刺史司马幼之文表华艳⑬，付所司治罪⑭。自是公卿大臣，咸知正路，莫不钻仰坟集⑮，弃绝华绮⑯，择先王之令典⑰，行大道于兹世⑱。如闻外州远县⑲，仍踵敝风⑳，

---

①〔受命〕接受了上天的任命。这是颂扬皇帝即位的说法。指公元581年隋文帝杨坚继北周做了皇帝。 ②〔圣道聿（yù）兴〕圣人的大道就兴盛起来。聿，助词。 ③〔屏（bǐng）黜（chù）〕排除，罢免。〔轻浮〕轻浮的人。 ④〔遏（è）止华伪〕制止华靡虚假（的文风）。遏，阻拦。 ⑤〔自非〕如果不是。〔怀经抱质〕有大才干。怀，抱，拥有。经，最重要的事物；质，最根本的事物。 ⑥〔志道依仁〕有高品德。志道，向往圣贤的大道。依仁，走仁爱的途径。 ⑦〔引预搢（jìn）绅〕援引他参与士大夫的行列。引，引进。预，参加。搢，插；绅，带。搢绅，把笏板插进腰带，这是士大夫的装束，所以搢绅也指仕宦者。字也写作"缙绅"。 ⑧〔参厕缨冕〕参加官吏的行列。厕，参与。缨冕，官吏的装束，指官吏。缨，帽带。冕，大夫以上官员的礼帽。 ⑨〔开皇四年〕公元584年。开皇，隋文帝的年号。 ⑩〔普诏天下〕向全国发出诏令。普，全面地。 ⑪〔文翰〕文件、书信。 ⑫〔实录〕如实记录，不许夸张粉饰。 ⑬〔泗州〕今安徽泗县。〔刺史〕州的长官。〔司马幼之〕生平不详。〔文表华艳〕所上表章的言辞华丽。 ⑭〔付〕交付。〔所司〕管理部门。 ⑮〔钻仰坟集〕深入钻研经典。钻仰，穷究道理。《论语·子罕》："颜渊喟（kuì）然叹曰：'仰之弥高，钻之弥坚。'"意思是想了解而感到太高深，太艰难。坟，坟典，三坟五典，传说中的古代典籍。集，泛指成书的著述。 ⑯〔华绮（qǐ）〕华丽（的辞章）。 ⑰〔先王〕这里指古代贤明的君主。〔令典〕美好的法制。 ⑱〔大道〕指圣贤之道。〔兹世〕现代。 ⑲〔如闻〕可是听说。如，而。〔外州远县〕指远离国都的州县。 ⑳〔仍踵敝风〕仍旧沿袭不好的风气。踵，追随。

选吏举人①,未遵典则②。至有宗党称孝③,乡曲归仁④,学必典谟⑤,交不苟合⑥,则摈落私门⑦,不加收齿⑧;其学不稽古⑨,逐俗随时,作轻薄之篇章,结朋党而求誉,则选充吏职⑩,举送天朝⑪。盖由县令、刺史未行风教⑫,犹挟私情⑬,不存公道。臣既忝宪司⑭,职当纠察⑮,若闻风即劾⑯,恐挂网者多⑰。请勒诸司⑱,普加搜访⑲,有如此者,具状送台⑳。

归到本题,写隋朝改革文风已见成效,但仍须采取有力的措施,彻底革除流弊。

【研读参考】 一、骈体文多用四六对偶,是单音节汉字的一种自然

---

① 〔举人〕推荐人才。 ② 〔典则〕国家规定的法则。 ③ 〔至〕甚至。〔宗党称孝〕宗族和乡党(同乡)都说他孝亲。 ④ 〔乡曲归仁〕村庄的人都说他仁爱。曲,偏僻的地方。归仁,把仁的美德归在他身上。 ⑤ 〔典谟〕经典。《尚书》有《尧典》《舜典》《皋陶谟》等篇。 ⑥ 〔交不苟合〕交朋友(有原则)不无原则地同别人好。 ⑦ 〔摈(bìn)落私门〕排除他使他委屈地住在家里。摈,排斥。私门,自己的家。 ⑧ 〔不加收齿〕不录用他。收,收录。齿,引为同类。 ⑨ 〔稽古〕致力于古学。稽,考核。 ⑩ 〔选充吏职〕选拔他充当官吏。 ⑪ 〔举送天朝〕推举他,(把他)送到朝廷上。从"外州远县"到此都是"如闻"的内容。 ⑫ 〔未行风教〕没有推行(皇帝)正风化的教令。 ⑬ 〔挟私情〕带着个人好恶的感情。 ⑭ 〔既忝宪司〕既然做司法的官。忝,自谦之词,意思是不配做这官而做了。宪,法。当时作者做治书侍御史,掌管纠察六品以下的官吏。 ⑮ 〔职当纠察〕(我的)职务应当检举(他们)。 ⑯ 〔闻风即劾(hé)〕听到一点风声就弹劾。 ⑰ 〔挂网〕挂在法网上,受到制裁。 ⑱ 〔勒诸司〕严令各个官署。勒,强制。 ⑲ 〔普加搜访〕普遍地予以搜求探访。 ⑳ 〔具状〕备办公文。状,叙述事实向上呈报的文书。〔台〕御史台,朝中掌管监察纠弹的官署。

表现，声音整齐和谐也是人喜爱音乐性的自然要求。因此，骈体用得适当，确是可以使文章音调铿锵，给读者一种美的享受。但是过分在这方面修饰，忽略内容，也会使文章虚浮疲弱，成为消闲的玩物。我们今天读六朝时期的骈体，要实事求是，取其所长而舍其所短，不可一概肯定或一概否定。

二、本篇以古书、圣道与六朝的藻饰文章对比，仿佛古书、圣道都是完美无缺的。这是旧日士大夫的一贯偏见，我们现在应该批判地看。

三、用现代语改写最后一段，只求大意相同，不求句句对译。然后把原文及改写文各读一两遍，深入体会一下骈体的韵味。

三一　与博昌父老书　骆宾王

【解说】本篇选自《骆丞集》。骆宾王的父亲做博昌（在今山东博兴）县令的时候，骆宾王跟随他父亲到过博昌。十五年之后，他父亲已经死去，他听说博昌县治迁了地方，昔年相识的许多人，有的已经死去。他很怀念博昌旧地，所以给迁到新县治的父老写了这封信，表示深深的怀念和祝愿。

信是用骈体写的，几乎通篇用对偶，而且，无论由文字的意义还是由文字的声音方面看，都对得很工整。所谓骈体，一般是用四字句或六字句相对。所谓对偶或对仗，要合乎两个条件：一、相对的字义须是同类的，如"天"可以对"地"，不能对"红"；二、相对的字音（着重在两个音节的后一个）须是平仄不同（平，现在包括阴平、阳平；仄，现在包括上声、去声，过去包括上、去、入三声），如"松树"（平仄）可以对"柳花"（仄平）或"杨花"（平平），不能对"柳叶"（仄仄）。从这个要求看，本篇的对偶是相当讲究的。

前面已经读了两篇骈体文。表情达意用这种文体，自然难免拘束；不过，如果写得好，它也确是能使读者感到富于音乐性，抑扬顿挫，回环往复，整齐匀称等。又，南北朝到唐初约三百年，这种写法占据压倒地位（其后直到清末还有相当大的势力），这原因不完全是人为的。所以我们应该了解这种写法，既要知道它的缺点，也要重视它的优点。

本篇主旨在怀念故旧，因怀念而想到别易会难，逝者不返，情调稍嫌低沉。但是不忘相识的父老，祝愿他们"西成有岁，东户无为"，立意还是好的。

作者骆宾王（约638—684），唐朝义乌（今浙江义乌）人。人很聪明，据说七岁就能作诗。有学问，文章写得很好。曾任武功主簿、长安主簿等官。武则天当政时候，他上疏，得罪了武则天，被贬为临海县丞，辞官而去。后来徐敬业起兵反对武则天，他为徐敬业作讨伐武则天的檄（xí）文。武则天看到，先是嘻笑，不以为意，读到"一抔（póu，两手捧）之土未干，六尺之孤何托（或作'安在'）"，也认为文笔高，问是谁作的。告诉她是骆宾王，她觉得没有任用这样的人是宰相失职。以后徐敬业失败，骆宾王逃走了，下落不明。在唐朝初年，他和王勃、杨炯（jiǒng）、卢照邻都有文名，被称为"初唐四杰"。

月日①，骆宾王致书于博昌父老等②，承并无恙③，幸甚④！幸甚！

首先向博昌父老问候。

云雨俄别⑤，封壤异乡⑥。春渚青山，载劳延想⑦；秋天

---

①〔月日〕这是信稿中的写法，抄发要写明几月几日。 ②〔致〕送。〔父老〕对老年人的敬称。 ③〔承并无恙（yàng）〕承受福佑，双方都安好。这是文言书信中祝愿的话，带有希望如此的意味。 ④〔幸甚〕这就太好了。 ⑤〔云雨俄别〕（我和你们）像降雨一样顷刻之间就分别了。俄，很短的时间。 ⑥〔封壤异乡〕各自住在不同的地方。封壤，划分的地域，如州、郡、县等。封、界。异乡，不同的地方。 ⑦〔春渚（zhǔ）青山，载劳延想〕看到春天的景色就想念你们。渚，水中的小洲。载，助词，无义。劳，费力于……。延想，远念。延，长。

白露，几变光阴①。古人云②，"别易会难"，不其然也③？

慨叹别来怀念甚殷而难于会面。

自解携襟袖④，一十五年，交臂存亡，略无半在⑤。张学士溘从朝露⑥，辟闾公倏掩夜台⑦。故吏门人⑧，多游蒿里⑨；耆年宿德⑩，但见松丘⑪。呜呼！泉壤殊途⑫，幽明永隔⑬；人理危促⑭，天道奚言⑮！感今怀旧，不觉涕之无从

---

①〔秋天白露，几变光阴〕看到秋日的天空和白露，就感到时间过得太快了。天，天空。几变，换了几次。 ②〔古人〕指东汉邯郸淳，他的诗中有"行矣去矣，别易会难"的句子。会，相会，团聚。 ③〔不其然也〕（难道）不是这样吗？其，助词，无义。然，如此。也，助词，表反诘。 ④〔解携襟袖〕分别。解携，分开。相见时襟袖相接，襟袖分开就是离别了。携，离。 ⑤〔交臂存亡，略无半在〕短暂的时间内，朋友们或存或亡，活着的大致不到一半。《庄子·田子方》有"吾终身与女（汝）交一臂而失之"的话。交臂，两人的臂相交，比喻时间短暂。略，大致。 ⑥〔张学士〕不知确指何人。〔溘（kè）从朝（zhāo）露〕忽然之间和朝露一样地消失了。溘，忽然。朝露见日而干，比喻人生短促。《汉书·李广苏建传》："（李陵向苏武说）人生如朝露，何久自苦如此？" ⑦〔辟闾公〕姓辟闾，不知其名。〔倏（shū）掩夜台〕很快地死去了。倏，极快地。掩夜台，掩埋在墓穴里。辟闾公和张学士应是昔时和作者同在博昌的人。 ⑧〔故吏门人〕旧时所属的官吏和门下的客人。 ⑨〔蒿（hāo）里〕古时以为人死后魂魄所归的地方。古乐府歌辞有《蒿里曲》，说："蒿里谁家地？聚敛魂魄无贤愚。" ⑩〔耆（qí）年宿德〕年高有德的人。耆，六十岁。宿德，一贯有德行的人。宿，素。 ⑪〔但见松丘〕（人已不见）只能见到（墓田上的）松树和坟堆。古时坟地多植松柏树。 ⑫〔泉壤殊途〕黄泉和地面是不同的道路。黄泉，地下。 ⑬〔幽明永隔〕阴间阳间永远隔离。幽，幽暗，指阴间；明，指阳间。 ⑭〔人理危促〕人生短促。人理，生活的情况。危，不平顺。促，短暂。 ⑮〔天道奚言〕有什么天理可说呢？奚，何。

也①。过隙不留②,藏舟难固③,追维逝者④,浮生几何⑤!哀缘物兴⑥,事因情感⑦。虽蒙庄一指,殆先觉于劳生⑧;秦佚三号⑨,讵忘情于怛化⑩?啜其泣矣⑪,尚何云哉⑫!

　　进一步怀念永别的死者,并深感人生短促。

　　又闻移县就乐安故城⑬。廨宇邑居⑭,咸徙其地⑮;里闬

---

①〔涕之无从〕眼泪不知从哪里就来了。②〔过隙〕比喻光阴。《庄子·知北游》:"人生天地之间,若白驹之过隙,忽然而已。"白驹过隙,极言其时间短。白驹,白马。隙,空隙,缝隙。白马从缝隙闪过,时间很短。③〔藏舟难固〕把船藏在巨壑里也不能稳妥。意思是死生难自主,极力保护也难免死去。《庄子·大宗师》:"夫藏舟于壑,藏山于泽,谓之固矣,然而夜半有力者负之而走,昧者不知也。"④〔维〕怀念。文言维、唯、惟三字通用。〔逝者〕死去的人。⑤〔浮生几何〕人生能有多久呢!浮生,漂浮不定的人生。⑥〔哀缘物兴〕悲哀因外物而发生。缘,由于。兴,兴起。⑦〔事因情感〕情因事感的交错说法,也是感情因事物而波动的意思。⑧〔蒙庄一指,殆先觉于劳生〕庄子把天地看得像一个指头那样大,似乎早已领悟到生命的真谛。蒙庄,蒙城人庄周。一指,《庄子·齐物论》:"天地一指也,万物一马也。"劳生,辛苦的生命。《庄子·大宗师》:"夫大块(地)载我以形,劳我以生,佚我以老,息我以死。"⑨〔秦佚(yì)三号(háo)〕秦佚吊丧,哭了三声就出去。《庄子·养生主》:"老聃(dān)死,秦佚吊之,三号而出。"⑩〔讵(jù)忘情于怛(dá)化〕难道于死亡无动于衷吗?讵,岂,难道。忘情,对任何事都不起喜怒哀乐等感情。怛化,人的死亡。怛,惊愕;化,死。⑪〔啜(chuò)其泣矣〕禁不住哭了。啜,抽咽的样子。其,助词。泣,小声哭。⑫〔尚何云哉〕还有什么说的呢!⑬〔移县〕把县治迁移到另一处。〔就〕趋往。〔故城〕旧城。唐高祖武德八年(625)把乐(lè)安、安平二县并入博昌,县治移原乐安城。⑭〔廨(xiè)宇〕官舍。〔邑居〕民房。⑮〔咸〕都。

阡陌①，徒有其名②。荒径三秋③，蔓草滋于旧馆④；颓墉四望⑤，拱木多于故人⑥。嗟乎！仙鹤来归，辽东之城郭犹是⑦；灵乌代谢⑧，汉南之陵谷已非⑨。

县治迁移，想见故居荒凉景象，益增怀旧之思。

昔吾先君⑩，出宰斯邑⑪。清芬虽远⑫，遗爱犹存⑬；延首城池⑭，何心天地⑮！虽则山河四塞⑯，是称无棣之墟⑰；

----

① 〔里闬（hàn）阡（qiān）陌（mò）〕（原来博昌县城的）里巷街道。闬，街巷的门。阡陌，田间的小路，这里只用"陌"的意思，作街道讲。 ② 〔徒有其名〕只有旧名而实际变了，因为人已迁走。 ③ 〔荒径三秋〕（移县后）荒凉的途径在秋季三个月里。 ④ 〔蔓草滋于旧馆〕荒草滋生在移县前的馆舍。蔓草，串蔓的草。 ⑤ 〔颓墉（yōng）四望〕站在坍塌的城墙上向四外看。 ⑥ 〔拱木多于故人〕坟上的树比熟人还多。拱木，两手合围那样粗的树，种在墓旁的树。《左传》僖公三十二年："中寿，尔墓之木拱矣！" ⑦ 〔仙鹤来归，辽东之城郭犹是〕仙鹤回来，看见辽东的城郭还是原来的样子。《搜神后记》说：辽东城门有华表，忽然飞来一只鹤落在上面，有个少年想射它，它飞起来叫道："有鸟有鸟丁令威，去家千岁今来归。城郭如故人民非，何不学仙冢累累。"后来常用这个故事表现长期离去，归来见旧地物是人非的怅惘心情。 ⑧ 〔灵乌代谢〕日子一天一天地过去。灵乌，太阳。古代传说，太阳里有一只三足乌，后人就以灵乌、金乌称太阳。代谢，前者谢（凋落）而后者代之。 ⑨ 〔汉南之陵谷已非〕汉水南面的丘陵山谷已经不是当年的样子。《晋书·杜预传》："预好为后世名，常言'高岸为谷，深谷为陵。'刻石为二碑，纪其勋绩，一沉万山之下，一立岘（xiàn）山之上，曰：'焉知此后不为陵谷乎？'"万山和岘山都在湖北汉水之南。 ⑩ 〔先君〕先父，亡父。 ⑪ 〔出宰斯邑〕出任这个县的县令。宰，治理。 ⑫ 〔清芬〕清香之气。指贤者的好品德、好行为。 ⑬ 〔遗爱〕遗留下来的好政绩。爱，恩惠。 ⑭ 〔延首城池〕伸长脖子看（博昌的）城池。延，延伸。池，护城河。 ⑮ 〔何心天地〕天地是何居心呢！这是表示想到父亲就有极哀痛的心情。 ⑯ 〔山河四塞〕四面有山河的阻碍。 ⑰ 〔是称无棣（dì）之墟〕这里称为无棣的旧址。无棣，春秋时齐国北部的地名，博昌在无棣界内。

松槚千秋①,有切维桑之里②。故每怀夙昔,尚想经过③;于役不遑④,愿言徒拥⑤。

念及先人曾官此地,故有桑梓之情,怀念尤深。

今西成有岁⑥,东户无为⑦。野老清谈,怡然自得;田家浊酒⑧,乐以忘忧。故可洽赏当年⑨,相欢卒岁⑩;宁复惠存旧好⑪,追思昔游⑫?所恨企予望之⑬,经途密迩⑭,伫中

---

①〔松槚(jiǎ)千秋〕松树和槚树都老大了。意思是多年的墓地。松槚是常种在墓地的树,千秋,千年。极言时间长。 ②〔有切维桑之里〕深深地怀念故乡(博昌)。《诗经·小雅·小弁(pán)》:"维桑与梓(zǐ),必恭敬止。"桑树和梓树是常种在家宅旁的树,所以桑梓常用来代表故乡。这里用维桑代桑梓,是因为要与上句"无棣"对偶,"棣"和"梓"都是仄声,不合格律。有,助词。切,恳切思念。维,助词。里,乡里。 ③〔每怀夙(sù)昔,尚想经过〕每一想到从前,就还愿意再到那里去。夙昔,往日。 ④〔于役不遑〕没有闲暇出行。于,助词。役,远行。《诗经·王风》有《君子于役》的诗。遑,暇。 ⑤〔愿言徒拥〕空空地抱有一片思念的心情。《诗经·邶风·二子乘舟》:"愿言思子。"后来用愿言表示思念对方。 ⑥〔西成有岁〕秋收很好。《尚书·尧典》:"平秩西成。"西成,秋收。秋属西方。有岁,收成好。 ⑦〔东户无为〕农闲无事。东户,传说中的太平时代。这是说秋收之后,人民过无忧无虑的生活。《淮南子·缪(miù,谬)称训》:"昔东户季子(传说古代的君主)之世,道路不拾遗,耒(lěi)耜(sì)(都是农具)余粮,宿诸亩首(堆在地头上),使君子小人各得其宜也。" ⑧〔浊酒〕颜色深的酒。 ⑨〔洽赏当年〕共同享受本年(的丰收)。洽,协同。 ⑩〔卒岁〕到年终。指在迁移后之地。 ⑪〔宁复〕可还(hái)。〔惠存旧好〕思念过去的朋友。惠,给我恩惠。客气话。存,思念。 ⑫〔昔游〕昔日交游的人。指在博昌的人。 ⑬〔所恨〕遗憾的是。〔企(qǐ)予望之〕提起脚跟来望它。表示非常想念。也写作"跂(qì)予望之"。《诗经·卫风·河广》:"谁谓宋远?跂予望之。" ⑭〔经途密迩〕经过的道路(离新县治)很近。密,靠近。迩,近。

衢而空轸①,巾下泽而莫因②。风月虚心,形留神送③;山川在目,室迩人遐④。以此怀劳⑤,增其叹息⑥;情不遗旧⑦,书何尽言⑧?

想象博昌父老迁移后富厚安适,而自己不能再续旧游,益增感叹。

【研读参考】 一、读骈体文要注意两点:(1)骈体用对偶,文字的数量、意义和声音都受到限制,因而用典和特殊句式比较多,也就比一般散体难于理解。(2)要适应骈体的声音性质读,有抑有扬,有快有慢,在慢慢熟悉中加深体会。

二、为了合乎格调,骈体文的文字常常有调节的痕迹。情况各式各样:如"溘从朝露"和"倏掩夜台"意思一样,文字却不能重复。又如"过隙不留","过隙"不如说"光阴"显明;可是要同"藏舟"对偶,就只好用它了。再如为了平仄协调,不用"桑梓"而用"维桑"(与"无棣"对偶);不用"人远"而用"人遐"(句内与"室迩"对偶,句外与"神送"对偶);等等。读时要了解这种情况。

---

① 〔伫(zhù)中衢(qú)而空轸(zhěn)〕站在道上空自伤心。伫,久立。衢,通路。轸,悲痛。 ② 〔巾下泽而莫因〕驾车(要去)而没有因由。巾,车帷,这里作动词用,装好车帷。下泽,一种轻便简易的车。 ③ 〔风月虚心,形留神送〕每当风月良宵,心中杂念皆空时,身虽留在此处而心神却驰往(博昌)。 ④ 〔山川在目,室迩人遐(xiá)〕(博昌的)山河都看得清清楚楚,旧时的房屋近在眼前,旧相识却远得见不到。这句话是神驰博昌想象中的情景。遐,远。《诗经·郑风·东门之墠(shàn)》:"其室则迩,其人甚远。" ⑤ 〔以此怀劳〕为这而苦苦地怀念。 ⑥ 〔其〕指自己。 ⑦ 〔遗旧〕忘掉故旧。 ⑧ 〔书何尽言〕书信怎能把这心情说完呢?

三、骈体文又称四六文,因为四字句和六字句用得最多。四字句和六字句配合的情况也各式各样。可以单配:四对四,六对六。可以双配:四、六对四、六,六、四对六、四,四、四对四、四,等等。从本篇中找一些例子。

四、用现代语改写本篇第三段和第五段,只求大意正确,不求字意切近(如"春渚青山……几变光阴"可以改写为"很久不见了,每到春秋佳日,就非常想念你们")。改写完,对比着念念原文和改写文,可以较深入地体会骈体文的特点。

三二　答书二篇　韩愈

【解说】本篇选自《昌黎先生集》。两篇都是给人的复信。《答杨子书》是答复杨敬之的。"子"是尊重对方的称呼。杨敬之，字茂孝，弘农（今河南灵宝一带）人。唐宪宗元和年间中进士。曾任国子祭酒、工部尚书等官。杨敬之比韩愈年轻，他写信时还没中进士，把自己的文章送给韩愈看，希望得到韩愈的赏识，又怕韩愈行辈早，文名大，会不重视自己，信里大概说了心情不安的话。韩愈复信是唐德宗贞元十七年（801）写的，那时他任四门博士。他针对来信有所希冀又担心的情况，恳切地表示了慰勉的意思。《答李秀才书》是答复李师锡（生平不详）的。"秀才"本是唐朝初年考试的一种科目，高宗永徽年间停办，以后这两字成了对读书人的客气称呼。李秀才写信给韩愈，也是送自己的文章给韩愈看，并表示愿意从韩愈学习。韩愈回信大概在贞元末年，他针对李秀才的为人及志趣，表示了赏识和勉励的意思。

两篇都是答复比较生疏、还不知名的人的，所以立言突出了两点：一是表示尊重，二是表示慰勉。尊重最好能有根据，以免对方疑为客套话。答书在这方面用的笔墨比较多，前一篇举孟东野等人,后一篇举李元宾,都有理有据,能够使对方信服。慰勉的话,因为来信各有各的志趣,所以答书也有着重点:对杨敬之是安慰他不要疑虑,对李秀才是勉励他着重学圣贤之道。两封答书都文字精练而意思贴切。

作者韩愈(768—824),字退之,唐朝河阳(今河南孟州)人,祖籍昌黎(在今河北东北部)人。贞元八年(792)二十五岁,中进士。二十九岁开始做官,屡次上书指陈时弊。任监察御史时,因为请求减免关中的赋役,触怒了当权者,贬为阳山(今广东阳山)令。还朝,曾任国子博士、史馆修撰、刑部侍郎等官。元和十四年(819),因为反对迎佛骨,触怒了皇帝,贬为潮州(今广东省潮州市潮安区一带)刺史。以后曾任国子祭酒、兵部侍郎、吏部侍郎、京兆尹等官。穆宗长庆四年(824)卒,年五十七岁。谥文,所以后代称为韩文公。宋朝封他为昌黎伯,所以后人又称他为韩昌黎。韩愈有才,学问渊博。志向很高,以传圣贤之道为己任。在写作方面,他反对六朝以来内容虚浮、文字秾丽的文风,提倡古文,学习秦汉,成为古文运动的首脑,对后来影响很大。苏轼在《潮州韩文公庙碑》中称他"文起八代之衰,而道济天下之溺"。明朝人推崇他及柳宗元、欧阳修、苏洵、苏轼、苏辙、王安石、曾巩为唐宋八大家。他的散文极有名,后代的古文家几乎都学他。诗也很好。著有《昌黎先生集》。

答杨子书

辱书①,并示表、记、述、书、辞等五篇②。比于东都略见颜色③,未得接言语④,心固已相奇⑤。但不敢果于貌定⑥,知人尧帝所难⑦,又尝服宰予之诫⑧,故未敢决然挹⑨,亦不敢忽然忘也⑩。

　　由接来信写到昔日相见的初步印象。

到城已来⑪,不多与人还往。友朋之中所敬信者⑫,平昌孟东野⑬,东野矻矻说足下不离口⑭。崔大敦诗不多见⑮,

---

①〔辱书〕接到来信的自谦说法。意思是,你给我写信,对你是屈辱。②〔示〕给我看的客气说法。〔表、记、述、书、辞〕都是(送来文章的)体裁名。③〔比(旧读 bì)〕近来,以前。〔东都〕洛阳。〔略见颜色〕意思是见过面,相知不深。④〔接言语〕交谈。⑤〔心固已相奇〕心中对你本已有不平常的感觉。固,本来。奇,稀罕。⑥〔果于貌定〕大胆地用相貌来判断。果,敢于做。⑦〔知人尧帝所难〕确切了解人是帝尧也不易做到的。《史记·五帝本纪》记载,尧曾用鲧(gǔn)治洪水,九年而没有成功。⑧〔服宰予之诫〕信服孔子因宰予而得的教训。意思是不可以貌取人。《论语·公冶长》:"子曰:'始吾于人也,听其言而信其行,今吾于人也,听其言而观其行。于予与改是〔由于宰予这件事(他能言而行不及)而改变了我的态度〕。'"宰予,字子我,孔子弟子。⑨〔决然〕果断的样子。〔挹(yì)〕援引,接近。⑩〔忽然〕不在意的样子。⑪〔到城〕指贞元十七年(801)由徐州、洛阳回长安。〔已〕同"以"。⑫〔敬信〕尊重、信任。⑬〔平昌孟东野〕孟郊,字东野,湖州武康(今浙江德清)人。唐朝诗人。"平昌"可能是郡望(某郡有名的大族)。⑭〔矻(kū)矻〕勤奋的样子。〔说〕提起。〔足下〕对人的敬称。⑮〔崔大敦诗〕崔群,字敦诗,贝州武城(今山东武城)人。与韩愈同年中进士。"大"是他的排行。〔不多见〕不常见面。

每每说人物①,亦以足下为处子之秀②。近又得李七翱书③,亦云足下之文远其兄甚④。夫以平昌之贤,其言一人固足信矣⑤,况又崔与李继至而交说邪⑥?故不待相见,相信已熟⑦;既相见,不要约已相亲⑧,审知足下之才充其容也⑨。今辱书乃云云⑩,是所谓以黄金注,重外而内惑也⑪。然恐足下少年与仆老者不相类⑫,尚须验以言⑬,故具白所以⑭。而今而后⑮,不置疑于其间可也⑯。

　　由初步印象的不敢信进而变为敢信,并说明所以敢信的理由,以慰勉对方。

　　若曰长育人才⑰,则有天子之大臣在⑱。若仆者,守一

---

① 〔每每〕时常。〔说人物〕品评人物。 ② 〔处子〕处士,隐居之士。〔秀〕优秀的。 ③ 〔李七翱(áo)〕李翱,字习之,陕西成纪(今甘肃静宁西南)人。唐朝的散文家、哲学家。"七"是他的排行。 ④ 〔远其兄甚〕比他哥哥好得多。兄,指杨敬之的族兄杨承之。 ⑤ 〔其言一人固足信矣〕他一个人说的话本来就十分可信了。 ⑥ 〔继至而交说〕接着都说。交,交替。〔邪〕同"耶",语气词。表示疑问。 ⑦ 〔相信已熟〕已经充分相信。熟,深。 ⑧ 〔要(yāo)约〕约定见面。 ⑨ 〔审知〕确知。〔充其容〕这是说才能足以同外貌相配。充,充实。 ⑩ 〔乃云云〕竟这样说。来信中大概有恐韩愈轻视他的话。 ⑪ 〔以黄金注,重外而内惑〕意思是,重在求世俗之名就难免心中不安(这是勉励杨敬之要注重实学)。以黄金注,用黄金作赌注(意在有大收获)。重外,看重外物。内惑,心中迷乱。《庄子·达生》:"以瓦注者巧,以钩注者惮,以黄金注者殙(hūn,头昏眼花)。" ⑫ 〔仆〕我。谦称。〔不相类〕不相像。 ⑬ 〔尚须验以言〕还要用我的话为凭证。 ⑭ 〔具白所以〕详细说明(尊重杨敬之的)由来。具,完全。白,说。 ⑮ 〔而今〕现在。而,助词。 ⑯ 〔不置疑于其间〕在我们之间不要有怀疑。置,安放。 ⑰ 〔长(zhǎng)育〕培养。 ⑱ 〔天子〕皇帝。

官且不足以修理①，况如是重任邪②？学问有暇③，幸时见临④。愈白。

末尾表示谦逊，并欢迎继续交往。

答李秀才书

愈白。故友李观元宾十年之前示愈《别吴中故人》诗六章⑤，其首章则吾子也⑥，盛有所称引⑦。元宾行峻洁清⑧，其中狭隘不能苞容⑨，于寻常人不肯苟有论说⑩。因究其所以⑪，于是知吾子非庸众人⑫。时吾子在吴中，其后愈出在外⑬，

---

① 〔守一官〕意思是做一个小官（指四门博士）。四门（馆）博士是五经博士、太学博士等之下的职位。守，职掌。〔修理〕修治（避唐高宗李治讳，用"理"），妥善治理。 ② 〔重任〕指来信所说长育人才的官职。 ③ 〔学问有暇〕治学有空闲。 ④ 〔幸时见临〕希望时常到这里来。见，予以。表示尊敬对方。临，到。 ⑤ 〔故友〕死去的朋友。〔李观元宾〕李观，字元宾，赞皇（今河北赞皇）人。二十四岁中进士，二十九岁客死京师。曾官太子校书郎。韩愈《李元宾墓铭》说他："才高乎当世，行出（超出）乎古人。"〔示愈《别吴中故人》诗六章〕把告别吴中故人的诗六篇给我看。吴中，泛指苏州一带。故人，老朋友。 ⑥ 〔吾子〕子，尊称对方；前面加"吾"，表示亲近。 ⑦ 〔盛有所称引〕很称赞（你）。盛，多。称，称道。引，推荐，也是称赞的意思。 ⑧ 〔行峻洁清〕品行高洁。峻，严正。洁，清廉。清，淡泊。 ⑨ 〔其中狭隘不能苞容〕心中严紧认真，不能容忍坏人坏事。苞，通"包"。 ⑩ 〔寻常人〕普通人，一般人。〔苟有论说〕随意评论。苟，草率地。 ⑪ 〔因究其所以〕因而推求元宾称引吾子（李秀才）的所以然。究，推求。所以，缘由。 ⑫ 〔庸众人〕平常的人。 ⑬ 〔愈出在外〕韩愈由贞元十二年（796）起先后在开封和徐州做节度使的属官。

无因缘相见①。元宾既殁②,其文益可贵重。思元宾而不见,见元宾之所与者③,则如元宾焉④。

　　说明由故友的称道已知李秀才非寻常人。

今者辱惠书及文章⑤,观其姓名⑥,元宾之声容恍若相接⑦;读其文辞,见元宾之知人,交道之不污⑧。甚矣,子之心有似于吾元宾也。子之言以愈所为不违孔子,不以琢雕为工⑨,将相从于此⑩,愈敢自爱其道而以辞让为事乎⑪?然愈之所志于古者⑫,不惟其辞之好⑬,好其道焉尔⑭。读吾子之辞而得其所用心⑮,将复有深于是者⑯,与吾子乐之⑰,况其外之文乎⑱?愈顿首⑲。

　　进一步引李秀才为同道,并说明自己的志趣,以勉励对方。

---

① 〔因缘〕机会。② 〔既殁〕死后。③ 〔所与者〕所交往的人。与,交好。④ 〔如〕如同(看见)。⑤ 〔惠书〕赐给信。⑥ 〔观其姓名〕看那(指李秀才)姓名。⑦ 〔恍若相接〕仿佛又在眼前。恍,恍惚。⑧ 〔交道之不污〕不滥交友。⑨ 〔以愈所为不违孔子,不以琢雕为工〕意思是,认为我的为文合于圣人之道,不造作。琢雕,过分修饰。工,巧妙,精巧。⑩ 〔相从于此〕从韩愈学习。此,指韩愈门下。⑪ 〔敢〕岂敢。〔爱〕吝惜。〔道〕圣贤之道。〔以辞让为事〕把推辞、不接引后学当作应做的事。⑫ 〔所志于古〕用心学古人的。⑬ 〔不惟其辞之好(hào)〕不仅爱好古人的文辞。⑭ 〔好其道〕爱好圣贤之道(指古文的思想内容)。〔焉〕助词。〔尔〕而已。⑮ 〔得其所用心〕看到你的心志所在(指不以琢雕为工)。⑯ 〔将复有深于是者〕意思是,还有比这(文辞)更重要的,指"道"。⑰ 〔与吾子乐之〕与你一同来钻研、吟味。⑱ 〔况其外之文乎〕何止仅仅表现在外面的文辞呢? ⑲ 〔顿首〕叩头。书信末尾的客气话。

【研读参考】一、韩愈是古文家,行文有意学秦汉,所以初学会感到不易读。如果读者还想进一步了解古文运动的实况,并多读几篇韩愈的文章,可以看看文学史有关韩愈的部分,或者读钱冬父的《唐宋古文运动》(上海古籍出版社)。韩愈文章有童第德的《韩愈文选》(人民文学出版社),是选注本,可以从其中选一些浅易的读。

二、答书对杨、李二人同样表示尊重,可是感情有分别。有什么分别?为什么有这样的分别?是怎么表示的?说说看。

三、文言中有些词的用法,现代语中已经不见,如本篇中的"辱""比""审""白"等,你能再指出一些吗?

三三　杨烈妇传　李翱

【解说】本篇选自《李文公集》。杨烈妇,姓杨的能够力行大义的妇女。旧时代有些妇女没有正式名字,行文提到只称什么氏,或者作者写这篇传时没有听到杨氏的名字,所以因其有义烈的事迹而称为杨烈妇。文章末尾说是"惧其行事湮灭而不传,故皆叙之,将告于史官。"到宋朝,宋祁、欧阳修编《新唐书》就根据李翱的文章,在《列女传》中为高愍(mǐn)女和杨烈妇立了传。其实,作者写这篇文章还有个重要目的,是谴责当时很多掌兵权而不能为国尽忠的人,所以慨叹"弃其城而走者有矣,彼何人哉!"文中立论,先是以李侃与杨烈妇对比,后来又以守御之臣与杨烈妇对比,形象鲜明,主旨明确,很有教育意义。

作者李翱(772—836),字习之,唐朝成纪(今甘肃静宁西南)人。德宗贞元十四年(798)进士。曾任国子博士、史馆修撰、山南东道节度使等官。死后谥文。他好学,能写文章,曾从韩愈学古文,是古文运动的参与者。通哲学,糅合儒、佛二家思想,所著《复性书》很有名。

建中四年①，李希烈陷汴州②；既又将盗陈州③，分其兵数千人抵项城县④。盖将掠其玉帛⑤，俘累其男女⑥，以会于陈州⑦。

先写明事情发生的背景。

县令李侃不知所为⑧。其妻杨氏曰："君县令⑨，寇至当守⑩；力不足，死焉⑪，职也⑫。君如逃则谁守？"侃曰："兵与财皆无，将若何？"杨氏曰："如不守，县为贼所得矣，仓廪皆其积也⑬，府库皆其财也⑭，百姓皆其战士也，国家何有⑮？夺贼之财而食其食⑯，重赏以令死士⑰，其必济⑱。"于是召胥吏百姓于庭⑲，杨氏言曰："县令诚主也⑳，虽然，

---

①〔建中四年〕公元783年。建中，唐德宗的年号。 ②〔李希烈〕唐朝的军阀。德宗时任淮宁节度使，与其他军阀勾结，发动叛乱，自称天下都元帅、建兴王，建中四年十二月攻入汴州（今河南开封）。〔陷〕攻破 ③〔既〕过后。表时间的副词，多和"又""而"连用。〔盗〕侵袭。〔陈州〕今河南淮阳一带，在汴州南。 ④〔抵〕到达。〔项城县〕今河南项城，在陈州南。 ⑤〔盖〕用在句首的助词，这里表示原因。〔玉帛（bó）〕美玉和丝织品。这里泛指贵重财物。 ⑥〔俘累（léi）〕俘获捆绑。累，通"缧"。 ⑦〔会〕会合。 ⑧〔县令〕县的长官。〔不知所为〕不知怎么办。 ⑨〔君县令〕你是县令。君下省略"乃"字。 ⑩〔寇〕盗匪作乱的人。 ⑪〔死焉〕死于是，死在这件事上。 ⑫〔职〕职分，应尽的职责。 ⑬〔仓廪（lǐn）皆其积也〕粮仓里都是他们的粮食。仓廪，储藏米谷的地方。积，积聚谷物，这里作名词用，指积聚的粮食。 ⑭〔府库皆其财也〕库房里都是他们的财物。府库，收藏财物的地方。 ⑮〔国家何有〕国家还有什么呢？意思是都属于寇了。 ⑯〔夺贼之财而食其食〕夺贼寇的财物，吃（夺得的）他们的粮食。 ⑰〔重赏以令死士〕用优厚的奖赏来使令不怕牺牲的勇士。以，用来。 ⑱〔其必济〕看来一定能成功。其，表推断。必，一定。济，成。 ⑲〔胥吏〕官府中的差役和小吏。 ⑳〔诚〕诚然，当然。

岁满则罢去①；非若吏人百姓然②。吏人百姓，邑人也③，坟墓存焉④，宜相与致死以守其邑⑤；忍失其身而为贼之人耶⑥?"众皆泣，许之⑦。乃徇曰⑧："以瓦石中贼者⑨，与之千钱；以刀矢兵刃之物中贼者，与之万钱。"得数百人，侃率之以乘城⑩；杨氏亲为之爨以食之⑪，无长少必周而均⑫。使侃与贼言曰："项城父老，义不为贼矣⑬，皆悉力守死⑭。得吾城不足以威⑮，不如亟去⑯；徒失利，无益也⑰。"贼皆笑。有蜚箭集于侃之手⑱，侃伤而归。杨氏责之曰："君不在，则人谁肯固矣⑲！与其死于城上，不犹愈于家乎⑳?"侃遂忍之，复登陴㉑。

写杨烈妇坚持守城的义烈事迹，这是全文的重点。

---

① 〔岁满则罢去〕任职的年限满了就要离开。岁满，期满。唐朝地方官一般是三年一任。罢，免去职务。 ② 〔若……然〕像……那样。 ③ 〔邑人〕本县的人。邑，县。 ④ 〔坟墓存焉〕祖先坟墓在这里。存，在。 ⑤ 〔宜〕应当。〔相与〕共同。〔致死〕效命，拼命。 ⑥ 〔失其身〕丧失忠义品格。〔为贼之人〕充当贼寇下的人。 ⑦ 〔许之〕答应拼死守城。 ⑧ 〔徇（xùn）〕向大家宣布。 ⑨ 〔中（zhòng）〕击中。 ⑩ 〔乘城〕登城防守。乘，登。 ⑪ 〔爨（cuàn）〕烧饭。〔食（sì）之〕给他们吃。 ⑫ 〔无长少必周而均〕不论年长年轻，一律给他们吃，并且分得很公平。无，不论。周，遍。 ⑬ 〔义不为贼〕守大义而不为贼效力。意思是不供贼驱使。 ⑭ 〔悉力〕尽力。悉，尽。〔守死〕守城至死。 ⑮ 〔不足以威〕够不上立什么威，算不了什么胜利。意思是项城非重地。 ⑯ 〔亟（jí）去〕赶快离开。 ⑰ 〔徒失利，无益也〕白白失利，没有好处。这个分句前边省略了"不然"这类词。 ⑱ 〔蜚（fēi）箭〕飞箭，流矢。蜚，通"飞"。〔集〕止，射中。 ⑲ 〔固〕坚持。 ⑳ 〔与其死于城上，不犹愈于家乎〕如其死在城上，不是比死在家里还要好吗？与其，如其，和现代汉语的用法不同。愈，较好，胜过。 ㉑ 〔陴（pí）〕城墙上的女墙（小墙），这里指城墙。

项城，小邑也，无长戟劲弩①、高城深沟之固②。贼气吞焉③，率其徒将超城而下④。有以弱弓射贼者⑤，中其帅，坠马死。——其帅，希烈之婿也。贼失势，遂相与散走。项城之人无伤焉。

刺史上侃之功⑥，诏迁绛州太平县令⑦。杨氏至兹犹存⑧。

> 写守城胜利的功绩，并提及杨氏高寿，以结束记事。

妇人女子之德⑨，奉父母舅姑尽恭顺⑩，和于娣姒⑪，于卑幼有慈爱⑫，而能不失其贞者⑬，则贤矣。辨行列⑭，明攻守勇烈之道，此公卿大臣之所难。厥自兵兴⑮，朝廷宠旌守御之臣⑯，凭坚城深池之险⑰，储蓄山积⑱，货财自若⑲，冠

---

① 〔长戟(jǐ)劲弩〕好的兵器。戟，古代兵器，形状像将戈矛合成一起，能直刺又能横击。弩，一种利用机械力量发射箭的弓。 ② 〔沟〕护城河。 ③ 〔贼气吞焉〕攻城的贼兵有气吞项城的傲慢心理。气，气势。吞，吞没。 ④ 〔超城〕越过城墙。意思是不必多费力。〔下〕入城。 ⑤ 〔弱弓〕普通的弓，对上文的"劲弩"而说。 ⑥ 〔刺史〕州的长官。〔上侃之功〕把李侃守城的功劳上报朝廷。 ⑦ 〔诏迁绛(jiàng)州太平县令〕朝廷下诏升李侃为绛州的太平县（在今山西襄汾一带）的县令。唐朝把全国的县分为赤、畿、望、紧、上、中、下七等，项城是上县，太平是紧县（冲要的县），所以从项城调任太平是升迁。 ⑧ 〔兹〕此，现在。 ⑨ 〔妇人女子之德〕妇女的品行。妇人女子，这里概括已婚和未婚的女子。 ⑩ 〔舅姑〕公婆。 ⑪ 〔娣(dì)姒(sì)〕妯娌。兄妻为姒，弟妻为娣。 ⑫ 〔卑〕辈分低的。〔幼〕年龄小的。 ⑬ 〔贞〕一生忠于丈夫。 ⑭ 〔辨行(háng)列〕懂得行军布阵的行列。 ⑮ 〔厥自兵兴〕自从有战事兴起，指朝廷讨伐地方藩镇割据势力。厥，句首的助词，没有实在意义。 ⑯ 〔宠〕褒宠，加恩。〔旌(jīng)〕表扬。 ⑰ 〔凭〕依靠，凭借。〔池〕护城河。 ⑱ 〔储蓄山积〕储存的东西堆积如山。 ⑲ 〔货财自若〕物资钱财像平常一样。

胄服甲负弓矢而驰者不知几人①，其勇不能战，其智不能守，其忠不能死，弃其城而走者有矣②，彼何人哉③！若杨氏者，妇人也，孔子曰，"仁者必有勇④"，杨氏当之矣⑤。

> 末尾写作者的评论，以赞扬杨烈妇为引线，着重指责那些有兵权而不能为国尽忠的人。

赞曰⑥：凡人之情⑦，皆谓后来者不及于古之人，贤者古亦稀，独后代耶⑧？及其有之，与古人不殊也⑨。若高愍女、杨烈妇者⑩，虽古烈女其何加焉⑪？予惧其行事湮灭而不传⑫，故皆叙之，将告于史官。

> 结尾着重赞叹杨烈妇的成就，并说明写本文的目的。

【研读参考】一、为人立传，有的记终身事迹，要全面地叙经历；有的不然，只重点地叙某些行事。本篇是哪一种写法？为什么要这样写？

二、给本篇写个内容提要，然后说说如此布局的好处。

---

①〔冠（guàn）胄〕戴盔。冠，动词，戴帽。下边的"服"也是动词。〔甲〕战衣。〔负弓矢〕背起弓矢。〔驰〕奔走。〔不知几人〕不知有多少。意思是很不少。②〔走〕逃跑。③〔彼何人哉〕那是些什么人啊！表示慨叹。④〔仁者必有勇〕有仁德的人必然勇敢。《论语·宪问》："仁者必（一定）有勇，勇者不必（不一定）有仁。"⑤〔杨氏当之矣〕杨氏合乎这句话了。意思是杨氏是有仁德的人。当，相称（chèn）。⑥〔赞曰〕作者评论的话。⑦〔凡〕大凡，大概。⑧〔独〕只，单单。⑨〔不殊〕没有分别，相同。⑩〔高愍女〕姓高，名妹妹，建中年间因父亲不从贼，全家被杀，她七岁就义。皇帝赐谥"愍"。李翱曾为她作《高愍女碑》。⑪〔其何加焉〕那又如何超过呢。⑫〔湮（yān）灭〕消灭，丧失。

三四　袁家渴记　柳宗元

【解说】本篇选自《唐柳先生集》。柳宗元于唐德宗贞元末年参与王叔文的政治革新活动，不久王叔文失败，他受牵连，于顺宗永贞元年（805）贬为永州（今湖南零陵）司马（州刺史的辅佐官）。他在远离长安的永州住了十年，心情很郁闷，于是寄情于山水，写了有名的《永州八记》，包括《始得西山宴游记》、《钴（gǔ）鉧（mǔ）潭记》、《钴鉧潭西小丘记》、《至小丘西小石潭记》（简称《小石潭记》）、《袁家渴（hè）记》、《石渠记》、《石涧记》、《小石城山记》，本篇是其中的一篇。作者是唐朝著名的古文家，游记尤其写得好，描画景物能够言简而形象逼真，有人认为可以比郦道元《水经注》。又因为他人品高，有抱负，长期受打击，多有感慨，游记里常常流露对政局不合理的慨叹，比一般流连光景的游记意义深刻，更能感人。

　　本篇写景物，重点是水中小山一段，笔墨不多，可是形色万千，出神入化，文字也优美典雅，值得熟读，深入体会。

　　作者柳宗元（773—819），字子厚，唐朝河东（今山西永济）人，后代因此称他为柳河东。德宗贞元九年（793）进士。曾任县尉、监察御史、礼部员外郎等官。三十三岁贬官永州司马。以后还做过柳州（今广西壮族自治区柳州市柳江区）刺史，因此人又称为柳柳州。在柳州做了四年官就死了,才四十七岁。他是唐朝进步的思想家,无论讲天道还是讲人事,都有积极意义。他支持韩愈的古文运动,与韩愈齐名,人称"韩柳"。写的散文古朴精练,是唐宋八大家中的重要作家。诗也写得很好,风格近于韦应物。

由冉溪西南水行十里①,山水之可取者五②,莫若钴鉧潭③;由溪口而西陆行,可取者八九,莫若西山④;由朝阳岩东南水行至芜江⑤,可取者三,莫若袁家渴:皆永中幽丽奇处也⑥。

> 从永州的全景着笔,用钴鉧潭、西山为陪衬,写出袁家渴也是水中奇景。

楚、越之间方言⑦,谓水之反流者为渴⑧,音若衣褐之褐⑨。渴上与南馆高嶂合⑩,下与百家濑合⑪。其中重洲小

---

① 〔冉溪〕又称染溪,柳宗元曾改其名为愚溪,是潇水的支流,在现在湖南零陵西南。 ② 〔可取者〕值得观赏的。取,采选。 ③ 〔莫若〕莫如,没有比得上。〔钴鉧潭〕在今湖南零陵城郊。古时称熨斗为钴鉧,潭的形状与熨斗相似。 ④ 〔西山〕在现在湖南零陵西面,自朝阳岩起,至黄茅岭北止,长数里。 ⑤ 〔朝阳岩〕在今湖南零陵西南,潇水旁边。因为面向东,唐朝诗人元结题名为朝阳岩。〔芜江〕不详。有人怀疑是潇江之误。 ⑥ 〔永〕永州。〔幽丽奇处〕幽雅秀丽的少有的地方。 ⑦ 〔楚、越〕古代的两个国名,包括现在长江中下游一带。〔方言〕只通行于某一地区的语言。 ⑧ 〔反流〕向相反的方向流。指水由东向西流。 ⑨ 〔衣(旧读 yì)褐(hè)〕穿褐布衣服(平民的服装)。褐,麻织的布。 ⑩ 〔上与南馆高嶂合〕水的上游连接南馆(地名)地方的高山。嶂,相连的山峰。 ⑪ 〔百家濑(lài)〕水名,在零陵南,后又称百家渡或柏家渡。濑,水在沙石上流的地方。

溪①，澄潭浅渚②，间厕曲折③，平者深墨④，峻者沸白⑤，舟行若穷⑥，忽又无际⑦。

承上段，转为专写袁家渴。又分两层写，这是先写总的形势。

有小山出水中，山皆美石，上生青丛⑧，冬夏常蔚然⑨。其旁多岩洞，其下多白砾⑩。其树多枫、楠、石楠、楩、楮、樟、柚⑪，草则兰、芷⑫，又有异卉⑬，类合欢而蔓生⑭，轇轕水石⑮。每风自四山而下⑯，振动大木⑰，掩苒众草⑱，

---

①〔重（chóng）洲〕一个个的沙洲。重，重复。洲，水中的陆地。 ②〔澄潭浅渚（zhǔ）〕清澈的水潭，浮出水面的小洲。潭，深水。渚，水中小块的陆地。 ③〔间（jiàn）厕（cè）〕夹杂。厕，杂。 ④〔平者〕平静的水，指潭水。〔深墨〕深黑色。 ⑤〔峻者〕水势湍急的地方。〔沸白〕水流激在石上涌起浪花，成为白色。沸，腾跃。 ⑥〔若穷〕好像没有路了。穷，尽。 ⑦〔无际〕没有边，指（一拐弯又）水域广阔。 ⑧〔青丛〕青绿茂密的草木。 ⑨〔蔚然〕草木茂盛的样子。 ⑩〔白砾（lì）〕白色的小石子。 ⑪〔枫〕枫树，叶圆而有齿裂，秋天变红。〔楠〕生长在南方的一种高大乔木，木材坚实芳香，是建筑和制器具的良材。〔石楠〕常绿灌木或小乔木，叶可入药。〔楩（pián）〕即黄楩木，生于南方，木材可制器物。〔楮（zhū）〕常绿乔木，木质坚硬。〔樟（zhāng）〕常绿乔木，俗称香樟树，生于江南各地，木材可制家具。〔柚（yòu）〕果树，果实形状像橘子。 ⑫〔兰〕兰草，多年生草本植物，是一种香草。〔芷（zhǐ）〕白芷，也是香草，多年生草本植物。 ⑬〔异卉〕奇异的草。卉，草的总称。 ⑭〔类〕类似，像。〔合欢〕又称马缨花、夜合花等，是一种落叶乔木。羽状复叶，夜间小叶成对相合，所以得名。〔蔓生〕茎攀附、缠绕其他东西生长。 ⑮〔轇（jiāo）轕（gé）水石〕交错纠缠在水中石上。 ⑯〔四山〕四面的山。 ⑰〔大木〕大树。 ⑱〔掩苒（rǎn）〕形容众草被风吹伏的样子。

纷红骇绿①，蓊葧香气②，冲涛旋濑③，退贮溪谷④，摇扬葳蕤⑤，与时推移⑥。其大都如此⑦，余无以穷其状⑧。

  渴的最胜处是水中的小山，所以这一段集中写小山。又分两层，先写静态，后写动态。

  永之人未尝游焉。余得之，不敢专也⑨，出而传于世⑩。其地主袁氏⑪，故以名焉⑫。

  结尾交代写这篇游记的目的和袁家渴得名的由来。

【研读参考】一、柳宗元的《永州八记》，你读过其中的哪些？还记得哪些描写景物的语句？如果能找到没读过的那些，最好也读读。读没有注解的，靠自己（或用词典）理解，也是提高阅读文言能力的好方法。

  二、就你已有的文言知识，说说"穷"字的用法，着重指出与现代语的异点。

  三、本篇"有小山出水中"一段用精练的文字写景，比较难译成现代语。试译一下，可以提高理解文言的能力。

---

①〔纷红骇绿〕使红花纷，使绿叶骇。形容花叶随风摇动。纷，杂乱。骇，惊动。②〔蓊（wěng）葧（bó）香气〕散发浓烈的香气。蓊葧，盛。③〔冲涛旋濑〕冲激的波涛，回旋的溪水。④〔退贮（zhù）溪谷〕流入溪谷。贮，积存。⑤〔摇扬〕飘荡。〔葳（wēi）蕤（ruí）〕草木茂盛枝叶下垂的样子。⑥〔与时推移〕随四时的变化而有不同。时，时令。⑦〔其大都〕它的大概（情况）。⑧〔无以穷其状〕没办法写尽它的形象。⑨〔专〕独自享受。⑩〔出〕离开袁家渴。⑪〔地主〕土地的主人。⑫〔故以名焉〕所以用（袁姓）称呼它。名，取名。

三五　野庙碑　陆龟蒙

【解说】本篇选自《甫里集》。野庙碑，为野庙写的碑文。野庙，都市之外偏僻地方非官府建立的庙，供的神灵大多来自无稽的传说。这是一篇性质比较特别的文章。就题目说，写的应该是碑文；实际却是因野庙而有所感，发表议论。就内容说，文章紧扣题目，通篇不离野庙，好像是在贬斥野庙，嘲笑立庙的乡民；实际却是痛斥压迫人民的官吏。这种写法就是俗话说的指桑骂槐，声东击西。文章像是板着面孔写的，其实却是在冷嘲热讽，嬉笑怒骂。因此，读起来会感到变化多，有风趣。

　　当然，文章的最大价值还是思想好。批评野庙的土木偶像，无功受禄，劳民伤财，意见很对。可是读到第三段，才知道前面费了那么多笔墨，原来是陪衬，是引线，意在证明高高压在人民头上的那些官吏才是应该咒骂反对的。

　　作者陆龟蒙（？—约881），字鲁望，别号江湖散人、天随子、甫里先生，唐朝晚年长洲（今江苏苏州）人。年轻时候考过进士，没有录取。做过郡从事的小官。后来隐居在松江（今上海市松江区）甫里［今苏州市东南角（lù）直镇］，专心著作。他思想开明，关心现实，诗文中多有不满当时社会的话。诗与皮日休齐名，人称"皮陆"。著有《笠泽丛书》《甫里集》等。

碑者，悲也①。古者悬而窆，用木②，后人书之以表其功德③，因留之不忍去④，碑之名由是而得。自秦汉以降⑤，生而有功德政事者亦碑之⑥，而又易之以石⑦，失其称矣⑧。余之碑野庙也，非有政事功德可纪，直悲夫甿竭其力，以奉无名之土木而已矣⑨。

先写碑的本义，引出写野庙碑的用意。

瓯越间好事鬼⑩，山椒水滨多淫祀⑪。其庙貌⑫，有雄而毅、黝而硕者则曰将军⑬，有温而愿、晳而少者则曰某郎⑭，有媪而尊严者则曰姥⑮，有妇而容艳者则曰姑⑯。其居处则

①〔碑者，悲也〕这是用同音字解释字的意义。其实碑最早是庙前立石的名字，并不是表示悲痛。　②〔悬而窆（biǎn），用木〕把棺木用绳索悬系于粗大的木杠，渐渐放松绳索，使棺木缓缓下入圹中。窆，把棺木放进墓穴。　③〔后人〕后来的人。〔书之〕在木头上写字。之，代木头。〔表其功德〕表彰他（死者）的功劳品德。　④〔因留之不忍去〕因而把它留在墓旁不忍去掉。　⑤〔秦汉以降（jiàng）〕秦汉以后。　⑥〔生〕在世。〔政事〕政绩。〔碑之〕为他立碑。碑，作动词用。下文"碑野庙"用法同。　⑦〔易之以石〕把木头换成石头。　⑧〔失其称〕失掉它命名的意义了。指这个碑不悲了。　⑨〔直悲夫甿（méng）竭其力，以奉无名之土木而已矣〕只是哀痛农民用尽力量来奉养那些没有名字的偶像罢了。直，只。夫，助词。甿，农民。土木，指泥塑木雕的偶像。　⑩〔瓯（ōu）越〕浙江、福建一带。〔好事鬼〕喜好供奉鬼神。　⑪〔山椒〕山顶。〔淫祀〕不应当祭祀的庙宇。淫，过多，过分。　⑫〔庙貌〕庙里的塑像。　⑬〔雄而毅〕雄伟而刚强。〔黝（yǒu）而硕（shuò）〕黑而高大。〔曰〕称之为。　⑭〔温而愿〕温和而谨厚。〔晳（xī）而少〕白净而年轻。〔郎〕这是泛称比较年轻的男子。下文"姑"是泛称比较年轻的女子。　⑮〔媪（ǎo）〕老年妇人。〔姥（mǔ）〕尊称老年妇女。　⑯〔妇〕指年纪比较轻的女子。〔容艳〕相貌美。

敞之以庭堂①，峻之以陛级②，左右老木③，攒植森拱④，萝茑翳于上⑤，鸱鸮室其间⑥，车马徒隶⑦，丛杂怪状⑧。氓作之⑨，氓怖之⑩。大者椎牛⑪，次者击豕⑫，小不下犬鸡⑬。鱼菽之荐⑭，牲酒之奠⑮，缺于家可也⑯，缺于神不可也。一朝懈怠⑰，祸亦随作⑱，耄孺畜牧栗栗然⑲。疾病死丧，氓不曰适丁其时也⑳，而自惑其生㉑，悉归之于神㉒。

写野庙的奇形怪状及其对人民的危害，为下段议论的张本。

虽然，若以古言之则戾㉓，以今言之则庶乎神之不足过

---

① 〔敞之以庭堂〕用庭院殿堂的广阔使它宽敞。意思是面积和建筑都很大。② 〔峻之以陛（bì）级〕修很高的台阶。陛，殿前的台阶。 ③ 〔老木〕大树。 ④ 〔攒（cuán）植森拱〕意思是，（树木）密集地围绕着。攒，聚。植，树立。森，繁盛。拱，环绕。 ⑤ 〔萝茑（niǎo）〕女萝、茑萝，都是蔓生草本植物，攀援树木而生长。〔翳（yì）〕遮蔽。〔上〕树的上部。 ⑥ 〔鸱（chī）鸮（xiāo）室其间〕猫头鹰之类的鸟在树中居住。室，作巢。 ⑦ 〔车马徒隶〕指泥塑的车马仆从。徒隶，差役。 ⑧ 〔丛杂〕多而杂乱。 ⑨ 〔作〕建造。 ⑩ 〔怖〕恐惧，敬畏。 ⑪ 〔椎（chuí）牛〕杀牛。 ⑫ 〔击豕（shǐ）〕杀猪。 ⑬ 〔小不下犬鸡〕小也不小于狗鸡（作祭品）。 ⑭ 〔菽〕豆类的总称。〔荐〕进，献。 ⑮ 〔牲酒之奠〕牲和酒的祭奠。牲，这里指牲畜肉作祭品，不是前面说的整只牛、豕。奠，进献祭品。 ⑯ 〔缺于家可也〕在家祭祖先可以缺少（这些祭品）。 ⑰ 〔一朝（zhāo）懈怠〕意思是，只要一次祭祀不到。 ⑱ 〔随作〕跟着来。这是想象的情况。作，兴起。 ⑲ 〔耄（mào）孺畜（chù）牧〕老人、小孩和牲畜。意思是全家上下。耄，八十岁上下。〔栗栗然〕战战兢兢地。 ⑳ 〔适丁其时〕恰好碰到那个时候。丁，当，遭逢。 ㉑ 〔自惑其生〕不了解自己的生活情况。 ㉒ 〔悉〕完全。 ㉓ 〔以古言之则戾（lì）〕就古时说可以认为乖戾的事（因为神应当有功于民）。戾，乖违，不顺。

也①。何者②?岂不以生能御大灾,捍大患,其死也则血食于生人,无名之土木不当与御灾捍患者为比③?是戾于古也明矣④。今之雄毅而硕者有之⑤,温愿而少者有之,升阶级⑥,坐堂筵⑦,耳弦匏⑧,口粱肉⑨,载车马⑩,拥徒隶者皆是也⑪;解民之悬⑫,清民之暍⑬,未尝贮于胸中⑭。民之当奉者⑮,一日懈怠,则发悍吏⑯,肆淫刑⑰,驱之以就事⑱,较神之祸福⑲,孰为轻重哉⑳?平居无事㉑,指为贤良;一旦

————

①〔以今言之〕意思是,与现在的坏官吏相比。〔庶乎〕庶几,近于。〔之〕句中助词,无义。〔不足过〕不值得责备。过,作动词用,责备。 ②〔何者〕为什么呢? ③〔岂不以生能御大灾,捍大患,其死也则血食于生人,无名之土木不当与御灾捍患者为比〕难道不是因为生前为大众抵御了大灾难,死后理所当然地受到人民的祭祀,而无名的土木偶像不应当和御灾捍患的人相比吗?血食,受牲酒的祭奠。祭品用杀死的牲畜,所以称血食。 ④〔是〕这,指无名土木血食于民。〔戾于古〕跟古时相违反。〔明〕明显。 ⑤〔今〕现时。以下转到说统治人民的上层人物。〔有之〕有。之,助词。 ⑥〔升阶级〕登上高阶。意思是上殿堂。 ⑦〔坐堂筵〕坐在高堂中华贵的筵席上。 ⑧〔耳弦匏(páo)〕听着音乐。弦,弦乐器,如琴、瑟之类。匏,笙、竽之类。制笙、竽等要用匏瓜。 ⑨〔口粱肉〕吃美好的饭菜。粱,上等小米,是古时食粮中的佳品。 ⑩〔载车马〕用车马载着,乘车骑马。 ⑪〔拥徒隶〕随从们簇拥着。〔者〕包括以上描摹的各种排场的人。〔皆是也〕都是这样的人。 ⑫〔解民之悬〕解除人民倒悬之苦。倒悬,头向下吊着。 ⑬〔清民之暍(yē)〕清除人民的疾苦。暍,伤热。 ⑭〔未尝贮于胸中〕不曾放在心里。 ⑮〔奉〕供奉,指官家的徭役赋税。 ⑯〔发〕派出。〔悍〕凶暴。 ⑰〔肆淫刑〕无节制地用过度的刑罚。 ⑱〔驱之以就事〕强制他们完成强加的任务。 ⑲〔祸福〕这里指灾祸。 ⑳〔孰为轻重〕哪一种轻哪一种重呢?意思是官吏的祸害重得多。 ㉑〔平居无事〕太平时期。

有天下之忧①，当报国之日，则恛挠脆怯，颠踬窜踣②，乞为囚房之不暇③：此乃缨弁言语之土木耳④，又何责其真土木耶⑤？故曰：以今言之则庶乎神之不足过也。

> 深入一层，写世间官吏的害民甚于野庙的偶像。

既而为诗以乱其末⑥：土木其形⑦，窃吾民之酒牲，固无以名⑧；土木其智⑨，窃吾君之禄位，如何可议⑩？禄位颀颀⑪，酒牲甚微⑫，神之飨也⑬，孰云其非⑭？视吾之碑⑮，知斯文之孔悲⑯。

> 以韵语概括全文大意，突出官吏的为害，抒发满腔悲愤。

【研读参考】一、一种思想感情，写成文章，可以用不同的体裁，各种方式的写法，这就是通常说的"文无定法"。但是从多少体

---

① 〔天下之忧〕国家的危难。 ② 〔恛（huí）挠（náo）脆怯，颠踬（zhì）窜踣（bó）〕昏迷，屈服，脆弱，怯懦，坠落，跌倒，逃窜，僵仆。形容迷乱而不知所措。 ③ 〔乞为囚房之不暇〕乞求做俘虏还来不及。 ④ 〔缨弁（biàn）言语之土木〕穿官服、会说话的偶像。缨，古时系帽的带子。弁，礼帽。 ⑤ 〔又何责其真土木耶〕又怎么责备那些真的偶像呢？ ⑥ 〔既〕完。这里指写完正文。〔乱其末〕作为全文的结尾。乱，乐章的结尾，这里作动词用。 ⑦ 〔土木其形〕它的形体是土木。指偶像。 ⑧ 〔固无以名〕本来无法说清楚它的罪过。 ⑨ 〔土木其智〕指官吏的才能如偶像。 ⑩ 〔如何可议〕怎么评论（他的罪恶）呢？ ⑪ 〔颀（qí）颀〕长大的样子。这里指位高禄厚。 ⑫ 〔酒牲甚微〕土木享受的酒牲与官僚的禄位相比是很微薄的。 ⑬ 〔飨（xiǎng）〕享受。 ⑭ 〔孰云其非〕谁能说它不对呢？也是与官吏相比。 ⑮ 〔吾之碑〕我立的野庙碑。这是一句幽默话，其实并没有立。 ⑯ 〔斯文〕这篇文章。〔孔〕很。

裁中、各种方式中选择一种，要考虑文章的效果，也就是要有更大的说服人、感动人的力量。本篇的中心思想是什么？作者用这种写法有什么好处？

二、末尾的诗共用几个韵？哪些字是押韵的？

三、"乱其末"的"乱"，如果不看注解，你会怎么理解？——读文言，望文生义常常会错，要注意。

四、改写第三段，求文简而义显。不是译，可不受原文拘束。

三六　虬髯客传　杜光庭

【解说】本篇选自鲁迅《唐宋传（chuán）奇集》。这篇传记的主角，作者只知道姓张，所以用相貌的特点，称呼他为虬（qiú）髯（rán）客，意思是长着刚硬而卷曲的胡子的人。虬，传说是有角的小龙。髯，两颊上的胡子。客，泛称在外的人。"传奇"是唐人小说的名称，意思是所讲述的是世间稀有的事。因为要写"奇"，所以故事中多有想象的成分。又唐朝文人写这类小说，都是想借此显示自己的文才，所以除了内容要求新奇之外，文字方面还力求细腻、秀丽。这样，在文学史上，传奇就形成一种特殊的风格，简单说，是故事和文字都很美。这种文体对后来影响不小，不只有些文言小说学它，有些人还把那些故事编成戏剧。

在唐人的许多篇传奇里，《虬髯客传》的故事更显得离奇。虬髯客不是实有的人物，可是他周围有不少真实的事物衬托着：唐朝初年的历史，长安、太原、灵石这些地名都是真的；杨素、李靖、刘文静、李世民，这些人物也是有的。这就使这个故事更显得离奇：颇像真的，可是真人能有这样的表现吗？其次，红拂女也是个奇人，一个出身不高的少女，怎么会有这样的见识、眼光呢？除了人之外，故事情节的曲折变化，虽然在情理之中，却总是巧合而稀有。所有这些都能引人入胜，使读者有应接不暇的感觉。

但也要知道，这是小说，虽然里面有真人，情节却大多不是史实。如开头说隋炀（yáng）帝往江都，"以时乱"，隋炀帝往江都不止一次，时乱在晚年，可能指大业十二年（616），可是杨素大业二年（606）就死了。又如虬髯客吃生心肝，预先看出李世民将做皇帝，自己于是到海外扶余国称帝，这当然都是编造的。并且新旧唐书都没有扶余国，只是高丽国有扶余城，在中国东北，不在东南。通篇的主旨是歌颂李世民和唐王朝的统治的，自然应该批判地看。

作者杜光庭（850—933），字宾圣，唐末缙（jìn）云（今浙江缙云）人，一说长安（今陕西西安）人。考进士没中，于是到天台山修道。在唐朝曾任内供奉的官。后来避乱入蜀，在前蜀国任谏议大夫等官，赐号为广成先生。晚年隐居青城山，号东瀛子。著有《广成集》等。也有的书说，《虬髯客传》是唐朝张说（yuè）作的。

隋炀帝之幸江都也①，命司空杨素守西京②。素骄贵③，

---

① 〔隋炀帝〕隋朝的昏君杨广，605—617 年在位。因骄奢淫逸被杀，以致亡国。〔幸〕皇帝到什么地方。〔江都〕今江苏扬州。 ② 〔司空〕三公级的高官。杨素于隋炀帝大业二年任司徒，不是司空。〔杨素〕隋朝的贪官权臣，辅佐隋文帝杨坚开国，又帮助杨广夺取帝位，执掌朝政多年。〔西京〕长安，隋的都城。隋炀帝即位后迁到东都洛阳。 ③ 〔骄贵〕滥用权势，奢侈享乐。事实见《隋书·杨素传》。

又以时乱①,天下之权重望崇者莫我若也②,奢贵自奉③,礼异人臣④。每公卿入言⑤,宾客上谒⑥,未尝不踞床而见⑦,令美人捧出⑧,侍婢罗列⑨,颇僭于上⑩。末年愈甚⑪,无复知所负荷⑫,有扶危持颠之心⑬。

> 李靖和红拂女的遇合由于杨素,所以故事由杨素写起。

一日,卫公李靖以布衣上谒⑭,献奇策⑮。素亦踞见。公前揖曰⑯:"天下方乱⑰,英雄竞起⑱,公为帝室重臣⑲,须以收罗豪杰为心,不宜踞见宾客。"素敛容而起⑳,谢公㉑;与语,大悦,收其策而退。当公之骋辩也㉒,一妓有殊色㉓,

---

① 〔时乱〕时世扰乱。应该指隋炀帝晚年,可是那时候杨素早死了。② 〔望崇〕声望高。〔莫我若〕莫若我,没有人比得上我。 ③ 〔奢贵自奉〕用奢侈豪华的享受来奉养自己。 ④ 〔礼异人臣〕排场不同于做臣子的。⑤ 〔每〕每当。〔公卿入言〕高官来禀报事情。 ⑥ 〔上谒(yè)〕前来拜见。 ⑦ 〔踞床〕意思是安坐不动。这是傲慢的表现。床,宽大的矮凳,是坐具。 ⑧ 〔令美人捧出〕叫美人(姬妾等)们搀扶着出来。 ⑨ 〔侍婢(bì)罗列〕使女们左右站班。 ⑩ 〔颇僭(jiàn)于上〕很有皇帝的排场。僭,僭越,超出本分。上,皇帝。 ⑪ 〔末年〕晚年,死之前几年。 ⑫ 〔无复知所负荷(hè)〕不再理会自己应负的职责。荷,担负。 ⑬ 〔有扶危持颠之心〕意思是,不再知道应该有救国之心。扶危持颠,把要倒的扶持住,使之不倒。上文"无复"直贯本句。 ⑭ 〔卫公李靖〕李靖,唐朝的开国功臣,封卫国公。这是年轻还没得志的时候。〔布衣〕平民。 ⑮ 〔奇策〕指写成文字的奇妙的救国策略。 ⑯ 〔揖(yī)〕作揖,比较随便的礼节。⑰ 〔方〕正当。 ⑱ 〔英雄〕指各地起义的首领。 ⑲ 〔帝室〕皇家。〔重臣〕总揽政务的大臣。 ⑳ 〔敛容〕改作恭谨的脸色。 ㉑ 〔谢公〕向李靖表歉意。 ㉒ 〔骋(chěng)辩〕发出滔滔不绝的议论。骋,奔放,发挥。㉓ 〔妓〕歌女。也可写作"伎"。〔殊色〕美丽出众的容貌。

执红拂立于前①,独目公②。公既去,而执拂者临轩指吏曰③:"问去者处士第几④,住何处。"公具以对⑤。妓诵而去⑥。公归逆旅⑦。其夜五更初,忽闻叩门而声低者。公起问焉,乃紫衣戴帽人,杖揭一囊⑧。公问:"谁?"曰:"妾⑨,杨家之红拂妓也。"公遽延入⑩。脱衣去帽,乃十八九佳丽人也⑪,素面画衣而拜⑫。公惊答拜。曰:"妾侍杨司空久⑬,阅天下之人多矣,无如公者⑭。丝萝非独生,愿托乔木⑮,故来奔耳⑯。"公曰:"杨司空权重京师⑰,如何⑱?"曰:"彼尸居余气⑲,不足畏也。诸妓知其无成,去者众矣,彼亦不甚逐也⑳。计之详矣㉑,幸无疑焉㉒。"问其姓,曰:

---

①〔执红拂〕拿着红色拂尘。拂尘,拂除尘埃的用具。 ②〔独目公〕特别注视着李靖。目,看。 ③〔临轩指吏〕到堂前指使吏人。轩,堂前的平台。 ④〔去者〕走出的客人。〔处(chǔ)士〕隐居之士。这里是尊称没有官职的李靖。〔第几〕排行第几。 ⑤〔具以对〕一一回答。具,备,完全。 ⑥〔诵〕念。照着念一遍,怕忘。有的本子作"颔(hàn)",是点头。 ⑦〔逆旅〕旅店。逆,迎。 ⑧〔杖揭一囊〕手杖挑着一个口袋。 ⑨〔妾〕古时妇女谦称自己。 ⑩〔遽〕急。〔延〕请。 ⑪〔佳丽人〕美丽的女子。 ⑫〔素面画衣〕脸上不施脂粉,穿彩衣。 ⑬〔侍〕伺候。 ⑭〔无如公者〕没有人比得上您。 ⑮〔丝萝非独生,愿托乔木〕丝萝不是独自能生长的,我愿意附托在大树上。意思是愿意嫁给李靖。丝,菟(tù)丝,萝,女萝,都是蔓生植物,要附托在树木上生长。乔木,大树。《古诗十九首》:"与君为新婚,菟丝附女萝。" ⑯〔奔〕女子私自到男子那里。 ⑰〔权重京师〕在京城有极大权势。意思是,红拂来奔,恐在京城被拿获。 ⑱〔如何〕怎么好呢? ⑲〔尸居余气〕快要死的人,只剩一口气。尸居,死尸似的过活。 ⑳〔不甚逐〕不严格追查。 ㉑〔计之详矣〕考虑得很周密了。 ㉒〔幸〕希望。〔无〕通"毋",不要。

"张。"问其伯仲之次①,曰:"最长。"观其肌肤、仪状、言词、气性,真天人也②。公不自意获之③,愈喜愈惧④。瞬息万虑⑤,不安,而窥户者无停履⑥。数日,亦闻追访之声,意亦非峻⑦。乃雄服乘马⑧,排闼而去⑨。

  写红拂女有超人的见识,为下段虬髯客的出场、结识做准备。

  将归太原⑩,行次灵石旅舍⑪。既设床⑫,炉中烹肉且熟⑬。张氏以发长委地⑭,立梳床前。公方刷马,忽有一人,中形⑮,赤髯如虬,乘蹇驴而来⑯。投革囊于炉前⑰,取枕攲卧⑱,看张梳头。公怒甚,未决⑲,犹亲刷马。张熟视其面⑳,一手握发,一手映身摇示公㉑,令勿怒。急急梳头毕,敛衽前问其姓㉒。卧客答曰:"姓张。"对曰:"妾亦姓张,合是妹㉓。"遽拜之。问第几,曰:"第三。"问妹第几,

---

①〔伯仲之次〕排行第几。伯,老大;仲,老二。次,排行的次序。②〔天人〕天上的人,仙女。③〔不自意〕自己意想不到。④〔愈喜愈惧〕越高兴就越恐惧。⑤〔瞬(shùn)息〕极短时间。瞬,眨眼。息,呼吸。〔万虑〕有多种想法。表示极度不安。⑥〔窥户者无停履〕很多人在室外偷看。无停履,脚步不断。⑦〔意亦非峻〕料想(追查得)不厉害。⑧〔雄服〕武人的装束。⑨〔排闼(tà)而去〕推开门(表示赶快)走了。闼,门。⑩〔太原〕今山西太原。⑪〔行次〕行路暂时住在。次,停留。〔灵石〕今山西灵石。⑫〔既设床〕安置好床榻。⑬〔炉中〕火炉上。〔且〕将要。⑭〔以发长委地〕梳头,因为发长,发梢拖地。⑮〔中形〕中等身材。⑯〔蹇(jiǎn)驴〕劣弱的驴。蹇,也可解作驴。⑰〔革囊〕皮口袋。⑱〔攲(qī)卧〕斜靠着休息。⑲〔未决〕没决定要不要发作。⑳〔熟视〕细看。〔其〕代虬髯客。㉑〔一手映身摇示公〕一只手放在身后,向李靖摇手示意(不要发作)。㉒〔敛衽(rèn)〕整理好衣服。这是表示恭敬的礼节。衽,衣襟。〔前〕走向前。㉓〔合〕应该。

曰："最长。"遂喜曰："今夕多幸逢一妹。"张氏遥呼："李郎且来见三兄①。"公骤拜之②。遂环坐③。曰："煮者何肉?"曰："羊肉，计已熟矣④。"客曰："饥。"公出市胡饼⑤。客抽腰间匕首，切肉共食。食竟，余肉乱切送驴前食之⑥，甚速。客曰："观李郎之行⑦，贫士也，何以致斯异人⑧?"曰："靖虽贫，亦有心者焉⑨。他人见问⑩，故不言⑪；兄之问，则不隐耳⑫。"具言其由⑬。曰："然则将何之⑭?"曰："将避地太原⑮。"曰："然吾故非君所致也⑯。"曰："有酒乎?"曰："主人西则酒肆也⑰。"公取酒一斗⑱。既巡⑲，客曰："吾有少下酒物⑳，李郎能同之乎?"曰："不敢㉑。"于是开革囊，取一人头并心肝，却头囊中㉒，以匕首切心肝，共食之㉓。曰："此人天下负心者㉔，衔之十年㉕，今始获之，吾憾释矣㉖。"又曰："观李郎仪形器宇㉗，真丈夫也。亦闻太原有异人乎?"曰："尝识一人，愚谓之

---

① 〔且来〕（暂不要刷马）姑且来。 ② 〔骤〕很快地。 ③ 〔环坐〕围一圈坐下。 ④ 〔计〕估计。 ⑤ 〔市〕买。〔胡饼〕烧饼。 ⑥ 〔送驴前食（sì）之〕驴吃肉，这是间接表示虬髯客之非常人。 ⑦ 〔行〕行动，样子。 ⑧ 〔致斯异人〕获得这样不寻常的人（指红拂女）。 ⑨ 〔有心者〕有大志的人。 ⑩ 〔见问〕相问。 ⑪ 〔故〕有的本子作"固"，坚决。 ⑫ 〔隐〕隐瞒。 ⑬ 〔由〕由来，前后的情况。 ⑭ 〔何之〕到哪里去。之，往。 ⑮ 〔避地〕因避乱寄居他乡。 ⑯ 〔吾故非君所致〕我当然不是你要招揽的人。 ⑰ 〔主人〕店家。 ⑱ 〔斗〕一种大的酒器。 ⑲ 〔既巡〕遍斟一次酒。 ⑳ 〔少〕一点儿。 ㉑ 〔不敢〕不敢当。这是表示客气。 ㉒ 〔却头囊中〕把头放回口袋。 ㉓ 〔共食之〕（虬髯客）同时吃心和肝两种。 ㉔ 〔天下负心者〕最忘恩负义的人。 ㉕ 〔衔〕怀恨。 ㉖ 〔憾〕恨。〔释〕消除。 ㉗ 〔器宇〕风度。

真人也①；其余，将帅而已。"曰："何姓？"曰："靖之同姓。"曰："年几？"曰："仅二十。"曰："今何为？"曰："州将之子②。"曰："似矣③，亦须见之。李郎能致吾一见乎④？"曰："靖之友刘文静者与之狎⑤，因文静见之可也⑥。然兄何为⑦？"曰："望气者言太原有奇气⑧，使访之。李郎明发⑨，何日到太原？"靖计之日⑩。曰："达之明日，日方曙⑪，候我于汾阳桥⑫。"言讫⑬，乘驴而去。其行若飞，回顾已失⑭。公与张氏且惊且喜，久之，曰："烈士不欺人⑮，固无畏。"促鞭而行⑯。

> 从相貌、行动、性格、志趣等方面描画虬髯客，都是围绕着一个"奇"字写。

及期，入太原，果复相见。大喜，偕诣刘氏⑰。诈谓文静曰⑱："有善相者思见郎君⑲，请迎之。"文静素奇其人⑳，一旦闻有客善相，遽致使迎之。使回而至㉑，不衫不履㉒，

---

①〔愚〕我，谦称。〔真人〕指真命天子。 ②〔州将之子〕指唐太宗李世民。当时他父亲李渊做太原留守。"州将之子"意思是没有官职。 ③〔似矣〕意思是可能是他。 ④〔致〕引导。 ⑤〔刘文静〕隋末任晋阳令，曾助唐高祖、太宗起兵反隋。〔狎（xiá）〕亲近。 ⑥〔因〕经由。 ⑦〔何为〕意图是什么。 ⑧〔望气者〕会看云气的人。迷信说法，将做皇帝的人，住的地方会有"王气"出现。 ⑨〔明发〕明天起程。 ⑩〔计之日〕计算到达日期。 ⑪〔日方曙〕天刚亮。 ⑫〔汾阳桥〕在太原城东汾水上。 ⑬〔言讫（qì）〕话说完了。 ⑭〔回顾〕转头再看。〔已失〕已经没有踪影。 ⑮〔烈士〕义烈之士，豪杰。 ⑯〔促鞭而行〕加鞭赶路。 ⑰〔偕诣刘氏〕一同往见刘文静。 ⑱〔诈谓〕谎言告诉。 ⑲〔善相者〕善于相面的人。〔郎君〕少爷。指李世民。 ⑳〔素〕向来。〔其人〕也指李世民。 ㉑〔使回而至〕派出的人刚回来，李世民就到了。 ㉒〔不衫不履〕衣着很随便。

裼裘而来①,神气扬扬②,貌与常异。虬髯默然居末坐③,见之心死④。饮数杯,招靖曰:"真天子也!"公以告刘,刘益喜,自负⑤。既出,而虬髯曰:"吾得十八九矣⑥,然须道兄见之⑦。李郎宜与一妹复入京,某日午时,访我于马行东酒楼⑧,下有此驴及瘦驴,即我与道兄俱在其上矣,到即登焉。"又别而去。公与张氏复应之。

笔锋一转,忽然生出波折。是虬髯客让财远走的张本。

及期访焉⑨,宛见二乘⑩。揽衣登楼⑪,虬髯与一道士方对饮,见公惊喜,召坐。围饮十数巡,曰:"楼下柜中有钱十万,择一深隐处驻一妹⑫,某日复会我于汾阳桥。"如期至,即道士与虬髯已到矣⑬。俱谒文静。时方弈棋⑭,揖而话心焉⑮。文静飞书迎文皇看棋⑯。道士对弈⑰,虬髯与公傍侍焉。俄而文皇到来⑱,精采惊人⑲,长揖而坐⑳,神气清

———

① 〔裼(xī)裘(qiú)〕袖子卷起来,露出皮毛。 ② 〔扬扬〕高超的样子。 ③ 〔居末坐〕坐在下座。 ④ 〔心死〕惊服到极点,简直心都停止活动了。下文"一见惨然"是类似的写法。 ⑤ 〔自负〕自以为有知人之明,因而得意。 ⑥ 〔得十八九〕十之八九可以断定(李世民的将来)。 ⑦ 〔道兄〕称呼一位道士朋友(精于看相的人)。 ⑧ 〔马行(háng)〕长安的一个处所。 ⑨ 〔及期〕到约定的时候。 ⑩ 〔宛〕宛然,清楚地。〔乘〕骑。这里指骑的驴。 ⑪ 〔揽〕拢住,提。 ⑫ 〔深隐处〕僻静地方。〔驻〕安置。 ⑬ 〔即〕则。 ⑭ 〔方弈棋〕(刘文静)正在下棋。 ⑮ 〔揖而话心〕礼让之后来谈心。 ⑯ 〔飞书〕派人急送信。〔文皇〕指李世民。"文"是唐太宗的谥号。 ⑰ 〔道士对弈〕这是说道士与刘文静对局。 ⑱ 〔俄而〕一会儿。 ⑲ 〔精采〕精神风采。 ⑳ 〔长揖〕深深一作揖。

朗，满坐风生①，顾盼炜如也②。道士一见惨然，下棋子曰："此局全输矣，于此失却局哉③！救无路矣④，复奚言⑤？"罢弈而请去⑥。既出，谓虬髯曰："此世界非公世界⑦，他方可也⑧。勉之！勿以为念⑨。"因共入京。虬髯曰："计李郎之程，某日方到，到之明日，可与一妹同诣某坊曲小宅相访⑩。李郎相从一妹⑪，悬然如磬⑫。欲令新妇祗谒⑬，兼议从容⑭，无前却也⑮。"言毕，吁嗟而去⑯。

邀道士看相，是加深一步写波折。

公策马而归⑰。即到京⑱，遂与张氏同往。乃一小版门子⑲，叩之，有应者，拜曰："三郎令候李郎、一娘子久矣。"延入重门⑳，门愈壮，婢四十人罗列庭前。奴二十人引公入东厅。厅之陈设，穷极珍异㉑，巾箱妆奁冠镜首饰之

————

① 〔满坐风生〕形容仪表使全场震动。　② 〔顾盼炜（wěi）如〕眼睛闪着亮光。炜如，明亮的样子。　③ 〔于此失却局哉〕在这一着上算是输了。这是借对棋语暗示虬髯客不能与李世民争胜。　④ 〔救无路〕想换个着数救活是办不到了。　⑤ 〔复奚言〕还有什么可说呢。　⑥ 〔罢弈〕停止下棋。〔请去〕告辞。　⑦ 〔非公世界〕不是你的天下。　⑧ 〔他方可也〕到别的地方图发展吧。　⑨ 〔勿以为念〕不要多想这里的事。意思是别难过。　⑩ 〔坊曲〕街巷。曲，边，旁。〔小宅〕这是客气话，等于说"寒舍"。　⑪ 〔相从〕结伴。　⑫ 〔悬然如磬（qìng）〕室如悬磬，形容家中空无所有。磬，玉或石制的长条形平版乐器。　⑬ 〔新妇〕虬髯客谦称自己的妻子（表示行辈不高）。〔祗（zhī）谒〕恭敬地相见。　⑭ 〔兼议从（cōng）容〕再顺便商酌解救窘急的事。意思是要援助李靖。从容，舒缓。　⑮ 〔无前却也〕请不要先推辞。　⑯ 〔吁（xū）嗟（jiē）〕叹息。　⑰ 〔策马〕用鞭赶马。　⑱ 〔即〕很快。　⑲ 〔版门子〕木片门。　⑳ 〔重（chóng）门〕意思是几层门。　㉑ 〔穷极珍异〕奇珍异宝应有尽有。

盛①,非人间之物。巾栉妆饰毕②,请更衣③,衣又珍异。既毕,传云④:"三郎来。"乃虬髯纱帽褐裘而来,亦有龙虎之状⑤。欢然相见,催其妻出拜,盖亦天人耳。遂延中堂⑥,陈设盘筵之盛,虽王公家不侔也⑦。四人对馔讫⑧。陈女乐二十人⑨,列奏于前,若从天降,非人间之曲。食毕,行酒⑩,家人自堂东舁出二十床⑪,各以锦绣帕覆之⑫。既陈⑬,尽去其帕,乃文簿钥匙耳⑭。虬髯曰:"此尽宝货泉贝之数⑮,吾之所有,悉以充赠⑯。何者?欲于此世界求事⑰,或当龙战三二十载⑱,建少功业。今既有主,住亦何为⑲?太原李氏真英主也,三五年内即当太平。李郎以奇特之才,辅清平之主⑳,竭心尽善,必极人臣㉑。一妹以天人之姿,蕴不世之艺㉒,从夫之贵,以盛轩裳㉓。非一妹不能识李郎,

---

① 〔巾箱〕小箱子。〔妆奁(lián)〕梳妆镜匣。〔冠镜〕大的正冠的镜子。〔首饰〕头面装饰品。〔盛〕多。 ② 〔巾栉(zhì)〕梳头。巾,戴头巾。栉,梳发。〔妆饰〕打扮。 ③ 〔更衣〕换(讲究的)衣服。 ④ 〔传云〕传话说。这是表示身份高的人将要出来。 ⑤ 〔龙虎之状〕龙行虎步的样子。就是说有帝王之姿。 ⑥ 〔中堂〕当中的大厅。 ⑦ 〔不侔(móu)〕比不上。 ⑧ 〔对馔(zhuàn)〕一同吃饭,对面吃饭。 ⑨ 〔陈〕排列。〔女乐(yuè)〕女子乐队。 ⑩ 〔行酒〕斟酒喝。 ⑪ 〔舁(yú)〕抬。〔床〕安放器物的架。 ⑫ 〔锦绣帕〕丝织绣花的桌单床单之类。 ⑬ 〔既陈〕摆好。 ⑭ 〔文簿〕账册。 ⑮ 〔宝货泉贝〕都是钱财。宝,珍宝。货,财货。泉,即钱。贝,古代曾用贝壳作钱币。 ⑯ 〔悉以充赠〕全部拿来当赠品。 ⑰ 〔求事〕建功业。指称帝。 ⑱ 〔龙战〕争夺帝位的战争。《易经·坤卦·爻辞》:"龙战于野,其血玄黄。" ⑲ 〔住〕指留在国内。 ⑳ 〔辅〕辅佐。〔清平之主〕太平天子。 ㉑ 〔极人臣〕做最高的官。 ㉒ 〔蕴不世之艺〕有世间难有的才艺。蕴,蓄。 ㉓ 〔以盛轩裳〕坐高贵的车子,穿华丽的衣服。指得大富贵。

非李郎不能荣一妹。起陆之贵①，际会如期②，虎啸风生，龙吟云萃③，固非偶然也。持余之赠④，以佐真主，赞功业也⑤，勉之哉！此后十年，当东南数千里外有异事⑥，是吾得事之秋也⑦，一妹与李郎可沥酒东南相贺⑧。"因命家童列拜，曰："李郎、一妹是汝主也。"言讫，与其妻从一奴，乘马而去。数步，遂不复见。

> 写虬髯客的身份，让财，能预知将来，仍要建大功业。这是更进一步写为人之"奇"。

公据其宅，乃为豪家⑨，得以助文皇缔构之资⑩，遂匡天下⑪。贞观十年⑫，公以左仆射平章事⑬，适南蛮入奏曰⑭："有海船千艘，甲兵十万，入扶余国⑮，杀其主自立，国已定矣⑯。"公心知虬髯得事也。归告张氏，具衣拜贺⑰，沥酒东南祝拜之。乃知真人之兴也，非英雄所冀⑱，况非英雄者

---

①〔起陆〕龙蛇起于陆上。是说帝王的兴起。 ②〔际会如期〕君臣遇合，像先期约定。 ③〔虎啸风生，龙吟云萃〕意思是，君臣相遇，好像风从虎、云从龙一样，相得益彰。啸，叫。萃，聚。《易经·乾（qián）卦·文言》："云从龙，风从虎。" ④〔余〕我。 ⑤〔赞功业〕帮助建立功业。指称帝。 ⑥〔异事〕不平凡的事。 ⑦〔得事〕成功。〔秋〕时候。 ⑧〔沥（lì）酒东南〕向东南洒酒。沥酒，滴酒于地。 ⑨〔豪家〕大富户。 ⑩〔缔构〕指经营帝业。 ⑪〔匡〕救治，平定。 ⑫〔贞观〕唐太宗的年号。 ⑬〔左仆射（yè）平章事〕以左仆射（副宰相职）的官位，到中书（省）门下（省）处理政务。平章，商酌。后来"中书门下平章事"成为官名。据《新唐书·李靖传》，李靖曾任右仆射。 ⑭〔适〕正值。〔南蛮〕指南方少数民族。〔入奏（zòu）〕上奏皇帝。 ⑮〔扶余国〕古国名，在东北。这里是假托的名称。 ⑯〔定〕平定。 ⑰〔具衣〕穿上礼服。 ⑱〔乃知〕才知道。〔真人之兴也，非英雄所冀〕意思是，已经有了真命天子出世，就是另有英雄人物，也不应有非分（指称帝为王）之想。冀，希望。

乎?人臣之谬思乱者①,乃螳臂之拒走轮耳②。我皇家垂福万叶③,岂虚然哉④?或曰:"卫公之兵法,半乃虬髯所传耳⑤。"

最后轻轻点染虬髯客的结局,有神龙见首不见尾的韵味。

【研读参考】 一、唐人小说行文注重辞藻,比较难读。鲁迅《唐宋传奇集》只断句,没有注。如果愿意再读几篇,可以用张友鹤注的《唐宋传奇选》(人民文学出版社)。这部书收小说近四十篇,初学从中选一部分读就够了。

二、明朝张凤翼著《红拂记》,凌初成著《虬髯翁》,都是根据本篇编的戏剧。

三、由思想方面看,你觉得本篇的哪些部分是可取的,哪些部分是不可取的?故事情节的哪一部分是最生动、最引人入胜的?

四、根据本篇,以虬髯客为主脑(如先写他是什么人,当中经过什么事,最后离开长安去干什么),为他写一篇简略的传。

---

① 〔谬(miù)思乱者〕妄想发动叛乱的人。谬,荒谬,错误。 ② 〔螳臂之拒走轮〕螳臂当车。意思是一定失败。《庄子·人间世》:"汝不知夫螳螂乎?怒其臂以当车辙,不知其不胜任也。" ③ 〔垂福万叶〕皇统万世不绝。万叶,万世。 ④ 〔虚然〕假的。 ⑤ 〔传〕教,传授。

三七 《唐摭言》选 王定保

【解说】本篇中"李义琛（chēn）"选自《唐摭（zhí）言》卷七"起自寒苦"门，有删节，"孙泰"选自卷四"节操"门，有删节，"奇章公"选自卷七"升沉后进"门（又见卷六"公荐"门，文字略有不同），"萧颖士"选自卷三"慈恩寺题名游赏赋咏杂纪"门，"王播"选自卷七"起自寒苦"门，题目都是编者加的。《唐摭言》今本十五卷，一百零三门，所记以唐代科举制度为主，连带记了不少读书人的逸事以及诗句等。作者自己说，所记都是听吴融、王溥、卢延让、杨赞图等谈的，所以虽是记述前朝事，也多有根据，合情理，可供参考。这部书记唐代科举方面的事特详，可以补史书的不足。它也是了解唐代读书人情况的重要著作，所以鲁迅曾举它为青年学古典的必读书。文笔朴实无华，记事简明扼要，也是这部书的优点。

作者王定保（870—954以后），同王溥（五代、宋初的大官）是同族，大概是并（bīng）州祁（今山西祁县）人。生在唐朝晚年，昭宗光化三年（900）中进士，以后不到十年唐朝就亡了，一般说他是五代人。《新五代史·南汉世家·刘隐》说他做过邕（yōng）管巡官的官。晚年作《唐摭言》。

李义琛①

武德五年②,李义琛与弟义琰、从弟上德③,三人同举进士④。义琛等陇西人,世居邺城⑤。国初⑥,草创未定⑦,家素贫乏⑧,与上德同居,事从姑⑨,定省如亲焉⑩。随计至潼关⑪,遇大雪,逆旅不容⑫。有咸阳商人见而怜之⑬,延与同寝处⑭。居数日,雪霁而去⑮。琛等议鬻驴⑯,以一醉酬之⑰。商人窃知⑱,不辞而去⑲。

写唐代初年风俗淳厚,商人施恩于贫苦人而不受报。

---

①〔李义琛〕文中关于他们兄弟的记述是不完全正确的。义琛和义琰(yǎn)是同曾祖的兄弟,义琰比义琛年长。他们是唐朝初年魏州昌乐(在今河南安阳一带)人,《唐书》本传说他们的祖先是陇西(在今甘肃省)人。两人都考中进士,义琰官至中书门下三品(宰相职),义琛官至监察御史。 ②〔武德五年〕公元622年。武德,唐高祖李渊的年号。 ③〔从弟〕伯父、叔父的儿子年纪比自己小的。 〔上德〕李上德,曾官司门郎中。 ④〔举进士〕应进士考试。 ⑤〔世居〕几代居住。〔邺城〕古地名,在今河南安阳北。 ⑥〔国初〕唐朝刚建国的时期。 ⑦〔草创〕事业刚开始。〔未定〕社会还未安定。 ⑧〔素〕平素,向来。 ⑨〔事〕侍奉。〔从姑〕父亲的堂姊妹。 ⑩〔定省(xǐng)〕昏定晨省,古时子女亲亲的礼节。定,伺候安寝。省,看视问安。〔亲〕父母。 ⑪〔随计〕随着送计簿的人。意思是进京(长安)。〔潼(tóng)关〕在陕西潼关,长安之东。 ⑫〔逆旅〕旅店。〔容〕接纳。 ⑬〔咸阳〕县名,在今陕西省西安市长安区西北。 ⑭〔延〕邀请。〔同寝处〕一同吃住。 ⑮〔雪霁〕雪止天晴。〔去〕离开。 ⑯〔议〕商量。〔鬻(yù)〕卖。 ⑰〔以一醉酬之〕意思是用一次酒饭来答谢他(商人)。 ⑱〔窃知〕私下知道了。 ⑲〔辞〕告别。

孙 泰①

　　孙泰，山阳人②，少师皇甫颖③，操守颇有古贤之风④。泰妻即姨妹也⑤。先是姨老矣⑥，以二子为托⑦，曰："其长损一目⑧，汝可娶其女弟⑨。"姨卒，泰娶其姊。或诘之⑩，泰曰："其人有废疾⑪，非泰不可适⑫。"众皆伏泰之义⑬。尝于都市遇铁灯台⑭，市之⑮，而命洗刷，却银也⑯，泰亟往还之⑰。中和中⑱，将家于义兴⑲，置一别墅⑳，用缗钱二百千㉑。既半授之矣㉒，泰游吴兴郡㉓，约回日当诣所止㉔。居两月，泰回，停舟徒步，复以余资授之，俾其人他徙㉕。于

---

①〔孙泰〕生平不详。　②〔山阳〕县名，今江苏淮安。　③〔少师皇甫颖（yǐng）〕年轻时候以皇甫颖为师。师，这里是动词。皇甫颖，唐僖宗乾符年间进士。人清高，隐居不仕。　④〔操守〕廉洁正直的品德。〔风〕风度。　⑤〔姨妹〕母亲姊妹的女儿，年纪比自己小的。　⑥〔先是〕在此之前。文言追述以前的事常用。　⑦〔二子〕两个女儿。　⑧〔损一目〕一目受损伤，因故致残。　⑨〔女弟〕妹妹。　⑩〔或诘（jié）之〕有人问他原因。　⑪〔其人〕指他娶的那个人。〔废疾〕残疾。　⑫〔不可适〕嫁不出去。适，出嫁。　⑬〔伏〕通"服"，佩服。　⑭〔都市〕城中集市。　⑮〔市〕买。　⑯〔却银也〕却是银质的。　⑰〔亟（jí）〕急速。　⑱〔中和〕唐僖宗的年号。　⑲〔将家于义兴〕将要在义兴安家，将要到义兴去住。义兴，今江苏宜兴。　⑳〔置〕购置。　㉑〔缗（mín）钱〕成串的铜钱（每串一千文）。缗，穿钱的绳。〔二百千〕二百个一千文，二百串。　㉒〔既〕已经。〔半授之〕付给卖主一半钱。　㉓〔吴兴郡〕今浙江省湖州市吴兴区一带。　㉔〔当诣所止〕就要到所住的地方。指新买的别墅。诣，往。　㉕〔俾（bǐ）〕使。〔他徙〕迁居别处。也就是将使卖主搬家。

时睹一老妪①,长恸数声②。泰惊悸③,召诘之,妪曰:"老妇常逮事翁姑于此④,子孙不肖⑤,为他人所有⑥,故悲耳。"泰怃然久之⑦,因绐曰⑧:"吾适得京书⑨,已别除官⑩,固不可驻此也⑪,所居且命尔子掌之⑫。"言讫⑬,解维而逝⑭,不复返矣。

写孙泰的高尚品德,宁可自己受损而成全别人。

奇章公⑮

奇章公始举进士⑯,致琴书于灞、浐间⑰,先以所业谒

---

① 〔于时〕在那时。指到别墅的时候。〔睹〕看见。〔妪(yù)〕年岁大的妇女。 ② 〔长恸(tòng)〕大哭。 ③ 〔惊悸(jì)〕惊慌。悸,心跳。 ④ 〔逮(dài)事翁姑〕曾经在这里侍奉公婆。逮,及,赶上。 ⑤ 〔不肖(xiào)〕不成才。 ⑥ 〔为他人所有〕指卖掉房屋。 ⑦ 〔怃(wǔ)然〕悲伤的样子。 ⑧ 〔绐(dài)〕欺哄,说假话。 ⑨ 〔适〕刚才。〔京书〕京城来信。 ⑩ 〔别除官〕另授别的官职。除,授予官职。 ⑪ 〔固〕当然。 ⑫ 〔所居〕指房屋。〔且命尔子掌之〕暂且让你儿子仍旧掌管。 ⑬ 〔言讫(qì)〕说完。 ⑭ 〔解维而逝〕解开缆绳乘船而去。逝,往,去。 ⑮ 〔奇章公〕牛僧孺,字思黯。唐朝的大官僚,唐文宗时总揽朝政。官至同中书门下平章事(宰相职)。因为他祖先牛弘在隋朝封奇章郡公,他在唐敬宗时也封奇章郡公。 ⑯ 〔始举进士〕投考进士是唐德宗贞元晚年的事,那时候韩愈先后任四门博士、监察御史。 ⑰ 〔致琴书于灞(bà)、浐(chǎn)间〕把行李书籍等物放在长安城外。也就是住在长安城外。致,送到。灞、浐,流经长安的两条水名,在东郊汇合,所以灞、浐间指东郊。

韩文公、皇甫员外①。时首造退之②,退之他适③,第留卷而已④。无何⑤,退之访湜,遇奇章亦及门⑥。二贤见刺⑦,欣然同契⑧,延接⑨,询及所止⑩。对曰:"某方以薄技卜妍丑于崇匠⑪,进退惟命⑫,一囊犹置于国门之外⑬。"二公披卷⑭,卷首有说乐一章⑮,未阅其词,遽曰⑯:"斯高文⑰,且以拍板为什么⑱?"对曰:"谓之乐句⑲。"二公相顾,大喜曰:"斯高文必矣。"公因谋所居⑳,二公沉默良久,曰:"可于客户坊税一庙院㉑。"公如所教㉒,造门致谢。二公复

---

①〔所业〕这里指学习成果,即所写的文章等。〔谒(yè)〕拜见。这是用文章来显示自己,以便得到名人的推举。唐朝文士常常这样做。〔韩文公〕韩愈。〔皇甫员外〕皇甫湜(shí),字持正,唐宪宗元和年间进士。与韩愈一起提倡古文,也是有名的古文家。员外,对在各部任郎官的人的称呼。皇甫湜曾任工部郎中。 ②〔首造〕先访。〔退之〕韩愈,字退之。 ③〔他适〕往他处去了,不在家。 ④〔第〕只。〔留卷(juàn)〕留下抄录自己文章的卷轴。 ⑤〔无何〕不久。 ⑥〔及门〕到门(来访)。 ⑦〔二贤〕指韩愈与皇甫湜。〔刺〕(奇章公的)名片。古人谒见他人,到门先递名片。 ⑧〔欣然同契〕都很高兴。同契,心情相合。 ⑨〔延接〕请进来交谈。 ⑩〔询及所止〕问到住在什么地方。 ⑪〔某〕自称名。〔薄技〕不成样子的才能。指所写的文章。〔卜妍(yán)丑于崇匠〕请大师评判文章的优劣。卜,问。妍,美。丑,劣。崇匠,宗匠,大师。 ⑫〔进退惟命〕文章的好坏,人的去留,完全听您的决定。 ⑬〔囊〕装衣物的包。〔国门之外〕京师城外。 ⑭〔披卷〕打开文卷。 ⑮〔说乐(yuè)〕论说音乐的文章。 ⑯〔遽(jù)〕急促。 ⑰〔斯高文〕这是高明的著作。 ⑱〔拍板为(wéi)什么〕拍板在乐理中是什么地位和作用。拍板,连缀木片做成的司节拍的乐器。这里指拍板的动作。 ⑲〔乐句〕乐曲中的句(这是以文章为比喻)。 ⑳〔公〕指牛僧孺。〔因谋所居〕随着就请求指点住处。 ㉑〔客户坊〕长安街巷名。〔税〕租。〔庙院〕僧寺或道观(guàn)。 ㉒〔如所教〕照所教的那样做了。

诲之曰①："某日可游青龙寺②，薄暮而归③。"二公其日联镳至彼④，因大署其门曰⑤："韩愈、皇甫湜同谒几官先辈不遇⑥。"翌日⑦，辇毂名士咸往观焉⑧，奇章之名由是赫然矣⑨。

写韩愈、皇甫湜能够爱才，提拔后进。

萧颖士⑩

萧颖士开元二十三年及第⑪，恃才傲物⑫，夐无与比⑬。常自携一壶，逐胜郊野⑭，偶憩于逆旅⑮，独酌独吟⑯。会风雨暴至⑰，有紫衣老父领一小僮避雨于此⑱。颖士见其散

---

①〔复诲〕又教导。 ②〔游青龙寺〕这是故意让他不在家。 ③〔薄暮〕傍晚。 ④〔联镳（biāo）至彼〕一同骑马来到庙院。镳，马嚼子，指马。这是特意趁牛僧孺不在时来访。 ⑤〔大署其门〕在门上写大字。署，题字。 ⑥〔同谒〕一同来拜访。〔几官〕排行第几的官人（有地位的人）。唐朝称呼人习惯用排行。这是本篇作者忘了牛僧孺的排行，所以写"几"。〔先辈〕应科举的人相互间的敬称，意思是资格老的。〔不遇〕不在家，所以没见着。 ⑦〔翌（yì）日〕明日。 ⑧〔辇（niǎn）毂（gǔ）〕帝王的车子，借指京师。〔咸〕都。〔观〕看（门上的题字）。 ⑨〔由是〕从此。〔赫然〕显耀的样子。 ⑩〔萧颖士〕字茂挺，唐朝文学家。才高，学问渊博。曾任秘书正字、扬州功曹参军。据《新唐书》本传，萧颖士不诣媚宰相李林甫，与本篇所写的为人不同。 ⑪〔开元二十三年〕公元735年。开元，唐玄宗的年号。〔及第〕考中进士。 ⑫〔恃才傲物〕依仗有才能而骄傲自大，轻视旁人。物，众人。 ⑬〔夐（jiǒng）无与比〕远非他人可比。夐，通"迥"，远。 ⑭〔逐胜郊野〕在郊外游览。逐胜，探访名胜。 ⑮〔憩（qì）〕休息。 ⑯〔独酌独吟〕一个人边饮酒边吟诗。 ⑰〔会〕恰巧。 ⑱〔老父〕老年男子。〔僮〕少年仆人。

冗①,颇肆陵侮②。逡巡③,风定雨霁,车马卒至④,老父上马呵殿而去⑤。颖士仓忙觇之⑥,左右曰⑦:"吏部王尚书也⑧。"颖士常造门⑨,未之面⑩,极所惊愕⑪。明日,具长笺造门谢⑫。尚书命引至庑下⑬,坐而责之,且曰:"所恨与子非亲属,当庭训之耳⑭。"复曰:"子负文学之名⑮,倨忽如此⑯,止于一第乎⑰?"颖士终于扬州功曹⑱。

写萧颖士恃才傲物,终于出丑,自己吃亏。

---

①〔散冗(rǒng)〕闲散而不贵重。 ②〔颇肆陵侮(wǔ)〕很有欺侮的表示。肆,任意做。陵,欺侮。 ③〔逡(qūn)巡〕过一会儿。 ④〔卒(cù)〕同"猝",突然。 ⑤〔呵(hē)殿〕随从人员前呼后拥。呵,前面吆喝开路。殿,后面护卫。 ⑥〔仓忙〕急忙。〔觇(chān)〕看。 ⑦〔左右〕近旁的人。 ⑧〔吏部王尚书〕姓王的吏部尚书,是掌管官吏任免升降的大官。 ⑨〔常〕通"尝",曾经。〔造门〕到(王尚书的)家门请谒见。 ⑩〔未之面〕未之,没见到他。面,动词,见面。 ⑪〔极所惊愕(è)〕惊讶到极点。愕,惊讶。萧颖士虽然中了进士,做官顺利与否还要看吏部对他的印象,他侮辱了吏部尚书,所以悔恨。 ⑫〔具长笺(jiān)〕写长信。具,备。笺,信札。〔造门谢〕登门道歉。 ⑬〔庑(wǔ)下〕堂屋两旁的廊屋,厢房。 ⑭〔所恨与子非亲属,当庭训之耳〕遗憾的是我不是你的家中长辈,(如果是)就要像对儿子一样教训你。庭训,父教子。这是用《论语·季氏》孔子在庭中教训儿子孔鲤的典故。 ⑮〔负〕享有。 ⑯〔倨(jù)忽〕骄傲怠慢。 ⑰〔止于一第〕是说进士及第以后不想做官了。 ⑱〔终于扬州功曹〕最后只做到扬州功曹。扬州,今江苏扬州。功曹,功曹参军,州府中掌管考查功绩的下级官吏。

王 播[1]

王播少孤贫[2],尝客扬州惠昭寺木兰院[3],随僧斋餐[4]。诸僧厌怠[5],播至,已饭矣[6]。后二纪[7],播自重位出镇是邦[8],因访旧游[9],向之题已皆碧纱幕其上[10]。播继以二绝句曰[11]:"二十年前此院游[12],木兰花发院新修[13]。而今再到经行处,树老无花僧白头[14]。""上堂已了各西东[15],惭愧阇梨饭后钟[16]。二十年来尘扑面[17],如今始得碧纱笼[18]。"

　　写王播在扬州僧寺先后受到不同的待遇,以讽刺

---

[1]〔王播〕字明扬,唐朝的大官。贞元年间中进士,官至同中书门下平章事。人品不好。 [2]〔少孤〕小时候父母死去。 [3]〔客〕客居,寄住他处。〔木兰院〕惠昭寺的一个院落。 [4]〔随僧斋餐(cān)〕跟和尚一起吃寺里的斋(素饭食)。 [5]〔诸僧厌怠〕和尚们对王播很厌烦,很怠慢。 [6]〔已饭〕吃完饭了。宋尤袤(mào)《全唐诗话》卷三引此篇,"僧厌怠"下有"乃斋罢而后击钟"的话,意思比较清楚。 [7]〔后二纪〕以后二十多年。一纪是十二年。 [8]〔自重位出镇是邦〕指以检校(jiào)尚书右仆射(yè)的中央官衔出去做淮南节度使。重位,中央的高级官职。外任大官常常带中央衔以表示贵重。镇,守,统辖。是邦,指扬州,属淮南道。 [9]〔因〕因而。〔旧游〕先前到过的地方。指惠昭寺木兰院。 [10]〔向之题〕昔日题在壁上的诗。〔碧纱〕绿纱。〔幕其上〕罩在题诗上。 [11]〔继以二绝句〕又在后面写两首绝句。 [12]〔二十〕"十"读 shí,这样才合格律。下同。 [13]〔花发〕"发"读 fā。 [14]〔白头〕"白"读 bó。 [15]〔上堂已了各西东〕和尚上堂活动完,各自散去。上堂,在堂中聚会,念经、讲经、吃饭等。这里指吃饭。 [16]〔惭愧阇(shé)梨饭后钟〕和尚饭后才敲钟,使我吃不上饭,感到很难堪。阇梨(梨亦作"黎"),高僧,泛指和尚。 [17]〔二十年来尘扑(读 pù)面〕是说自己的题诗多年无人理睬。 [18]〔始得〕"得"读 dé。〔笼〕笼罩,遮盖。

三七　《唐摭言》选　243

世俗小人的势利眼作风。

【研读参考】 一、记述过去的事，尤其是政治大事之外的一些逸闻琐事，差不多都包含作者的评论意见，对他认为好的就褒，反之就贬。本篇中的几则是不是这样？说说作者的看法。

二、读本篇这类笔记，也要知道，不可根据所记的一点点就断定某一个人的品格和成就。如萧颖士，据史书记载是品格好的人，而王播做大官之后表现得却不佳。评论古人，要多了解史实，全面地看。

三、把"奇章公"一则译为现代语。

三八　泷冈阡表　欧阳修

【解说】本篇选自《欧阳文忠公文集》。《泷（shuāng）冈阡（qiān）表》，刻在泷冈墓道上的碑文。泷冈，一处高地，在今江西永丰南，是作者父母埋葬的地方。阡，墓前的路，是立墓表的地方。表，碑文。旧时代，上层人物为了纪念先人，常常在先人的墓前立碑，请有名的文人写碑文，名神道碑。本篇是作者为自己的先人写的，大概是表示谦逊，称为"阡表"。与一般神道碑相比，本篇的写法有特点，不是连篇累牍地说官场活动，而是具体恳切地叙家中旧事。这样，读者读了就会感到特别亲切。作者写父母的为人，孝顺，宽厚，勤俭安贫，教子成人，无论用旧时代的眼光看还是用新时代的眼光看，都是可取的。至于善有善报的迷信，光宗耀祖的虚荣，这是封建士大夫的共同思想，自然是应该批判的。

作者欧阳修（1007—1072），字永叔，号六一居士，宋初庐陵［庐陵郡，就是吉州，据行状和墓志铭，欧阳修的籍贯是吉州永丰县（今江西永丰）］人。四岁丧父，受到母亲郑氏的严格教育，识字、读书，成为北宋的大学者、大作家。二十四岁中进士后开始做官。为人正直，能力强，一直做到枢密副使、参知政事。谥文忠。他继唐朝韩愈、柳宗元之后，与尹洙（zhū）、梅尧臣、苏舜钦等大力提倡古文，反对浮华靡丽的文体。他的文章平实流畅，对后来的文风影响很大。诗词也写得很好，尤其词，风格婉约，是北宋重要的一家。他还精通史学，与宋祁等编《新唐书》，自己著《五代史记》（后来习惯上称为《新五代史》），都列入正史。他还开创了搜集、记录古物的风气，著《集古录跋尾》十卷，在金石学方面贡献很大。

呜呼①！惟我皇考崇公卜吉于泷冈之六十年②，其子修始克表于其阡③，非敢缓也④，盖有待也⑤。

　　开头先说明迟写阡表的原因。

修不幸，生四岁而孤⑥。太夫人守节自誓⑦，居贫⑧，自力于衣食⑨，以长以教⑩，俾至于成人⑪。太夫人告之曰："汝父为吏廉而好施与⑫，喜宾客，其俸禄虽薄⑬，常不使有

---

①〔呜呼〕叹词，唉！②〔惟〕句首助词。〔皇考〕死去的父亲。《礼记·曲礼下》："父曰皇考。""生曰父，死曰考。"皇，美，大。〔崇公〕作者的父亲欧阳观，字仲宾，封崇国公。〔卜吉〕就是安葬。古时安葬要占（zhān）卜。〔六十年〕欧阳观葬于宋真宗大中祥符四年（1011），此表写于宋神宗熙宁三年（1070），先后相隔六十年。③〔始克〕才能够。〔表于其阡〕在他的墓道上立碑。④〔缓〕怠慢，延误。⑤〔待〕等待（自己做官而亲属得封赠）。⑥〔孤〕幼年丧父。⑦〔太夫人〕作者的母亲郑氏，丧夫时年二十九。〔守节自誓〕自己发誓不再嫁。守节，守不再嫁人的节操。⑧〔居贫〕处在贫困中。⑨〔自力于衣食〕自己勤劳来维持吃和穿。⑩〔以长（zhǎng）以教〕用来抚养和教育。⑪〔俾（bǐ）〕使（欧阳修）。⑫〔为吏〕做官。〔好（hào）施与〕喜欢给人财物，济人之急。⑬〔俸禄〕官俸。〔薄〕微薄，少。

余①,曰:'毋以是为我累②。'故其亡也,无一瓦之覆、一垄之植③,以庇而为生④。吾何恃而能自守邪⑤?吾于汝父,知其一二⑥,以有待于汝也⑦。自吾为汝家妇,不及事吾姑⑧,然知汝父之能养也⑨。汝孤而幼,吾不能知汝之必有立⑩,然知汝父之必将有后也⑪。吾之始归也⑫,汝父免于母丧方逾年⑬,岁时祭祀⑭,则必涕泣曰:'祭而丰,不如养之薄也⑮。'间御酒食⑯,则又涕泣曰:'昔常不足,而今有余,其何及也⑰!'吾始一二见之⑱,以为新免于丧适然耳⑲。既而其后常然,至其终身未尝不然。吾虽不及事姑,而以此知汝父之能养也。汝父为吏,尝夜烛治官书⑳,屡废而叹㉑。

---

① 〔常不使有余〕意思是,应积蓄一些而不积蓄。 ② 〔毋以是为我累〕意思是,不要因积财货而辱自己的清白。毋,不要。是,指财货。累,损害。 ③ 〔一瓦之覆〕指极小的房屋。〔一垄之植〕指极少的耕地。 ④ 〔庇(bì)而为生〕得维护而生活。庇,护。 ⑤ 〔何恃〕依靠什么。〔自守〕守节。 ⑥ 〔知其一二〕了解一些。这是委婉的说法。 ⑦ 〔有待于汝〕对你寄予希望。 ⑧ 〔不及事吾姑〕没赶上侍奉我的婆母。古时称公婆为舅姑。 ⑨ 〔能养〕这是说欧阳观很孝顺。 ⑩ 〔有立〕有成就。 ⑪ 〔有后〕有子孙继承事业。 ⑫ 〔归〕出嫁(到欧阳家)。 ⑬ 〔免于母丧(sāng)〕为母亲服丧三年(实际是两年多)除丧服。〔方逾年〕刚过一年。 ⑭ 〔岁时祭祀〕一年中节日祭奠。 ⑮ 〔祭而丰,不如养之薄也〕祭祀供品丰盛,不如生前菲薄的供养好。意思是,死者生前没得到较好的供养,因而生者有遗憾。 ⑯ 〔间(jiàn)御酒食〕有时食用酒饭。御,用。 ⑰ 〔其何及也〕意思是,无奈母亲已经不在,想供养也做不到了。其,助词,加强语气。及,赶上。 ⑱ 〔始一二见之〕起初看见一两次。 ⑲ 〔适然〕偶然。 ⑳ 〔夜烛〕夜间点蜡烛。〔治官书〕处理公文。这里指刑事案件。 ㉑ 〔屡废而叹〕多次放下文件而叹息。废,置。

吾问之，则曰：'此死狱也，我求其生不得尔①。'吾曰：'生可求乎？'曰：'求其生而不得，则死者与我皆无恨也②；矧求而有得邪③？以其有得，则知不求而死者有恨也④。夫常求其生，犹失之死⑤，而况常求其死也⑥？'回顾乳者抱汝而立于旁⑦，因指而叹曰：'术者谓我岁行在戌将死⑧，使其言然⑨，吾不及见儿之立也，后当以我语告之。'其平居教他子弟⑩，常用此语，吾耳熟焉，故能详也⑪。其施于外事⑫，吾不能知；其居于家，无所矜饰⑬，而所为如此，是真发于中者邪⑭？呜呼！其心厚于仁者邪⑮？此吾知汝父之必将有后也。汝其勉之⑯！夫养不必丰，要于孝⑰；利虽不得博于物⑱，要其心之厚于仁。吾不能教汝，此汝父之志也。"修泣而志之⑲，不敢忘。

　　详述父母的身教和言教，以表明自己的有成，完

---

①〔此死狱也，我求其生不得尔〕这是犯死罪的案件，我给他寻找不死的理由却找不到。尔，同"耳"。②〔无恨〕没有遗憾。③〔矧（shěn）〕何况。〔求而有得〕寻找不死的理由有时会找到。④〔不求而死者有恨也〕不为他寻找不死的理由就判死罪，死者会有遗恨。⑤〔犹失之死〕还会不得生而判死罪。⑥〔常求其死〕（有人）总在寻求判死刑的理由。⑦〔回顾〕回头看见。〔乳者〕奶母。⑧〔术者〕卖卜的人。〔岁行在戌（xū）〕到了戌年。按天干、地支配合纪年，每十二年有一个戌年。岁，岁星。欧阳观死于大中祥符三年（1010），岁次庚戌，与术者之言偶合。⑨〔使其言然〕倘使他的话说对了。⑩〔其〕他（代欧阳观）。〔平居〕平常（非办公事之时）。〔他子弟〕别的后辈。⑪〔详〕细说。⑫〔施〕施为，处理。⑬〔矜饰〕夸张，造作。⑭〔发于中〕发自内心。⑮〔厚于仁〕多有仁爱之心。⑯〔其〕表希望语气。⑰〔要于孝〕重要的是有孝心。⑱〔利虽不得博于物〕好处（指自己的财物）虽不能广泛地施于多数人。⑲〔志〕记。

全是父母之力。记述父母的训诫,都用母亲的原话,显得更加真实,更加亲切。

先公少孤①,力学,咸平三年进士及第②,为道州判官③,泗、绵二州推官④,又为泰州判官⑤,享年五十有九,葬沙溪之泷冈⑥。太夫人姓郑氏,考讳德仪⑦,世为江南名族⑧。太夫人恭俭仁爱而有礼,初封福昌县太君⑨,进封乐安、安康、彭城三郡太君⑩。自其家少微时⑪,治其家以俭约,其后常不使过之⑫,曰:"吾儿不能苟合于世⑬,俭薄所以居患难也⑭。"其后修贬夷陵⑮,太夫人言笑自若⑯,曰:"汝家故贫贱也⑰,吾处之有素矣⑱,汝能安之,吾亦安矣。"

简略介绍父母的身份和为人;重点是颂扬母亲的品德。这是补充上一段,略写父母的经历。

---

①〔先公〕尊称死去的父亲。 ②〔咸平三年〕公元1000年。咸平,宋真宗的年号。〔进士及第〕考中进士。 ③〔道州〕今湖南道县。〔判官〕知州的助理官员。 ④〔泗〕今安徽泗县。〔绵〕今四川绵阳。〔推官〕掌管司法的官员。 ⑤〔泰州〕今江苏泰州市姜堰区。 ⑥〔沙溪〕泷冈的所在地,在今江西永丰南。 ⑦〔考讳德仪〕郑氏的父亲名德仪。 ⑧〔世〕历代。〔名族〕著名的家族。 ⑨〔福昌〕今河南宜阳。〔县太君〕朝廷给予较高级官员母亲的封号。封号的等级是国太夫人、郡太夫人、郡太君、县太君等。 ⑩〔乐安〕郡名,今山东博兴一带。〔安康〕郡名,今陕西汉阴一带。〔彭城〕郡名,今江苏徐州一带。 ⑪〔少微时〕年轻贫困的时候。 ⑫〔不使过之〕意思是,境遇好了也不超过贫困时的享用。 ⑬〔苟合于世〕随波逐流地迎合世俗。苟,苟且。 ⑭〔俭薄所以居患难〕意思是,刻苦惯了就能够不怕困难。居,处。 ⑮〔贬夷陵〕欧阳修因为范仲淹被贬官向朝廷抗争,被贬为夷陵(今湖北宜昌)令。参看本书第一册《与高司谏书》。 ⑯〔自若〕不变常态。 ⑰〔故〕素来。 ⑱〔处之有素〕处在忧患贫困中已经习惯了。素,平素。

自先公之亡二十年，修始得禄而养①。又十有二年，列官于朝②，始得赠封其亲③。又十年，修为龙图阁直学士、尚书吏部郎中④，留守南京⑤，太夫人以疾终于官舍，享年七十有二。又八年，修以非才入副枢密⑥，遂参政事⑦；又七年而罢⑧。自登二府⑨，天子推恩⑩，褒其三世⑪，故自嘉祐以来，逢国大庆⑫，必加宠锡⑬。皇曾祖府君累赠金紫光禄大夫、太师、中书令⑭；曾祖妣累封楚国太夫人⑮。皇祖府君累赠金紫光禄大夫、太师、中书令兼尚书令⑯；祖妣累封吴国太夫人⑰。皇考崇公累赠金紫光禄大夫、太师、中书

---

①〔自先公之亡二十年，修始得禄而养〕欧阳修父亲死后二十年是宋仁宗天圣八年（1030），欧阳修中进士，任将仕郎、试秘书省校书郎、充两京留守推官。　②〔列官于朝〕在朝廷做官。指任馆阁校（jiào）勘、太子中允等官。　③〔赠封〕朝廷赐给功臣先世以官爵、名号。　④〔龙图阁直学士〕龙图阁，宋朝收藏图书典籍的馆阁。直学士，阁中较高级的官员。〔尚书吏部郎中〕尚书省所属吏部里郎中的官。　⑤〔留守南京〕（带着中央官衔）去做南京留守。宋朝的南京是现在河南商丘。　⑥〔非才〕不是有才的人，才能低下。这是自谦的说法。〔入副枢密〕任枢密副使。枢密，枢密院，最高军事机构。时在宋仁宗嘉祐五年（1060）。　⑦〔遂参政事〕担任了参知政事（副宰相职）。时在嘉祐六年（1061）。　⑧〔又七年而罢〕欧阳修罢参知政事在宋英宗治平四年（1067）。罢，免官。　⑨〔二府〕枢密院和中书省。　⑩〔天子推恩〕皇帝扩大恩典。　⑪〔褒其三世〕指赠封三代：曾祖父母、祖父母、父母。褒，褒扬，奖饰。　⑫〔大庆〕指祭天地、祖先，立太子等典礼。　⑬〔加宠锡〕加官进爵。锡，赐与。　⑭〔府君〕子孙对男性祖先的尊称。〔累赠〕屡次追赠官职，最后赠为。〔金紫光禄大夫〕宋朝三品官的虚衔。〔太师〕三师（太师、太傅、太保）的高级官衔。〔中书令〕中书省的长官。　⑮〔曾祖妣（bǐ）〕先曾祖母。　⑯〔皇祖〕先祖父。〔尚书令〕尚书省的长官。　⑰〔祖妣〕先祖母。

令兼尚书令；皇妣累封韩国太夫人①。今上初郊②，皇考赐爵为崇国公③，太夫人进号魏国④。

> 写明自己的官位以及先人因之而得的封赠，意在告慰死者。

于是小子修泣而言曰⑤："呜呼！为善无不报⑥，而迟速有时，此理之常也。惟我祖考，积善成德⑦，宜享其隆⑧；虽不克有于其躬⑨，而赐爵受封，显荣褒大⑩，实有三朝之锡命⑪。是足以表见于后世⑫，而庇赖其子孙矣⑬。"乃列其世谱⑭，具刻于碑⑮。既又载我皇考崇公之遗训⑯，太夫人之所以教而有待于修者，并揭于阡⑰，俾知夫小子修之德薄能鲜⑱，遭时窃位⑲，而幸全大节⑳，不辱其先者，其来有自㉑。

> 归到本题，说明写阡表的意义，与开头"盖有待也"呼应。

----

① 〔皇妣〕死去的母亲。② 〔今上〕当今的皇帝，指宋神宗。〔初郊〕皇帝即位后首次祭天。郊，祭天。③ 〔爵〕指王、郡王、国公、郡公、县公等，不是官位。④ 〔进号〕进封号。〔魏国〕魏国太夫人。⑤ 〔小子〕晚辈自称。⑥ 〔为善无不报〕做善事没有不得到善报的。这是旧时代的迷信说法。⑦ 〔积善成德〕积善行而成大德。⑧ 〔宜享其隆〕应当享有那盛大的报酬。⑨ 〔虽不克有于其躬〕虽然本身未能享受皇帝的恩宠。躬，自身。⑩ 〔褒〕宽广。⑪ 〔三朝〕仁宗、英宗、神宗三朝。〔锡命〕赐命，皇帝颁的赠封命令。⑫ 〔见〕同"现"。⑬ 〔庇赖〕保佑。赖，恃。⑭ 〔世谱〕家族世系。指前文提到的三世。⑮ 〔具刻于碑〕都写刻在碑上。具，备。⑯ 〔既〕然后。⑰ 〔揭〕明白表示。〔阡〕指墓碑。⑱ 〔夫〕助词。〔德薄能鲜（xiǎn）〕德业少，才能小。鲜，少。⑲ 〔遭时窃位〕遇到圣明时代，不恰当地得了高位。⑳ 〔幸全大节〕幸而保全了为臣子的大节。指忠心为国。㉑ 〔其来有自〕能有今天的成就，那是有原因的。指父母的教训。

熙宁三年岁次庚戌①，四月辛酉朔②，十有五日乙亥③，男推诚保德崇仁翊戴功臣、观文殿学士、特进、行兵部尚书、知青州军州事、兼管内劝农使、充京东东路安抚使、上柱国、乐安郡开国公、食邑四千三百户、食实封一千二百户④，修表⑤。

最后写明立表的时间和立表的人。

【研读参考】一、写神道碑，一般是顺着时间先后，罗列死者的经历和功业，说功业的部分还难免夸大，读者读了常常会感到单调、隔膜。读本篇，尤其前一部分，会感到生动、亲切。试从写法方面说说为什么会这样。

二、立身处世有成就，与光宗耀祖有关系，而又不是一回事。从这个角度，说说本篇哪些话是应该肯定的，哪些话是不足为训的。

三、郑氏知夫能养，必将有后，所举的根据是什么？都对吗？

---

①〔熙宁三年岁次庚戌〕公元1070年。这一年用干支纪年是庚戌。熙宁，宋神宗的年号。②〔四月辛酉朔〕这年四月初一日的干支是辛酉。朔，初一。记史实常写上这个月份初一的干支以备考。③〔十有五日乙亥〕四月十五日的干支是乙亥。④〔男〕作者在记父母的碑文中自称。〔推诚保德崇仁翊（yì）戴功臣〕这是欧阳修所得的功臣称号。〔观文殿〕宋朝的殿廷名。〔特进〕一种高级的散官（荣誉称号）名。〔行〕兼任。〔兵部尚书〕掌管全国军队的最高长官。〔知青州军州事〕青州军事民政的长官。青州，今山东青州一带。〔内劝农使〕劝勉农事的官员，通常由知州兼任。〔京东东路安抚使〕京东东路统辖现在山东省东部、中部一带。路，相当于省一级的行政区划。安抚使，路的最高军政长官。〔上柱国〕宋朝勋官最尊贵的一级。〔开国公〕封爵的一种。〔食邑〕也叫采地。原意是征收封地的赋税以为食用。宋朝只是荣誉性的，并不真去征赋税。〔食实封〕分七等（从千户到百户），官阶高还可以加户。宋朝的食实封也是荣誉性的。⑤〔修表〕修（自称名）立表。"修"字上承"男"字。

三九　记闻六则　司马光

【解说】本篇选自《涑（sù）水记闻》,其中"富弼（bì）"选自卷十五,有删节,"钱若水"选自卷二,有删节,"吕蒙正""曹彬（bīn）"选自卷二,"王嗣宗""石中立"选自卷三,有删节,题目都是编者加的。《涑水记闻》是司马光记录宋代前期（太祖到神宗）旧事的一部笔记,今本十六卷,收记事四百多条。涑水是山西省西南部流经作者故乡（名涑水乡）的一条小河。书中所记大多是政界大事,少数是朝野琐闻,因为都是听别人讲的,所以名"记闻"。作者编《资治通鉴》,意在叙明古史,使今人知所借鉴。这部《涑水记闻》也有这样的用意,因而即使是琐闻逸事,也含有褒贬的微意。行文是史学家的风格,简练朴实,情节清晰,有凭有据,这也值得注意。

作者司马光（1019—1086）,字君实,宋朝陕州夏县（今山西夏县）人。老家在涑水乡,人称涑水先生。仁宗宝元元年（1038）进士。官至门下侍郎、尚书左仆射（yè）。他反对王安石变法,辞官不做,到洛阳专力编著《资治通鉴》,共十九年完成。这部史书成为我国伟大的编年史。他为人温厚正直,学问渊博。死后赠太师、温国公,谥文正。著有《司马文正公集》《稽古录》等。

富　弼①

　　富公为人，温良宽厚②，泛与人语③，若无所异同者④，及其临大节⑤，正色慷慨⑥，莫之能屈⑦。智识深远，过人远甚，而事无巨细⑧，皆反复熟虑⑨，必万全无失然后行之。

　　　　先概括介绍富弼的性格品质，是下文举具体事例的总纲。

　　宰相自唐以来谓之礼绝⑩：百僚见者⑪，无长幼皆拜⑫，宰相平立⑬，少垂手扶之⑭；送客未尝下阶；坐稍久，则吏从旁唱⑮，"宰相尊重⑯"，客踧踖起退⑰。及公为相，虽微官及布衣谒见⑱，皆与之抗礼⑲，引坐语从容⑳，送之及门㉑，

---

①〔富弼〕字彦国，河南洛阳（今河南洛阳）人。北宋有名的大臣，曾任宰相。封郑国公，进封韩国公，致仕。谥文忠。　②〔温良〕温和善良。　③〔泛与人语〕随便和别人谈话。泛，通常。　④〔若〕好像。〔无所异同〕意思是不坚持个人意见。　⑤〔临大节〕面对重大的事。大节，关系国家安危、己身品德的事件。　⑥〔正色〕表情严肃。　⑦〔莫之能屈〕没有人能够使他屈服。　⑧〔事无巨细〕事情不论大小。无，无论。下文"无长（zhǎng）幼"的"无"同。　⑨〔反复熟虑〕翻来覆去地仔细思考。　⑩〔礼绝〕礼遇最高。李肇《唐国史补》卷下："凡拜相，礼绝班行（háng）。"绝班行，超过其他上朝排班的官员。　⑪〔百僚〕百官。　⑫〔长〕年岁大。〔拜〕磕头。　⑬〔平立〕直立。　⑭〔少〕微微地。　⑮〔唱〕大声说。　⑯〔宰相尊重〕意思是不要久坐，使宰相劳神。　⑰〔踧（cù）踖（jí）〕恭敬而不安的样子。〔起〕起立。〔退〕去，离去。　⑱〔微官〕小官。〔布衣〕平民。　⑲〔抗礼〕行对等的礼节。　⑳〔引坐〕延请就座。〔语从（cōng）容〕说话和颜悦色。　㉑〔送之及门〕送他到门口。

视其上马乃还。自是群公稍稍效之①，自公始也②。

　　写位高不骄，是温良宽厚的具体表现。

　　自致仕归西都十余年③，常深居不出④；晚年宾客请见者亦多，谢以疾⑤。所亲问其故⑥，公曰："凡待人无贵贱贤愚，礼貌当如一。吾累世居洛⑦，亲旧盖以千百数⑧，若有见有不见，是非均一之道⑨；若人人见之⑩，吾衰疾不能堪也⑪。"士大夫亦知其心，无怨也⑫。

　　写以礼貌待人，不因贵贱贤愚而有别，也是温良宽厚的具体表现。

钱若水⑬

　　钱若水为同州推官⑭，知州某性褊急⑮，数以胸臆决事

---

①〔自是〕从此。〔群公〕指其他高官。〔稍稍〕渐渐。 ②〔自公始也〕（对下属有礼貌）是从富弼开始的。 ③〔致仕〕辞官。〔西都〕洛阳。北宋建都汴京（今河南开封），名东京。以洛阳为西京。 ④〔深居〕住在家里不外出。 ⑤〔谢以疾〕以病为理由，辞谢不见。 ⑥〔所亲〕亲近的人。 ⑦〔累世〕许多代。 ⑧〔亲旧〕亲戚故旧。旧，指有旧交的朋友、同僚、旧部、门生等。〔以千百数（shǔ）〕上千上百。 ⑨〔是非均一之道〕这不是同等对待的做法。 ⑩〔人人见之〕每个人来了都接见。 ⑪〔衰疾〕年老体衰又有病。〔堪〕担当。 ⑫〔无怨〕指不怨他不接见。 ⑬〔钱若水〕字澹（dàn）臣，宋新安（今安徽歙县）人。官至并（bīng）代经略使。谥宣靖。 ⑭〔同州〕今陕西大荔。〔推官〕州里管司法的官。 ⑮〔知州〕州的长官。〔褊（biǎn）〕气量狭小。

不当①，若水固争不能得②，辄曰③："当陪奉赎铜耳④。"既而果为朝廷及上司所驳⑤，州、官皆以赎论⑥。知州愧谢，已而复然⑦。前后如此数矣。

先泛写钱若水通达世务而心地宽和。

有富民家小女奴逃亡，不知所之⑧。奴父母讼于州⑨，命录事参军鞫之⑩。录事尝贷钱于富民，不获⑪，乃劾富民父子数人共杀女奴⑫，弃尸水中，遂失其尸，或为元谋⑬，或从而加功⑭，罪皆应死。富民不胜棰楚⑮，自诬服⑯。具上⑰，州官审复无反异⑱，皆以为得矣⑲。若水独疑之，留其狱数日不决⑳。录事诣若水厅诟之曰㉑："若受富民钱㉒，欲

---

① 〔数（旧读 shuò）以胸臆决事〕多次凭臆测决断事情。数，屡次。下文"如此数矣"的"数"同。胸臆，主观看法。〔不当（dàng）〕不恰当。② 〔固争〕坚持争论。〔不能得〕不能达到目的。 ③ 〔辄（zhé）〕就。 ④ 〔当陪奉赎铜〕合当陪伴你交纳赎罪的铜。奉，对州官表示恭敬的说法。我国从远古起就有用财物赎罪之法。隋唐以来，规定某种罪可以交铜若干斤赎免。这里是说这样错下去，必然要受罚。你受罚，我也要陪你受罚。 ⑤ 〔既而〕不久。〔上司〕上级机关。〔驳〕批驳。 ⑥ 〔州、官〕知州和推官。〔以赎论〕按赎法定罚。论，决定，判处。 ⑦ 〔已而〕事情过去之后。〔复然〕又照旧。 ⑧ 〔之〕往。 ⑨ 〔讼于州〕到州里控告。讼，打官司。 ⑩ 〔录事参军〕州里掌管文书的官。〔鞫（jū）〕审问。 ⑪ 〔不获〕没得到，没借到。 ⑫ 〔劾（hé）〕揭发罪状，断定。 ⑬ 〔或为元谋〕某人是主犯。元谋，主谋。元，首。 ⑭ 〔从而加功〕随着用力完成了这件事，从犯。 ⑮ 〔不胜（shēng）棰楚〕受不了鞭杖敲打的痛苦。棰，木棍。楚，杖。 ⑯ 〔自诬服〕自己诬陷自己而服罪。诬，捏造事实冤枉好人。这里是说自己承认了强加给自己的罪状。 ⑰ 〔具上〕备好文书呈报上级。这里指录事呈报知州。 ⑱ 〔审复〕审问复查。〔反异〕相反和不同的情状。 ⑲ 〔得〕得到实情，处理得当。 ⑳ 〔狱〕案件。〔决〕判决。 ㉑ 〔诣〕往。〔厅〕厅事，办公的处所。〔诟（gòu）〕骂。 ㉒ 〔若〕你。

出其死罪耶①?"若水笑谢曰:"今数人当死②,岂可不少留,熟观其狱词耶③?"留之且旬日④,知州屡趣之⑤,不得,上下皆怪之⑥。若水一旦诣州⑦,屏人言曰⑧:"若水所以留其狱者⑨,密使人访求女奴,今得之矣。"知州惊曰:"安在⑩?"若水因密使人送女奴于知州。乃垂帘⑪,引女奴父母问曰⑫:"汝今见汝女,识之乎?"对曰:"安有不识也?"因从帘中推出示之。父母泣曰:"是也。"乃引富民父子,悉破械纵之⑬。其人号泣不肯去⑭,曰:"微使君之赐,则某灭族矣⑮。"知州曰:"推官之赐也,非我也。"其人趋诣若水厅事⑯,若水闭门拒之,曰:"知州自求得之⑰,我何与焉⑱?"

　　承上文,举平冤狱为例,更深入更明确地写钱若水的为人。

----

① 〔出其死罪〕出脱他的死罪。② 〔当(dāng)〕判决。③ 〔熟观其狱词〕仔细看他的供词。④ 〔且旬日〕将近十天。且,将要。⑤ 〔趣(cù)〕催促。⑥ 〔上下〕州里的大小官吏。⑦ 〔一旦〕一天。〔诣州〕去见知州。⑧ 〔屏(bǐng)人〕叫别人都出去。屏,排除。⑨ 〔所以留其狱〕拖延这案件的原因。⑩ 〔安在〕在哪里。安,何。⑪ 〔垂帘〕挂上帘子(为的是分开内外)。⑫ 〔引〕领,引导。⑬ 〔悉破械纵之〕全都卸下枷锁释放他们。械,刑具。⑭ 〔其人〕指富民。⑮ 〔微使君之赐,则某灭族矣〕如果没有您的恩典,我就全家被杀。微,没有,不是。使君,古代对州级长官的敬称。⑯ 〔趋诣〕赶往。⑰ 〔自求得之〕自己求得实情。⑱ 〔我何与(yù)焉〕我有什么关系呢?与,干预,相干。

吕蒙正①

　　吕蒙正相公不喜记人过②。初参知政事③，入朝堂，有朝士于帘内指之曰④："是小子亦参政耶⑤？"蒙正佯为不闻而过之⑥。其同列怒⑦，令诘其官位姓名⑧，蒙正遽止之⑨。罢朝⑩，同列犹不能平⑪，悔不穷问⑫，蒙正曰："一知其姓名，则终身不能复忘，固不如无知也⑬，不问之何损⑭？"时皆服其量⑮。

　　写吕蒙正有不记私怨的雅量。

曹　彬⑯

　　曹侍中彬为人仁爱多恕⑰，平数国⑱，未尝妄斩人。尝

---

①〔吕蒙正〕字圣功，北宋河南洛阳人。曾三次任宰相。宽厚刚直，遇事敢言。封许国公。谥文穆。　②〔相公〕对宰相的敬称。　③〔参知政事〕宋朝的参知政事是副宰相职。　④〔朝士〕在朝中做官的人。　⑤〔是小子〕这个小子。这是轻蔑的话。　⑥〔佯为不闻〕假装没听见。〔过〕走过去。　⑦〔同列〕在朝房同行列，同僚。　⑧〔诘（jié）〕追问。〔其〕指朝士。　⑨〔遽〕急，赶紧。　⑩〔罢朝〕退朝。　⑪〔不能平〕（怒气）不能平静下来，未消除。　⑫〔穷问〕追究到底。　⑬〔无知〕不知道。无，通"毋"。　⑭〔何损〕有什么害处。　⑮〔服其量（liàng）〕佩服他的度量。　⑯〔曹彬（bīn）〕字国华，北宋真定灵寿（今河北灵寿）人。辅佐宋太祖平定天下，战功很大。为人清廉仁爱，灭后蜀，灭南唐，不妄杀一人，不妄取一物。位兼将相，不以位高骄人。封鲁国公。谥武惠。　⑰〔侍中〕门下省的长官，掌管审查诏令、签署章奏、纠正朝政缺失等。　⑱〔平〕平定，灭。

知徐州①,有吏犯罪,既立案②,逾年然后杖之③。人皆不晓其意,彬曰:"吾闻此人新娶妇,若杖之,彼其舅姑必以妇为不利而恶之④,朝夕笞骂⑤,使不能自存⑥,吾故缓其事⑦;而法亦不赦也⑧。"其用意如此⑨。

写曹彬能以仁爱之心待人。

王嗣宗⑩

王嗣宗,汾州人,太祖时举进士⑪,与赵昌言争状元于殿前⑫。太祖乃命二人手搏⑬,约胜者与之⑭。昌言发秃⑮,嗣宗殴其幞头坠地⑯,趣前谢曰⑰:"臣胜之。"上大笑⑱,即以嗣宗为状元,昌言次之⑲。初为泰州司理参军⑳,路冲知

---

①〔尝知徐州〕曾经做徐州的知州。 ②〔立案〕呈报上级得到批准。 ③〔逾年〕过了一年。〔杖之〕执行所处的杖刑。 ④〔彼其(旧读 jī)舅姑〕她的公公婆婆。其,助词,没有意义。〔不利〕不吉祥。〔恶(wù)〕厌恶,憎恨。 ⑤〔朝夕笞(chī)骂〕从早到晚打骂。笞,用鞭或杖打。 ⑥〔自存〕活下去。 ⑦〔缓其事〕推迟杖刑的事。 ⑧〔法亦不赦〕按法律也不饶恕。 ⑨〔用意〕用心。 ⑩〔王嗣宗〕字希阮,北宋汾州(今山西汾阳一带)人。官至御史中丞。有才而为人刻薄。 ⑪〔太祖〕宋朝开国君主赵匡胤(yìn)。〔举进士〕考进士。 ⑫〔赵昌言〕字仲谟,北宋孝义(今山西孝义)人。官至枢密副使。〔状元〕进士第一名。进士名次由皇帝决定。〔殿〕讲武殿,宋朝殿试进士的地方。 ⑬〔手搏〕赤手争斗。 ⑭〔约胜者与之〕讲好,谁胜了就给予状元的头衔。 ⑮〔发秃〕秃头。 ⑯〔幞(pú)头〕古时男子用的一种头巾。 ⑰〔趣〕通"趋",小步快走。〔谢〕告诉。 ⑱〔上〕皇帝。 ⑲〔次之〕在他之后,第二名。 ⑳〔司理参军〕州里管狱讼勘鞫(jū,审判)的官。

州事①。尝以公事忤冲意②,怒械系之③。会有献新果一盒者④,冲召嗣宗谓曰:"汝为我对一句诗,当脱汝械⑤。"嗣宗请诗⑥,冲曰:"佳果更将新合合⑦。"嗣宗应声曰:"恶人须用大枷枷⑧。"冲悦,即舍之⑨。

写王嗣宗的趣事,以讽刺官场中有些事形同儿戏。

石中立⑩

翰林学士石中立性滑稽,尝与同列观南御园所畜狮子⑪,主者云⑫:"县官日破肉五斤以饲之⑬。"同列戏曰:"吾侪反不及此狮子耶⑭?"中立曰:"然⑮,吾辈官皆员外郎⑯,敢望园中狮子乎⑰?"众大笑。朝士上官辟尝谏之曰⑱:"公名位非轻⑲,奈何谈笑如此?"中立曰:"君自为上官辟,

①〔路冲知州事〕路冲做知州(是司理参军的上司)。 ②〔忤(wǔ)〕违背。 ③〔械系〕戴上刑具关在狱里。 ④〔会〕恰好。 ⑤〔当〕应当,就要。〔脱〕卸掉。 ⑥〔请诗〕问(要对的)诗,指一联的上句。 ⑦〔将〕用。〔新合〕新盒子。合,通"盒"。〔合〕聚拢,装起来。 ⑧〔大枷〕分量重的枷。枷,套在犯人脖子上的刑具。〔枷〕枷起来。 ⑨〔舍〕免罪,释放。 ⑩〔石中立〕字表臣,北宋河南洛阳人。官至参知政事。为人疏旷诙谐,好宾客,无积蓄,死后无以治丧。谥文定。 ⑪〔南御园〕皇帝苑囿之一。 ⑫〔主者〕主管的人。 ⑬〔县官〕朝廷。〔日破肉五斤〕每天破费五斤肉。破,割。〔饲(sì)〕喂养。 ⑭〔吾侪(chái)〕我们这些人。侪,辈。〔不及〕意思是得不到五斤肉。 ⑮〔然〕正是这样。 ⑯〔员外郎〕各部的中下级官。这里取其谐音"园外狼",与园中狮相对。 ⑰〔敢望园中狮子乎〕敢盼望园里狮子(的待遇)吗? ⑱〔上官辟(bì)〕姓上官,名辟。 ⑲〔公〕对人的尊称。〔名位非轻〕名望、地位都很贵重。

何能知下官口①?"及为参知政事日,或谓曰:"公为两府②,谈谐度可止矣③。"中立取除书示曰④:"敕命我'可本官参知政事⑤,余如故⑥',奈何止也⑦?"尝坠马,左右惊扶之,中立起曰:"赖尔石参政也⑧,向若瓦参政⑨,齑粉久矣⑩。"

写石中立的滑稽,以反映当时官场可笑的一面。

【研读参考】一、《涑水记闻》是"笔记"一类的著作,内容是把自己的所见、所闻、所思等,认为值得传与别人的,信笔写下来,篇幅可长可短,态度可庄可谐,所以常常比命题的大文章活泼有趣。这种体裁由远古就有,唐宋以后更多,不少有名人物于事业之暇,也喜欢写这类小品,如欧阳修有《归田录》,陆游有《老学庵笔记》。根据内容性质的不尽同,有人把这类作品分为三类:(1)小说故事类;(2)历史琐闻类;(3)考据辨证类。《涑水记闻》属于历史琐闻类。我们读这类作品,既可以增长知识,又可以学习选材、组织以及行云流水式的写作方法。如果条

---

①〔君自为上官辟,何能知下官口〕这句玩笑话的意思是,你愿意做大官的鼻子,到处探访,我这小官却愿意发发牢骚。这里借辟、鼻音近,用"鼻"字对下句的"口"字。 ②〔两府〕宋朝称中书省和枢密院为两府,是最高的军政机关。中书省管文事,枢密院管武事。 ③〔谈谐〕诙谐的言谈。〔度(旧读duó)〕估计。 ④〔除书〕拜官的文书。除,授官,委任。〔示〕给他看。 ⑤〔敕(chì)〕诏令。〔可本官参知政事〕可以带着原来的官职做参知政事。这是诏令上的原文。 ⑥〔余如故〕其他官阶仍旧保留。这也是诏令上的原文。这里取义是不要改变原样。 ⑦〔奈何止也〕为什么要停止(谈谐)呢。 ⑧〔赖尔石参政也〕幸亏你是个石(头)参政。 ⑨〔向〕原来。〔若〕如果是。 ⑩〔齑(jī)粉久矣〕早就摔成碎末了。齑,切碎的腌菜。

件允许,可以找这类著作读读。

二、在本篇中,"无""谢""数""胜""当"各有什么用法?举例说说。

三、模仿本篇,用现代语写两三则你自己的见闻。

四〇 《范文正公文集》叙 苏轼

【解说】 本篇选自《苏东坡集》。范文正公，范仲淹（989—1052），字希文，北宋苏州吴县（今江苏苏州）人。少年时期贫苦，努力读书，中进士。官至参知政事，并曾带兵抗西夏入侵，是文武全才。为人方正，忧国忧民。文章也写得好，所作散文《岳阳楼记》、词《渔家傲·塞下秋来风景异》，为人们所爱读。死后谥文正。叙，同"序"，是评介某书印在书前的一种文体。苏轼的祖父名叫序，为避祖先讳，所以不用"序"字。

本篇写法有特点，评介文集的话不多，而多从自己对著者的认识和景仰着笔，情深语挚，使读者于千载之下还能想见范文正公的为人。末尾两段，谈功业，引古人为比，谈品德，引古语为证，都分量很重而并不夸大，就写作技巧说也是值得注意的。

作者苏轼（1037—1101），字子瞻，号东坡居士，北宋眉山（今四川眉山）人。天才高，读书多。仁宗嘉祐二年（1057）中进士，欧阳修主持考试，很赞赏他的文章。开始做官，任河南福昌主簿、陕西凤翔判官。后来因为反对变法，在官场一直不得意，曾任密州、徐州、湖州的知州。因为有人告他作诗讽刺新法，被捕入狱。出狱后官黄州、常州。宋哲宗即位后回朝，任中书舍人、翰林学士兼侍读。后来又贬官惠州、琼州（现在海南岛），赦还后死在常州。谥文忠。苏轼是北宋的大作家，行文流利奔放，正如他自己所说："意之所到，则笔力曲折，无不尽意。"他和他父亲苏洵、弟弟苏辙，合称"三苏"，是唐宋八大家里的散文名家。诗和词也都写得很好。词的意境阔大豪放，开创了这种文体的新境界，与南宋的爱国词人辛弃疾合称"苏辛"。字也写得好，笔姿放逸浑厚，与黄庭坚、米芾（fú）、蔡襄合称"苏黄米蔡"四大家。著有《苏东坡集》。

庆历三年①，轼始总角②，入乡校③。士有自京师来者④，以鲁人石守道所作《庆历圣德诗》示乡先生⑤。轼从旁窃观⑥，则能诵习其词⑦，问先生以所颂十一人者何人也⑧，先生曰："童子何用知之⑨？"轼曰："此天人也耶⑩？则不敢知；若亦人耳，何为其不可⑪？"先生奇轼言⑫，尽以告之⑬，

---

①〔庆历三年〕公元1043年。庆历，宋仁宗的年号。 ②〔总角〕把头发束成小结。指童年时期。 ③〔入乡校〕（八岁）入乡里小学读书。 ④〔士〕读书人。〔京师〕指北宋都城汴京（今河南开封）。 ⑤〔鲁人〕山东人。〔石守道〕石介，字守道，兖（yǎn）州奉符（今山东泰安）人。宋仁宗天圣年间进士。官至太子中允。〔《庆历圣德诗》〕歌颂庆历年间政治开明的诗。圣德，指皇帝英明，因而用人得当。〔示〕给……看。〔乡先生〕乡里有学问的人。 ⑥〔窃观〕偷偷地看。 ⑦〔诵习〕熟悉能背诵。 ⑧〔所颂十一人〕所颂扬的十一个人。指韩琦、富弼、杜衍（yǎn）、晏殊、章得象、贾昌朝、范仲淹、欧阳修、余靖、王索、蔡襄。 ⑨〔何用知之〕有什么必要知道这些呢。用，需要。 ⑩〔天人〕天上人。 ⑪〔何为其不可〕为什么不可以（问）呢。 ⑫〔奇轼言〕以轼言为奇。 ⑬〔尽〕全部。〔以〕以（其事）。

且曰①:"韩、范、富、欧阳,此四人者,人杰也②。"时虽未尽了③,则已私识之矣④。

从早岁景仰范仲淹,想见其为人写起。

嘉祐二年⑤,始举进士⑥,至京师,则范公殁⑦。既葬而墓碑出⑧,读之至流涕,曰:"吾得其为人⑨,盖十有五年⑩,而不一见其面⑪,岂非命也欤⑫!"是岁登第⑬,始见知于欧阳公⑭,因公以识韩、富⑮,皆以国士待轼⑯,曰:"恨子不识范文正公⑰。"其后三年⑱,过许⑲,始识公之仲子今丞相尧夫⑳。又六年㉑,始见其叔彝叟京师㉒。又十一年㉓,遂与

---

①〔且〕并且,又。 ②〔人杰〕杰出的人物。 ③〔尽了〕完全了解。 ④〔私识(zhì)〕暗中记住。识,通"志"。 ⑤〔嘉祐二年〕公元1057年。嘉祐,宋仁宗的年号。 ⑥〔举进士〕投考进士。 ⑦〔殁(mò)〕死。 ⑧〔既葬〕安葬完毕。〔墓碑出〕墓碑的文字传出来。指欧阳修至和元年(1054)作的《资政殿学士户部侍郎文正范公神道碑铭》。 ⑨〔得其为人〕得知他的做人的品格。 ⑩〔盖〕大致是。〔十有五年〕十又五年。有,通"又"。 ⑪〔不一见其面〕一次也没见到他。 ⑫〔岂非命也欤〕难道不是命运的安排吗! ⑬〔是岁〕这一年。〔登第〕考中进士。 ⑭〔见知〕受知,受重视。见,表被动。〔欧阳公〕欧阳修。《宋史·苏轼传》:"(轼)以书见修,修语梅圣俞曰:'吾当避此人出一头地。'" ⑮〔因公以识〕通过欧阳修而认识。因,借。 ⑯〔国士〕一国才能出众的人。 ⑰〔恨〕遗憾,可惜。〔子〕你。 ⑱〔后三年〕嘉祐五年(1060)。这一年苏轼到河南府任福昌县主簿。 ⑲〔过许〕经过许州(今河南许昌一带)。 ⑳〔仲子〕次子。〔今丞相〕现在的宰相。〔尧夫〕范纯仁,字尧夫,曾官尚书仆射(yè)。 ㉑〔又六年〕宋英宗治平三年(1066)。这一年苏轼在京师做直史馆的官。 ㉒〔叔〕承上文"仲子",这里说"叔子",第三子。〔彝(yí)叟〕范纯礼,字彝叟,曾以龙图阁直学士知开封府,官至尚书右丞。下文"京师"前面省略了"于"字。 ㉓〔又十一年〕宋神宗熙宁十年(1077)。这一年苏轼做知徐州的官。

其季德孺同僚于徐①。皆一见如旧②，且以公遗稿见属为叙③。又十三年④，乃克为之⑤。呜呼！公之功德盖不待文而显⑥，其文亦不待叙而传。然不敢辞者⑦，自以八岁知敬爱公，今四十七年矣，彼三杰者皆得从之游⑧，而公独不识⑨，以为平生之恨⑩，若获挂名其文字中⑪，以自托于门下士之末⑫，岂非畴昔之愿也哉⑬？

写进一步了解范仲淹，加深景仰，以及为文集作序的来由和用心。

古之君子⑭，如伊尹、太公、管仲、乐毅之流⑮，其王霸之略皆定于畎亩中⑯，非仕而后学者也⑰。淮阴侯见高帝

---

①〔季〕季子，第四子。〔德孺〕范纯粹，字德孺。官至徽猷阁待制。〔同僚于徐〕同在徐州做官。 ②〔如旧〕像老朋友。 ③〔见属为叙〕嘱咐我写序文。 ④〔又十三年〕宋哲宗元祐五年（1090）。文末说序文是元祐四年写的，只有十二年。这一年苏轼做知杭州的官。 ⑤〔克〕能够。〔为之〕写这篇序文。 ⑥〔功德〕功业和德行。〔不待文而显〕不等待文章来显耀于世。 ⑦〔辞〕推辞。指写序文。 ⑧〔三杰〕指韩琦、富弼、欧阳修。〔皆得从之游〕（我）都能和他们交往。 ⑨〔公独不识〕只是不认识范仲淹。 ⑩〔平生〕一生。 ⑪〔挂名其文字中〕在他的文集里有个名字。指为范仲淹的文集作序。 ⑫〔自托于门下士之末〕把自己附托在范仲淹门下士的末尾。托，寄托。门下士，门生。 ⑬〔畴（chóu）昔〕往日。畴，助词，无义。 ⑭〔君子〕有品德有学识的人。 ⑮〔伊尹〕商汤的大臣，名挚，辅佐汤伐夏桀。〔太公〕姜姓，名尚，辅佐武王伐商纣。〔管仲〕名夷吾，字仲，春秋时辅佐齐桓公称霸诸侯。〔乐（yuè）毅〕战国时燕国大将，曾打败齐国。〔流〕辈，同一流的人。 ⑯〔王霸之略〕使君主称王称霸的谋略。〔皆定于畎（quǎn）亩中〕意思是，王霸的谋略在出仕之前就拟定了。畎亩，田间，指隐居的处所。 ⑰〔仕〕做官。

于汉中①，论刘、项短长②，画取三秦③，如指诸掌④，及佐帝定天下，汉中之言无一不酬者⑤。诸葛孔明卧草庐中⑥，与先主策曹操、孙权⑦，规取刘璋⑧，因蜀之资以争天下⑨，终身不易其言⑩。此岂口传耳受⑪，尝试为之⑫，而侥幸其或成者哉⑬？公在天圣中⑭，居太夫人忧⑮，则已有忧天下致太平之意⑯，故为万言书以遗宰相⑰，天下传诵⑱。至用为将⑲，擢为执政⑳，考其平生所为，无出此书者㉑。

　　承上文，转入颂扬功德。先引古人为比，写范仲淹的功业。

　　今其集二十卷，为诗赋二百六十八，为文一百六十五，

————

①〔淮阴侯〕韩信。〔高帝〕刘邦。〔汉中〕战国楚地，现在陕西省南部。②〔刘、项〕刘邦和项羽。〔短长〕不利条件和有利条件。③〔画取〕谋划攻取。〔三秦〕项羽入秦，曾三分秦关中之地。④〔指诸掌〕指之于掌上。比喻事情容易办。诸，之于。《论语·八佾（yì）》："子曰：'不知也。知其说者之于天下也，其如示诸斯乎。'指其掌。"⑤〔酬〕报偿，兑现。⑥〔诸葛孔明〕诸葛亮。〔卧草庐中〕躺在茅屋里，指隐居。⑦〔先主〕刘备。〔策曹操、孙权〕指联合孙权对抗曹操的谋略。策，谋划。⑧〔规取刘璋〕计划攻取刘璋统辖的区域。刘璋当时是益州（现在四川省一带）刺史。⑨〔因蜀之资〕借四川的地理、人民、经济等条件。⑩〔不易其言〕不改变当初的话。⑪〔口传耳受〕姑且说说听听。⑫〔尝试为之〕试着做做。⑬〔侥幸其或成〕希望碰巧会成功。⑭〔天圣〕宋仁宗的年号。⑮〔居太夫人忧〕处在母亲死去的服丧时期。忧，居父母丧。⑯〔忧天下〕关心国事。忧，担心（不能平定）。〔致太平〕使国家得到太平。〔意〕志。⑰〔为万言书以遗（旧读 wèi）宰相〕指天圣五年（1027）写的《上执政书》。遗，给。⑱〔传诵〕流传诵读。表示人人重视。⑲〔用为将〕指宋仁宗康定元年（1040）任陕西经略安抚副使。⑳〔擢（zhuó）〕提升。〔执政〕指庆历三年（1043）任参知政事（副宰相职）。㉑〔无出此书者〕没有不符合当年《上执政书》的内容的。

其于仁义、礼乐、忠信、孝悌①,盖如饥渴之于饮食,欲须臾忘而不可得②。如火之热,如水之湿③,盖其天性有不得不然者④,虽弄翰戏语⑤,率然而作⑥,必归于此⑦。故天下信其诚,争师尊之⑧。孔子曰:"有德者必有言⑨。"非有言也,德之发于口者也⑩。又曰:"我战则克,祭则受福⑪。"非能战也,德之见于怒者也⑫。

元祐四年四月二十一日⑬。

接着由文章而写到范仲淹的高尚品德,并写明作序的时间,结束全文。

【研读参考】一、在唐宋许多古文家里,苏轼的文章以流利明快见长,初学读起来容易,会感兴趣。苏轼一生作的诗文很多,中学时代想读,最好用选本。刘乃昌选注本《苏轼选集》(齐鲁书社)收诗、词、文三种,量不大,可以用。

———

①〔仁义、礼乐(yuè)、忠信、孝悌(tì)〕这些都是范仲淹在文章里注重的。②〔须臾(yú)〕少时,片刻。〔不可得〕不可能。③〔如火之热,如水之湿〕意思是出于本性。④〔不得不然〕不能不这样。⑤〔弄翰(hàn)〕执笔写作。翰,笔。〔戏语〕指随意作的诗文。⑥〔率然〕随便,不加思虑。⑦〔此〕指上述仁义、礼乐、忠信、孝悌的内容。⑧〔师尊之〕师之尊之。以他为师,尊敬他。⑨〔有德者必有言〕有道德的人一定有值得传世的嘉言。《论语·宪问》:"子曰:'有德者必有言,有言者不必有德。'"⑩〔非有言也,德之发于口者也〕不是能讲话,而是品德从口中流露出来。⑪〔我战则克,祭则受福〕我去战斗就能制胜,我祭祖先就能得到福佑。《礼记·礼器》:"孔子曰:'我战则克,祭则受福,盖得其道矣。'"⑫〔非能战也,德之见于怒者也〕不是长于作战,而是道德表现为勇气。怒,奋发。⑬〔元祐四年〕公元1089年。元祐,宋哲宗的年号。

二、本篇为文集作序，却以作者自己对范文正公的景仰为主线，写了不少感情深挚的话。这样写，顺着思绪进展，布局行云流水，使读者感到自然而亲切。上好的文章总是在写自己的心情，能鲜明地表现出自己的心情。可以用本篇为例，想想这种道理。

三、文言的"盖"字用法很灵活，不容易译成现代语，读时碰到要仔细体会它的确切意义。说说本篇的"盖"字各表示什么意义。

四一　小简四篇

【解说】本篇中前两篇选自《东坡尺牍》，后两篇选自《山谷老人刀笔》。小简，短信。这种短信，南北朝时期很流行，如传世的王羲之等人的帖（tiè）都是。后来不少文人也喜欢用这种写法写没有特定主题的信，称为小简。这种写法近于随笔，随兴之所至，行云流水，少则三言两语，多则十行八行，起不知所自来，想到便写，忽此忽彼，连而忽断，兴尽则戛然而止。由通常作文的道理看，像是主题不纯，格局散漫，没有明显的起承转合，甚至缺头少尾。可是仔细吟味，却又内容恳挚，章法灵活，言简而意厚，余韵不尽。读这类小简，既可以欣赏它的内容，又可以学习它的写法，所以不当以为它是小品而忽视它。

苏轼、黄庭坚都长于写短文。这里苏轼的两篇，主要在表示自己的旷达态度；黄庭坚的两篇，主要在勉励别人应该重视实学。

作者苏轼，上一篇的解说里已经介绍过。黄庭坚（1045—1105），字鲁直，号山谷道人，又号涪（fú）翁，北宋洪州分宁（今江西修水）人。英宗治平四年（1067）进士。曾任国子监教授、秘书省校书郎、著作佐郎等官。宋哲宗绍圣年间被贬为涪州

(今重庆市涪陵区)别驾,黔(qián)州(今重庆市黔江区)安置。以后屡遭贬谪,死在宜州(今广西宜山)。黄庭坚是宋朝有名的诗人,诗学杜甫,但词句力求奇崛冷峭,多用典,创立了江西诗派。他又是著名的书法家,笔画挺拔雄放,对后来影响很大。著有《豫章黄先生文集》《山谷老人刀笔》等。

与黄鲁直　苏轼

某有侄婿王郎①,名庠②,荣州人③,文行皆超然④,笔力有余⑤,出语不凡⑥,可收为吾党也⑦。自蜀遣人来惠云⑧:鲁直在黔,决当往见⑨,求书为先容⑩。嘉其有奇志⑪,故为作书⑫。然旧闻其太夫人多病⑬,未易远去⑭,谩为一言⑮。眉人有程遵诲者⑯,亦奇士,文益老⑰,王郎盖师之⑱。此两

---

①〔某〕信稿中代作者的名字。〔侄婿〕侄女的丈夫。〔郎〕对年轻男子的泛称。　②〔庠〕读 xiáng。　③〔荣州〕今四川荣县。　④〔文行(旧读 xìng)皆超然〕文章操行都不同寻常。　⑤〔笔力有余〕写文章不费力。　⑥〔不凡〕高超,不俗。　⑦〔收为吾党〕算作我们这一伙里的人。　⑧〔蜀〕蜀州,现在四川省西部,这里指王郎的住地。〔惠〕惠州,今广东惠阳。宋哲宗绍圣元年(1094),苏轼五十九岁,被贬为宁远军(相当于州的政治区划,在广西)节度副使,惠州安置。苏轼在那里住了约三年。　⑨〔决当往见〕一定要去谒见。　⑩〔求书为先容〕求我写信先给介绍。先容,事先介绍。容,雕饰,引申为介绍,求人允许。　⑪〔嘉〕赞美。　⑫〔故为作书〕所以为他写(这封)信。　⑬〔旧闻〕以前听说。〔其〕指王郎。〔太夫人〕母亲。　⑭〔远去〕远离。　⑮〔谩(màn)为一言〕姑且提一下。谩,空泛地,随便地。　⑯〔眉人〕眉州人。眉州,今四川眉山一带。〔程遵诲〕生平不详。　⑰〔文益老〕文章越发老练。　⑱〔王郎盖师之〕王郎大概是向他学的。

人有致穷之具①,而与不肖为亲②,又欲往来黄鲁直③,其穷殆未易量也④。

介绍王郎,形容他的为人清高乐道,赞许他与自己和黄庭坚是同道之人。

与参寥子⑤　苏轼

某启⑥:专人来⑦,辱手书⑧,并示近诗⑨,如获一笑之乐,数日慰喜忘味也⑩。某到贬所半年,凡百粗遣⑪,更不能细说。大略只似灵隐、天竺和尚⑫,退院后却住一个小村

---

①〔此两人〕指王郎和程遵诲。〔致穷之具〕招致穷困(不走运,不能腾达)的条件。指能文。这是愤激的话。　②〔不肖〕不贤。这是自谦的称呼。〔为亲〕有亲戚或同乡关系。　③〔往来〕交往。　④〔殆(dài)〕大概。〔未易量(liáng)〕不容易估量。意思是穷的程度将更深。　⑤〔参寥子〕北宋僧人道潜,号参寥子,俗姓何。住杭州智果寺,和苏轼交谊很深。著有《参寥子》。　⑥〔启〕述说。　⑦〔专人来〕(您)派人专为送信而来。　⑧〔辱手书〕送来你的信。辱,书札里用的谦词。意思是您不惜屈尊。　⑨〔示近诗〕给我看新近作的诗。　⑩〔如获一笑之乐,数日慰喜忘味也〕(收到你的信和诗)好像得到欢笑的快乐,好几天都安慰、高兴,以致忘掉饭菜的滋味。《论语·述而》:"子在齐闻《韶》(sháo,乐曲名),三月不知肉味。"　⑪〔凡百粗遣〕所有的事情都粗略地打发过去。凡百,概括的词,表示一包在内。遣,排遣。　⑫〔灵隐、天竺和尚〕灵隐寺、天竺寺的和尚。灵隐山在杭州西面,有寺名灵隐寺,是有名的佛寺。天竺寺有上、中、下三个寺,都在杭州城西飞来峰附近。

院子①,折足铛中罨糙米饭吃②,便过一生也得③。其余瘴疠病人④,北方何尝不病⑤?是病皆死得人⑥,何必瘴气?又苦无医药⑦,京师国医手里死汉尤多⑧。参寥闻此一笑⑨,当不复忧我也⑩。故人相知者即以此语之⑪,余人不足与道也⑫。未会合⑬,千万为道自爱⑭。

　　答参寥子,告知自己遭贬谪而能处之泰然,是对官场不合理现象的间接讽刺。

与洪甥驹父⑮　黄庭坚

　　驹父外甥推官⑯:得来书,并寄近诗,句甚秀而气有

---

①〔退院〕年老不参与寺院活动,个人隐居修行。　②〔折足铛(chēng)〕缺腿的平底锅。〔罨(yǎn)〕覆盖,蒸。〔糙(cāo)米〕粗米。　③〔过一生也得〕这样过一辈子也不坏。这几句把名寺比作朝廷,小村比作贬所,吃糙米饭比作谪居的清贫无聊。　④〔瘴(zhàng)疠(lì)病人〕瘴气疠气使人害病。山川湿热蒸腾的气使人得病,内病叫瘴,外病叫疠。这是参寥子来信中担心的事。　⑤〔北方何尝不病〕北方(没有瘴疠)何尝不得病。　⑥〔是病皆死得人〕凡是病都能使人死。是,用法同现代语的"是"。　⑦〔又苦无医药〕又苦于缺医少药。这也是来信中所担心的。　⑧〔京师〕京城,汴京。〔国医〕闻名的良医。〔死汉〕死的壮年男子。　⑨〔闻此一笑〕听了我这些话可以一笑(笑我的想法离奇)。　⑩〔不复忧我〕不再为我忧愁(怕我心情不好,怕我受瘴疠的侵袭而病,怕我病了没人治)。　⑪〔故人相知者〕旧相识中知心的人。　⑫〔余人〕此外的人。〔不足与道〕不值得跟他们讲。　⑬〔会合〕见面。　⑭〔为道自爱〕为了个人修养自己珍重。　⑮〔洪甥驹父(fǔ)〕洪刍,字驹父。他母亲是黄庭坚的妹妹。　⑯〔推官〕州府里掌刑狱的官。

余①，慰喜不可言②。甥风骨清润③，似吾家尊行中有文者④，忽见句法如此，殆欲不孤老舅此意⑤。君子之事亲⑥，当立身行道⑦，扬名于后，文章直是太仓之稊米耳⑧。此真实语，决不相欺。又闻颇以诗酒废王事⑨，此虽小疵⑩，亦不可不勉除之⑪。牛羊会计，古人以养其禄⑫。老舅昔尝亦有此过⑬，三折肱而成医⑭，其说痛可信也⑮。邓翁亦甚相爱⑯，论亦及此⑰。切希加爱⑱，不具⑲。九舅书上⑳。

勉励驹父外甥要务实际，不可迷恋诗酒而流于浮华。

----

① 〔句甚秀〕文辞很清雅。〔气有余〕文理很充沛。 ② 〔不可言〕说不出来。形容程度深。 ③ 〔风骨清润〕风度高超文雅。 ④ 〔尊行（háng）〕长辈。〔有文者〕有文采的，能写文章的。 ⑤ 〔殆欲不孤老舅此意〕大概是想不辜负我这番心意。殆，大概。孤，辜负。此意，指培养教育使他在文章上有成就的愿望。 ⑥ 〔事亲〕侍奉父母。 ⑦ 〔立身〕在德行操守上有建树。〔行道〕行圣贤之道。 ⑧ 〔直是〕只是。〔太仓〕国家粮仓。〔稊（tí）米〕稊草结的实。稊米比谷米细小。 ⑨ 〔闻颇以诗酒废王事〕听说（你）为饮酒赋诗而荒废公事。王事，国家的事，指推官的职责。 ⑩ 〔小疵（cī）〕小毛病。 ⑪ 〔勉除之〕努力去掉它。 ⑫ 〔牛羊会（kuài）计，古人以养其禄〕意思是公务方面的琐碎事也不可忽视。牛羊，养牛羊。会计，管财物。养其禄，意思是得俸禄以养家。《孟子·万章下》："孔子尝为委吏（管粮仓的小官）矣，曰：'会计当（dàng）而已矣。'尝为乘田（管畜牧的小官）矣，曰：'牛羊茁壮长（zhǎng）而已矣。'" ⑬ 〔此过〕这种过失（指以诗酒废王事）。 ⑭ 〔三折肱（gōng）而成医〕三次折断肱骨就成了医生。意思是，多吸取失败的教训有好处。肱，臂的肘下腕上一段。《左传》定公十三年："三折肱，知为良医。" ⑮ 〔其说痛可信也〕那种说法很可信啊。痛，甚，极。 ⑯ 〔邓翁〕邓老先辈。翁，对老年人的敬称。〔甚相爱〕很关心你。 ⑰ 〔论亦及此〕提起你来，也谈到这一点（诗酒废王事）。 ⑱ 〔切希加爱〕恳切希望多珍重（以改掉缺点）。 ⑲ 〔不具〕不一一说到。 ⑳ 〔九舅〕黄庭坚排行第九。

与王立之[①]　黄庭坚

每思足下有日新时迈之气[②]，颇欲以文字相从[③]。所居既南北相望[④]，又公私匆匆[⑤]，初无暇日[⑥]，但驰仰耳[⑦]。辱教[⑧]，审体力胜健[⑨]，为慰[⑩]。承尊府往怀州[⑪]，几时当归也？复少游书[⑫]，词意自相了[⑬]，佳作也。若读经史贯穿[⑭]，使词气皆遒[⑮]，便为不愧古人矣。刘勰《文心雕龙》[⑯]，刘子玄《史通》[⑰]，此两书曾读否？所论虽不高[⑱]，然讥弹古人文病不可不知也[⑲]。高丽纸得暇即写[⑳]。多事[㉑]，草草[㉒]。

----

①〔王立之〕生平不详。　②〔日新时迈之气〕时刻进步的气概。日新，每天有新的面貌。时迈，每时都超过以前。　③〔颇欲〕很想。〔以文字相从〕用文字和您交往。从，随着（您）。这是客气说法。　④〔南北相望〕指相隔很远。　⑤〔公私匆匆〕公事私事很匆忙。　⑥〔初无〕本没有。　⑦〔驰仰〕远远地仰慕。　⑧〔辱教〕蒙您给我来信。　⑨〔审〕知道。〔体力胜健〕身体很好。　⑩〔为慰〕以此（体力胜健）为安慰。　⑪〔承〕奉。〔尊府〕您家中的人。〔怀州〕今河南沁阳一带。　⑫〔少游〕秦观，字少游。与黄庭坚同为苏门四学士之一。北宋著名的词人，著有《淮海词》。　⑬〔词意自相了（liǎo）〕语句和内容恰好互相照应。文章写完，意思也恰好说尽。了，完结。　⑭〔读经史贯穿〕把经书、史书都读透。贯穿，融会贯通。　⑮〔词气皆遒（qiú）〕文词和文气都刚劲有力。遒，强健。　⑯〔刘勰（xié）〕字彦和，南朝梁人。所著《文心雕龙》是我国最早的成系统的文学批评专著。　⑰〔刘子玄〕刘知幾（jī），字子玄，唐玄宗时官太子宾客。所著《史通》是我国最早的成系统的史学理论专著。　⑱〔所论〕指前两书中评文史的论述。　⑲〔讥弹（tán）〕评论，指出缺点。　⑳〔高丽纸〕一种质地坚韧的纸，原产于高丽（朝鲜的古名）。这里指王立之求黄庭坚写字的那份纸。　㉑〔多事〕事情很多。　㉒〔草草〕信写得很潦草。信札里常用这个词结尾，有表示歉意的意思。

婉转劝告王立之要多读古人书，以增长见识，不可满足于小的成就，故步自封。

【研读参考】 一、文言作品里有些体裁，如笔记、随笔、书札、题跋、日记等，一般篇幅都比较短，内容精练，写法灵活，宜于作课外读物。可以找这类作品多读一些。

二、苏轼的两篇，以幽默笔调写牢骚，而归结为表示旷达态度。可是两篇写法不同。你能指出不同中的一两点吗？

三、文言书札多用客气话，本篇中有哪些？这是不是俗套，说假话？你是怎么看的？

四、《与参寥子》一篇是写给和尚的，其中"大略只似……一生也得"用了出家人的语录体，这就是所谓"涉笔成趣"。要多读几遍，仔细吟味。

四二　黄州快哉亭记　苏辙

【解说】本篇选自《栾(luán)城集》。宋神宗元丰三年(1080),苏轼贬官,住在黄州(今湖北黄冈),到元丰七年(1084)才离开。这时期张梦得(就是张怀民,怀民是字)也贬到黄州做通判之类的佐理官。两个人处境相似,兴趣投合,所以元丰六年(1083)十月,苏轼曾夜往承天寺找张怀民同游,又用宋玉《风赋》中"快哉此风"的意思,为他的亭子取名"快哉"。苏辙这时候在河南做官,同苏轼常有来往,所以为张梦得写了这篇记。

文章写得很得体,主旨分浅深二层:由风景方面写值得"快"是浅的一层;进一步说"快"要靠能"自得",以赞扬、勉励张梦得不为贬官而忧闷,才是深的一层。这样写,记景文就有了更深刻的意义。

作者苏辙(1039—1112),字子由,晚号颍滨遗老,宋朝眉山(今四川眉山)人。他是苏洵的儿子,苏轼的弟弟,也是古文家,人称他们父子为"三苏",都列入唐宋八大家。宋仁宗嘉祐二年(1057)与苏轼同年中进士。曾任御史中丞、尚书右丞、门下侍郎等官。散文和诗都很有名。著有《栾城集》《龙川别志》等。

江出西陵①，始得平地，其流奔放肆大②；南合沅、湘③，北合汉、沔④，其势益张⑤，至于赤壁之下⑥，波流浸灌⑦，与海相若⑧。清河张君梦得谪居齐安⑨，即其庐之西南为亭⑩，以览观江流之胜⑪，而余兄子瞻名之曰"快哉"⑫。

从长江水势三变，越变水势越大，引出张梦得为了观览"江流之胜"而建亭，苏轼为亭命名"快哉"，以点出文章的题目。

盖亭之所见⑬，南北百里，东西一舍⑭，涛澜汹涌，风云开阖⑮，昼则舟楫出没于其前⑯，夜则鱼龙悲啸于其下⑰，

---

① 〔江〕长江。〔出〕流出。〔西陵〕西陵峡，又名夷陵峡，长江三峡之一，在湖北宜昌西北。 ② 〔奔放〕形容水流急速。〔肆大〕形容水流阔大。肆，放纵。 ③ 〔沅、湘〕沅江和湘江，都在湖南省，流入洞庭湖后注入长江。 ④ 〔汉、沔（miǎn）〕汉水，又称汉江，在长江北岸。源出陕西省宁强县，名漾水，东南流经沔县（勉县旧称），名沔水，又东经褒城县（1958年撤销），合褒水，始名汉水，到武汉市注入长江。 ⑤ 〔其势益张〕长江的水势越发盛大。张，扩大。 ⑥ 〔赤壁〕赤鼻矶（jī），在现在湖北黄冈城外，苏轼误认为周瑜破曹军的地方。 ⑦ 〔浸灌〕形容江水浩荡的样子。 ⑧ 〔相若〕相像。 ⑨ 〔清河〕郡名，今河北清河一带。〔谪（zhé）〕被贬官或调到边远地方做官。〔齐安〕郡名，就是黄州。 ⑩ 〔即〕就着。〔庐〕房屋，住处。〔为（wéi）〕造。 ⑪ 〔胜〕胜景。 ⑫ 〔而〕连词，连接建亭和命名两件事。〔子瞻〕苏轼的字。 ⑬ 〔盖〕句首助词，有阐明缘由的意味。〔亭之所见〕在亭上能看到的。 ⑭ 〔一舍（shè）〕三十里。古时行军每天走三十里宿营，叫作"一舍"。 ⑮ 〔风云开阖（hé）〕天气变化。意思是风云有时出现，有时消失。开，张开，显现。阖，关闭，消失。 ⑯ 〔舟楫（jí）〕船。楫，桨，泛指船。〔出没〕经过时能看到是"出"，看不见是"没"。 ⑰ 〔鱼龙〕泛指水中动物。〔啸（xiào）〕叫。

变化倏忽①，动心骇目②，不可久视③，今乃得玩之几席之上④，举目而足⑤；西望武昌诸山⑥，冈陵起伏⑦，草木行列⑧，烟消日出⑨，渔夫樵父之舍皆可指数⑩：此其所以为"快哉"者也。至于长洲之滨⑪，故城之墟⑫，曹孟德、孙仲谋之所睥睨⑬，周瑜、陆逊之所骋骛⑭，其流风遗迹亦足以称快世俗⑮。

　　写在亭上可尽情观览远近的江山形胜，凭吊历史遗迹，以说明为亭命名"快哉"的原因。

　　昔楚襄王从宋玉、景差于兰台之宫⑯，有风飒然至者⑰，

①〔倏（shū）忽〕转眼间。②〔动心骇目〕惊动心，惊动眼。形容景色雄伟罕见。③〔不可久视〕难得久看。④〔今〕现在，指建亭之后。〔乃〕竟。〔玩〕玩赏。〔几（jī）席之上〕几旁席上。意思是在屋里。几，矮小的桌子。席，坐席。⑤〔举目而足〕抬起眼来就能看个够。⑥〔武昌〕现在湖北鄂城（不是现在的武昌），南面有山。⑦〔陵〕土丘。〔起伏〕形容山脉高高低低。⑧〔行（háng）列〕成行排列。⑨〔烟消日出〕早晨的景象，天气和好的景象。⑩〔樵父（fǔ）〕年纪大的打柴人。〔指数（shǔ）〕用手指点着数清数目。意思是清晰可见。⑪〔长洲〕江中的沙洲。〔滨〕边。⑫〔故城之墟〕旧城郭的遗址。故城，指唐朝以前的黄州城（唐朝曾迁移县城）。⑬〔曹孟德、孙仲谋之所睥（bì）睨（nì）〕曹操（字孟德）、孙权（字仲谋）所想占有的。指曹操、孙权曾在这里作战。睥睨，斜视，引申为想占有。⑭〔周瑜、陆逊之所骋（chěng）骛（wù）〕周瑜、陆逊曾在此行军。二人都是三国时吴国的统帅。骋骛，奔驰。⑮〔称快世俗〕使世间人快意。称快，说是痛快。⑯〔楚襄王从宋玉、景差（cuō）于兰台之宫〕事及下面引文均见宋玉《风赋》。楚襄王，战国时楚国国君。从，……跟随。宋玉，景差，都是楚国的大夫，能写辞赋。兰台之宫，楚国的宫苑，旧址在现在湖北省钟祥市。⑰〔飒（sà）然〕风声。

王披襟当之①,曰:"快哉此风②!寡人所与庶人共者耶③?"宋玉曰:"此独大王之雄风耳④,庶人安得共之⑤!"玉之言盖有讽焉⑥。夫风无雌雄之异,而人有遇不遇之变⑦。楚王之所以为乐⑧,与庶人之所以为忧,此则人之变也,而风何与焉⑨?士生于世,使其中不自得⑩,将何往而非病⑪?使其中坦然,不以物伤性⑫,将何适而非快⑬?今张君不以谪为患⑭,窃会计之余功⑮,而自放山水之间⑯,此其中宜有以过人者⑰,将蓬户瓮牖⑱,无所不快,而况乎濯长江之清流⑲,揖西山之白云⑳,穷耳目之胜以自适也哉㉑?不然㉒,连山绝

---

①〔披襟〕敞开衣襟。〔当〕迎向。 ②〔快哉此风〕即此风快哉,这风吹得真爽快呀!谓语"快哉"提到主语"此风"之前,有强调作用。 ③〔庶人〕平民。〔共〕共同享受。 ④〔独〕单单,只是。〔雄风〕雄壮的风。《风赋》把风分为"大王之雄风"和"庶人之雌风(卑弱的风)"。 ⑤〔安得〕哪能。 ⑥〔盖有讽焉〕大概有讽谏的意思。 ⑦〔遇〕遇时,逢时。指碰到好机会,受到帝王公卿赏识。〔变〕变异,不同。 ⑧〔为乐〕(以风)为可喜。 ⑨〔何与(yù)焉〕有什么关系呢?与,参与,相干。 ⑩〔使其中不自得〕假使他心中不能自得。中,内心。自得,自己心安。 ⑪〔将何往而非病〕那么往哪儿能不愁苦呢。 ⑫〔不以物伤性〕不因外界的遭遇而伤损心情的安静。 ⑬〔适〕往。 ⑭〔患〕病,祸害。 ⑮〔窃会(kuài)计之余功〕意思是偷闲。窃,偷,这里有"利用"的意思。会计,指征收钱粮等事。余功,剩余的时间精力。 ⑯〔自放〕自己纵情(于山水)。放,放任。 ⑰〔宜〕应该。 ⑱〔蓬户瓮牖(yǒu)〕用蓬草编的门,用破瓮做的窗。形容非常贫苦。 ⑲〔而况乎〕何况。〔濯(zhuó)长江之清流〕意思是用清水洗心。濯,洗。 ⑳〔揖(yī)〕古时的拱手礼,这里意思是对面迎接。 ㉑〔穷耳目之胜〕最美的声音都听到,最美的景色都看到。穷,尽。胜,名词,美景。〔自适〕让自己舒适。 ㉒〔不然〕(如果)不能这样(自得)。

壑，长林古木①，振之以清风②，照之以明月③，此皆骚人思士之所以悲伤憔悴而不能胜者④，乌睹其为快也哉⑤！

　　承上段，转入本意，由亭说到建亭之人。先引古事，说明快与不快，主要在己身而不在外物，以证张梦得能够"自得""过人"，这既是赞扬又是勉励他处逆境应该旷达。

元丰六年十一月朔日赵郡苏辙记⑥。

　　最后写明作记的时间。

【研读参考】一、本篇扣紧题目写而意义深，你觉得这样评价对吗？说说为什么。

二、本篇一再引古事，作用都是什么？

三、文言的"盖"字意义很空灵，说说在本篇中的用法。

---

①〔连山绝壑（hè），长林古木〕这是从快哉亭上见到的景物。连山，连接的群山。绝壑，陡峭山崖下的沟壑。②〔振之以清风〕因清风吹来而抖动。③〔照之以明月〕用明月的光照射。④〔骚人思士〕有幽思而善感的文人。骚人，诗人。〔不能胜（shēng）〕不能忍受，受不了。⑤〔乌睹其为快也哉〕哪里看得出这些是快乐的呢！乌，哪里。睹，看。⑥〔朔日〕阴历每月初一日。〔赵郡〕苏辙的祖先曾住赵郡栾城县（今河北藁城），所以苏辙这样写籍贯。

四二　黄州快哉亭记　281

四三　隋灭陈 资治通鉴

【解说】本篇节选自《资治通鉴》卷一七七，题目是编者加的。《资治通鉴》是司马光和当时的史学家刘攽（bīn）、刘恕、范祖禹等编的一部编年体（以历朝的纪年为主线，按时间先后为序）的通史（包括若干朝），计由周威烈王二十三年（前403）到后周世宗显德六年（959），记述了一千三百六十二年的政治、军事等方面的大事，共二百九十四卷，外有考异三十卷，目录三十卷。由宋英宗治平三年（1066）开始编，到神宗元丰七年（1084）完成，共用了十九年。编著的主要目的是从历代的治乱兴亡中吸取教训，引为鉴戒，所以皇帝给予《资治通鉴》的书名。这部书体制谨严，史实丰富，在选材和叙述的措辞方面都重在明是非，寓褒贬，所以在史学著作方面地位很高，成为研读我国历史的必读书。

我国南北朝时期，北方为少数民族占据，长期形成北方混乱、南方（宋、齐、梁、陈）偏安的局面。公元581年，隋文帝杨坚代后周做了皇帝，革新政治，积极准备消灭江南的陈国，恢复统一。那时候，陈朝宣帝陈顼（xū）死去，后主陈叔宝即位，昏庸残暴，信任小人，荒淫享乐，政务废弛。乘这个机会，隋文帝于开皇八年（588）派他儿子晋王杨广［后来的隋炀（yáng）帝］、秦王杨俊和大臣杨素为行军元帅（都由杨广统辖），杨素由长江上游四川进军，杨俊由中游湖北进军，杨广由下游建康（陈国都城，现在的江苏南京）一带进军。为了头绪清楚，本篇只选杨广直攻建康这一部分。第一段之后略去攻建康之前的一些军事活动，第九段［高颎（jiǒng）先入建康］之后略去攻取建康之后的一些措施和秦王俊、杨素等军的进军情况，第十二段（夏四月辛亥）之后略去献俘之后对某些人、某些事的处理情况，末尾略去对陈国其他几个大臣的处理情况。

《资治通鉴》是史学著作，文字要求简洁恰当，能够如实地反映历史情况，使读者于了解史实的过程中，能够鉴往知来，得到教训。在这方面，这部书成就很高，以本篇而论，事情头绪纷繁，可是行文能够脉络分明，简而不漏；并且字里行间能够明显地表现出陈国之所以失败，主要是咎由自取。写陈叔宝先是愚而自用，布置失宜，后来是贪生怕死，无耻鬼混，都是用事实表现作者的评论。读时要注意。

作者司马光的生平，见前面《记闻六则》的解说。

　　开皇九年①，春正月乙丑朔②，陈主朝会群臣③。大雾四塞④，入人鼻，皆辛酸。陈主昏睡，至晡时乃寤⑤。是日，

----

① 〔开皇九年〕公元589年。开皇，隋文帝的年号。　② 〔正（zhēng）月〕阴历一月。〔乙丑朔〕初一那一天按天干地支配合纪日是乙丑。朔，阴历初一。　③ 〔陈主〕陈朝的皇帝。这里指陈朝的亡国之君陈后主陈叔宝。〔朝会群臣〕在朝廷会见群臣。　④ 〔四塞〕到处充塞。四，四方。　⑤ 〔晡（bū）〕申时，下午三时至五时。〔寤（wù）〕醒。

贺若弼自广陵引兵济江①。……

写隋灭陈前陈国天象和人事的不利。

时建康甲士尚十余万人②。陈主素怯懦，不达军事③，唯日夜啼泣，台内处分一以委施文庆④。文庆既知诸将疾己⑤，恐其有功⑥，乃奏曰："此辈怏怏⑦，素不伏官⑧，迫此事机⑨，那可专信⑩？"由是诸将凡有启请⑪，率皆不行⑫。

写陈国朝廷内部的昏聩混乱，都是败亡之相。

贺若弼之攻京口也⑬，萧摩诃请将兵逆战⑭，陈主不许。及弼至钟山⑮，摩诃又曰："弼悬军深入⑯，垒堑未坚⑰，出兵掩袭⑱，可以必克⑲。"又不许。陈主召摩诃、任忠于内殿

---

① 〔贺若弼（bì）〕隋初名将。姓贺若，名弼，字辅伯。伐陈之役功劳最大。后居功自傲，隋炀帝时得罪被杀。〔广陵〕今江苏扬州。〔济江〕渡长江。 ② 〔时〕当时，那时候。〔甲士〕披甲能战的士兵。 ③ 〔达〕了解，懂。 ④ 〔台内处分〕政府的措施。台，指朝廷，中央政府。〔一〕一概。〔委〕交付。〔施文庆〕品质恶劣，善于钻营，被提升为中书舍人，蒙蔽皇帝，贻误国事。 ⑤ 〔疾〕恨。 ⑥ 〔其〕代诸将。 ⑦ 〔此辈〕这一些人。指诸将。〔怏（yàng）怏〕不满意的神情。 ⑧ 〔素不伏官〕平素就不服从皇帝。伏，通"服"。官，皇帝。中古时代习惯称皇帝为官家。下文同。 ⑨ 〔迫此事机〕迫于这样紧急的时机。 ⑩ 〔那（nǎ）可专信〕岂可完全信任。 ⑪ 〔启请〕陈说请示。 ⑫ 〔率皆不行〕大都得不到批准。率，大抵。 ⑬ 〔京口〕今江苏镇江，在扬州对岸，地形险要，是建康的屏障。 ⑭ 〔萧摩诃（hē）〕字元胤（yìn），陈朝大将，屡次带兵北伐。〔将兵〕率兵。〔逆战〕迎战，迎击。 ⑮ 〔钟山〕又名紫金山，在南京城东，形势险要。 ⑯ 〔悬军深入〕远离后方，单单一支军队进入境内。 ⑰ 〔垒堑（qiàn）未坚〕营垒还没来得及巩固。垒，壁垒；堑，壕沟；都是防御工事。 ⑱ 〔掩袭〕乘他不备，突然袭击。 ⑲ 〔克〕胜。

议军事①,忠曰:"兵法,客贵速战②,主贵持重③。今国家足兵足食④,宜固守台城⑤,缘淮立栅⑥,北军虽来,勿与交战;分兵断江路,无令彼信得通⑦。给臣精兵一万,金翅三百艘⑧,下江径掩六合⑨,彼大军必谓其渡江将士已被俘获⑩,自然挫气⑪。淮南土人与臣旧相知悉⑫,今闻臣往,必皆景从⑬。臣复扬声欲往徐州断彼归路⑭,则诸军不击自去⑮。待春水既涨,上江周罗睺等众军必沿流赴援⑯。此良策也。"陈主不能从。

写陈主不用良言,是败亡的重要原因之一。

明日,欻然曰⑰:"兵久不决⑱,令人腹烦⑲,可呼萧郎

---

①〔任忠〕字奉诚,多计谋,善骑射。梁末讨侯景有功,累官豫州刺史、领军将军。 ②〔客〕客军,指到别国境内作战的军队。 ③〔主〕主军,在本国境内与外来军队作战的军队。〔持重〕慎重,坚守而不轻易出击。 ④〔足兵足食〕国力充实。《论语·颜渊》:"足食足兵,民信之矣。" ⑤〔台城〕陈国中央政府所在的内城。 ⑥〔缘淮立栅(zhà)〕沿着秦淮河竖立栅寨。秦淮河是穿过南京城的一条河。栅,一种防御工事。 ⑦〔无〕通"毋",不要。〔彼信〕他们相互间的信使联络。 ⑧〔金翅〕一种战船的名字。 ⑨〔下江径掩六合〕沿江而下,直接去突击六合。六合,今江苏省南京市六合区,和南京隔江相望。 ⑩〔大军〕指杨广的主力部队。〔渡江将士〕指贺若弼、韩擒虎等所部已经过江的军队。 ⑪〔挫气〕挫折锐气。 ⑫〔淮南土人〕淮河南面的土著士民。〔旧相知悉〕过去就互相了解、熟悉。 ⑬〔景(yǐng)从〕像影子一样紧跟着。景,同"影"。 ⑭〔扬声〕公开宣扬。〔徐州〕今江苏徐州。 ⑮〔诸军〕各路军队。指杨广统率的军队。 ⑯〔上江〕上游。〔周罗睺(hóu)〕字公布,官散骑常侍。隋伐陈时,他正都督巴峡缘江军事。〔沿流〕顺流而下。 ⑰〔欻(xū)然〕忽然。〔曰〕(陈主)说。 ⑱〔兵久不决〕战争长久拖延而不能决胜负。 ⑲〔腹烦〕心烦,烦恼。

一出击之①。"任忠叩头苦请勿战。孔范又奏②:"请作一决③,当为官勒石燕然④。"陈主从之,谓摩诃曰:"公可为我一决⑤。"摩诃曰:"从来行陈,为国为身⑥,今日之事,兼为妻子⑦。"陈主多出金帛赋诸军以充赏⑧。甲申⑨,使鲁广达陈于白土冈⑩,居诸军之南⑪,任忠次之⑫,樊毅、孔范又次之⑬,萧摩诃军最在北。诸军南北亘二十里⑭,首尾进退不相知⑮。

　　写陈主举棋不定,布置失宜,是败亡的近因。

贺若弼将轻骑登山⑯,望见众军⑰,因驰下,与所部七总管杨牙、员明等甲士凡八千⑱,勒陈以待之⑲。陈主通于

---

①〔呼〕招呼,命令。〔萧郎〕称呼萧摩诃。 ②〔孔范〕字法言,能诗赋,善奉承,是陈叔宝的佞臣之一。 ③〔作一决〕作一次决战。 ④〔勒石燕(yān)然〕刻得胜的纪功碑。勒石,在石上刻文字。燕然,山名,在现在蒙古国境内。东汉窦宪追击匈奴,登燕然山,刻石纪功(班固写文),而后还师。后来就以勒石燕然表示远征战胜纪功。 ⑤〔公〕对别人的敬称。 ⑥〔从来行(háng)陈(zhèn),为国为身〕向来率领军队打仗,(都是)为国立功,(还)为本人谋求富贵。陈,通"阵"。 ⑦〔今日之事,兼为妻子〕今天作战,还为妻和儿女。意思是保家。 ⑧〔赋〕给。〔充赏〕作赏赐。 ⑨〔甲申〕这年的正月二十。 ⑩〔鲁广达〕字遍览。梁末平侯景有功。入陈,屡立战功。隋陈之战屡次打败贺若弼。〔陈(zhèn)〕列阵。〔白土冈〕建康一地名。 ⑪〔居〕在。 ⑫〔次之〕稍靠北。 ⑬〔樊毅〕字智烈,官至侍中、护军将军。 ⑭〔亘(gèn)〕延续。 ⑮〔首尾进退不相知〕消息不通,行动不能协调。 ⑯〔轻骑(旧读jì)〕轻装的骑兵。〔山〕钟山。 ⑰〔众军〕指陈兵。 ⑱〔所部七总管〕所属的七个总管。总管,行军的将领。这次隋军出动五十一万八千人,分属九十个总管。〔杨牙、员(yùn)明〕都是贺若弼部下的将领。 ⑲〔勒陈〕部署军队,摆好阵势。〔之〕指陈兵。

萧摩诃之妻①,故摩诃初无战意②;唯鲁广达以其徒力战③,与弼相当。隋师退走者数四④,弼麾下死者二百七十三人⑤,弼纵烟以自隐⑥,窘而复振⑦。陈兵得人头,皆走献陈主求赏。弼知其骄惰,更引兵趣孔范⑧,范兵暂交即走⑨。陈诸军顾之⑩,骑卒乱溃⑪,不可复止,死者五千人。员明擒萧摩诃,送于弼,弼命牵斩之⑫;摩诃颜色自若⑬,弼乃释而礼之⑭。

写战败情况。突出将领非尽无能,而权臣误国误军,所以失败。

任忠驰入台,见陈主,言败状,曰:"官好住⑮,臣无所用力矣⑯!"陈主与之金两縢⑰,使募人出战。忠曰:"陛下唯当具舟楫⑱,就上流众军⑲,臣以死奉卫⑳。"陈主信之,敕忠出部分㉑,令宫人装束以待之㉒。怪其久不至。时韩擒

---

①〔通〕私通,有不正当的男女关系。 ②〔初无战意〕并没有作战的心思。 ③〔以其徒力战〕指挥他的部下奋勇作战。 ④〔数四〕再三再四,屡次。 ⑤〔麾(huī)下〕部下。麾,指挥军队的旗子。 ⑥〔纵烟以自隐〕放火冒烟把自己隐蔽起来。 ⑦〔窘而复振〕作战失利后又振作起来。 ⑧〔引兵趣(qū)孔范〕领着兵奔向孔范的阵地。趣,通"趋"。 ⑨〔暂交即走〕只一交锋就跑了。 ⑩〔顾之〕看见他们(孔范的溃兵)。 ⑪〔乱溃〕纷乱而溃退。 ⑫〔牵斩〕拉出去斩首。 ⑬〔颜色自若〕颜色不变。自若,还像原来的样子。 ⑭〔释而礼之〕把他放了,并客气地对待。 ⑮〔官好住〕皇上自己保重。 ⑯〔无所用力〕没办法(为您)尽力了。 ⑰〔縢(téng)〕捆封。这里指装着金子的箱子。 ⑱〔具〕置备。〔舟楫(jí)〕船。楫,桨。 ⑲〔就〕去依靠。〔上流众军〕指湖北、四川一带的陈国军队。 ⑳〔以死奉卫〕用生命拼死保卫(您)。奉,表示恭敬的词。 ㉑〔敕(chì)〕皇帝命令。〔部分(fēn)〕部署。分,分配。 ㉒〔宫人〕宫中妇女。

虎自新林进军①，忠已帅数骑迎降于石子冈②。领军蔡征守朱雀航③，闻擒虎将至，众惧而溃。忠引擒虎军直入朱雀门。陈人欲战，忠挥之曰："老夫尚降，诸君何事④？"众皆散走。于是城内文武百司皆遁⑤，唯尚书仆射袁宪在殿中⑥，尚书令江总等数人居省中⑦。陈主谓袁宪曰："我从来接遇卿不胜余人⑧，今日但以追愧⑨；非唯朕无德⑩，亦是江东衣冠道尽⑪。"

写将领背叛，文官也多不可靠，是众叛亲离的惨状。

陈主惶遽⑫，将避匿，宪正色曰⑬："北兵之入⑭，必无所犯。大事如此，陛下去欲安之⑮？臣愿陛下正衣冠，御正殿⑯，

---

① 〔韩擒虎〕隋初名将。原名擒，字子通。〔新林〕新林浦，建康一地名。 ② 〔石子冈〕建康一地名。 ③ 〔领军〕领军将军，掌管全国的军事。〔蔡征〕字希祥，官户部尚书。〔朱雀航〕建康朱雀门外跨秦淮河的桥。 ④ 〔老夫尚降（xiáng），诸君何事〕我还投降呢，你们还干什么。 ⑤ 〔百司〕百官。 ⑥ 〔尚书仆射（yè）〕尚书省的副长官，相当于副宰相。〔袁宪〕字德章，好学，有雅量，后主称他为骨鲠（gěng）之臣。〔殿〕指宫里的正殿。 ⑦ 〔尚书令〕尚书省的最高长官，相当于宰相。〔江总〕字总持，因为作宫体诗得到陈叔宝的宠幸，做了尚书令。〔省〕尚书省。 ⑧ 〔接遇〕对待。〔卿〕你。一般用于君称臣，夫称妻。〔不胜〕不超过。 ⑨ 〔但以追愧〕只有为此而后悔、惭愧。 ⑩ 〔朕（zhèn）〕皇帝自称。 ⑪ 〔江东〕指南朝。〔衣冠道尽〕士大夫的道义气节完全丧失了。衣冠，指士大夫。 ⑫ 〔惶遽〕惊惶急遽。 ⑬ 〔正色〕面容严肃。 ⑭ 〔北兵〕隋兵。〔入〕进入。指进入皇宫。 ⑮ 〔陛下〕称皇帝。〔去欲安之〕离开想往哪里去呢。之，往。 ⑯ 〔御正殿〕升坐在正殿上。

依梁武帝见侯景故事①。"陈主不从,下榻驰去②,曰:"锋刃之下,未可交当③,吾自有计。"从宫人十余出后堂景阳殿④,将自投于井。宪苦谏不从。后阁舍人夏侯公韵以身蔽井⑤,陈主与争,久之乃得入。既而军人窥井⑥,呼之不应,欲下石,乃闻叫声。以绳引之⑦,惊其太重,及出,乃与张贵妃、孔贵嫔同束而上⑧。沈后居处如常⑨。太子深年十五⑩,闭阁而坐⑪,舍人孔伯鱼侍侧⑫。军士叩阁而入⑬,深安坐,劳之曰⑭:"戎旅在涂,不至劳也⑮?"军士咸致敬焉⑯。时陈人宗室王侯在建康者百余人⑰,陈主恐其为变,皆召入,令屯朝堂⑱,使豫章王叔英总督之⑲,又阴为之

---

①〔梁武帝见侯景故事〕梁武帝萧衍太清三年(549),从北魏投降到梁朝的叛将侯景叛梁,攻陷建康,进入台城。梁武帝登上殿堂,像平常朝见群臣一样见侯景。侯景虽然是胜利者,还是害怕得出了汗。梁武帝后来被囚禁起来,饿死在台城。侯景被梁朝的军队打败杀死。 ②〔榻(tà)〕床,坐具。 ③〔未可交当〕意思是无道理可讲。交当,相对等。 ④〔从宫人〕宫人跟着。〔景阳殿〕景阳宫的正殿。景阳宫的井名景阳井,下文投井就是投这个井。 ⑤〔后阁舍人〕宫里管事务的官。〔夏侯公韵〕姓夏侯,名公韵。 ⑥〔军人〕指隋军。 ⑦〔引〕拉。 ⑧〔张贵妃〕陈叔宝最宠爱的妃子张丽华。〔孔贵嫔(pín)〕不知其名。贵嫔地位次于贵妃。〔同束而上〕束在一起上来。 ⑨〔沈后〕陈后主的皇后沈婺(wù)华。为人端重俭约。〔居处(chǔ)如常〕起居和平常一样。意思是不惊惶。 ⑩〔太子深〕陈后主的第四子,字承源,张丽华所生。 ⑪〔阁〕殿堂外的屋子。 ⑫〔舍人〕太子舍人,太子宫里的官。〔侍侧〕在旁边陪伴。 ⑬〔叩阁〕敲阁门。 ⑭〔劳(旧读 lào)〕劳问,慰劳。 ⑮〔戎旅在涂,不至劳也〕一路行军作战,没有累着吧?戎旅,行军作战。涂,通"途"。 ⑯〔咸〕都。 ⑰〔宗室王侯〕同族的王侯。 ⑱〔屯〕屯聚。 ⑲〔豫章王叔英〕陈叔宝的弟弟陈叔英,字子烈,封豫章王。〔总督〕管理。

备①,及台城失守,相帅出降②。

写陈主临难的仓皇和宗室的怯懦,见危不惧的只有一二人。这是着重写陈王室的颓败。

贺若弼乘胜至乐游苑③,鲁广达犹督余兵苦战不息,所杀获数百人④。会日暮⑤,乃解甲⑥,面台再拜恸哭⑦,谓众曰:"我身不能救国⑧,负罪深矣!"士卒皆流涕歔欷⑨,遂就擒。诸门卫皆走⑩。弼夜烧北掖门入⑪,闻韩擒虎已得陈叔宝,呼视之。叔宝惶惧,流汗股栗⑫,向弼再拜⑬。弼谓之曰:"小国之君当大国之卿⑭,拜乃礼也⑮。入朝不失作归命侯⑯,无劳恐惧⑰。"既而耻功在韩擒虎后⑱,与擒虎相诟⑲,挺刃而出⑳;欲令蔡征为叔宝作降笺㉑,命乘骡车归

---

① 〔阴为之备〕暗地里防备他们。 ② 〔相帅〕互相跟着,结伙。帅,通"率"。 ③ 〔乐游苑〕苑名,皇帝游乐的场所。 ④ 〔所杀获〕杀死的和俘获的。 ⑤ 〔会〕值,遇。 ⑥ 〔解甲〕脱去战衣(不战)。 ⑦ 〔面〕面向。〔恸(tòng)哭〕大哭。恸,极悲哀。 ⑧ 〔身〕自己。 ⑨ 〔歔(xū)欷(xī)〕抽噎,哽咽。 ⑩ 〔门卫〕守门的卫士。〔走〕逃去。 ⑪ 〔掖门〕宫门两侧的偏门。 ⑫ 〔股栗〕腿打哆嗦。栗,战栗。 ⑬ 〔再拜〕拜两次。表示极恭敬。 ⑭ 〔小国之君当大国之卿〕小国的国君相当大国的卿。这是贺若弼以战胜者自居。《左传》成公三年:"次国之上卿,当大国之中……小国之上卿,当大国之下卿……" ⑮ 〔拜乃礼也〕向我(这大国之卿)下拜是应有的礼节。 ⑯ 〔入朝不失作归命侯〕到我朝之后,总能封个归命侯。归命,意思是顺从天命,甘心归附。东吴皇帝孙皓兵败后降晋,晋武帝司马炎封他为归命侯。 ⑰ 〔无劳恐惧〕不用怕。劳,费心。 ⑱ 〔耻功在韩擒虎后〕以功劳落在韩擒虎之后为耻。因为陈叔宝是韩擒虎俘获的。 ⑲ 〔诟(gòu)〕骂。 ⑳ 〔挺刃〕拔刀。 ㉑ 〔降笺(jiān)〕投降书,降表。

己①,事不果②。弼置叔宝于德教殿,以兵卫守。

> 写陈国抗战的终结和陈主被俘后的丑相。连带写隋将领的争权夺利。

高颎先入建康③,颎子德弘为晋王广记室④,广使德弘驰诣颎所⑤,令留张丽华⑥。颎曰:"昔太公蒙面以斩妲己⑦,今岂可留丽华⑧?"乃斩之于青溪⑨。德弘还报,广变色曰:"昔人云,'无德不报'⑩,我必有以报高公矣⑪。"由是恨颎。……

> 写张丽华的下场,突出晋王广的荒淫恶劣和高颎的老成谋国。

于是陈国皆平,得州三十,郡一百,县四百。诏建康城邑宫室并平荡耕垦⑫,更于石头置蒋州⑬。

---

① 〔乘骡车〕很轻贱的待遇。〔归己〕到自己的营盘去,算是自己俘获的。 ② 〔不果〕没有办成。 ③ 〔高颎〕字昭玄,在隋官至左仆射。这次出兵他是晋王(杨广)元帅长(zhǎng)史,相当于副元帅。 ④ 〔记室〕官名,为主官管章表书记。 ⑤ 〔驰诣颎所〕奔往高颎那里。 ⑥ 〔留张丽华〕这是杨广想收她作妃子。 ⑦ 〔太公〕姜太公,名尚。〔蒙面以斩妲(dá)己〕把妲己的脸蒙起来杀死她。武王伐纣,纣自焚而死。传说他的宠姬妲己曾教唆他做了许多坏事,这时被俘,太公叫士兵斩她,但换了几个人,都为妲己的美貌所迷而下不去手。后来把她的脸蒙上才杀了。 ⑧ 〔今岂可留丽华〕这是高颎把张丽华比作妲己,认为留下是祸根。 ⑨ 〔青溪〕建康城东南的一条小河,流入秦淮河。 ⑩ 〔无德不报〕没有恩德不报答的。意思是仇也要清算。《诗经·大雅·抑》:"无言不仇(答),无德不报。" ⑪ 〔有以报高公〕有办法报答高公。后来到底杀了高颎。 ⑫ 〔诏〕(隋朝)皇帝下令。〔平荡耕垦〕拆掉成为平地,开垦作耕地。 ⑬ 〔石头〕石头城,在台城之外的清凉山。〔置蒋州〕设置新的政区名叫蒋州。钟山有后汉人蒋子文的庙,所以又名蒋山,这里用山名作州名。

　　　　写灭陈后陈地的处置。

　　晋王广班师①,留王韶镇石头城②,委以后事③。三月己巳④,陈叔宝与其王公百司发建康⑤,诣长安⑥,大小在路,五百里累累不绝⑦。帝命权分长安士民宅以俟之⑧。内外修整⑨,遣使迎劳⑩,陈人至者如归⑪。

　　　　写陈国君臣被俘到长安得到良好的待遇。

　　夏四月辛亥⑫,帝幸骊山⑬,亲劳旋师⑭。乙巳⑮,诸军凯入⑯,献俘于太庙⑰。陈叔宝及诸王侯将相并乘舆服御、天文图籍等以次行列⑱,仍以铁骑围之⑲,从晋王广、秦王俊入,列于殿庭。拜广为太尉,赐辂车、乘马、衮冕之服、

----

①〔班师〕回师。班,旋,返回。 ②〔王韶(sháo)〕字子相,官至并(bīng)州总管。 ③〔委以后事〕委任他处理战后的事务。 ④〔三月己巳〕那年阴历三月初六日。 ⑤〔发〕出发,动身。 ⑥〔长安〕隋的都城,今陕西西安。 ⑦〔累累〕延续不断。 ⑧〔权〕暂时。〔俟〕待。 ⑨〔修整〕干净整齐。 ⑩〔迎劳〕迎接慰劳。 ⑪〔至者如归〕到(长安)来的人好像回到家里一样。意思是这里为陈人安排得好。 ⑫〔四月辛亥〕那年阴历四月十八日。 ⑬〔幸〕皇帝到什么地方叫幸。〔骊(lí)山〕在今陕西临潼。 ⑭〔旋师〕回来的军队。 ⑮〔乙巳〕当作"乙卯",阴历四月二十二日。 ⑯〔凯入〕奏着胜利的乐曲进入都城。凯,胜利的乐曲。 ⑰〔献俘于太庙〕这是古代凯旋的典礼。太庙,皇帝的祖庙。 ⑱〔并〕和。〔乘舆〕皇帝的车。〔服御〕穿的和用的。〔天文图籍〕国家的版图。古人相信地上的区域与天上星辰的位置相应,所以地图上也要用天文的名称来划定。〔以次行(háng)列〕依照次序排成行列。 ⑲〔以铁骑(旧读jì)围之〕用精锐的骑兵夹着他们。

玄圭、白璧①。丙辰②，帝坐广阳门观③，引陈叔宝于前，及太子、诸王二十八人，司空司马消难以下至尚书郎凡二百余人④，帝使纳言宣诏劳之⑤；次使内史令宣诏⑥，责以君臣不能相辅⑦，乃至灭亡。叔宝及其群臣并愧惧伏地，屏息不能对⑧。既而宥之⑨。……

> 写隋灭陈后献俘的景况，仍着重表现陈主的可耻下场。

帝给赐陈叔宝甚厚⑩，数得引见，班同三品⑪；每预宴⑫，恐致伤心⑬，为不奏吴音⑭。后监守者奏言⑮："叔宝云：'既无秩位⑯，每预朝集⑰，愿得一官号。'"帝曰："叔

---

① 〔拜〕封官。〔辂（lù）车〕大车。〔乘（旧读 shèng）马〕四匹马。〔衮冕之服〕王者的礼服。〔玄圭（guī）〕黑色的圭。圭，上尖下方的玉。〔白璧〕白玉的圆璧。以上这些都是非常的赏赐。 ② 〔丙辰〕阴历四月二十三日。 ③ 〔广阳门〕宫城的一个门。〔观（guàn）〕阙（què）。宫门外的两个台名叫象魏，台上有楼，可以望远，名叫观。 ④ 〔司空〕官名，为三公之一，级别最高。〔司马消难〕字道融，在陈曾任车骑将军。〔尚书郎〕尚书省的郎官。在这二百多人中是官职最低的。 ⑤ 〔纳言〕汉朝的侍中，隋朝避文帝父杨忠的讳（避同音字，名为避嫌名），改称纳言，是接近皇帝的高级官员。〔宣诏〕宣读诏书。 ⑥ 〔内史令〕以前称中书令（也是为避讳改的），官位很高。 ⑦ 〔责〕指摘，责备。〔相辅〕相辅佐。 ⑧ 〔屏（bǐng）息〕屏住呼吸，不敢大声出气。 ⑨ 〔既而〕一会儿又，接着又。〔宥（yòu）〕宽恕，赦免。 ⑩ 〔给赐〕赏赐。 ⑪ 〔班同三品〕班次行列和三品官相同。 ⑫ 〔预宴〕参加皇帝招待群臣的筵席。预，参加。 ⑬ 〔致〕招致，引起。 ⑭ 〔吴音〕吴地（江南）的音乐。 ⑮ 〔监守者〕监视看守（陈叔宝）的人。 ⑯ 〔秩位〕官职的品级。 ⑰ 〔每〕时时。〔朝集〕朝廷上的集会。

四三 隋灭陈 293

宝全无心肝①!"监者又言:"叔宝常醉,罕有醒时②。"帝问饮酒几何,对曰:"与其子弟日饮一石③。"帝大惊,使节其酒④,既而曰:"任其性⑤,不尔何以过日⑥?"

　　写隋文帝对陈叔宝的优容以及陈叔宝的鬼混姿态。

　　帝以陈氏子弟既多,恐其在京城为非⑦,乃分置边州⑧,给田业使为生⑨,岁时赐衣服以安全之⑩。

　　写隋文帝对陈国宗室的安排。

【研读参考】一、由写作方法方面看,读《资治通鉴》要注意三点:一是组织材料,千头万绪,却能够有条不紊,而且详略得当。二是简练之中常常加细描画人物的言谈举止,以期能够生动逼真。三是爱憎分明,虽然不明说,作者的褒贬态度却很鲜明。

　　二、唐朝杜牧有七言绝句一首,题目是《泊秦淮》,诗句是:"烟笼寒水月笼沙,夜泊秦淮近酒家。商女不知亡国恨,隔江犹唱后庭花。"《玉树后庭花》的歌曲就是陈后主作的。读古典文学作品,要熟悉历史才能够理解得深透。

　　三、根据本篇,说说陈国失败的主要原因是什么。

　　四、用二三百字,把本篇的内容简要地介绍一下。

――――――

①〔全无心肝〕意思是完全忘记亡国之痛。②〔罕有醒时〕少有清醒的时候。醒,酒醒。③〔子弟〕家中晚辈。〔石(shí)〕重量单位,每石一百二十斤。石,今读dàn。④〔节〕节制。⑤〔任其性〕任凭他的脾气,随他的意。⑥〔不尔〕不这样。尔,如此。〔过日〕消磨时间。⑦〔为非〕做违法的事。⑧〔分置边州〕分别安置在边远的州郡。⑨〔田业〕田产。〔为生〕过活。⑩〔岁时〕每年每季。〔安全之〕使他们过得平安,没有困难。

四四 《入蜀记》选 陆游

【解说】本篇选自《入蜀记》。《入蜀记》是陆游入蜀途中的日记,六卷。南宋孝宗乾(qián)道五年(1169),作者四十五岁,在山阴(今浙江绍兴)闲居,阴历十二月六日得知,朝廷差他任夔(kuí)州(今重庆奉节一带,州治在奉节)通判(知州的佐理官)。他因为病还没痊愈,延迟到第二年闰五月十八日晚由山阴起程。坐船,由运河、长江水路前往,路上过了五个多月,于当年十月二十七日早晨到夔州任所。路上每天写日记(很少几天只记日期而没有记事),记一天的经历,主要是经过什么地方,游历或舟中所见,会见什么人等。较多的是写景物,写观感,间或考证古事旧闻。作者是诗人,写景物,写观感,多富有诗意。又因为是日记体裁,选材随兴之所至,可此可彼,可多可少,行云流水,涉笔成趣,所以文字简练优美,内容丰富有趣,千百年来被看作游记的上品,为广大读者所喜爱。

作者陆游(1125—1210),字务观,号放翁,南宋初山阴人。生在北宋灭亡之际,主抗战,图恢复,有强烈的爱国思想。曾做镇江通判等小官。乾道六年(1170)起入蜀任夔州通判,两年后入四川宣抚使王炎幕府,过军旅生活。在四川住了八年才回浙江。官至宝谟阁待制。他是南宋最著名的爱国诗人，作诗很多，传世的有九千多首，风格雄浑豪放，多含有欲恢复中原而不得的感慨。著有《剑南诗稿》、《渭南文集》、《南唐书》（此书还有马令著的一种）、《老学庵笔记》等。

　　（七月）十四日①，晚，晴。开南窗观溪山②。溪中绝多鱼③，时裂水面跃出④，斜日映之，有如银刀。垂钓挽罟者弥望⑤，以故价甚贱⑥，僮使辈日皆餍饫⑦。土人云⑧，此溪水肥，宜鱼⑨。及饮之，水味果甘，岂信以肥故多鱼邪⑩？溪东南数峰如黛⑪，盖青山也。

　　　　　　记乾道六年七月十四日的经历，重点写溪水多鱼。
　　（八月）十四日⑫，晓，雨。过一小石山，自顶直削去半⑬，

---

①〔十四日〕七月十四日，作者乘船在长江中西行到太平州州治当涂县（今安徽当涂）。②〔南窗〕船舱中向南的窗。〔溪山〕河山风景。溪，姑熟溪。书中七月十三日这样记述："州（太平州州治）正据姑熟溪北，土人但谓之姑溪。水色正绿而澄澈如镜，纤鳞（小鱼）往来可数（shǔ）。溪南皆渔家，景物幽奇。"山，就是下文"溪东南数峰如黛"的青山（山名）。③〔绝〕极。④〔裂〕冲开。⑤〔垂钓〕垂竿钓鱼。〔挽罟（gǔ）〕拉网。罟，捕鱼的网。〔弥望〕充满视野。弥，满。⑥〔以故〕因为这个缘故。⑦〔僮使辈〕家僮和差役们。僮，年纪小的仆役。使，公家的差役。〔餍（yàn）饫（yù）〕吃得饱饱的。餍，饫，都是饱足。⑧〔土人〕当地的人。⑨〔宜鱼〕适于鱼的生长。宜，适宜于。⑩〔信以肥故〕当真是因为（水）肥的缘故。⑪〔黛〕青黑色的颜料，可以画眉。这里是说山色青黑。⑫〔十四日〕八月十四日，船从富池出发西行。富池，富池口镇，在今湖北阳新。⑬〔自顶直削去半〕像是从山顶直削去一半。形容一面直上直下。

与余姚江滨之蜀山绝相类①。抛大江②,遇一木筏③,广十余丈,长五十余丈。上有三四十家,妻子鸡犬臼碓皆具④,中为阡陌相往来⑤,亦有神祠,素所未睹也⑥。舟人云⑦,此尚其小者耳,大者于筏上铺土作蔬圃⑧,或作酒肆⑨,皆不复能入夹⑩,但行大江而已⑪。是日逆风挽船⑫,自平旦至日昳才行十五六里⑬。泊刘官矶⑭,旁蕲州界也⑮。儿辈登岸⑯,归云:"得小径,至山后,有陂湖渺然⑰,莲芰甚富⑱。沿湖多木芙蕖⑲,数家夕阳中,芦藩茅舍⑳,宛有幽致㉑,而寂然无人声。有大梨,欲买之,不可得。湖中小艇采菱㉒,呼之亦不应。更欲穷之㉓,会见道旁设机㉔,疑有虎狼,遂不敢

---

① 〔余姚〕县名,在今浙江。〔江〕余姚江,东流入甬江。〔绝相类〕极像。 ② 〔抛〕放,行船。 ③ 〔筏〕用竹或木编的水行的工具,俗称竹排、木排或筏子。 ④ 〔妻子〕妻和儿女。〔臼(jiù)碓(duì)〕舂(chōng)米的工具。臼是石槽,盛还没去皮的谷子。碓是一块圆形石头,系在杆上,一上一下地捣臼中的谷。〔具〕具备,齐备。 ⑤ 〔阡陌〕田间的小路,南北向的称阡,东西向的称陌。这里指筏上纵横的通道。 ⑥ 〔素所未睹〕向来没看见过。 ⑦ 〔舟人〕使船的人。 ⑧ 〔蔬圃〕菜园。 ⑨ 〔酒肆〕酒铺。 ⑩ 〔夹〕江边的小水湾,可以停船。 ⑪ 〔但〕只。 ⑫ 〔挽船〕用力拉船。 ⑬ 〔平旦〕平明,天亮。〔日昳(dié)〕日落。 ⑭ 〔泊〕停船。〔矶(jī)〕水边的大岩石、小山。 ⑮ 〔旁(bàng)〕同"傍",靠近。〔蕲(qí)州〕州治在今湖北蕲春南临江处。〔界〕边境。 ⑯ 〔儿辈〕子侄等晚辈。 ⑰ 〔陂(bēi)湖〕小湖。陂,池。〔渺然〕面积很大。 ⑱ 〔芰(jì)〕菱角。〔富〕繁多。 ⑲ 〔木芙蕖(qú)〕一种落叶灌木,秋天开花,花大而艳,有红、黄、白等颜色。 ⑳ 〔芦藩〕用芦苇编的篱笆。藩,篱。〔茅舍〕茅屋。 ㉑ 〔宛〕逼真,相似。〔幽致〕清雅的情趣。 ㉒ 〔艇(tǐng)〕轻快的小船。 ㉓ 〔穷之〕看个究竟。穷,尽。之,代陂湖的环境。 ㉔ 〔会〕恰好。〔机〕捕捉野兽的工具。

往。"刘官矶者,传云汉昭烈入吴尝舣舟于此①。晚,观大鼋浮沉水中②。

记八月十四日的经历,重点写江中木筏上的小世界和刘官矶山后的幽美景物。

(八月)二十一日③。过双柳夹,回望江上,远山重复深秀。自离黄④,虽行夹中,亦皆旷远⑤,地形渐高,多种菽粟荞麦之属⑥。晚,泊杨罗洑⑦,大堤高柳,居民稠众⑧。鱼贱如土,百钱可饱二十口⑨;又皆巨鱼,欲觅小鱼饲猫,不可得。

记八月二十一日的经历,泛写在双柳夹和杨罗洑的观感。

(九月)九日⑩,早,谒后土祠⑪。道旁民屋,苫茅皆厚尺余⑫,整洁无一枝乱。挂帆⑬,抛江行三十里,泊塔子矶,江滨大山也。自离鄂州,至是始见山。买羊置酒⑭。盖村步

---

①〔传(chuán)〕传说。〔汉昭烈〕蜀汉昭烈帝刘备。昭烈是谥号。〔入吴〕往吴国去。〔舣(yǐ)舟〕拢船靠岸。 ②〔鼋(yuán)〕鼋鱼,鳖。 ③〔二十一日〕八月二十一日,船从黄州(今湖北黄冈)上游戚矶港出发。 ④〔黄〕黄州。 ⑤〔旷远〕空阔辽远。 ⑥〔菽(shū)粟(sù)荞(qiáo)麦〕菽,豆类。粟,谷子,去皮后为小米。荞麦,粒三角形,有棱,磨成面粉食用。〔属〕类。 ⑦〔杨罗洑(fú)〕江边地名,在鄂(è)州(今武汉武昌一带)以东几十里。 ⑧〔稠(chóu)〕稠密。〔众〕多。 ⑨〔百钱可饱二十口〕一百个铜钱(买的鱼)可以使二十口人吃饱。 ⑩〔九日〕九月九日,船行至荆州石首县(今湖北石首)界内。 ⑪〔谒(yè)〕往拜。〔后土祠〕土神的庙。后,古代尊称君主。 ⑫〔苫(shān)〕覆盖房顶。 ⑬〔挂帆〕张起船帆。 ⑭〔买羊〕买羊肉。

以重九故①,屠一羊②,诸舟买之,俄顷而尽③。求菊花于江上人家④,得数枝,芬馥可爱⑤,为之颓然径醉⑥。夜雨,极寒,始覆絮衾⑦。

记九月九日的经历,重点写在塔子矶过重阳节。

(十月)二十一日⑧。舟中望石门关⑨,仅通一人行,天下至险也。晚,泊巴东县,江山雄丽,大胜秭归。但井邑极于萧条⑩,邑中才百余户,自令廨而下皆茅茨⑪,了无片瓦⑫。权县事秭归尉右迪功郎王康年⑬、尉兼主簿右迪功郎杜德先来⑭,皆蜀人也。谒寇莱公祠堂⑮,登秋风亭,下临

---

① 〔村步〕村庄。步,停船的水边。〔以重(chóng)九故〕因为重阳节的缘故。重九,阴历九月初九。古代说九是阳数,所以重九称为重阳节。
② 〔屠一羊〕(村庄里)宰了一只羊。 ③ 〔俄顷〕一会儿。 ④ 〔求菊花〕重阳节是菊花开的时候,古代有重阳赏菊的风俗。 ⑤ 〔芬馥(fù)〕芳香。
⑥ 〔颓(tuí)然径醉〕就喝醉了。颓然,醉后坐立不稳的样子。径,就。
⑦ 〔始覆絮衾(qīn)〕开始盖棉被。 ⑧ 〔二十一日〕十月二十一日,船过归州〔今湖北秭(zǐ)归〕西行往巴东县(今湖北巴东,往西就是重庆巫山县界)。 ⑨ 〔石门关〕两山夹着的一条狭路,当在巴东县之东。 ⑩ 〔井邑〕街市。井,民居。邑,县城。〔于〕助词,无义。〔萧条〕冷落。 ⑪ 〔令廨(xiè)〕县官办公的地方,县衙门。令,知县。〔茅茨(cí)〕茅屋。茨,用茅草、芦苇盖的屋顶。 ⑫ 〔了无片瓦〕一片瓦都没有。了,完全。
⑬ 〔权县事〕代管县里的政事,代理知县。权,暂代。〔秭归尉(wèi)〕秭归县的县尉(县令的属官)。〔右迪(dí)功郎〕一种文散官(只是品级,没有实职)衔,从九品,品级最低。 ⑭ 〔尉兼主簿〕(巴东县的)县尉兼主簿。主簿是县令属下管文书的官。 ⑮ 〔寇莱公〕北宋名相寇准,字平仲,北宋初华州下邽(guī,今陕西渭南)人。十九岁中进士,曾任归州巴东县的知县。宋真宗时封莱国公。

江山。是日重阴微雪①,天气飂飕②,复观亭名③,使人怅然,始有流落天涯之叹④。遂登双柏堂、白云亭。堂下旧有莱公所植柏,今已槁死⑤。然南山重复⑥,秀丽可爱。白云亭则天下幽奇绝境⑦,群山环拥,层出间见⑧,古木森然⑨,往往二三百年物。栏外双瀑泻石涧中⑩,跳珠溅玉⑪,冷入人骨。其下是为慈溪⑫,奔流与江会⑬。余自吴入楚⑭,行五千余里,过十五州,亭榭之胜无如白云者⑮,而止在县廨听事之后⑯。巴东了无一事⑰,为令者可以寝饭于亭中⑱,其乐无涯⑲,而阙令动辄二三年,无肯补者⑳,何哉㉑?

记十月二十一日的经历,重点写巴东县的景物之美,并表恋慕之情。

---

①〔重阴〕阴得很沉。 ②〔飂(liáo)飕(lì)〕凄冷的样子。 ③〔复观亭名〕再看看秋风亭这个名字。秋风容易唤起凄凉惆怅的心情,所以这样说。 ④〔流落天涯〕在远离故乡的地方飘流。 ⑤〔槁死〕枯死。 ⑥〔南山重(chóng)复〕南山峰峦很多。 ⑦〔绝境〕超过一切的美妙境界。 ⑧〔间(jiàn)见(xiàn)〕和"层出"意思一样,都是山峰很多的意思。间,更迭。 ⑨〔森然〕繁密茂盛的样子。 ⑩〔栏外双瀑泻石涧中〕栏杆外面的两条瀑布倾泻到石涧里。泻,奔流。石涧,连底带岸都是石头的山涧。 ⑪〔跳珠溅玉〕像珍珠在跳跃,像玉屑在飞溅。形容瀑布水入涧的景象。 ⑫〔是为慈溪〕这就是慈溪。 ⑬〔会〕会合。 ⑭〔自吴入楚〕从江浙到湖北。 ⑮〔亭榭(xiè)〕都是点缀风景的建筑物。榭,建在高台上的敞屋。〔胜〕(景物)优美。 ⑯〔止〕只,仅。〔听事〕厅堂,办公的处所。 ⑰〔了无一事〕(知县)一点事都没有。 ⑱〔为令者〕做知县的人。〔寝饭〕睡觉吃饭度日。 ⑲〔无涯〕没有边际,无尽。 ⑳〔而阙令动辄二三年,无肯补者〕可是每逢知县出缺,动不动就两三年没有人肯补这个缺。阙,通"缺"。 ㉑〔何哉〕什么缘故呢?

【研读参考】一、日记是随笔记事的文体,容易写,因为没有题材、结构、篇幅等方面的限制;但也容易写得平庸死板,有如记账。想写得好,主要要在题材方面有所选择,无论事实、景物、思想感情,都要是有价值,可传的。读过本篇之后,你对这一点有什么体会?

二、有些词,文言中常用来表示某种意义,现代语已经不用,如本篇中"信以肥故"的"信"。像这样的词,本篇中还有哪些?

三、写日记是练习作文的一种好方法,可以记任何自己经历的事,见闻,读书心得,思想感情,等等。有兴致的多写,无兴致的少写;可以详细描画,也可以一笔带过;等等。读过本篇,体会它的写法,自己用现代语试写几天的日记。如果有所得,希望不间断地写下去。

四五　市隐斋记　元好问

【解说】本篇选自《遗山先生文集》。市隐，隐居在人烟稠密的城市，意思是身体虽然在城市，心却清高，像隐居一样。《晋书·邓粲传》："隐之为道，朝（做官）亦可隐，市（经商）亦可隐，隐初（本来）在我，不在于物。"市隐就是这种意思。我国旧时代社会混乱，很多官吏贪赃枉法，欺压人民，所以人们总是把有才有学而不做官的人看作清高可敬。隐居，一般要到偏僻的山林里住。可是也出现这样的情况，以隐居沽名钓誉，真意是想由这条路通向更高处，就像《庄子·让王》篇所说："身在江海之上，心居乎魏阙（宫门上的高楼）之下。"另一种情况是不离开朝市而自以为同于隐居，如《史记·滑（旧读 gǔ）稽列传》记汉武帝时东方朔曾说："如朔等，所谓避世于朝廷间者也，古之人乃避世于深山中。"实际上，所谓朝隐市隐，只是装作清高。对于这种伪装，本篇用婉转而明确的语言，一针见血地指出这是"求显"，思想通达而笔锋犀利。

作者元好问（1190—1257），字裕之，号遗山，太原秀容［今山西忻（xīn）州］人。幼年聪明好学。金宣宗兴定五年（1221）进士。曾任县令、知制诰等官。金朝亡国以后不仕，从事著述。他是金末元初的大作家，诗尤其有名。著有《中州集》

《壬辰杂编》等。

  吾友李生为予言①："予游长安②，舍于娄公所③。娄，隐者也，居长安市三十年矣。家有小斋④，号曰'市隐'，往来大夫士多为之赋诗⑤。渠欲得君作记⑥，君其以我故为之⑦。"
  开头说写这篇文章的缘由。
  予曰："若知隐乎⑧？夫隐⑨，自闭之义也⑩。古之人隐于农、于工、于商、于医卜、于屠钓⑪，至于博徒、卖浆、抱关吏、酒家保⑫，无乎不在⑬，非特深山之中⑭，蓬蒿之

---

① 〔生〕泛称读书人。〔为予言〕告诉我说。为，通"谓"，告诉。 ② 〔长安〕今陕西西安。 ③ 〔舍于〕住在。〔娄公〕娄先生。"公"是对年龄较大男性的尊称。〔所〕处所，指住宅。 ④ 〔斋〕书房之类的房屋。 ⑤ 〔大夫士〕官员和读书人。〔为之赋诗〕写诗赞扬市隐斋。 ⑥ 〔渠（qú）〕代词，第三人称"他"。〔作记〕写一篇〈市隐斋〉记。 ⑦ 〔其〕助词，表希望。〔以我故〕因为我（同他有交往）的缘故。〔为之〕写这篇记。 ⑧ 〔若知隐乎〕你知道怎样是隐居吗？ ⑨ 〔夫〕用在语句开头的助词。 ⑩ 〔自闭〕自己隐藏起来，不与世人交往。〔义〕意思。 ⑪ 〔医卜〕医生和算命的。《史记·日者（占候卜卦的人）列传》："贾谊曰：'吾闻古之圣人不居朝廷，必在卜医之中。'"〔屠钓〕屠宰牲畜或钓鱼。指商朝末年的姜太公，相传他辅佐文王以前曾屠牛于朝（zhāo）歌（在今河南淇县，商朝曾一度在此建都），钓鱼于渭水。 ⑫ 〔博徒、卖浆〕赌钱的、卖酒的。《史记·信陵君列传》："公子闻赵有处士毛公藏于博徒，薛公藏于卖浆家。"〔抱关吏〕看城门的小吏，指侯嬴（yíng）。《史记·信陵君列传》："嬴乃夷门〔大梁（现在开封市）的一个门〕抱关者也。"〔酒家保〕酒店卖酒的。《汉书·栾布传》："穷困，卖庸（佣）于齐，为酒家保。"以上各行业的隐者，也可以指其他很多人，如舜曾耕田，战国时朱亥是屠夫，东汉初严光隐于钓。 ⑬ 〔无乎不在〕到处都有。乎，助词，无意义。 ⑭ 〔非特〕不只。

下①,然后为隐。前人所以有大小隐之辨者②,谓初机之士③,信道未笃④,不见可欲,使心不乱⑤,故以山林为小隐;能定能应⑥,不为物诱⑦,出处一致⑧,喧寂两忘⑨,故以朝市为大隐耳。以予观之,小隐于山林,则容或有之⑩,而在朝市者未必皆大隐也。自山人索高价之后⑪,欺松桂而诱云壑者多矣⑫,况朝市乎?今夫干没氏之属⑬,胁肩以入市⑭,叠足以登垄断⑮,利嘴长距⑯,争捷求售⑰,以与佣儿贩夫血

---

①〔蓬蒿(hāo)〕编蓬蒿为户,是说贫穷的人家。 ②〔大小隐之辨〕大隐小隐的区别。大隐指身居朝市而不为物诱的隐士,小隐指居深山之中,不与显贵往来的隐士。《文选》王康琚(jū)《反招隐诗》:"小隐隐陵薮(sǒu),大隐隐朝市。" ③〔初机之士〕学道未深的人。机,智,巧。 ④〔笃(dǔ)〕真诚,纯一。 ⑤〔不见可欲,使心不乱〕不看足以引起欲望的事物,使心思不被扰乱。《老子》第三章:"不见可欲,使民心不乱。" ⑥〔能定能应〕意思是,无论外界如何,都能心不扰动,随机对待。《荀子·劝学》:"德操然后能定,能定然后能应,能定能应,夫是之谓成人。" ⑦〔物诱〕外界事物的引诱。 ⑧〔出处(chǔ)〕出,指做官;处,指隐居。 ⑨〔喧寂两忘〕喧闹和寂静都不放在心上。 ⑩〔容或〕或许,也许。 ⑪〔山人索高价〕意思是,借隐居之名以求做大官。山人,隐士。韩愈《寄卢仝》:"少室山人索价高,两以谏官征不起。"这用的是唐朝李渤隐居少室山(在河南)不应左拾遗召的故事。 ⑫〔欺松桂而诱云壑(hè)〕意思是,隐士借隐居山林而沽名钓誉,仿佛松桂云壑也受到欺骗。诱,迷惑。孔稚珪《北山移文》:"诱我松桂,欺我云壑。" ⑬〔干没氏之属〕投机取利之类的人。 ⑭〔胁肩〕耸起肩膀。形容阿谀(yú)奉承的样子。《孟子·滕文公下》:"曾子曰:'胁肩谄笑,病于夏畦(比夏天在园地劳动还费力)。'" ⑮〔叠足以登垄断〕脚踏着脚急于登上高地。《孟子·公孙丑下》:"有贱丈夫焉,必求龙(垄)断而登之,以左右望而罔(取)市利。" ⑯〔利嘴长距〕锐利的嘴和长爪,是凶猛的鸟的猎食工具。比喻争权夺利,手段毒辣。《文选》张衡《东京赋》:"秦政(秦始皇,名政)利觜(嘴)长距,终得擅场(占先,压倒别人)。" ⑰〔争捷求售〕争胜利,求重用。

战于锥刀之下①,悬羊头,卖狗脯,盗跖行,伯夷语②,曰'我隐者也',而可乎?敢问娄之所以隐奈何③?"

> 这是本篇的中心思想:先说小隐大隐之别,是陪衬;然后转入正面议论,所谓不离朝市的大隐经常是欺世盗名。

曰:"鬻书以为食④,取足而已⑤,不害其为廉⑥;以诗酒游诸公间⑦,取和而已⑧,不害其为高⑨。夫廉与高,固古人所以隐也⑩,子何疑焉⑪?"

> 插入李生的解释,是质疑性质,以引起下文对娄某的讽谏。

予曰:"予得之矣⑫,予为子记之。虽然,予于此犹有未满焉者⑬,请以韩伯休之事终其说⑭。伯休卖药都市,药不二价,一女子买药,伯休执价不移⑮。女子怒曰:'子韩

---

①〔佣儿贩夫〕指品位低下的人。〔锥刀〕比喻小利。 ②〔悬羊头,卖狗脯,盗跖(zhí)行,伯夷语〕意思是言行不一致。脯,干肉。盗跖,相传是春秋时的大盗。伯夷,商朝末年人,武王灭纣以后,他不食周粟,饿死在首阳山,所以后世称为清高的人。 ③〔所以隐〕隐居的原因、情况。〔奈何〕如何,怎么样。 ④〔鬻(yù)书〕卖字。指为人撰文写字以取得报酬之类。〔以为食〕以为谋生之道。 ⑤〔足〕足用。 ⑥〔害〕妨碍。 ⑦〔廉〕清廉。 ⑦〔以诗酒游诸公间〕与达官贵人交往,一起作诗喝酒。 ⑧〔和〕相容让。 ⑨〔高〕高雅。 ⑩〔固〕本来。 ⑪〔子〕你,尊称对方。〔何疑〕疑何,疑惑什么。 ⑫〔得之〕得实情,明白了。 ⑬〔此〕指李生说的娄之所以隐。〔未满〕没满意。 ⑭〔韩伯休〕韩康,本书《高士传》选中曾介绍。〔终其说〕说完我的意见。 ⑮〔执价不移〕坚持定价不变。

伯休邪？何乃不二价①？'乃叹曰：'我本逃名②，乃今为儿女子所知③！'弃药径去④，终身不返。夫娄公固隐者也，而自闭之义无乃与伯休异乎⑤？言，身之文也⑥；身将隐，焉用文之⑦？是求显也⑧。奚以此为哉⑨？予意大夫士之爱公者强为之名耳，非公意也⑩。君归，试以吾言问之。"

　　婉转地指出娄某并非隐者，而"是求显"，是对当时伪清高人物的当头一棒。

贞祐丙子十二月日⑪，河东元某记⑫。

　　末尾写明作记的时间。

【研读参考】一、这篇文章的写法是很少见的。应人的请求写什么序、什么记之类，总是要着重说赞扬的话，本篇却正相反，不是赞扬而是讽谏。这是打破世俗习惯而实事求是的写法，可以表现作者有不同于流俗的见识。文章的好坏主要应看内容，读过本篇，要深入体会这一点。

　　二、本篇内容是议论，却从头至尾用对话表达，这显得更真

---

①〔何乃〕为什么竟至。②〔逃名〕逃避开名声，不求人知。也就是有其名而不居。③〔儿女子〕小孩儿，小丫头。④〔径去〕一直走了。表示毫不迟疑。⑤〔无乃〕岂不，可不是。⑥〔言，身之文也〕语言文字是身心的表现，身心的装饰。文，文采。⑦〔焉用文之〕还用得着装饰它（身）吗？⑧〔是求显也〕这是想显名。从"言，身之文也"到这句，是春秋晋国介之推的话，见《左传》僖公二十四年。⑨〔奚〕何。⑩〔予意大夫士之爱公者强（qiǎng）为之名耳，非公意也〕意思是，我想市隐之名是敬爱娄公的士大夫们强加给他的，不是他本人的意思。⑪〔贞祐丙子〕金宣宗贞祐四年（1216），这一年用干支纪年是丙子。⑫〔河东〕泛指山西省境内黄河以东地方。〔某〕这里代"好问"二字。

实更明确。文无定法,只要能够确切地写出思想感情就好。这在写法上也值得注意。

三、最后一段,有些很率直的意思是用委婉的说法表示的,指出来。

四、根据本篇,说说"故"和"所以"的一些用法。

四六　送陈庭学序　宋濂

【解说】本篇选自《宋文宪公全集》。陈庭学，天台（今浙江天台）人。本篇说他曾在中央和地方军事机构做小官，后来辞职还乡，曾到四川成都，写了一些诗。其他不详。序是一种文体，评介著作，放在书前的是书序；赠送别人，意在赞扬或劝勉的是赠序。本篇是赠序。作者是名人，可以推想，陈庭学是希望得到作者的赠序的。但陈庭学似乎没有什么功业值得称道，所以赞扬的话从两方面着笔：一是说他得游川蜀，二是说他因游川蜀而诗有了进步。其实，仔细琢磨，这样赞扬，意思都不深。作者不想就这样停止，所以最后一段转为勉励。因为由作者看，陈庭学"气愈充"，"语益壮"，怕他自满，以为得游川蜀，发而为诗就够了。作者则认为，想进德修业，应该到"山水之外"，也就是山水之上去求。立意正大而恳切，措辞却很委婉，不说陈庭学不够，而说自己惭愧。此外，内容丰富而文字简练，叙事写景都委曲生动，也是值得借鉴的。

作者宋濂（1310—1381），字景濂，号潜溪，元末明初浦江（今浙江浦江）人。年轻时候勤苦读书，学问渊博。元末隐居不仕。明朝建国以后，征他做江南儒学提举，为太子讲经，并修

《元史》。官至翰林学士承旨、知制诰,以年老致仕。后来因为长孙宋慎犯罪,全家流放,中途死在四川夔(kuí)州。至英宗时追谥文宪。文章典雅醇厚,在明初作家中文名最高。

西南山水,惟川蜀最奇①。然去中州万里②,陆有剑阁栈道之险③,水有瞿唐滟滪之虞④。跨马行篁竹间⑤,山高者累旬日不见其巅际⑥;临上而俯视⑦,绝壑万仞⑧,杳莫测其所穷⑨,肝胆为之掉栗⑩;水行,则江石悍利⑪,波恶涡诡⑫,舟一失尺寸⑬,辄糜碎土沉⑭,下饱鱼鳖。其难至如此,故非仕有力者不可以游⑮,非材有文者纵游无所得⑯,非壮强者多老死于其地⑰。嗜奇之士恨焉⑱。

此序要推崇陈庭学的诗,诗之工从游川蜀来,所以由川蜀山水的奇险写起。

----

① 〔川蜀〕四川。 ② 〔去〕离。〔中州〕中原。 ③ 〔剑阁栈(zhàn)道〕剑阁一带的栈道。剑阁,栈道名,在今四川剑阁。栈道,在峭壁上凿孔用木架桥连成的通路。 ④ 〔瞿(qú)唐〕瞿塘峡,长江三峡最西面的峡,在奉节县东。〔滟(yàn)滪(yù)〕滟滪堆,是长江里一块巨石,在瞿塘峡口。江流到此,水势湍急。〔虞〕忧虑。 ⑤ 〔篁(huáng)竹间〕竹林里。篁,竹。 ⑥ 〔累旬日〕上十天。累,积。〔巅际〕山顶的尽处。际,边际。 ⑦ 〔临上而俯视〕从上面往下看。 ⑧ 〔绝壑(hè)〕深陡的山沟。〔仞(rèn)〕古代八尺为仞。 ⑨ 〔杳(yǎo)〕远。〔所穷〕尽头。穷,尽。 ⑩ 〔肝胆为之掉栗〕内心为它而颤抖。 ⑪ 〔悍利〕凶暴而锋利。 ⑫ 〔涡诡〕漩涡变化莫测。 ⑬ 〔失尺寸〕歪斜一点点。 ⑭ 〔辄糜(mí)碎土沉〕就(撞得)像粥那样烂,像土那样沉到底。糜,粥。 ⑮ 〔仕〕做官。〔力〕指人力财力。 ⑯ 〔材有文者〕有文才的人。〔纵〕纵然,即使。 ⑰ 〔壮强者〕年轻力壮的人。 ⑱ 〔嗜(shì)奇〕好奇。

天台陈君庭学能为诗，由中书左司掾屡从大将北征①，有劳②，擢四川都指挥司照磨③，由水道至成都。成都，川蜀之要地，扬子云、司马相如、诸葛武侯之所居④，英雄俊杰战攻驻守之迹，诗人文士游眺饮射赋咏歌呼之所⑤，庭学无不历览⑥。既览必发为诗⑦，以纪其景物时世之变，于是其诗益工⑧。越三年⑨，以例自免归⑩，会予于京师⑪。其气愈充⑫，其语益壮⑬，其志意愈高⑭，盖得于山水之助者侈矣⑮。

　　承上段，写游川蜀，发而为诗。

　　予甚自愧。方予少时，尝有志于出游天下，顾以学未成而不暇⑯。及年壮可出⑰，而四方兵起⑱，无所投足⑲。逮

---

① 〔中书左司掾（yuàn）〕中书省左司的中下级官。中书，中书省，明初政府里最高的政务机关，洪武十三年（1380）撤销。省中设左司、右司。掾，掾属，主官下的属官。〔大将北征〕指明朝初年徐达、常遇春北上扫除元朝残余势力的战争。　② 〔有劳〕有功。　③ 〔擢〕提升。〔都指挥司〕都指挥使司，设在各地的军事机构。〔照磨〕主管文书的小官。　④ 〔扬子云〕扬雄，字子云，汉朝著名的辞赋家，成都人。〔司马相（xiàng）如〕姓司马，名相如，字长（zhǎng）卿，汉朝著名的辞赋家，成都人。〔诸葛武侯〕诸葛亮，字孔明，东汉末年的政治家，辅佐刘备建立蜀汉，封武乡侯，世称武侯。　⑤ 〔射〕射侯或射覆的游戏。　⑥ 〔无不历览〕（上面所说的处所）没有一处不曾游览过。历览，一处处游览。　⑦ 〔发〕作，吐露。　⑧ 〔益工〕越发好。工，工整巧妙。　⑨ 〔越〕过。　⑩ 〔以例自免〕依照官场惯例自请免职。　⑪ 〔会〕会见。〔京师〕当时京城是南京。　⑫ 〔气愈充〕气概越发充沛。　⑬ 〔语益壮〕言谈更加雄壮。　⑭ 〔志意〕心所向往所追求的理想。　⑮ 〔侈〕多，大。　⑯ 〔顾〕只是。〔不暇〕没有闲空（去出游）。　⑰ 〔可出〕（学已有成）可以出游。　⑱ 〔四方兵起〕全国到处都有战事。指元末的混乱情况。　⑲ 〔无所投足〕没有地方站得住脚。意思是不能外出。

今圣主兴而宇内定①,极海之际合为一家②,而予齿已加耄矣③,欲如庭学之游尚可得乎?然吾闻古之贤士,若颜回、原宪④,皆坐守陋室,蓬蒿没户⑤,而志意常充然⑥,有若囊括于天地者⑦,此其故何也?得无有出于山水之外者乎⑧?庭学其试归而求焉⑨。苟有所得⑩,则以告予,予将不一愧而已也⑪。

更深入一步,归到本意,勉励陈庭学从品德学问上用功,使自己更有进益。

【研读参考】一、本篇和上一篇《市隐斋记》都是赠人的文章,写法有相同之处:兼有赞扬和规谏的成分。可是由于娄公的为人与

---

①〔逮(dài)〕及,到。〔圣主〕圣明的皇帝。指明太祖朱元璋。〔兴〕起。指建立明朝。〔宇内〕海内,全国。宇,上下四方。 ②〔极海之际〕一直到四海的边际,指全国的疆域。 ③〔予齿已加耄(mào)〕我的年岁更老了。齿,年岁。耄,老,原指八九十岁。 ④〔颜回、原宪〕都是孔子的学生,家境极贫苦,而向学的意志毫不动摇。颜回,字子渊,所以也称颜渊,孔子最得意的学生。原宪,字子思。 ⑤〔坐守陋室,蓬蒿没户〕《论语·雍也》:"子曰:'贤哉回也,一箪(dān)食,一瓢饮,在陋巷,人不堪其忧,回也不改其乐。'"《韩诗外传》卷一:"原宪居鲁,环堵之室,茨(cí,用茅草盖屋顶)以蒿莱,蓬户瓮牖。"没户,掩盖了门。 ⑥〔充然〕充实的样子。 ⑦〔有若囊括于天地者〕有(那么一种)好像能够囊括天地的气概。囊括,用袋子包容。 ⑧〔得无〕莫非是。〔有出于山水之外者〕有超出山水以外的(事物)。指道术。 ⑨〔其〕助词,表示希望。〔试归而求〕试着在回家之后去寻求。 ⑩〔有所得〕有所领悟。就是寻求到那出于山水之外的事物。 ⑪〔将不一愧而已〕将要不止惭愧一次就完。这句话承接上文"予甚自愧",意思是再要惭愧。一愧是愧不像陈庭学得山水之助,再愧是愧不得圣人之道。这是谦词,也是勉励陈庭学的话。

陈庭学不同，规谏和措辞的程度有很大的差异。因为有差异，所以才能切合实际。举文中的事实为证，说说这个道理。

二、由文章的主旨方面看，本篇中哪些话是陪衬？哪些话是本意？

三、文言"其"字的用法比较复杂。指出本篇中各个"其"字的确定意义。

四七　沈贞甫墓志铭　归有光

【解说】本篇选自《震川先生集》。在旧时代，有声名地位的人死了，生者要为他刻石作纪念。这样的文字，立在墓前的是墓表（通称"碑"），埋在墓内的是墓志铭。墓志铭在旧时代是一种常用的文体，一般分作两部分。前一部分（也是主体）是"志"，用散文写，内容近于传，要叙明死者的身世、经历、功业、死的时间、葬的地点、后代的情况等。结尾是"铭"，用韵文写，字数不多，要表明作者对死者的赞扬和哀思。本篇的写法比较特别，主要是由作者的观感方面着笔。这样写有两种好处：一、死者的经历和功业，材料不多，不照常规写可以避免单调；二、作者对死者有深情，由这方面下笔，不只可以避免吹捧死人的俗套，还可以使内容有血有肉，具有强烈的感人力量。

作者归有光（1507—1571），字熙甫，号震川，明朝昆山（今江苏昆山）人。年轻时候刻苦读书，学问渊博。可是考科举不顺利，于是在嘉定（今上海市嘉定区）安亭讲学。到嘉靖四十四年（1565）才中进士。后来做过知县、南京太仆寺丞。他生当后七子提倡复古文风（文必秦汉，诗必盛唐）的时期，却推崇唐宋，与王世贞等对抗。他散文写得很好，虽然题材欠阔大，却能够以简朴清淡的笔调，于琐细事物中表现深厚的情思，不失为明朝晚期的大作家。著有《震川先生集》《三吴水利录》等。

　　自予初识贞甫时，贞甫年甚少，读书马鞍山浮屠之偏①。及予娶王氏②，与贞甫之妻为兄弟③，时时过内家相从也④。予尝入邓尉山中⑤，贞甫来共居，日游虎山、西崦⑥，上下诸山，观太湖七十二峰之胜⑦。嘉靖二十年⑧，予卜居安亭⑨。安亭在吴淞江上⑩，界昆山、嘉定之壤⑪，沈氏世居于此⑫；贞甫是以益亲善⑬，以文字往来无虚日⑭。以予之穷于世⑮，

――――――

① 〔马鞍山〕在今江苏昆山西北部，因山形像马鞍而得名；又名昆山。〔浮屠〕佛塔。下文"浮屠"指"佛"。〔偏〕侧，这里指佛塔旁边的房屋。② 〔及〕到。〔王氏〕姓王的妇女。指作者之妻。　③〔兄弟〕女兄弟，就是姊妹。女子也可以用"兄弟"分长幼。　④〔过内家〕往妻子的娘家。〔相从〕相随，在一起。　⑤〔邓尉山〕在江苏省苏州市西南七十里，汉朝邓尉隐居于此，因此得名。山间多梅树，梅花盛开时一望如雪。　⑥〔虎山、西崦（yān）〕在邓尉山以西光福里，靠近太湖，登其上能望见太湖一带许多山。　⑦〔太湖七十二峰〕太湖在江苏省南部，跨江苏、浙江两省，为我国第三大淡水湖。湖中小山很多。〔胜〕好景致。　⑧〔嘉靖二十年〕公元1541年。嘉靖，明世宗的年号。　⑨〔卜居〕原指用占卜选择定居的地方，后来泛指选择定居的地方。〔安亭〕镇名，在今上海市嘉定西南，西与昆山接界。⑩〔吴淞江〕又名松江、吴江，俗名苏州河。源出太湖瓜泾口，经吴江、吴县、昆山、青浦、松江、嘉定，到上海市区，合黄浦江入海。　⑪〔界〕接界。〔壤〕土地。　⑫〔世居〕许多代住在。　⑬〔益亲善〕更加亲密友好。⑭〔以文字往来无虚日〕天天有文字来往。以，用。文字，指书札或诗文。虚，空。　⑮〔穷于世〕困顿于世间。归有光于嘉靖十八年（1539）考中举人。嘉靖十九年考进士，未录取。嘉靖二十一年退居安亭，读书讲学二十余年，中间曾八次考进士，都未录取。直到嘉靖四十四年，六十岁时（贞甫已去世十年）才考中进士。有光写此文时，正当屡试不中，心中抑郁不平的时候，所以说自己"穷于世"。

贞甫独相信，虽一字之疑，必过予考订①，而卒以予之言为然②。

> 写作者与贞甫年少相识，其后交谊愈益深厚。开头不叙明死者姓氏、家世等，而先写二人的情谊，显得格外亲切。

盖予屏居江海之滨③，二十年间，死丧忧患，颠倒狼狈④，世人之所嗤笑⑤，贞甫了不以人之说而有动于心⑥，以与之上下⑦。至于一时富贵翕吓⑧，众所观骇⑨，而贞甫不予易也⑩。嗟夫⑪！士当不遇时⑫，得人一言之善⑬，不能忘于心，予何以得此于贞甫耶⑭？此贞甫之没⑮，不能不为之恸也⑯。

> 承上段，进一步写贞甫对自己知遇之深，所以贞甫死去，不能不加倍痛心。

----

①〔过予〕来我这里。〔考订〕考核订正。 ②〔卒〕最终。〔为然〕为是，是正确的。 ③〔屏（bǐng）居〕退居乡野，不出来做官。屏，退避，隐迹。〔江海之滨〕安亭在吴淞江之滨，东海的西边，所以说"居江海之滨"。 ④〔颠倒狼狈〕颠仆困顿。 ⑤〔嗤（chī）笑〕讥笑。 ⑥〔了不以人之说……〕全不因别人的议论……。了，全。 ⑦〔以与之上下〕因而随着别人改变自己的看法。以，因而。上下，高看低看。 ⑧〔翕（xī）吓（hè）〕隆盛显赫。翕，聚合。吓，通"赫"。 ⑨〔众所观骇〕众人注目而心惊的。形容很羡慕。 ⑩〔不予易〕不换我。意思是，不因为有富贵显赫的人就把对我的尊重转而去对他人。 ⑪〔嗟（jiē）夫〕感叹声。 ⑫〔士〕读书人。〔不遇〕不得志，不得重用。 ⑬〔得人一言之善〕得到人一句好话。 ⑭〔予何以得此于贞甫耶〕我凭什么从贞甫那里得到这些（指上文说的贞甫对己一心不移）呢？ ⑮〔没（mò）〕死亡。 ⑯〔恸（tòng）〕痛哭。

贞甫为人伉厉①,喜自修饰②。介介自持③,非其人未尝假以词色④。遇事激昂,僵仆无所避⑤。尤好观古书,必之名山及浮屠、老子之宫⑥。所至扫地焚香⑦,图书充几⑧。闻人有书,多方求之,手自抄写,至数百卷。今世有科举速化之学⑨,皆以通经学古为迂⑩,贞甫独于书知好之如此⑪,盖方进于古而未已也⑫。不幸而病;病已数年,而为书益勤⑬。予甚畏其志⑭,而忧其力之不继⑮;而竟以病死,悲夫!

> 以上两段是由自己方面写。这一段转为正面写贞甫的为人,耿介自持,治学刻苦。但年寿不长,故更觉可悲。

初予在安亭,无事,每过其精庐⑯,啜茗论文⑰,或至

---

①〔为人〕做人。〔伉(kàng)厉〕刚直严峻。 ②〔喜自修饰〕注意自己仪容、品格的整饬。 ③〔介介自持〕坚守志节而不与人苟合。介介,耿介,守义不屈。自持,自守。 ④〔非其人未尝假以词色〕不是那样的人(指志同道合的人)就不曾用言辞和面容向他表示好感。假,贷,给予。 ⑤〔僵仆(pū)〕跌倒。僵,倒下。仆,向前跌倒。 ⑥〔必〕一定。〔之〕往。〔浮屠、老子之宫〕佛寺、道观(guàn)。老子,古代思想家李耳,道教徒奉他为祖师。宫,屋宇。 ⑦〔扫地焚香〕打扫,烧香熏香屋子,使环境洁净清幽。 ⑧〔充几〕摆满了桌子。几,矮小的桌子。 ⑨〔科举速化之学〕研究怎样考中,很快取得功名的学问。科举,封建王朝设科考试选拔官吏的制度,始于隋朝,清光绪三十一年(1905)废除。速化,古代有鲤鱼跳上龙门则变为龙的传说,科举时代人们用这来比喻士子应试考取,很快成为达官贵人。 ⑩〔通经〕透彻地了解古代经典著作。〔迂(yū)〕迂阔,固执而不合时宜。 ⑪〔知好(hào)之〕知道喜欢它。 ⑫〔方〕正在。〔进于古〕在学古代经书的路上前进。〔已〕停止。 ⑬〔为书〕读书抄书。〔益〕越。 ⑭〔畏〕心服。 ⑮〔不继〕不能接续。 ⑯〔精庐〕读书讲学的地方。 ⑰〔啜(chuò)茗(míng)〕喝茶。啜,喝。

竟日①。及贞甫没而予复往，又经兵燹之后②，独徘徊无所之③，益使人有荒江寂寞之叹矣。

> 追忆往事，联系当前，有悲凉寂寞之感。这是更加重地写痛心。

贞甫讳果④，字贞甫。娶王氏，无子，养女一人⑤。有弟曰善继、善述。其卒以嘉靖三十四年七月日⑥，年四十有二⑦。即以是年某月日葬于某原之先茔⑧。可悲也已！铭曰：

天乎命乎不可知，其志之勤而止于斯！

> 最后叙述贞甫的姓氏、家世和死葬时日、地点，这是墓志铭应有的内容。用铭文收尾也是墓志铭的一般写法。

【研读参考】一、在旧时代，有些死者本来没有什么功业可言，他的子孙却也要请有名的文人给他写墓志铭。照惯例，写的人要虚应故事地吹捧一番，死者的家里要报以厚礼。这类墓志铭当然没有价值，因而有的人就嘲讽为"谀墓"文章。本篇有谀墓气息吗？为什么？

二、解释本篇的两句铭文，要意思明白而确切。

三、据本篇文字，为沈贞甫写一篇简明的小传。

---

①〔竟日〕一整天。竟，尽。②〔兵燹（xiǎn）〕战争的焚烧和破坏。燹，火，多指兵火，这里指倭寇的骚扰。③〔之〕往。④〔讳〕名。旧时不许说或写帝王及尊长的名，叫作避讳。又用"讳"来指所避忌的名字。⑤〔养女〕收养他人的女孩。⑥〔卒〕死。〔七月日〕七月某日。墓志刻在石上，要填上确实的日子。下文的"某月日""某原"也是这样。⑦〔有〕通"又"。⑧〔原〕高地。〔先茔（yíng）〕祖先的墓地。

四八　题《海天落照图》后　王世贞

【解说】本篇选自《弇（yǎn）州山人续稿》。《海天落照图》，一幅描画落日照射的海天景象的图画，是横卷，图后有后代人的题跋。本篇也是题跋，因为题在摹（mó）本（完全仿照原样制作的）之后，所以连带说明原本的情况。题跋是一种文体，与书籍的序跋相近，不同的是，题跋绝大多数写在字画之后，内容和行文都比较简单、随便，而且往往抒发一时的感慨。因为这样，所以读起来觉得更自然，更富于情趣。本篇主要是叙事，文笔简练朴厚，记事清晰细致，于平铺直叙中寓有很深的褒贬。所谓贬，是揭露严嵩父子贪婪害民的罪恶，因而虽是玩赏书画的文章，却有思想意义。

作者王世贞（1526—1590），字元美，号凤洲，又号弇州山人，明朝太仓（今江苏太仓）人。嘉靖二十六年（1547）进士。曾官刑部主事、刑部郎中，秉公执法。官至南京刑部尚书。他父亲王忬（yù）官右都御史，因事受严嵩陷害而死，所以他更加恨严氏父子的专横。他读书多，才高，《明史》本传说他"书过目终身不忘"。诗文都很有名，是明朝后七子〔李攀龙为首，另外五人是：谢榛（zhēn）、宗臣、梁有誉、徐中行、吴国伦〕中的一员，一时推为文坛的盟主。七子写文写诗主张复古，说文必西汉，诗必盛唐，专事模拟，缺少自己的个性和生气，王世贞也难免这种缺点。他又是戏剧理论家，传说《鸣凤记》（揭露严嵩专权罪恶的）是他作的。著作很多，主要有《弇州山人四部稿》《艺苑卮（zhī）言》等。

《海天落照图》，相传小李将军昭道作①，宣和秘藏②，不知何年为常熟刘以则所收③，转落吴城汤氏④。嘉靖中有郡守⑤，不欲言其名⑥，以分宜子大符意迫得之⑦。汤见消息非常⑧，乃延仇英实父别室⑨，摹一本⑩，将欲为米颠狡狯⑪。

---

① 〔小李将军昭道〕李昭道，唐代画家，长于画金碧山水。他父亲李思训是著名画家，曾官右武卫大将军，所以人称昭道为小李将军。 ② 〔宣和秘藏〕是宋徽宗内府收藏的。宣和，宋徽宗的年号。秘藏，宫中所藏。 ③ 〔常熟〕县名，今江苏常熟。〔刘以则〕不详。〔收〕买到。 ④ 〔转落〕转手归于。〔吴城〕苏州。〔汤氏〕姓汤的人家。 ⑤ 〔嘉靖中〕嘉靖年间。嘉靖，明世宗的年号。〔郡守〕指苏州府的知府。郡，守（太守），都是古名。 ⑥ 〔不欲言其名〕大概这个人与作者同时或年岁略长，所以作者不愿写明他的名字。 ⑦ 〔分宜子大符〕严嵩的儿子严世蕃。严嵩是当时的宰相，大奸臣，因为他是江西省分宜县人，所以称他为"分宜"。严世蕃，字大符，官至工部左侍郎。人品极坏，小有才，帮助严嵩做尽了坏事。〔迫得之〕意思是用权势夺取。 ⑧ 〔消息非常〕事情重大。意思是难对抗。 ⑨ 〔延〕请。〔仇（qiú）英实父（fǔ）〕仇英，字实父，号十洲，明朝著名的画家，能模仿历代名迹，落笔乱真。〔别室〕另外的房间。指密室。 ⑩ 〔摹（mó）一本〕模仿原本画了一幅。一本，一件。 ⑪ 〔欲为米颠狡狯（kuài）〕想仿效米芾（fú）临摹古字画的作伪手段（来应付过去）。米芾，字元章，北宋大书画家。传世的有些古帖，说是他临摹的。因为举止有些奇特，人称"米颠"。

而为怨家所发①，守怒甚，将致叵测②。汤不获已③，因割陈缉熙等三诗于仇本后④，而出真迹⑤，邀所善彭孔嘉辈置酒泣别⑥，摩挲三日而后归守⑦。守以归大符⑧，大符家名画近千卷皆出其下⑨。寻坐法⑩，籍入天府⑪。隆庆初⑫，一中贵携出⑬，不甚爱赏⑭，其位下小珰窃之⑮。时朱忠僖领缇骑⑯，密以重赀购⑰，中贵诘责甚急⑱，小珰惧而投诸火⑲。此癸酉

---

①〔为怨家所发〕被仇人揭发（是藏真献伪）。 ②〔致〕招致，引来。〔叵（pǒ）测〕不测，指家破人亡的大祸。 ③〔不获已〕不得已，无奈。 ④〔因割陈缉熙等三诗于仇本后〕于是裁下原画上陈缉熙等三人的题诗放在仇英摹本的后面。将真题跋裁下放在伪作之后，是想增重伪品的地位。陈缉熙，名鉴，明朝的一位书画收藏鉴赏家。 ⑤〔出〕拿出来。 ⑥〔邀所善彭孔嘉辈〕约请朋友彭孔嘉等人。彭孔嘉，名年，书画家。所善，相交好的。〔置酒泣别〕举行宴会，哭泣着与《海天落照图》告别。 ⑦〔摩挲（suō）〕把玩不释手。〔归守〕交给知府。 ⑧〔以归〕拿这幅画交给。 ⑨〔卷（juǎn）〕画卷起来收藏，所以一幅是一卷。〔皆出其下〕都不如《海天落照图》。 ⑩〔寻〕不久。〔坐法〕因犯法而受惩治。指嘉靖末年严嵩革职、严世蕃处死、抄家的事。 ⑪〔籍入天府〕《海天落照图》被查抄没收送入皇宫。籍，（查抄时）在文簿上登记。天府，内府。 ⑫〔隆庆〕明穆宗的年号。 ⑬〔中贵〕太监。〔携出〕从宫中拿出来。 ⑭〔爱赏〕因喜爱而珍重。 ⑮〔位〕指太监的职位。〔小珰（dāng）〕小太监。汉代宦官帽上有黄金珰的装饰品，所以太监称"珰"。 ⑯〔朱忠僖（xī）领缇（tí）骑（旧读jì）〕朱忠僖任锦衣卫的长官。朱忠僖，名希孝，谥忠僖。缇骑，穿丹黄色服装骑马的侍从。明朝指缉捕人员。锦衣卫是管侍卫、缉捕、刑狱的衙门，皇帝的爪牙，权力最大，做坏事最多。缇，丹黄色的丝织品。 ⑰〔密〕暗地里。〔重赀（zī）〕大价钱。赀，通"资"。 ⑱〔诘（jié）责〕追究责问。 ⑲〔惧而投诸火〕怕追究，把《海天落照图》烧了。这是为了消灭罪证。诸，之于。

秋事也①。余自燕中闻之拾遗人②,相与慨叹妙迹永绝③。

先写明《海天落照图》的由来和遭遇,以及摹本的制作。

今年春归息弇园④,汤氏偶以仇本见售⑤,为惊喜⑥,不论直收之⑦。按《宣和画谱》称昭道有落照、海岸二图⑧,不言所谓海天落照者⑨,其图之有御题⑩,有瘦金、瓢印与否⑪,亦无从辨证⑫,第睹此临迹之妙乃尔⑬,因以想见隆准公之惊世也⑭。实父十指如叶玉人⑮,即临本亦何必减逸少

---

①〔癸酉〕明神宗万历元年(1573)。 ②〔燕(yān)中〕燕地。指北京。〔拾遗人〕疑指记录逸闻的人。 ③〔相与〕共同。〔妙迹〕精妙的作品。迹,手迹。 ④〔今年〕可能是万历十二年(1584),作者五十九岁,因病辞官家居。〔归息〕辞官回家休养。〔弇(yǎn)园〕王世贞家中的花园,在江苏太仓。 ⑤〔偶〕偶然,原没想到。〔仇本〕仇英的摹本。〔见售〕出卖。见,给予。 ⑥〔为(wèi)〕因此而。 ⑦〔不论直收之〕不计较价钱收下它。意思是出高价。直,同"值",价钱。 ⑧〔按〕查考。〔《宣和画谱》〕宋徽宗时编的记录内府收藏古画的书,二十卷,收录作品六千多件。 ⑨〔不言〕没有记载。 ⑩〔御题〕宋徽宗在上面题的字句。御,尊称皇帝的事物,如御题、御书、御制、御用。 ⑪〔瘦金〕宋徽宗的字瘦硬飘逸,自成一体,称"瘦金书"。"御题"与"瘦金"是一回事。〔瓢印〕宋徽宗常在收藏的书画上盖一颗瓢形的印。 ⑫〔无从辨证〕这是说,因为《宣和画谱》中未记此图,图上有没有御题、瓢印就难于确知了。 ⑬〔第〕但。〔睹此临迹之妙乃尔〕看这摹本神妙到如此境地。 ⑭〔因以想见隆准公之惊世也〕意思是,从摹本的神妙就可以想见李昭道的真迹该是怎样使世人惊叹了。隆准公,指李昭道。隆准,高鼻梁。隆,高起。准,鼻子。《史记·高祖本纪》说汉高祖刘邦"隆准而龙颜",杜甫《哀王孙》诗有"高帝子孙尽隆准"的句子,因而隆准在这里就成为皇帝子孙的代称。李昭道是唐朝宗室。 ⑮〔实父十指〕仇英的手。〔叶玉人〕雕玉为树叶的人,特别巧的人。《列子·说符》:"宋人有为其君以玉为楮(chǔ,一种乔木,叶子像桑)叶者,三年而成。"

《宣示》、信本《兰亭》哉①！老人馋眼今日饱矣②。为题其后③。

　　承上段，写得到摹本，并由摹本之妙而想见真本之惊世，以说明题此图的用意。

【研读参考】 一、本书第一册选过朱熹的题跋，那几则都写得简短，记事与言情兼重。本篇写得长，寓褒贬于叙事之中。题跋总是随一时兴之所至，或重此或重彼，有话即长，无话即短。但选材要精审，重点要突出，或明或暗地表现出自己的见识或感触。就你看过的书画作品，印象深的，试着用现代语写两三则题跋。

二、根据本篇，为《海天落照图》原本写个说明，包括由来、内容（画的形式、题跋等）和归宿。

三、文言的"坐"字有特殊的用法。《晏子使楚》中有"坐盗"，本篇中有"坐法"，"坐"都不是"坐下"的意思。根据你已有的文言知识，讲讲杜牧《山行》这首诗。

远上寒山石径斜，白云生处有人家。
停车坐爱枫林晚，霜叶红于二月花。

---

①〔即临本亦何必减逸少《宣示》、信本《兰亭》哉〕就是临本的《海天落照图》，其精妙也不下于王逸少临的《宣示表》、欧阳信本临的《兰亭序》。逸少，王羲之，字逸少，东晋的大书法家。《宣示》，《宣示表》，三国时钟繇（yóu）写的小楷帖，传世有王羲之的临本。信本，欧阳询，字信本，唐代的大书法家。《兰亭》，《兰亭序》，行书，王羲之所写，传世有欧阳询的摹本。这两种临摹本都很名贵。 ②〔老人馋眼今日饱矣〕意思是，渴望看到名迹的愿望现在完全实现了。老人，作者自称。 ③〔为〕给，替。〔题其后〕在画的后面题以上这些话。

四九　西山游记三则　袁中道

【解说】本篇选自《珂雪斋集》。西山，北京西郊南北走向的许多山的总称，若干年来许多游览胜地，如八大处、香山、碧云寺、卧佛寺、潭柘（zhè）寺等都在这一带。作者四十几岁中进士后曾任国子博士，那是闲官，所以有时间和兴趣到京城郊外去游览。游后写了《西山十记》，本篇选的是第五、第六和第八，题目都是编者加的。

　　明朝的诗文，主流是复古，重要的流派有李梦阳为首的前七子和李攀龙为首的后七子。他们主张文必秦汉，诗必盛唐，机械地模仿古人，少个性，少生气。到晚期，湖北公安袁氏兄弟（袁宗道、袁宏道、袁中道）出来，大声疾呼反对摹拟，主张文章要抒写性灵，不受古人拘束，成为新的文学流派——公安派。本篇就是表现这种主张的作品，它与古文家的文章相比，有两个特点：一、遣词造句比较清新（难免求奇求巧），有时甚至不避俗语；二、直写个人感受的话比较多，比较明显。本书第一册选了袁宏道的西湖游记，与本篇合起来读读，可以体会到这种反复古作品的放任气息。

　　作者袁中道（1570—1626），字小修，明朝公安（今湖北公安）人。万历四十四年（1616）进士。曾官国子博士、南京吏部郎中。能诗文,是公安派的重要作家。著有《珂雪斋集》《游居柿录》等。

卧佛寺[1]

香山跨山踞岩[2],以山胜者也[3];碧云以泉胜者也[4]。折而北为卧佛[5],峰转凹[6],不闻泉声,然门有老柏百许森立[7],寒威逼人[8]。

先泛写卧佛寺的特点在树。

至殿前,有老树二株,大可百围[9],铁干镠枝[10],碧叶虬结[11],纡羲回月[12],屯风宿雾[13],霜皮突兀[14],千瘿万螺[15],

---

[1]〔卧佛寺〕在北京市西郊,颐和园西北,离香山不远,是著名的游览胜地。寺内有铜质卧佛一尊,长三丈多,元朝所铸。 [2]〔香山〕清朝的静宜园,是北京西郊著名的游览区,在颐和园之西,现在辟为香山公园。〔跨山踞岩〕坐落在山中。 [3]〔以山胜〕以山景美好见称于世。 [4]〔碧云〕碧云寺,紧靠香山东麓,也是著名的游览胜地。寺的左路水泉院有泉水从石隙中流出。 [5]〔折而北为卧佛〕从碧云寺山门东行二里转向北约五里就是卧佛寺。 [6]〔峰转凹(āo)〕山势缩进去形成一块比较开阔的山口。 [7]〔百许〕百(株)上下。〔森立〕繁密地挺立着。 [8]〔寒威逼人〕阴森的气象压人。 [9]〔大可百围〕大约有一百围粗细。两手拇指中指相接合叫"围"。百围是夸张的说法。可,表示约略。 [10]〔镠(liú)枝〕精金似的树枝。镠,又名紫磨金,是最好的黄金。 [11]〔虬(qiú)结〕像龙一样纠结着。 [12]〔纡(yū)羲回月〕遮掩住日月的光。纡,回,都是屈曲的意思。羲,羲和,神话传说是给太阳赶车的神,后来就用以代太阳。 [13]〔屯风宿雾〕使风屯聚,使雾留住。形容枝叶繁密。 [14]〔霜皮〕久经风霜的老树皮。〔突兀〕高起突出的样子。 [15]〔千瘿(yǐng)万螺〕无数的树瘤。瘿,人脖子前长的大瘤。螺,这里用来形容像甲壳突起的样子。

怒根出土①，磊块诘曲②，叩之丁丁作石声③。殿墀周遭数百丈④，数百年以来不见日月。石墀整洁不容唾⑤。寺较古，游者不至，长日静寂，若盛夏宴坐其下⑥，凛然想衣裘矣⑦。询树名⑧，或云娑罗树⑨。其叶若蔌⑩。予乃折一枝袖之⑪，俟入城以问黄平倩⑫，必可识也⑬。

　　继写卧佛寺的殿堂，重点仍是写树——由泛写进而具体写。

　　卧佛盖以树胜者也。夫山刹当以老树怪石为胜⑭，得其一者皆可居⑮，不在整丽⑯。三刹之中⑰，野人宁居卧佛焉⑱。

　　最后写感触和评论，主旨仍在突出树之奇。

---

①〔怒根出土〕树根露出地面，弯曲突出，像是发怒的样子。　②〔磊块诘曲〕不平又不直。磊块，不平。诘曲，屈曲。　③〔叩〕敲。〔丁（zhēng）丁〕伐木的声音。　④〔殿墀（chí）〕大殿的台阶。墀，阶上的地。〔周遭〕周围。　⑤〔不容唾〕不容人在上面吐唾沫。意思是珍惜而不忍把它弄脏。　⑥〔盛夏〕夏天最热的时候。〔宴坐〕安定地坐着。　⑦〔凛（lǐn）然〕很冷地。〔想衣裘〕因冷而想（穿）衣服、（穿）皮袄。　⑧〔询〕问。　⑨〔娑（suō）罗树〕乔木名，高十几丈，木质坚实，是从西域传进我国的。　⑩〔蔌（sù）〕菜。这里似指一种野草。　⑪〔袖〕装在袖筒里。　⑫〔俟（sì）〕等候。〔黄平倩〕名辉，南充（今四川南充）人。聪明博学，十五岁乡试第一，万历进士。精通诗文书画。　⑬〔可识〕能够认识。　⑭〔山刹（chà）〕山间的寺院。　⑮〔得其一〕有老树或有怪石。　⑯〔不在整丽〕（可居不可居）不在于（山刹）的整丽不整丽。整丽，指建筑精致。　⑰〔三刹〕指香山寺、碧云寺和卧佛寺。　⑱〔野人〕山野之人，不任要职的闲人。这里是作者自称。〔宁居卧佛〕宁愿住在卧佛寺里。

翠岩寺

背香山之额①,是谓万安山②,刹庵绮错之中③,有寺不甚弘敞而具山林之致者④,翠岩也。门有渠⑤,天雨则飞流自山颠来⑥,岩吼石击⑦,涛奔雷震⑧,直走原麓⑨,洞骇心目⑩。

先总写翠岩寺周围的形势,突出门前流水。

刹后石路百级⑪,有禅院⑫,四周皆茂树。左右松柏千株,虬曲幽郁⑬,无风而涛⑭,好鸟和鸣⑮。于疏林中隐隐见都城九衢⑯,宫观栉比⑰,万岁山及白塔寺了了可指⑱。其郊

---

①〔背香山之额〕靠着香山。额,峰顶。 ②〔是谓〕这叫作。〔万安山〕在香山之南。 ③〔庵〕有的寺院名庵,多为尼姑所住。〔绮(qǐ)错〕交错。绮,花纹倾斜不顺经纬的丝织品。 ④〔弘敞〕宽大而敞亮。〔具山林之致〕风景好,具有山林的情调。 ⑤〔门有渠〕门前有一条流水的沟渠。 ⑥〔山颠〕山顶。 ⑦〔岩吼石击〕山岩吼叫,石块互相碰撞。形容水流很急。 ⑧〔涛奔雷震〕水急流而下,像雷霆震撼。 ⑨〔直走原麓(lù)〕径直奔向山根。原,平地。麓,山根。 ⑩〔洞骇心目〕使人眼睛和内心都惊骇。洞,深。 ⑪〔百级〕形容高,非实数。 ⑫〔禅(chán)院〕佛寺。 ⑬〔虬曲幽郁〕(树枝)像龙一样弯曲,幽深而茂盛。 ⑭〔无风而涛〕没有风却发出涛声。 ⑮〔和(hè)鸣〕相呼应地鸣叫。 ⑯〔都城九衢(qú)〕京城的许多大街,意思是全城。衢,四通八达的道路。 ⑰〔宫观(guàn)〕泛指高大建筑。宫,宫殿。观,馆舍。〔栉(zhì)比〕形容很密。栉,梳篦的总称。比,像梳齿排列。 ⑱〔万岁山〕现在名景山,在故宫北面,是全城的最高点。〔白塔寺〕在北京内城西部阜成门内。这里指寺内的白塔。〔了(liǎo)了〕清清楚楚。〔可指〕能够指明。

坰之林烟水色①,山径柳堤②,及近之峰峦迭秀③,楼阁流丹④,则固皆几席间物⑤。出门即为登眺,入门即就枕簟⑥,虽夜色远来⑦,犹可不废览瞩⑧。

继写登高后的形势和宜于眺望山景的情况。

有泉甚清,可煮茗⑨,遂宿焉。风起,松柏怒号⑩,震撼冲击,枕上闻其声,如在扬子舟中驾风帆破白头浪也⑪。予遂定计⑫,九夏居此以避长安尘矣⑬。

最后写就宿禅院的见闻和感受。

万安山

予欲穷万安绝顶之胜⑭,而僧云:"徐之⑮,俟微雨洒

---

① 〔郊坰(jiōng)〕郊野。〔林烟〕树木密处,远望去似乎有淡淡的烟雾,所以称为林烟。 ② 〔山径〕山中的小路。〔柳堤〕栽有柳树的河堤。 ③ 〔迭秀〕把秀色重叠起来。几层山就有几层秀色。 ④ 〔楼阁流丹〕意思是楼台的美丽引人注视。流丹,丹漆的色彩浓得像要流出来。 ⑤ 〔固皆几席间物〕原来都是眼前的东西。几是小桌,席是坐处,都近在身边眼前。 ⑥ 〔出门即为登眺,入门即就枕簟(diàn)〕出门就可登高望远,进门就可躺下睡觉。两句极写禅院的适于游览。就枕簟,靠枕席。簟,席。 ⑦ 〔夜色远来〕夜色渐渐近了。即天快黑。 ⑧ 〔不废览瞩(zhǔ)〕不停止观赏景色。瞩,注视。 ⑨ 〔茗(míng)〕茶。 ⑩ 〔号(háo)〕吼叫。 ⑪ 〔扬子〕扬子江,长江。〔驾风帆〕驾驶着利用风力的帆船。〔破白头浪〕冲过大浪。破,冲破。白头浪,浪很高,浪头是雪白的。 ⑫ 〔定计〕定下计划,决定。 ⑬ 〔九夏〕夏季九十天,所以称九夏。〔避长安尘〕躲避京城的尘土。尘也包含尘世烦嚣的意思。长安,今陕西西安,是周、秦、汉、隋、唐各代的国都,借指京城。 ⑭ 〔穷〕尽,全看到。 ⑮ 〔徐之〕等一等。徐,缓慢。之,代登绝顶的行动。

尘，乘其爽气①，可以登涉②，且宜眺瞩也。"一宿而微雨至，予大喜曰："是可游③矣！"

先写登山之前的机缘。

遂溯涧而上④，徘徊怪石之间，数步一息⑤。于时宿雾既收⑥，初日照林，松柏膏沐之余⑦，杨柳浣澣之后⑧，深翠殷绿⑨，媚红娟美⑩。至于原隰隐畛⑪，草色麦秀⑫，莫不淹润柔滑⑬，细腻莹洁⑭，似薤簟初展⑮，文锦乍铺矣⑯。

继写登山。又分两层写，这一段写途中所见。

既至层颠⑰，意为可望云中、上谷间⑱，而香山、金山诸峰遮樾云汉⑲，惟东南一鉴了了可数⑳。平畴尽处㉑，见南天大

---

①〔乘其爽气〕趁着雨后清爽的气氛。 ②〔登涉〕登山涉水。 ③〔是〕这。 ④〔溯（sù）〕逆流而行。 ⑤〔数步一息〕走几步就休息一次。表示路难走。 ⑥〔于时〕在这时候。〔宿雾〕原来的雾。宿，旧。 ⑦〔膏沐〕整治头发用的头油，这里是动词，打扮的意思。指刚由雨水洗过。〔之余〕以后。 ⑧〔浣澣（huǎn）〕洗濯。浣、澣原是一个字，这里把两个字用作一词，也是指刚由雨水洗过。 ⑨〔殷〕深厚。 ⑩〔媚红〕娇媚的红花。〔娟美〕美丽。娟，美。 ⑪〔原隰（xí）隐畛（zhěn）〕平原地，低洼地，背阴的，向阳的。畛，明亮。 ⑫〔麦秀〕小麦的花。秀，禾苗开花。 ⑬〔淹润〕滋润，润泽。 ⑭〔莹洁〕晶莹洁白。 ⑮〔薤（xiè）簟〕用薤叶编的席。薤，草名，叶似韭。〔展〕铺开。 ⑯〔文锦乍铺〕文锦才铺开。文锦，有文彩的织锦。两句形容远望地面的景色。 ⑰〔层颠〕一层比一层高的山顶。 ⑱〔意为可望云中、上谷间〕心想（向西北）可以望见云中、上谷一带。云中、上谷都是古代郡名，云中郡在今山西大同以西到内蒙古阴山以南一带。上谷郡在河北宣化以南到保定、河间一带。 ⑲〔金山〕在香山东北。〔遮樾（yuè）〕遮蔽。樾，两棵树交互荫蔽。〔云汉〕天河。这里指天。全句是说香山、金山把天都遮住了，看不见云中、上谷。 ⑳〔鉴〕镜。这里指一片明亮的湖水。〔可数（shǔ）〕可以点数。形容特别清晰。 ㉑〔平畴（chóu）〕平坦的原野。畴，田地。

道一缕①，卷雾喷沙②，浩白无涯③，或曰④："此走邯郸道也⑤。"

这一段写到山顶所见。

扪萝分棘⑥，遂过山阴⑦。憩于香山松棚庵中⑧。松身仅五尺许，而枝干虬结，蔽于垣内。下有流泉清激⑨，声与松风相和。松花堕地，飘粉流香⑩。时晚烟夕雾，萦薄湖山⑪，急寻旧路以归。

最后写过山休息，松棚庵及归途所见。

【研读参考】一、游览时写景物，同照相有相似的地方，景物很多，要选取最美最使人感兴趣的；但又有不同点，就是照相可以利用机器，游记却要用笔写。怎样写才能够既抓着景物的精华，又能够表达自己的情趣？本篇写景物能逼真，写观感能动人，值得深入体会，以资借鉴。

二、写文章要实事求是，但有时不避夸张，为什么？夸张同说假话有什么分别？从本篇中把夸张的写法找出来，并评论用得合适不合适。

三、解释本篇中"可"字的意义。

————

①〔南天〕南面天际。〔大道一缕（lǚ）〕大道像一条线。②〔卷雾喷沙〕尘土飞扬，像雾在滚卷，像沙在吹动。③〔浩白无涯〕广大的一片白色看不到边际。④〔或曰〕有人说。⑤〔走邯（hán）郸（dān）道〕往邯郸的通路。邯郸，战国时赵国的国都。《史记·张释之传》："是时慎夫人（汉文帝的宠妃）从，上（文帝）指示慎夫人新丰（今陕西省西安市临潼区）道曰：'此走邯郸道也。'"本文有意用此旧文。⑥〔扪（mén）萝分棘〕拉着野藤条，分开荆棘丛。形容原没有路。扪，抚摸。⑦〔山阴〕山后。⑧〔憩（qì）〕休息。〔松棚庵〕寺院名。⑨〔清激〕清澈而流得急。⑩〔飘粉〕（松花的）花粉飘散在空中。〔流香〕（松花的）香气四散。⑪〔萦（yíng）〕环绕。〔薄〕迫近。

五〇　秦淮健儿传　李渔

【解说】本篇选自《李笠翁一家言》。秦淮，秦淮河，发源于江苏省南京市溧（lì）水区，从南京市穿过，流入长江。这里指南京。秦淮健儿，是说健儿是南京一带的人。这篇是小说性质，纵使有一些传说根据，情节也多出自作者的加工、渲染。内容有两点可取：一、故事新奇生动，能够引人入胜；二、横暴狂妄的结果是栽大跟头，有教育意义。此外，文章条理清楚，详略得当，文字简练妥帖，也是值得效法的。

作者李渔（1611—1680），字笠鸿、谪凡，号笠翁，明末生于兰溪（今浙江兰溪）。清朝初年住在南京。晚年定居杭州，住在西湖旁边，自号湖上笠翁。读书多，通各方面的学问；性情放纵，有多方面的兴趣。文笔轻快流利，并且常常杂以诙谐。著有戏剧《笠翁十种曲》、短篇小说集《十二楼》等。

　　嘉靖中①，秦淮民间有一儿，貌魁梧②，色黝异③，生数

---

①〔嘉靖中〕嘉靖年间（1522—1566）。嘉靖，明世宗的年号。　②〔魁梧〕强壮高大。　③〔色〕（皮肤）颜色。〔黝（yǒu）异〕特别黑。

月便不乳①,与大人同饮啜②。周岁,怙恃交失③,鞠于外氏④。长⑤,有膂力⑥,善拳击⑦,尝以一掌毙一犬,人遂呼为健儿。

　　先介绍健儿的出身及得名的由来。

　　健儿与群儿斗,莫不辟易⑧。群儿结数十辈攻之⑨,健儿纵拳四挥⑩,或啼或号⑪,各抱头归⑫。诉其父兄,父兄来叱曰⑬:"谁家豚犬⑭,敢与老子相触耶⑮?"健儿曰:"焉敢相触,为长者服步武之劳则可耳⑯。"乃至父兄前,以两手擎父兄⑰,两胫去地二尺许⑱,且行且止;或昂之使高⑲,或抑之使下。父兄恐颠仆⑳,莫敢如何,但咭咭笑㉑。乡人哄焉㉒。

　　继写健儿的勇猛及横暴。

---

①〔不乳〕不食母乳。②〔饮啜(chuò)〕吃喝。啜,喝。③〔怙(hù)恃交失〕父母都死去。《诗经·小雅·蓼(lù)莪(é)》有"无父何怙,无母何恃"的句子,因而用失怙恃做死了父母的代称。怙、恃,原意是依靠。④〔鞠(jū)于外氏〕在舅家抚养。鞠,养育。⑤〔长(zhǎng)〕长大了。⑥〔膂(lǚ)力〕体力。膂,脊骨。⑦〔拳击〕用拳脚搏斗。⑧〔辟(bì)易〕退避。⑨〔结〕联合。〔数十辈〕几十人。辈,同类。⑩〔纵拳四挥〕放开手,四面挥动。⑪〔号(háo)〕叫喊。⑫〔抱头护头。意思是被打败。⑬〔叱(chì)〕大声责骂。⑭〔豚(tún)犬〕猪狗。豚,小猪。这是骂没出息的少年的话。《三国志·孙权传》裴松之注:"(曹操说)刘景升(刘表)儿子若豚犬耳。"⑮〔相触〕相犯,打打试试。⑯〔服步武之劳〕在代步方面效力。武,迈一步的长度。⑰〔擎(qíng)〕用手举。⑱〔胫(jìng)〕腿。〔去地〕离地面。〔二尺许〕二尺上下。许,表约数的词。⑲〔昂〕抬。⑳〔颠仆〕颠覆倒地。㉑〔但〕只是。〔咭(jī)咭〕笑声。㉒〔哄(hòng)〕大笑,喧哗。

五〇　秦淮健儿传　　331

健儿性善动，不喜读书。外氏命就外傅①，不率教②，师夏楚之③，则夺朴裂眦曰④："功名应赤手致⑤，焉用琐琐章句为⑥？"师出，即与同塾诸儿斗⑦，诸儿无完肤⑧。又时盗其外氏簪珥衣物⑨，向酒家饮⑩，醉即猖狂生事⑪。外氏苦之⑫，逐于外，为人牧羊。每窃羊换饮，诈言多歧亡⑬。主人怒，复见摈⑭。

　　写健儿性格的另一面——无赖。

　　时已弱冠矣⑮，闻倭入寇⑯，乃大快曰⑰："是我得意时也。"即去海上从军，从小校擢功至裨将⑱。与僚友饮⑲，酒酣⑳，斗力，毙之㉑，罪当死。遂弃官逃之泗㉒，易姓名㉓，

---

①〔就外傅〕找老师读书。外傅，家之外的教师。 ②〔不率教〕不遵教导。率，遵从。 ③〔夏（jiǎ）楚〕责打。夏，通"槚"。夏，楚，都是木名，古时用作体罚学生的器具。 ④〔朴〕木棍。〔裂眦（zì）〕裂开眼角。形容十分恼怒。 ⑤〔赤手〕空手。〔致〕得到。 ⑥〔琐琐〕细碎的。〔章句〕书中的章节句读（dòu）。〔为〕语气词，表疑问。 ⑦〔塾（shú）〕旧时私人立的学房。 ⑧〔无完肤〕皮肤都被打破。 ⑨〔簪（zān）珥（ěr）〕泛指首饰。簪，用于发。珥，饰于耳。 ⑩〔向〕往。 ⑪〔猖狂〕任意妄行。〔生事〕惹事，闯祸。 ⑫〔苦之〕以他为患。 ⑬〔诈言多歧亡〕谎说丢了。多歧，歧路多，旁出的道路多。亡，失去。《列子·说符》："大道以多歧亡羊。" ⑭〔见摈（bìn）〕被斥逐。摈，抛弃。 ⑮〔弱冠（guàn）〕二十岁。《礼记·曲礼上》："二十曰弱，冠。"冠，戴帽。 ⑯〔闻倭（wō）入寇〕听说倭寇入侵。倭，日本海盗，嘉靖年间侵扰我国沿海一带。入寇，入侵。 ⑰〔大快〕很高兴。 ⑱〔小校〕下级小军官。〔擢（zhuó）功〕因功提升。〔裨（pí）将〕偏将。 ⑲〔僚友〕同僚，同事。 ⑳〔酒酣（hān）〕饮酒尽兴。指醉酒。 ㉑〔斗力，毙之〕比力量大小，因为用力太大，把同僚打死了。 ㉒〔逃之泗〕逃到泗上。之，往。泗，县名，现在安徽省泗县。 ㉓〔易姓名〕改变姓名。

隐于庖丁①。

　　插入一笔，写有入正道的机会，却因本性恶劣而又恢复原来面目。

民家有犊②，丙夜往盗之③，牵出，必剧呼曰④："君家牛，我骑去矣。"呼竟⑤，倒骑牛背，以斧砍牛臀⑥；牛畏痛，迅奔若风，追之莫及。次日，亡牛者适市物色之⑦，健儿曰："昨过君家取牛者我也。告而后取，道也⑧，奚其盗⑨？"索之，则牛已脯矣⑩，无可凭⑪。市中恶少推为盟主⑫。昼纵六博⑬，夜游狭斜⑭，自恃日甚⑮，尝叹曰："世人皆不足敌⑯，但恨生千载后⑰，不得与拔山举鼎之雄一较胜负耳⑱！"

　　进一步写健儿的恶劣、放纵。以上都是下文失败和改悔的伏笔。

邑使者禁屠牛⑲，健儿无所事事⑳，取向所积牛皮及骨

---

① 〔庖（páo）丁〕屠夫。《庄子·养生主》有庖丁（庖人名丁）解（宰割）牛的故事。　② 〔犊〕小牛。　③ 〔丙夜〕三更，半夜。　④ 〔剧呼〕大声呼喊。　⑤ 〔竟〕完了。　⑥ 〔牛臀（tún）〕牛屁股。　⑦ 〔亡〕丢失。〔适〕往。〔物色〕寻找。　⑧ 〔道〕指有理由，合理。　⑨ 〔奚其盗〕哪里是盗窃？　⑩ 〔牛已脯矣〕牛已成肉干。意思是牛已屠宰。　⑪ 〔无可凭〕抓不着凭证。　⑫ 〔恶少〕无赖少年。〔盟主〕盟社中的头目。　⑬ 〔昼纵六博〕白天纵情赌博。六博，古代的一种赌博游戏。　⑭ 〔狭斜〕小里巷，多指妓院。　⑮ 〔自恃〕自以为了不起，有仗恃。　⑯ 〔世人皆不足敌〕当代人都够不上对手。　⑰ 〔但〕只。　⑱ 〔拔山举鼎之雄〕指楚霸王项羽。《史记·项羽本纪》记项羽"力能扛（gāng，举）鼎"，失败后作歌，有"力拔山兮气盖世"的句子。〔较〕较量。　⑲ 〔邑〕指县城。〔使者〕指县官。　⑳ 〔无所事事〕无事可做。指因禁屠而不能再盗牛。

角①，往瓜、扬间售之②，得三十金③。将归，饮旅馆中，解金置案头④。酒家翁见之⑤，谓曰："前途多豪客⑥，此物宜善藏之⑦。"健儿掷杯砍案曰⑧："吾纵横天下三十年⑨，未逢敌手，有能取我腰间物者⑩，当叩首降之⑪。"时有少年数人醵于左席⑫，闻之错愕⑬，起问姓名里居，健儿曰："某姓名不传⑭，向尝竖功于边陲⑮，今挂冠微服⑯，牛耳于泗上诸英雄⑰。"少年问能敌几何辈⑱，健儿曰："遇万万敌⑲，遇千千敌，计人而敌⑳，斯下矣㉑。"诸少年益错愕㉒。

写健儿的狂妄，是以下丢脸的缘由。

健儿饮毕，束装上马㉓。不二三里㉔，一骑追之㉕，甚

---

① 〔向〕过去。　② 〔瓜、扬〕瓜洲、扬州。瓜洲，在江苏扬州南四十里江滨。扬州，今江苏扬州。　③ 〔三十金〕三十两银子。　④ 〔解〕拿出。　⑤ 〔酒家翁〕酒馆主人。　⑥ 〔豪客〕豪强人物。指强盗。　⑦ 〔宜善藏之〕应当好好藏起来。之，代银。　⑧ 〔砍案〕击案。　⑨ 〔纵横天下〕横行天下。纵横，恣意而行，无所忌惮。　⑩ 〔腰间物〕指藏金。　⑪ 〔降（xiáng）之〕向他投降。　⑫ 〔醵（jù）于左席〕在左边一桌会饮。醵，合钱饮酒。　⑬ 〔错愕（è）〕惊惧的样子。　⑭ 〔不传〕不外传，不使人知。　⑮ 〔竖功〕立功。〔边陲（chuí）〕边疆。指海滨。　⑯ 〔挂冠〕辞官。《后汉书·逢（páng）萌传》："（逢萌）解冠挂东都城门。"〔微服〕有职位的人穿常人衣服。意思是隐瞒身份。　⑰ 〔牛耳于泗上诸英雄〕在泗上英雄中称领袖。古时诸侯会盟，割牛耳取血，分尝为誓，以资信守，由盟主执容器，称为"执牛耳"。　⑱ 〔几何辈〕多少人。　⑲ 〔遇万万敌〕遇着一万人就敌一万人。　⑳ 〔计人〕计算人数。意思是有限度。　㉑ 〔斯下矣〕那就低下（不足道）了。　㉒ 〔益〕更加。　㉓ 〔束装〕整装。　㉔ 〔不二三里〕（出发还）没走二三里路。　㉕ 〔骑（旧读 jì）〕名词，一人乘一马。

迅。健儿自度曰①，殆所云豪客耶②？比至③，则一后生④，健儿遂不介意⑤。后生问何之⑥，健儿曰："归泗。"后生曰："予小子亦泗人⑦，归途迷失，望长者指南之⑧。"于是健儿前驱⑨，马上谈笑颇相得⑩。健儿谓后生曰："子服弓矢⑪，善决拾乎⑫？"后生曰："习矣，而未闲⑬。"健儿援弓试之⑭，力尽而弓不及彀⑮。弃之，曰："此物无用，佩之奚为⑯？"后生曰："物自有用，用物者无用耳⑰。"乃引自试⑱。时有鹜唳空⑲，后生一发饮羽⑳，鹜坠马前。健儿异之。后生曰："君腰短刀㉑，必善击刺。"健儿曰："然㉒，我所长不在彼，在此㉓。"脱以相示㉔。后生视而噱曰㉕："此割鸡屠狗物，将焉用之㉖？"以两手一折，刀曲如钩；复以两手伸之，刀直如故。健儿失色㉗，自筹腰间物非复我有

————

①〔自度（duó）〕自己思量。②〔殆〕大概。③〔比〕及。④〔后生〕年轻人。有轻视意味。⑤〔介意〕放在心上。⑥〔何之〕往哪里去。⑦〔予〕我。〔小子〕后辈。这是谦称。⑧〔长（zhǎng）者〕尊称年岁大的人。〔指南〕指示方向。⑨〔前驱〕走在（后生）马前。⑩〔相得〕很投合。⑪〔子服弓矢〕你佩带弓箭。⑫〔善决拾乎〕长于射箭吗？决拾，射的用具。决，用以钩弦，拾，用以揽袖。⑬〔闲〕熟练。⑭〔援弓试之〕拿过弓来试着拉。⑮〔彀（gòu）〕满弓，弓完全拉开。⑯〔佩〕佩带。〔奚为〕何为，做什么，有什么用。⑰〔用物者无用〕这是暗说健儿无能。⑱〔引〕拉弓。⑲〔有鹜（wù）唳（lì）空〕有野鸭当空鸣叫。鹜，野鸭。⑳〔饮羽〕是说箭把鹜射穿了。饮，没。羽，箭羽。㉑〔君腰短刀〕你腰挂短刀。腰，动词，腰部带着。㉒〔然〕正是。㉓〔不在彼，在此〕不在射箭，而在击刺。㉔〔脱〕抽出（刀）。㉕〔噱（jué）〕大笑。㉖〔将焉用之〕会有什么用处。㉗〔失色〕因惊恐而变颜色。

矣①。虽与偕行②，而股栗之状渐不自持③。后生转以温言慰之④。复前数里，四顾无人，后生纵声一喝⑤，健儿坠马。后生先斩其马，曰："今日之事，有不唯吾命者⑥，如此马⑦！"健儿匍伏请所欲⑧，后生曰："无用物⑨！盍解腰缠来献⑩？"健儿倾囊输之⑪，顿首乞命⑫。后生曰："吾得此一囊金，差可十日醉⑬。子犹草莱⑭，何足诛锄⑮！"拨马寻故道去⑯。健儿神气沮丧⑰，足循循不前⑱。自思三十金非长物⑲，但半世英雄败于乳臭儿之手⑳，何颜复见诸弟兄㉑？遂不归泗，向一村墅㉒，结庐卖酒聊生㉓。每思往事，辄恧恧欲死㉔。

一世英雄败于后生之手，情节离奇，却更能阐明"满招损"的道理。——这段是本篇的重点。

一日，春风淡荡㉕，有数少年索饮㉖，裘马甚都㉗，似五

---

①〔筹〕算计。 ②〔偕行〕同行。 ③〔股栗〕腿发抖。〔不自持〕自己控制不住。 ④〔转〕反而。 ⑤〔纵声〕放声，高声。 ⑥〔唯吾命〕唯吾命是听，听我的命令。 ⑦〔如此马〕像这匹马一样。是说也要杀死。 ⑧〔匍（pú）伏〕趴在地上。〔请所欲〕问要什么。 ⑨〔无用物〕没出息的东西！这是骂健儿。 ⑩〔盍（hé）〕何不。〔腰缠〕指携带的三十金。 ⑪〔倾囊〕把囊中的财物都倒出来。〔输〕给，送。 ⑫〔顿首乞命〕叩头求饶命。 ⑬〔差可〕勉强可以。 ⑭〔犹〕如同。〔草莱〕杂草。比喻轻微不足道。 ⑮〔何足诛锄〕不值得锄掉。诛，杀死。 ⑯〔故道〕来时旧路。 ⑰〔沮（jǔ）丧〕灰心失望。 ⑱〔循循〕步履缓慢。 ⑲〔长（旧读zhàng）物〕多余的东西。这类东西常常是比较讲究的用物，价值高。 ⑳〔乳臭（xiù）儿〕嘴里有吃奶气味的孩子。表示年岁很小。臭，名词，气味。 ㉑〔颜〕脸面。 ㉒〔村墅〕村落。墅，农村的简陋房子。 ㉓〔结庐〕构造房屋。庐，简陋房屋。〔聊生〕对付着过日子。 ㉔〔辄〕就。〔恧（nǜ）恧〕惭愧的样子。 ㉕〔淡荡〕形容轻轻地吹拂。 ㉖〔索饮〕要酒喝。 ㉗〔裘（qiú）马甚都〕服饰车马十分华美。裘，皮衣。都，华美。

陵公子①,而意气豪纵②,又似长安游侠儿③。击案狂歌,旁若无人④,且曰:"涤器翁似不俗⑤,当偕之⑥。"遂拉健儿入座。健儿视九人皆弱冠,唯一总角者貌白晰若处子⑦,等闲不发一言⑧;一言则九人倾听⑨,坐则右之⑩,饮则先之。健儿不解其故。而末坐一冠者似尝谋面⑪,睇视之⑫,则向斩马劫财之人也,谓健儿曰:"东君尚识故人耶⑬?"健儿不敢应。后生曰:"畴昔途中⑭,解腰缠赠我者非子而谁?我侪岂攘攫者流⑮?特于邮旁肆中闻子大言恐世⑯,故来与子雌雄⑰,不意竟输我一筹⑱,今来归赵璧耳⑲。"遂出左袖三十金置案头,曰:"此母也⑳,于今一年,子当肖之㉑。"又探

————————

① 〔五陵公子〕贵公子。五陵,指汉朝皇帝的五个陵墓:长陵、安陵、阳陵、茂陵、平陵,都在当时都城长安附近。汉朝皇帝每立陵墓,都把四方富家和外戚迁到陵墓附近居住。后来诗文中以五陵代表豪门贵族聚居之地。 ② 〔豪纵〕豪放,豪迈无拘束。 ③ 〔游侠儿〕少年侠客。 ④ 〔旁若无人〕形容极傲慢。 ⑤ 〔涤器翁〕卖酒的老人。指健儿。这是用汉朝司马相如和卓文君在临邛(qióng)卖酒的故事。《史记·司马相如传》说司马相如"涤器于市中"。 ⑥ 〔当偕之〕可一同(饮酒)。 ⑦ 〔总角者〕少年人。总角,古时未成年男女把发拢在头上,左右结成小髻的样子。〔白晰(xī)〕白净。〔处子〕处女,年轻的姑娘。形容文雅安静。 ⑧ 〔等闲〕轻易。 ⑨ 〔倾听〕侧耳听,用心听。 ⑩ 〔坐则右之〕坐的时候请他坐上座。右,上位。 ⑪ 〔谋面〕见过面。原意是策划见面之事。 ⑫ 〔睇(dì)视〕斜眼看。 ⑬ 〔东君〕东道主,主人。指健儿。〔故人〕旧友。 ⑭ 〔畴(chóu)昔〕从前。畴,助词,无义。 ⑮ 〔我侪(chái)〕我们。侪,同辈。〔攘(rǎng)攫(jué)者流〕强盗一类人。攘,抢。攫,强取。 ⑯ 〔特〕只是。〔邮旁〕驿站旁。〔肆中〕酒店里。〔大言〕说大话。〔恐世〕恐吓世人。 ⑰ 〔雌雄〕胜负。雌雄前省略"决"字或"较"字。 ⑱ 〔输我一筹〕比我差一些。筹,比赛时计数的筹码。 ⑲ 〔归赵璧〕归还原物。这是用蔺相如完璧归赵的典故。 ⑳ 〔母〕本银。 ㉑ 〔子〕利钱。〔肖〕(与母)相像。

右袖出三十金，共予之①。健儿不敢受，旁一后生拔剑努目曰②："物为人攫而不能复③，还之又不敢取，安用此懦夫为④？"健儿惧，急纳袖中。乃治鸡黍为欢⑤。诸后生不肯留，归金者曰："翁亦可怜矣，峻拒之则难堪⑥。"众乃止⑦。时爨下薪穷⑧，健儿欲乞诸邻⑨，后生指屋旁枯株谓之曰⑩："盍载斧斤⑪？"健儿曰："正苦无斧斤耳。"后生踌躇久之⑫，曰："此事须让十弟，我九人无能为也⑬。"总角者以两手抱株，左右数挠⑭，株已卧矣。遂拔剑砍旁柯爇之⑮。酒至无算⑯，乃辞去。竟不知其何许人⑰。

> 再写后生，重点是突出总角者的本领和健儿的无能。这是上段的余波。

健儿自是绝不与人较力⑱，人殴之则袖手不报⑲。或曰："子曩日英雄安在⑳？"健儿则以衰朽谢之㉑。后得以天年终㉒，不可谓非后生力也。

---

①〔予〕给。 ②〔努目〕睁大眼睛，眼珠突出。愤怒的样子。 ③〔复〕索还。 ④〔安用此懦（nuò）夫为〕意思是，留这样软弱的人无用，不如杀了。安，何。为，表疑问的语气词。 ⑤〔治鸡黍（shǔ）为欢〕备办菜饭招待。黍，黄米。 ⑥〔峻拒〕严厉地拒绝。 ⑦〔众乃止〕大家才留下来。 ⑧〔爨（cuàn）下〕灶下。〔穷〕尽。 ⑨〔乞诸邻〕向邻舍讨要。诸，之于。 ⑩〔枯株〕死树。 ⑪〔盍载斧斤〕何不用斧头砍？载，用。斤，斧之类，伐木的用具。 ⑫〔踌（chóu）躇（chú）〕犹豫。〔久之〕好一会儿。 ⑬〔无能为〕办不了。 ⑭〔挠〕屈，撼动。 ⑮〔旁柯〕旁枝。 ⑯〔无算〕数不过来。表示极多。 ⑰〔何许人〕何处之人。表示来历不明。许，处所。 ⑱〔较力〕比本领高低。 ⑲〔袖手〕不伸手。〔不报〕不回击。 ⑳〔曩（nǎng）日〕从前，过去。〔安在〕在哪里。 ㉑〔衰朽〕年迈无能。〔谢之〕回答他。 ㉒〔以天年终〕平平安安地死去。

最后写健儿获得教训,改掉旧习。

【研读参考】一、文章有反衬的写法,就像把纯黑和纯白对比,黑的就显得更黑,白的就显得更白。时间的先后两种情况也可以反衬,这样,情节一变化,就有更加强调新情况的作用。小说、戏剧、电影等体裁里常常用这种手法。本篇是怎样反衬的?你读过或看过的小说、电影里,有哪些是用这种手法的?

二、文言表意,常常用引典故的办法。你必须先了解典故的情况,才能正确而深入地了解某语句的意思。如本篇的"怙恃""弱冠""挂冠""牛耳""涤器翁""归赵璧"等,如果你不知道是用典,或者知道而不清楚典故的来源,就不能确切地理解。读文言作品,这一点要注意。

三、用现代语述说本篇故事的梗概,要求尽量简短而不漏掉重要关节。

五一　《广宋遗民录》序　顾炎武

【解说】本篇选自《亭林诗文集》。《宋遗民录》是明朝程敏政编的书，十五卷，记述宋朝亡国以后能坚守气节、隐居不仕的一些人的事迹。程敏政，字克勤，休宁（今安徽休宁）人。成化进士。官至礼部右侍郎。学问渊博，著作很多，有《新安文献志》《明文衡》《篁墩文集》等。顾炎武的同时人朱明德（生平不详）是明朝遗民，明亡国后受异族统治，情况与宋遗民相似，心中一定也有愤懑之气，所以又从宋末元初找出程书没收的一些人，借表扬他们的坚贞来抒发自己的感慨。因为这部书是补充《宋遗民录》的，所以名《广宋遗民录》，"广"是增加、扩大的意思。此书编成以后，著者请顾炎武作序。这篇序文笔法比较特别，主要不是说遗民当传，而是说遗民未必可传。这显然是有所为而发。所为是什么呢？就是清朝初年，不少所谓遗民并没有坚守气节，而是渐渐地改了形，换了骨，这使作者非常痛心。他是借写宋遗民的机会来斥责当时那些无耻士大夫，是说他们不配称为遗民，而不是说遗民有什么不好。我们由这方面体会，就知道这种借古讽今的写法，无论就《广宋遗民录》的编者说，就本篇的作者说，都显得意义更深刻。

作者顾炎武（1613—1682），初名绛，明亡以后改名炎武，字宁人，号亭林，明末清初昆山（今江苏昆山）人。年轻时候勤苦读书，喜欢天文、地理、兵、农等实用的学问。曾参加同乡归庄组织的复社。明亡之后，立意恢复，并参加昆山、嘉定等地的抗清活动。清朝想笼络他，推荐他应博学鸿儒科的考试，修《明史》，他都拒绝了。专心研究学问，周游北方各地，到处观察风土人情，图谋将来恢复，能够富强安定。他主张写诗作文要有益于世，所以文笔朴实，内容深厚，与那种浮华及拟古的文章，格调大不相同。晚年住在陕西华（huà）阴，死在那里。著作很多，主要有《日知录》《天下郡国利病书》《音学五书》《肇域志》等。

子曰："有朋自远方来，不亦乐乎①？"古之人学焉而有所得②，未尝不求同志之人③，而况当沧海横流、风雨如晦之日乎④？于此之时，其随世以就功名者固不足道⑤，而亦岂无一二少知自好之士⑥，然且改行于中道⑦，而失身于暮

---

①〔子曰："有朋自远方来，不亦乐乎？"〕孔子说，有志同道合的人从远方来，不也快乐吗？这句话见《论语·学而》。②〔学焉而有所得〕学了有所收获。焉，助词。③〔同志〕志向相同。④〔而况〕何况。〔沧海横流〕海水到处泛滥。比喻时世动乱（指明清易代之时）。沧，青绿色。《晋书·王尼传》："沧海横流，处处不安也。"〔风雨如晦〕风雨时天昏地暗。比喻社会混乱。晦，黑夜。《诗经·郑风·风雨》："风雨如晦，鸡鸣不已。"⑤〔其随世以就功名者〕那些随世道变化向新朝谋取官位的人。就，成。〔固不足道〕本来不值一说。⑥〔少知自好（hào）之士〕略微知道洁身自爱的人。⑦〔改行（xíng）于中道〕中途改变气节（先好后坏）。

年①,于是士之求其友也益难②。而或一方不可得③,则求之数千里之外,今人不可得,则慨想于千载以上之人④,苟有一言一行之有合于吾者⑤,从而追慕之⑥,思为之传其姓氏而笔之书⑦,呜呼,其心良亦苦矣⑧!

> 先泛论改朝换代时求友之难,得同道之难。这是为《广宋遗民录》之作立下理论根据。

吴江朱君明德⑨,与仆同郡人⑩,相去不过百余里而未尝一面⑪。今朱君之年六十有二矣,而仆又过之五龄,一在寒江荒草之滨⑫,一在绝障重关之外⑬,而皆患乎无朋⑭。朱君乃采辑旧闻⑮,得程克勤所为《宋遗民录》而广之⑯,至四百余人,以书来问序于余⑰,殆所谓一方不得其人而求之数千里之外者也⑱。其于宋之遗民,有一言一行或其姓氏之留于一二名人之集者⑲,尽举而笔之书⑳,所谓今人不可得

---

①〔失身〕丧失气节。〔暮年〕晚年,死之前。 ②〔益难〕更难。 ③〔一方〕一个地区。 ④〔慨想〕以感慨的心情思念。〔千载以上之人〕古人。载,年。 ⑤〔苟〕假使。〔合于吾者〕和自己志同道合的。 ⑥〔追慕〕追思仰慕。 ⑦〔传(chuán)其姓氏〕记下他的姓名。〔笔之书〕写到书里。笔,动词,写。 ⑧〔良亦苦矣〕也很苦了。良,诚然。 ⑨〔吴江〕今江苏省苏州市吴江区。 ⑩〔仆〕我。谦称。〔同郡〕同属苏州府。郡,府的古名。 ⑪〔相去〕相距。〔未尝一面〕没有见过面。 ⑫〔寒江荒草之滨〕指吴江水乡。江,指吴淞江。 ⑬〔绝障重(chóng)关之外〕指塞外地区。绝障,难通过的屏障(指长城一带)。重关,多层关口。 ⑭〔患乎无朋〕为缺少志同道合的朋友而忧虑。指缺少反清的同志。 ⑮〔采辑旧闻〕搜寻旧书的记载。 ⑯〔广之〕充实它的内容。之,指《宋遗民录》。 ⑰〔以书来〕写信来。以,用。〔问序于余〕请我写序文。 ⑱〔殆(dài)〕大概(是)。 ⑲〔名人之集〕名人的著作。 ⑳〔尽举〕全都提出来。

而慨想于千载以上之人者也。

　　承上段，转入本题，点明朱明德作《广宋遗民录》的苦心，及自己写序文的缘由。

　　余既鲜闻①，且耄矣②，不能为之订正③。然而窃有疑焉④。自生民以来⑤，所尊莫如孔子，而《论语》《礼记》皆出于孔氏之传⑥，然而互乡之童子，不保其往也⑦；伯高之赴，所知而已⑧；孟懿子、叶公之徒，问答而已⑨；食于少施氏而饱，取其一节而已⑩。今诸系姓氏于一二名人之集

----

① 〔余既鲜（xiǎn）闻〕我所知不多。这是自谦的话。鲜，少。② 〔且耄（mào）矣〕更加上年老。耄，高年，原指八九十岁。③ 〔订正〕改正（著作中的错误）。④ 〔窃〕私下。〔有疑〕有疑问。⑤ 〔自生民以来〕自有人以来。生民，人民。⑥ 〔《论语》《礼记》皆出于孔氏之传〕《论语》《礼记》都是孔子的后代及门人传下来的。《论语》，记录孔子言行的书。《礼记》，指汉朝戴圣编的小戴《礼记》，所收是孔子及弟子论述礼的话。两部书都是《十三经》的一种。以下所举诸事都表示并不深知。⑦ 〔互乡之童子，不保其往也〕意思是，孔子说过，互乡（地名）地方的童子并不好，既然来见就见他，不必计较他的过去而不与之交谈。保，守，执着。《论语·述而》："互乡难与言，童子见，门人惑。子曰：'……与（许，承认）其洁也，不保其往也。'"⑧ 〔伯高之赴，所知而已〕意思是，孔子得到伯高的讣告而哭他，仅因有一面之识。赴，现在用"讣"，告。所知，相识。《礼记·檀弓上》："伯高死于卫，赴于孔子。孔子曰：'……所知，吾哭诸野。'"⑨ 〔孟懿（yì）子、叶（旧读 shè）公之徒，问答而已〕意思是，孔子跟孟懿子、叶公的交情，只是回答过他们的问话而已。孟懿子，鲁国大夫。叶公，楚叶县尹。《论语·为政》："孟懿子问孝，子曰：'无违。'"《论语·子路》："叶公问政，子曰：'近者说（悦），远者来。'"⑩ 〔食于少（shào）施氏而饱，取其一节而已〕意思是，孔子说少施氏以礼招待他，所以能吃饱。少施氏，鲁国贵族。节，礼节。《礼记·杂记下》："孔子曰：'吾食于少施氏而饱，少施氏食（sì）我以礼。'"

者①,岂无一日之交而不终其节者乎②?或邂逅相遇而道不同者乎③?固未必其人之皆可述也④。然而朱君犹且眷眷于诸人⑤,而并号之为遗民⑥,夫亦以求友之难而托思于此欤⑦?庄生有言⑧:"子不闻夫越之流人乎⑨?去国数日⑩,见其所知而喜;去国旬月⑪,见所尝见于国中者喜⑫;及期年也⑬,见似人者而喜矣⑭。"余尝游览于山之东西⑮、河之南北二十余年⑯,而其人益以不似⑰;及问之大江以南,昔时所称魁梧丈夫者⑱,亦且改形换骨⑲,学为不似之人⑳。而朱君乃为此书,以存人类于天下㉑,若朱君者,将不得为遗民矣乎㉒?因书以答之㉓。吾老矣,将以训后之人㉔,冀人道之

---

① 〔今诸系姓氏于一二名人之集者〕现在那些少数名人文集中提到姓名的人。 ② 〔岂无一日之交〕难道没有只是短时相识。〔不终其节〕后来变坏了。 ③ 〔邂(xiè)逅(hòu)相遇而道不同〕偶然遇见,但并不志同道合。邂逅,偶然相遇。 ④ 〔述〕称道,立传。 ⑤ 〔眷眷〕恋恋不舍。 ⑥ 〔并号之为〕都称他们作。 ⑦ 〔托思〕寄托怀想。 ⑧ 〔庄生〕庄子。以下引文见《庄子·徐无鬼》。 ⑨ 〔子不闻夫〕你没听说吗?夫,语气助词。〔越〕越国。〔流人〕被流放的人。 ⑩ 〔去国〕离开本土。 ⑪ 〔旬月〕一月以上或几个月。 ⑫ 〔尝见于国中者〕在本国见过的人。 ⑬ 〔期(jī)年〕一周年。 ⑭ 〔似人〕像本乡本土的人。指多少还可取的人。 ⑮ 〔山之东西〕太行(háng)山以东以西地方。 ⑯ 〔河〕黄河。 ⑰ 〔益以不似〕更加不像。指剃发改装和变节。 ⑱ 〔魁梧丈夫〕指某些曾经有志反清的明遗民。魁梧,健壮,雄伟。 ⑲ 〔改形换骨〕改变装束和品质,丧失气节。指归顺清朝。 ⑳ 〔不似之人〕没有人性的人。 ㉑ 〔存人类于天下〕在天地间保存人类正气。 ㉒ 〔若朱君者,将不得为遗民矣乎〕像朱君这样的人,将不会成为遗民了吧?意思是朱君与那些归顺清朝的遗民不同。 ㉓ 〔因书以答之〕因而写这篇序来答复朱君。 ㉔ 〔将以训后之人〕希望能教导后辈人。

犹未绝也①。

　　由书而引起议论，慨叹遗民之稀有而变节者之多；但仍希望"人道之犹未绝"。经亡国之惨痛，睹世道之沉沦，然终于不忘恢复，寄希望于后人——这是全篇主旨。

【研读参考】一、一篇文章的好坏，主要是看作者有没有好的思想感情，至于怎样表达，则可以随着题材的性质、作者的兴会等而灵活变化。以本篇为例，照常规总要说遗民如何如何可钦敬；为遗民立传，使之留名于后世，如何如何有教育意义。可是作者偏偏不那样写。说说为什么可以这样写，这样写有什么好处。

　　二、本篇引古事古语不少。讲道理，发议论，引古事古语有什么作用？以本篇为例，说说看。

　　三、文言中"道"字用法比较复杂，有时候比较难讲。把本篇中"道"字都找出来，解释一下每个的意义。

―――――

① 〔冀〕希望。〔人道〕指敦品行、重节义的为人之道。

五二　癸未去金陵日与阮光禄书　侯方域

【解说】本篇选自《壮悔堂文集》。癸未，明思宗崇祯十六年（1643）。第二年阴历三月明朝都城北京被李自成起义军攻破，崇祯皇帝自杀。去，离开。金陵，明朝留都南京的古名。明太祖建都南京，明成祖迁都北京以后，南京仍保留一整套中央政府机构，算作留都。阮光禄，即阮大铖（chéng），字圆海，怀宁（今安徽怀宁）人。崇祯元年曾官光禄卿，所以称他阮光禄。阮大铖是明朝末年的无耻小人，神宗万历末年中进士以后，曾官给事中，投靠太监魏忠贤，做了不少坏事。崇祯皇帝即位以后，魏忠贤倒台，阮营谋做了光禄卿，被御史毛羽健参劾，革职为民，躲到南京，仍旧招摇活动。明末反魏忠贤的士君子有两个组织——东林党和复社。这时期，在南京的复社中人黄宗羲、万泰等很气愤，发表《留都防乱揭》，揭露阮的丑恶，想把他赶走。侯方域是复社中人，陈贞慧（字定生）、吴应箕（字次尾）等青年名士当然也反对阮大铖。阮为了出头，于是想通过侯方域以避免被攻击揭露，结果遭到拒绝。这时候，阮一向交结的马士英经过钻营升了官，掌了兵权，阮于是完全投靠马士英。崇祯皇帝自杀以后，南京方面立潞王还是福王未能决定，于是马士英凭借武力,拥戴福王成功,抓到南都的政权。阮大铖也借此机会做了兵部侍郎等高官,利用权势,报其私仇,害了许多好人。福王政权不过一年,清兵渡江,阮大铖逃往杭州,以后投降清兵,随军南行,死在路上。这封信是阮大铖尚未得势,只是阴谋陷害,作者即将离开南京,到江苏宜兴避祸的时候写的。

信写得很好,内容充实,无论叙事还是说理,都实事求是,痛快淋漓。所以要这样写,是因为阮大铖不只过去太坏,而且将来也不可救药。信里没有辱骂的话,可是像"执事当自追忆其故"、"语不及执事"、"理当谒,然而不敢"、"若昔日干儿义孙之徒"、"仆且去,可以不言",等等,话含蓄,却把对方的丑恶和自己对他的鄙视都表达得很充分,就文笔说也是值得注意的。

作者侯方域(1618—1655),字朝宗,明末商丘(今河南商丘)人。父亲侯恂(xún)是高官,他幼年受过很好的教育,读书多,能诗文。因为他曾反对奸臣马士英、阮大铖等,南明建立前后逃往宜兴,以后又投奔史可法、高杰。南明灭亡后回乡里。但后来未能坚持民族气节,于顺治八年(1651)曾应河南乡试,中副榜(相当于备取)。文与魏禧、汪琬齐名,称"清初三家"。著有《四忆堂诗集》等。

仆窃闻君子处己①,不欲自恕而苛责他人以非其道②。

---

① 〔仆〕谦称自己。〔窃〕私自。〔处己〕对待自己,立身。 ② 〔自恕〕宽待自己,有错误而不承认。〔苛责他人以非其道〕用不合理的尺度苛刻地要求别人。道,理。

今执事之于仆乃有不然者①。愿为执事陈之②。

首先总说写信的起因和主旨。

执事，仆之父行也③，神宗之末与大人同朝④，相得甚欢⑤。其后乃有欲终事执事而不能者⑥，执事当自追忆其故，不必仆言之也。大人削官归⑦，仆时方少⑧，每侍⑨，未尝不念执事之才而嗟惜者弥日⑩。及仆稍长，知读书，求友金陵⑪，将戒途⑫，而大人送之曰："金陵有御史成公勇者⑬，虽于我为后进⑭，我常心重之⑮，汝至当以为师；又有老友

---

①〔执事〕您。表示客气的称呼，意思是请左右执事的人转达。〔于〕对于。〔乃〕竟。〔不然〕不这样，不循君子处己之道。 ②〔为〕读 wèi。〔陈〕述说。 ③〔父行（háng）〕父亲一辈的人。行，行辈。 ④〔神宗〕明神宗朱翊（yì）钧。年号万历。〔大人〕称自己的父亲。他父亲侯恂，明末名臣。万历进士。做过御史、兵部侍郎、户部尚书。〔同朝〕一同在朝里做官。 ⑤〔相得〕相投合。 ⑥〔终事执事〕长久地侍奉您。意思是保持友谊。终，终了，永远。 ⑦〔削官〕革职。指熹宗天启四年（1624）因东林党人关系被魏忠贤迫害而罢官。〔归〕回到故乡商丘。 ⑧〔方少（shào）〕正年少。其时作者七岁。 ⑨〔每侍（shì）〕每在父亲身边。侍，侍奉。古礼，在父亲、老师面前要站在一旁，叫作侍立，坐着叫作侍坐。 ⑩〔念〕（侯恂）怀想。〔才〕指阮大铖的文才。阮大铖能诗文，通戏曲，如所作传奇《燕子笺》，后人有相当高的评价。〔嗟（jiē）惜〕叹气，为他惋惜。〔弥日〕整天，长时间。弥，满。 ⑪〔求友金陵〕到金陵寻觅志同道合的朋友（指陈贞慧、吴应箕等）。崇祯十二年（1639），作者二十二岁，到南京应试。 ⑫〔戒途〕启程。戒，准备。 ⑬〔御史〕管监察的官。〔成公勇〕成勇，字仁有。天启进士。为人刚正，不畏权贵。崇祯十一年（1638）官南京御史，因上疏劾杨嗣昌得罪下狱，后遣戍，所以下文说"得罪去"。 ⑭〔于我为后进〕对我说是晚辈。 ⑮〔重〕敬重。

方公孔炤①，汝当持刺拜于床下②。"语不及执事③。及至金陵，则成公已得罪去，仅见方公，而其子以智者④，仆之夙交也⑤，以此晨夕过从⑥。执事与方公同为父行，理当谒，然而不敢者，执事当自追忆其故，不必仆言之也。今执事乃责仆与方公厚而与执事薄⑦，噫！亦过矣⑧。

> 委婉地指出，疏远的缘由是对方人品堕落，而不是自己失礼。这是先驳来书的责难。

忽一日，有王将军过仆⑨，甚恭。每一至，必邀仆为诗歌，既得之，必喜，而为仆贳酒奏伎⑩，招游舫⑪，携山屐⑫，殷殷积旬不倦⑬。仆初不解，既而疑⑭，以问将军。将军乃屏人以告仆曰⑮："是皆阮光禄所愿纳交于君者也⑯。光禄方为诸君所诟⑰，愿更以道之君之友陈君定生、吴君次

---

①〔方公孔炤（zhāo）〕方孔炤，字潜夫。万历进士。官右佥都御史、湖广巡抚等。 ②〔刺〕名刺，名帖，名片。旧时代谒见人，要先把名刺递进去。〔拜于床下〕意思是尊为老前辈。 ③〔语不及执事〕（嘱咐我的）话没有提到您。 ④〔其子以智〕他的儿子方以智。方以智，字密之。崇祯进士。学问渊博。明亡后出家为僧。他和侯方域、陈贞慧、冒襄（辟疆）合称"明末四公子"。 ⑤〔夙（sù）交〕老朋友。夙，早。 ⑥〔晨夕过从〕意思是常常（同方公）见面。从，随侍。 ⑦〔责〕怪罪。 ⑧〔过〕过分。 ⑨〔过〕访问。 ⑩〔贳（shì）酒奏伎〕买酒一同喝，还招歌伎奏乐。贳，赊。 ⑪〔招游舫〕雇游船。招，招呼。 ⑫〔携山屐（jī）〕携带登山的木屐。屐，鞋。古人穿的登山屐，底下安齿，可以把滑。 ⑬〔殷殷〕十分殷勤。〔积旬不倦〕连续十来天也不懈怠。旬，十天。 ⑭〔既而〕过后，不久。 ⑮〔屏（bǐng）人〕叫别人避开（以便密谈）。屏，赶走。 ⑯〔纳交〕结交。 ⑰〔方为诸君所诟（gòu）〕正被你们一些人诟骂。诸君，指复社的黄宗羲、万泰以及四公子等。诟，辱骂。

尾①，庶稍湔乎②？"仆敛容谢之曰③："光禄身为贵卿④，又不少佳宾客⑤，足自娱，安用此二三书生为哉⑥？仆道之两君⑦，必重为两君所绝⑧；若仆独私从光禄游⑨，又窃恐无益光禄。辱相款八日⑩，意良厚⑪，然不得不绝矣。"凡此皆仆平心称量⑫，自以为未甚太过，而执事顾含怒不已⑬，仆诚无所逃罪矣⑭。

> 进一步指出对方的卑劣。分两层写：这一段是揭露收买。

昨夜方寝，而杨令君文骢叩门过仆曰⑮："左将军兵且来⑯，都人汹汹⑰。阮光禄扬言于清议堂⑱，云子与有

---

①〔以道之〕把这意思说给。之，指阮大铖的意图。 ②〔庶稍湔（jiān）乎〕庶几能够略微洗刷洗刷（被诟骂的羞辱）吧。湔，洗。 ③〔敛容〕面容严正。敛，收敛；敛容是把嬉笑随便的面容收敛起来。〔谢〕拒绝。 ④〔身为贵卿〕本身是尊贵的官。指原任的光禄卿。 ⑤〔不少佳宾客〕据《明史·阮大铖传》，当时阮大铖"颇招纳游侠"。 ⑥〔安用此二三书生为哉〕用这两三个书生干什么呢？安，何。为，表疑问的助词。 ⑦〔道之两君〕道之于两君，对两位说。 ⑧〔重〕甚，很。 ⑨〔私从光禄游〕私自和阮光禄交往。 ⑩〔辱〕谦词，字面的意思是使您受到羞辱。〔相款〕款待我。 ⑪〔良〕实在。 ⑫〔平心称量〕平心静气地衡量。 ⑬〔顾〕反而。 ⑭〔无所逃罪〕没法逃避我的罪过了。意思是难于解释。 ⑮〔杨令君文骢（cōng）〕杨文骢，字龙友。能绘画，好交游，和侯方域有交谊。明亡后被俘，不屈而死。令君，这里是尊称知县（杨曾官江宁知县）。〔叩门过仆〕敲门来访我。 ⑯〔左将军〕左良玉，字昆山，明末总兵官，兵力最强。崇祯十六年（1643）镇荆州襄阳。福王时封宁南侯。〔兵且来〕军队将要来到（南京）。这次是左良玉声言缺粮，要东下向南京进军。且，将要。 ⑰〔都人汹汹〕京城（南京）的人都很害怕。汹汹，喧嚷。 ⑱〔扬言〕公开宣告。〔清议堂〕内阁的议事堂。

旧①，且应之于内②。子盍行乎③？"仆乃知执事不独见怒④，而且恨之，欲置之族灭而后快也⑤。仆与左诚有旧⑥，亦已奉熊尚书之教⑦，驰书止之⑧。其心事尚不可知⑨。若其犯顺⑩，则贼也；仆诚应之于内⑪，亦贼也。士君子稍知礼义，何至甘心作贼？万一有焉⑫，此必日暮途穷，倒行而逆施⑬，若昔日干儿义孙之徒⑭，计无复之⑮，容出于此⑯；而仆岂其人耶⑰？何执事文织之深也⑱？

这一段是揭露陷害。

---

① 〔云子与有旧〕说您和他有交谊。子，称侯方域。"与"后省略了"之"（代左良玉）字。旧，交谊。左良玉壮年时因侯恂的提拔而做了高级武官，所以他终身感念侯家的好处。 ② 〔且应之于内〕将要在城内做他的内应。 ③ 〔子盍行乎〕您何不出走呢？盍，何不。 ④ 〔乃〕才。〔见怒〕恼恨我。见，加。 ⑤ 〔置之族灭而后快〕把我放在灭族的境地才痛快。族灭，杀全族的人。封建时代，叛逆的人才灭族。快，快意。 ⑥ 〔诚〕确实。 ⑦ 〔奉熊尚书之教〕受熊尚书的命。熊尚书，名明遇，字良孺，当时是兵部尚书。左良玉移兵九江时，熊明遇请侯方域劝阻他，侯方域就用他父亲的名义给左良玉写了信。 ⑧ 〔驰书〕紧急地递送信件。 ⑨ 〔心事〕心里的想法。 ⑩ 〔若〕如果。〔其〕他，指左良玉。〔犯顺〕谋逆，背叛朝廷。 ⑪ 〔诚〕果真。 ⑫ 〔万一有焉〕万一有（甘愿作贼的士君子）。 ⑬ 〔此必日暮途穷，倒行而逆施〕这一定是因无路可走而胡干。《史记·伍子胥列传》："吾日暮途远，吾故倒行而逆施之。"天黑了，向前走不成了，所以往回走，背理行事。比喻没有办法，不能不悖常规处理。施，行事。 ⑭ 〔昔日干儿义孙〕指魏忠贤当权时，那些趋炎附势的无耻小人拜魏忠贤为干爹、干爷，自称干儿义孙。阮大铖就是其中的一个。 ⑮ 〔计无复之〕想不出主意来。之，往。 ⑯ 〔容出于此〕或者会这样（甘心作贼）。 ⑰ 〔岂其人耶〕难道是那样的人吗？ ⑱ 〔文织〕舞文弄墨，使人陷入法网。〔深〕指用心刻毒。

窃怪执事常愿下交天下士①,而展转蹉跎②,乃至嫁祸而灭人之族③,亦甚违其本念④。倘一旦追忆天下士所以相远之故⑤,未必不悔;悔,未必不改;果悔且改⑥,静待之数年,心事未必不暴白⑦;心事果暴白,天下士未必不接踵而至执事之门⑧。仆果见天下士接踵而至执事之门,亦必且随属其后⑨,长揖谢过⑩,岂为晚乎?而奈何阴毒左计一至于此⑪?

　　撇开一笔写,表面是为对方设想万全之道,实际还是揭露对方阴险毒辣。

　　仆今已遭乱无家⑫,扁舟短棹⑬,措此身甚易⑭。独惜执事忮机一动⑮,长伏草莽则已⑯,万一复得志,必至杀尽天下士,以酬其宿所不快⑰,则是使天下士终不复至执事之

---

①〔下交天下士〕向下交往天下的士人。阮大铖曾做高官,地位高,所以说下交。下,有屈尊的意思。 ②〔展转蹉跎〕转来转去,费去好多时光而没有成效。蹉跎,光阴过去而一事无成。 ③〔乃至〕竟然发展到。〔嫁祸〕把灾祸转移给别人。嫁,转移。 ④〔亦甚违其本念〕也很违背你当初的愿望。本念,指交天下士的愿望。 ⑤〔倘〕倘若。〔一旦〕一个早晨,有那么一天。〔相远〕(和你)疏远。 ⑥〔果〕果真。 ⑦〔心事〕自己的用心。指改邪归正的愿望。〔暴(pù)白〕显露,表明。 ⑧〔接踵〕一个接一个。踵,脚跟。 ⑨〔亦必且随属(zhǔ)其后〕也一定要跟在他们后面。且,将要。属,连接。 ⑩〔谢过〕道歉。 ⑪〔左计〕错误的打算。 ⑫〔遭乱无家〕遇到战乱,没有了家。其时侯恂因避兵乱在扬州。 ⑬〔棹(zhào)〕桨。 ⑭〔措〕安置。〔此身〕这身子。 ⑮〔忮(zhì)机〕忌恨的心机。 ⑯〔伏草莽〕伏在丛草里。指做普通百姓。〔已〕罢了。 ⑰〔酬其宿所不快〕报复那些自己素来不喜欢的人。

门,而后世操简书以议执事者①,不能如仆之词微而义婉也②。

> 更深入一步,指斥对方阴险毒辣,倒行逆施,最终必不免为世人所不齿,遗臭万年。

仆且去,可以不言;然恐执事不察,终谓仆于长者傲③,故敢述其区区④。不宣⑤。

> 最后写明作书的原因和想法。"可以不言",还是表明极度鄙视。

【研读参考】一、本篇除了首尾两段总说写信的缘由以外,中间五段指斥对方,意思一层比一层深,而布局则顺理成章。试从篇章结构方面说说这样写的优点。

二、文章立意是痛骂,可是措辞方面表现得并不露骨。举几处这样的例子,说说实意是什么,这样说有什么好处。

三、文言书信有些习用的客气话,如称人为"执事",称己为"仆",交好说"事执事"等。本篇中还有哪些说法是这种性质的?

四、"以"字承上文常常省去其后的宾语,理解的时候要了解省去什么。本篇中哪些"以"字是这种情况的?省去了什么?

---

① 〔操简书〕拿起纸笔(指写史书)。操,持。简,竹片或木片。古代无纸,史官记事写在简上。 ② 〔词微而义婉〕言辞隐晦而意思委婉。意思是没有明显地揭露指责。 ③ 〔终〕到最后。 ④ 〔区区〕诚恳的心意。 ⑤ 〔不宣〕不尽,不一一写出来。

五三 《金陵游记》序二篇 施闰章 陈维崧

【解说】本篇选自《金陵游记》。金陵是南京的古名，战国时楚威王置；清朝名江宁。游记作者王士禛（zhēn），字贻上，号阮亭，又号渔洋山人，清初新城（今山东桓台）人。官至刑部尚书。他是有名的诗人和诗的理论家，论诗主张"神韵"，对后来影响很大。著作很多，主要有《渔洋山人精华录》《带经堂诗话》《池北偶谈》等。他顺治十五年（1658）中进士，十七年任扬州府推官（掌司法），十八年和康熙三年（1664）两度游南京，游记是这个时期写的，只一卷。书前有当时的文人杜濬（jùn）、陆圻（qí）、施闰章、冒襄、尤侗（tóng）、陈维崧（sōng）六个人作序，本篇选其中的两篇。

这两篇序写得很好，文字简练，内容充实而有情趣。写法各有特点，前一篇主要由游记作者方面着笔，后一篇主要由自己方面着笔，都归结到游记写得优美，能感人，可谓殊途而同归。

作者施闰章（1618—1683），字尚白，号愚山，又号蠖（huò）斋，清初宣城（今安徽宣城）人。顺治六年（1649）进士。官刑部主事、翰林院侍读等。诗文都很有名。著有《施愚山先生文集》《蠖斋诗话》等。陈维崧（1625—1682），字其年，号迦（jiā）陵，清初宜兴（今江苏宜兴）人。秀才，晚年举博学鸿词科。能诗文，词尤其有名。著有《陈迦陵文集》《迦陵词》等。

《金陵游记》序　施闰章

江以南①，故六朝都会地②，山川秀绮③，风物骀宕④，登望之余⑤，情绪易生⑥。余尝忆前辈《金陵》诗有云⑦："可怜三月草，未了六朝青⑧。"差抵子山一赋⑨，盖凄然久之⑩。

由金陵写起，先泛说其地风物感人至深。

阮亭先生以官为游⑪，鼓棹秦淮⑫，所至成记⑬，往往俯

---

①〔江〕长江。②〔故六朝都会地〕过去六朝建都的地方。六朝，（三国）吴、东晋、宋、齐、梁、陈。吴时名建业，东晋以后名建康。③〔秀绮（qǐ）〕秀丽华美。④〔风物〕景物。〔骀（dài）宕（dàng）〕和畅的样子。⑤〔登望〕登高望远。〔余〕后。⑥〔情绪易生〕容易产生感慨的心情。⑦〔前辈〕称年岁、资历比自己老的人。这里指何人待考。⑧〔可怜三月草，未了六朝青〕意思是六朝繁华已经消歇，只有春草照旧丰美。怜，爱。南朝梁丘迟《与陈伯之书》："暮春三月，江南草长。"未了，没有完，这里是没有改变的意思。杜甫《望岳》："岱宗夫如何，齐鲁青未了。"⑨〔差（chā）抵子山一赋〕几乎可以充当庾（yǔ）信一篇《哀江南赋》。差，大略。抵，当。子山，庾信，字子山，梁朝的著名文人。出使西魏，流落在北朝，后又做北周的官。他思念故国，写了《哀江南赋》。⑩〔盖〕用在语句前的助词。〔凄然〕心情惨淡。⑪〔以官为游〕借做官的方便而游览。⑫〔鼓棹（zhào）秦淮〕在秦淮河上乘船游玩。鼓棹，划动船桨。秦淮，秦淮河，贯穿南京城南部，河两岸都是歌舞场，当年南京最热闹的地方。⑬〔所至成记〕凡游到的地方都写成记。

仰江山①，百端俱集②，正复令人人自远③。大抵清言逸语④，多逼晋人⑤，未肯优孟柳州⑥，作者之意，所为孤行也⑦。

> 承上段，写到阮亭先生游金陵的"记"，其优点是情文并茂。

余生长江南⑧，居金陵久，不多作金陵文辞⑨；阮亭一薄游⑩，既得《秦淮杂诗》一卷⑪，又得记如许⑫。烟雨云树之间⑬，仿佛有一人焉⑭，啸咏蹁跹⑮，非阮亭其谁耶？嗟乎，是岂独江山助已哉⑯！

> 进一步由"记"发挥，写对阮亭先生才思的钦佩。

---

① 〔俯仰江山〕游观风景。俯视大江，仰望群山。 ② 〔百端俱集〕百感交集。端，端绪，指感想。俱，全都。 ③ 〔自远〕有脱离尘俗的思想。 ④ 〔大抵〕大致（是）。〔清言逸语〕高超出尘的言语。 ⑤ 〔逼〕迫近。〔晋人〕晋朝人。晋朝人好清谈，所谈多不涉世事而有飘逸的情趣。 ⑥ 〔优孟柳州〕模仿柳宗元。优孟，春秋时楚国优人（演戏的人），名孟。他学楚国已故令尹孙叔敖的举止，去见楚王，楚王以为孙叔敖真复活了（详见《史记·滑稽列传》）。这里优孟作动词用，是模仿外貌的意思。柳州，柳宗元，曾官柳州刺史，世称柳柳州。 ⑦ 〔所为孤行〕就是说的不苟同于世俗。为，通"谓"。孤行，只有自己这样做的行径。 ⑧ 〔生长江南〕从小在江南生活。施闰章的故乡宣城在长江以南。 ⑨ 〔金陵文辞〕有关金陵的诗文。 ⑩ 〔一薄游〕一度短时的游览。薄，微小。 ⑪ 〔得〕这里是"写出"的意思。 ⑫ 〔得记如许〕写出记游的文章这么多。如许，像这样。 ⑬ 〔烟雨云树〕指江南的自然景物。 ⑭ 〔仿佛〕依稀，隐约。 ⑮ 〔啸咏〕歌唱吟咏。〔蹁（pián）跹（xiān）〕旋转舞动的样子。指逍遥自在地游逛。 ⑯ 〔是岂独江山助已哉〕这哪里只是得江山的帮助呢？意思是也由于人的清高博雅。刘勰（xié）《文心雕龙·物色》："然屈平所以能洞监（鉴）风骚之情者，抑亦江山之助乎？"

《金陵游记》序　陈维崧

忆余八九岁时，家鸡鸣埭下①。时先少保尚在②，犹记一日从板舆后③，遍访栖霞、牛首、灵谷诸胜④。时滇南杨龙友读书摄山寺⑤，衣冠举止⑥，仿佛晋人⑦。至今思之，犹历历若梦中事⑧。

　　由自己与金陵的关系、对金陵的印象写起。又分作三层写：这一段写儿时随侍祖父游。

己卯⑨，余年十五，寓白塔巷宋园⑩，壬午⑪，年十八，寓鹫峰寺⑫，俱随处士公⑬。一时名士如密之、舒章、朝

---

① 〔家〕住家，居住。〔鸡鸣埭（dài）〕在南京城南，埭，挡水的堤。② 〔先少保〕陈于廷，字孟谔（è），宜兴人。在明朝官至左都御史，加太子少保，是陈维崧的祖父。先，已经死去的。③ 〔板舆〕老人坐的一种小轿。④ 〔栖霞、牛首、灵谷〕栖霞山，牛首山，灵谷寺，都在南京城东南一带。〔胜〕名胜。风景优美和有历史遗迹的地方。⑤ 〔滇（diān）南〕云南。云南有滇池。〔杨龙友〕杨文骢。生平见上篇《癸未去金陵日与阮光禄书》。〔摄山寺〕在栖霞山上。栖霞山一名摄山。⑥ 〔衣冠〕服装。〔举止〕动作。举，动；止，静。⑦ 〔仿佛晋人〕意思是清高潇洒，像晋朝人物。⑧ 〔历历〕清清楚楚。⑨ 〔己卯〕明思宗崇祯十二年（1639）。⑩ 〔宋园〕有花园的住宅名。⑪ 〔壬午〕崇祯十五年（1642）。⑫ 〔寓鹫（jiù）峰寺〕住在鹫峰寺。⑬ 〔处士公〕指作者的父亲陈贞慧。陈贞慧，字定生。遭亡国之痛，终身隐居山林，所以称"处士"（不做官的高士）。公，尊称。

宗①，人各踞一水榭②，每当斜阳暧曃③，青帘白舫④，络绎縠纹明镜间⑤，日以为常⑥。然是时先少保殁已数年⑦，鸡鸣埭下宅已转徙他氏矣⑧。

这一段写青春时随侍父亲游。

后余频过秣陵⑨，而风景顿殊⑩，人琴都异⑪，畴昔板桥、鸣珂诸巷⑫，荒烟蔓草，零落不堪。中年萧槭⑬，亦欲拂纨展素⑭，一序旧游⑮，而伤于哀乐⑯，辄呜咽中止⑰。

这一段写中年独游，强调金陵由盛而衰。

---

① 〔密之〕方以智。〔舒章〕李雯。〔朝宗〕侯方域。 ② 〔人〕每人。〔各踞一水榭〕各自占有一个水榭。水榭，临水的楼阁。榭，台上的屋。这里指秦淮河沿岸妓女的歌楼。 ③ 〔暧（ài）曃（dài）〕云蔽日的样子。 ④ 〔青帘白舫（fǎng）〕挂着青色帘幕的白色游船。 ⑤ 〔络绎〕接连不断地（行）。〔縠（hú）纹明镜〕湖水。微风时水面有细微的波纹，像縠一样。无风时水像镜面一样平。縠，细软而有皱纹的丝织品。 ⑥ 〔日以为常〕天天如此。 ⑦ 〔殁〕死去。 ⑧ 〔转徙他氏〕转移到别人家了。意思是卖给别人了。他氏，别姓。 ⑨ 〔频过秣（mò）陵〕屡次经过南京。秣陵，南京的另一古名。 ⑩ 〔风景顿殊〕风景很快地变了样。 ⑪ 〔人琴都异〕意思是，当年的许多人也死去了。《世说新语·伤逝》："王子猷（yóu，王徽之，王献之的哥哥）、子敬（王献之，二人都是王羲之的儿子）俱病笃，而子敬先亡。子猷……坐灵床上，取子敬琴弹，弦既不调，掷地云：'子敬，子敬，人琴俱亡！'" ⑫ 〔畴（chóu）昔〕从前。畴，助词，无义。〔板桥、鸣珂（kē）〕两个街巷名，都是歌舞繁华的处所。 ⑬ 〔中年萧槭（sè）〕中年的时候，心情萧瑟。萧槭，同"萧瑟"，形容景色凄凉。这里指心情凄凉。 ⑭ 〔拂纨（wán）展素〕铺开纸张。拂，拂拭。展，展开。纨，素，都是丝织品，古代没有纸，字多写在纨素上。 ⑮ 〔一序旧游〕记述往年游历的事。 ⑯ 〔伤于哀乐〕因动情而悲伤。哀乐，着重于哀。《世说新语·言语》："谢太傅（谢安）语王右军（王羲之）曰：'中年伤于哀乐。'" ⑰ 〔辄〕总是。〔呜咽（yè）〕小声哭泣。

今观阮亭先生诸记,明窈而屑瑟①,青溪三十六曲②,曲曲俱在笔端③。嗟乎先生,殆移我情矣④。秋日过广陵⑤,先生出此索余跋⑥,掩抑摧藏⑦,泫然书此⑧。

最后写到阮亭先生的"记",并说明作序的缘由和心境。

【研读参考】一、同一个题目,写法可以千变万化。容许变,但要百变不离其宗。宗是文章主旨,以本篇而论,是要说明游记写得好,有意义。说说两篇的写法有什么大不同,为什么都能切题、得体?

二、为两篇各写一个内容提纲,从布局方面说说各个的作法和优点。

三、两篇中描画人物风景的话,你最喜欢哪些?并说说好在哪里。

四、散文间或用对偶句,能与人以既精练又自然的感觉。两篇中哪些地方是这样的?

---

① 〔明窈(yǎo)而屑瑟〕幽美而细致。 ② 〔青溪〕通过南京市区的一条小河。〔曲〕曲折,水转弯处。 ③ 〔曲曲俱在笔端〕每一个曲折都写在游记里。 ④ 〔殆移我情矣〕简直牵动我的怀旧心情了。 ⑤ 〔广陵〕现在江苏扬州。 ⑥ 〔索余跋(bá)〕要求我为游记作跋。索,求。跋,一种文体,写读后的感想,一般放在本文之后。 ⑦ 〔掩抑摧藏(cáng)〕心中很难过。掩抑,声音低回。摧藏,极度悲痛。 ⑧ 〔泫(xuàn)然〕眼泪滴下的样子。

五四　故事二篇　蒲松龄

【解说】本篇选自《聊斋志异》，其中"佟客"删去末尾作者的评论。《聊斋志异》是我国著名的文言短篇小说集，通行本十六卷，收故事四百多篇。"聊斋"是作者的书斋名，"志异"是记述不寻常的事。我国文言短篇小说，六朝时期着重志怪，都是作者根据传闻，当作事实记下来的，就是说，是些迷信传说，文学价值不高。到唐朝的传奇才变了风格，大多是作者尽力铺张描画的才子佳人的故事，情节新奇，想象丰富，文字秾丽，富有文学意味；只是由于作者意在炫才，我们今天读它，总感到夸张粉饰太过，不很自然。《聊斋志异》继承旧文言短篇小说的传统，成就却超过前人。它记的虽然绝大部分来自传闻（极少数是记实），却能通过艺术加工，写成内容新颖、情节曲折、人物形象逼真的故事。故事中的主角，多数是鬼狐等精灵之类，但都人格化了，所以读了会感到同样富于人情。文字朴实典雅，遣词造句精练而恰当，在对话中间或模仿口语，所以能写得灵活细腻，形象逼真。又因为作者一生不得意，在农村接近下层人民，有正义感，所以在故事中常常对封建压迫以及社会上的其他邪恶现象表示反对态度。自然，作者是封建社会中的人，思想意识中当然有不少落后成分，如信因果报应、三纲五常等等。我们读它，要接受好的，剔除不足取的部分。

　　本篇所选是两个武侠故事，主旨也相类。"武技"的少年尼僧，武功超群，连少林正宗憨和尚也佩服她。佟客是剑侠，不只剑术精湛，而且能变草木为人（这当然是虚构的）。写这两个人都不正面描画，只是在叙事中轻轻点染，却使读者如闻其声，如见其人。作者着重表现的是两个出丑的人物，李超和董生。李超能力有限而骄傲自满，董生胆小自私而自视甚高，结果都是顷刻之间就真相毕露。这样写，读者看到的是生动的故事，感受到的却是深刻的教训。

　　作者蒲松龄（1640—1715），字留仙，又字剑臣，别号柳泉居士，清朝初年山东淄（zī）川（今山东淄博）人。出身商人家庭。人聪慧，好读书，知识丰富，涉猎面广，能写各体文章。应童子试，县、府、道都考第一。以后科举考试一直不顺利，乡试（考举人）总未录取，直到七十一岁才成为贡生。曾到江南宝应县做幕客，不久回家。他一生大部分时间当塾师，有怀才不遇之感。于是用力写小说，谈狐说鬼，把理想和不平之气都放在小说的艺术世界里。著作还有《聊斋文集》《聊斋诗集》《聊斋俚曲》等。

武　技

　　李超，字魁吾，淄之西鄙人①。豪爽好施②。偶一僧来托钵③，李饱啖之④。僧甚感荷⑤，乃曰："吾少林出也⑥，有薄技⑦，请以相授⑧。"李喜，馆之客舍⑨，丰其给⑩，旦夕从学⑪。三月，艺颇精，意甚得⑫。僧问："汝益乎⑬?"曰："益矣。师所能者我已尽能之。"僧笑，命李试其技。李乃解衣唾手⑭，如猿飞，如鸟落，腾跃移时⑮，诩诩然交叉而立⑯。僧又笑曰："可矣。子既尽吾能⑰，请一角低昂⑱。"李欣然。即各交臂作势⑲。既而支撑格拒⑳，李时时蹈僧瑕㉑。

---

①〔淄（zī）〕今山东省淄博市淄川区。〔鄙〕边野地方。　②〔豪爽好施〕豪放爽快，喜好周济人。施，施舍。　③〔偶〕偶然。〔托钵（bō）〕化缘。钵，钵盂，僧徒用的饭碗。僧人出行，手托钵盂向人求布施，名化缘。　④〔饱啖（dàn）之〕给他吃饱饭。啖，吃或给人吃。　⑤〔感荷（hè）〕感激。荷，承受（恩惠）。　⑥〔少林〕少林寺，在河南登封，是少林派武术的发源地。〔出〕出身。　⑦〔薄技〕微小的技能。这是客气说法。　⑧〔请以相授〕愿意把这点技能传给（你）。"请"也是客气说法。相授，授与。　⑨〔馆之客舍〕招待他住在客房。馆，招待宾客住的房屋，这里用作动词。　⑩〔丰其给〕使他的供给丰盛。给，衣食住各方面的供应。　⑪〔旦夕〕意思是天天不断。　⑫〔意甚得〕很得意。　⑬〔益〕进步，有收获。　⑭〔解衣唾手〕准备角斗的姿态。唾手，手上沾些唾液。　⑮〔移时〕表示时间较长。　⑯〔诩（xǔ）诩然〕自夸的样子。〔交叉〕两只手交叉在一起，是恭谨的表示。　⑰〔尽〕完全学会。　⑱〔角〕较量，争胜负。〔低昂〕高下。昂，高。　⑲〔交臂作势〕两手交叉，作即将搏斗的样子。　⑳〔支撑格拒〕角斗的手法。支撑，抵拒对方的压力。格，搏斗。拒，抗拒。　㉑〔蹈僧瑕〕攻击和尚的漏洞。蹈，踏。瑕，原指玉上的斑点。

僧忽一脚飞掷①,李已仰跌丈余②。僧抚掌曰③:"子尚未尽吾能也。"李以掌致地④,惭沮请教⑤。又数日,僧辞去。李由此以武名⑥,邀游南北⑦,罔有其对⑧。

> 先写李超通武技的由来。与师较量,有自满之意,是下文出丑的伏笔。

偶适历下⑨,见一少年尼僧弄艺于场⑩,观者填溢⑪。尼告众客曰⑫:"颠倒一身⑬,殊大冷落⑭,有好事者不妨下场一扑为戏⑮。"如是三言⑯,众相顾⑰,迄无应者⑱。李在侧,不觉技痒⑲,意气而进⑳。尼便笑与合掌㉑。才一交手,尼便呵止㉒,曰:"此少林宗派也㉓。"即问:"尊师何人㉔?"李初不言,尼固诘之㉕,乃以僧告㉖。尼拱手曰:"憨和尚汝师

---

① 〔飞掷〕扬起踢出去。 ② 〔仰跌丈余〕仰面朝天,摔出一丈多远。 ③ 〔抚掌〕拍手。笑的表示。 ④ 〔以掌致地〕用手掌按在地上(表示敬服)。 ⑤ 〔惭沮(jǔ)〕惭愧沮丧。沮,丧气。 ⑥ 〔以武名〕凭武艺出了名。 ⑦ 〔遨(áo)游〕游历。 ⑧ 〔罔有其对〕没有他的对手。罔有,无有。 ⑨ 〔适〕往。〔历下〕古地名,意思是历山之下。现在山东省济南市。 ⑩ 〔尼僧〕尼姑。〔弄艺〕耍武艺。〔场〕卖艺的处所。 ⑪ 〔填溢〕很拥挤。填,充满。溢,水满外流。 ⑫ 〔客〕观众。 ⑬ 〔颠倒一身〕翻来覆去只一个人表演。 ⑭ 〔殊大冷落〕实在太冷落。殊,很。冷落,冷清,不热闹。 ⑮ 〔扑〕扑打,比武艺。〔为戏〕试着玩,消遣。 ⑯ 〔三言〕说了三遍。 ⑰ 〔相顾〕你看看我,我看看你。 ⑱ 〔迄(qì)〕终归。 ⑲ 〔技痒〕有某种技术,遇到机会想施展一下。 ⑳ 〔意气而进〕态度高昂地走入场。意气,有志有勇。 ㉑ 〔合掌〕两只手掌合在胸前表示敬意。这是佛教的礼节。 ㉒ 〔呵(hē)止〕大声说停下不要比。 ㉓ 〔此〕指李超的拳法。〔宗派〕正宗所传。 ㉔ 〔尊师何人〕您的师傅是谁?"尊"是礼貌的说法。 ㉕ 〔固诘(jié)〕坚持问。 ㉖ 〔以僧告〕告诉是某和尚。

耶①?若尔②,不必交手足,愿拜下风③。"李请之再四,尼不可。众怂恿之④,尼乃曰:"既是憨师弟子,同是个中人⑤,无妨一戏,但两相会意可耳⑥。"李诺之⑦。然以其文弱故⑧,易之⑨;又少年喜胜,思欲败之以邀一日之名⑩。方颉颃间⑪,尼即遽止⑫。李问其故,但笑不言⑬。李以为怯,固请再角,尼乃起。少间⑭,李腾一踝去⑮,尼骈五指下削其股⑯,李觉膝下如中刀斧⑰,蹶仆不能起⑱。尼笑谢曰⑲:"孟浪迕客⑳,幸勿罪㉑。"李舁归㉒,月余始愈。

> 人知己而己不知人,愚而狂妄自大,惨遭失败。

后年余,僧复来,为述往事。僧惊曰:"汝大鲁莽㉓!惹他何为?幸先以我名告之㉔,不然,股已断矣。"

> 补写一笔,由僧口表明尼僧之武技精深,是画龙点睛的写法。

---

①〔憨和尚〕那个和尚的外号。憨,傻气。 ②〔若尔〕要是这样。 ③〔拜下风〕认输。 ④〔怂(sǒng)恿(yǒng)〕撺掇。 ⑤〔个中人〕同一行(háng)当(dàng)的人。 ⑥〔两相会意〕双方互相领会对方的意思。意思是不要当真争高低。 ⑦〔诺(nuò)之〕答应她。 ⑧〔文弱〕秀雅柔弱。〔故〕原因。 ⑨〔易之〕轻视她。 ⑩〔败之〕打败她。〔邀一日之名〕博取一时的名声。邀,求得。 ⑪〔颉(xié)颃(háng)〕高低不分。 ⑫〔遽〕骤然。 ⑬〔但〕只。 ⑭〔少间(jiàn)〕时间不大。间,间隔。 ⑮〔腾一踝(huái)去〕飞起一条腿踢过去。踝,小腿和脚连接处。 ⑯〔骈(pián)〕并拢。〔股〕大腿。 ⑰〔中(zhòng)〕受到。 ⑱〔蹶(jué)〕摔倒。 ⑲〔谢〕谢罪,道歉。 ⑳〔孟浪〕鲁莽。〔迕(wǔ)〕违背,冒犯。 ㉑〔幸勿罪〕请原谅。 ㉒〔舁(yú)归〕抬回家。 ㉓〔大鲁莽〕太莽撞,太轻率。 ㉔〔幸〕幸亏。

佟客

董生，徐州人①，好击剑，每慷慨自负②。偶于途中遇一客，跨蹇同行③。与之语，谈吐豪迈④；诘其姓字，云辽阳佟姓⑤；问何往，曰："余出门二十年，适自海外归耳⑥。"董曰："君遨游四海，阅人綦多⑦，曾见异人否⑧？"佟问异人何等⑨，董乃自述所好⑩，恨不得异人之传。佟曰："异人何地无之？要必忠臣孝子始得传其术也⑪。"董又奋然自许⑫，即出佩剑⑬，弹之而歌；又斩路侧小树以矜其利⑭。佟掀髯微笑⑮，因便借观⑯。董授之。展玩一过⑰，曰："此甲铁所铸⑱，为汗臭所蒸⑲，最为下品⑳。仆虽未闻剑术㉑，然有一剑颇可用。"遂于衣底出短刃尺许㉒，以削董剑，脆如

---

①〔徐州〕今江苏徐州。 ②〔每〕常常。〔自负〕自以为了不起。 ③〔跨蹇（jiǎn）〕骑着驴。 ④〔谈吐〕说话。〔豪迈〕气魄大。 ⑤〔辽阳〕今辽宁辽阳。〔佟姓〕姓佟。 ⑥〔适〕刚才。〔海外〕国外。 ⑦〔阅人綦（qí）多〕见到的人很多。綦，很。 ⑧〔异人〕有神奇法术的人。 ⑨〔异人何等〕异人是什么样的。 ⑩〔所好（hào）〕指剑术。 ⑪〔要〕总的来说。 ⑫〔奋然自许〕很自负地说自己就是（忠臣孝子）。 ⑬〔出〕取出。〔佩剑〕随身佩带的剑。 ⑭〔矜（jīn）其利〕炫耀剑的锋利。 ⑮〔掀髯微笑〕笑了笑。掀髯，两颊上胡须抬起。这是因笑而胡须微动的样子。 ⑯〔因便借观〕于是就借去看。 ⑰〔展玩〕观赏。〔一过〕一遍。 ⑱〔甲铁〕制铠甲的铁。 ⑲〔汗臭〕汗气。〔蒸〕熏。 ⑳〔下品〕劣等。 ㉑〔仆〕我。这是自谦的称呼。 ㉒〔衣底〕衣内。〔刃〕有刃的兵器，刀剑之类。〔尺许〕一尺左右。

五四 故事二篇

瓜瓠①，应手斜断如马蹄②。董骇极，亦请过手③，再三拂拭而后返之④。

> 先写自负，自视甚高，巧与佟客相遇。点明"必忠臣孝子"是下文的伏笔。

邀佟至家，坚留信宿⑤。叩以剑法⑥，谢不知⑦。董按膝雄谈，惟敬听而已⑧。更既深⑨，忽闻隔院纷拏⑩。隔院为生父居，心惊疑，近壁凝听⑪，但闻人作怒声曰："教汝子速出即刑便赦汝⑫。"少顷⑬，似加榜掠⑭，呻吟不绝者真其父也⑮。生捉戈欲往⑯，佟止之曰："此去恐无生理⑰，宜审万全⑱。"生皇然请教⑲，佟曰："盗坐名相索⑳，必将甘心焉㉑。君无他骨肉㉒，宜嘱后事于妻子。我启户，为君警厮仆㉓。"生诺，入告其妻，妻牵衣泣。生壮念顿消㉔，遂共登楼上，寻弓觅矢，以备盗攻㉕。仓皇未已㉖，闻佟在楼檐上

---

①〔瓠（hù）〕葫芦。②〔应手〕随着（挥刃的）手。③〔过手〕一个人递给另一个人。④〔拂拭〕抚摸。⑤〔信宿〕住两夜。表示多住。信，再宿。⑥〔叩〕问。⑦〔谢〕谢绝。⑧〔敬听〕佟客敬听。⑨〔更（gēng）既深〕夜已深。一夜分为五更。⑩〔纷拏（ná）〕（声音）杂乱。拏，纷乱。⑪〔近壁凝听〕靠近墙壁专心听。凝，凝神。⑫〔即刑〕接受刑罚。〔赦（shè）〕饶恕。⑬〔少顷〕一会儿。⑭〔榜（péng）掠〕用棍子鞭子打。⑮〔呻吟〕人在痛苦中发出声音。⑯〔捉戈欲往〕拿起长枪想往隔院去救。⑰〔恐无生理〕恐怕不能活了。⑱〔宜审万全〕应当考虑绝对保险的办法。⑲〔皇然〕惊慌的样子。皇，同"惶"。⑳〔坐名相索〕点名要你。坐，守定。㉑〔甘心〕图个痛快。意思是必下毒手。㉒〔无他骨肉〕没有其他的亲属。㉓〔警厮仆〕叫起仆役。厮，年轻仆人。㉔〔壮念顿消〕豪强的念头顿时消散。㉕〔以备盗攻〕用以防备盗贼来攻打（不管隔院了）。㉖〔仓皇〕慌张地（准备）。

笑曰："贼幸去矣。"烛之已杳①。逡巡出②,则见翁赴邻饮③,笼烛方归④,惟庭前多编菅遗灰焉⑤。乃知佟异人也。

无真修养而夸夸其谈,遇到困难就不免真相毕露。

【研读参考】一、小说叙述的事物都难免夸张,可是性质不同:有的是可能的,有的是不可能的。本篇中的两个故事有这种分别没有?对于不可能的,我们要怎样看?

二、少年尼僧武艺高,必胜,不到最后分胜负的时候,你能看出来吗?要从这类地方体会作者文笔的高妙。

三、作者是怎样写佟客和董生的不同修养的?

四、文言叙事经常省去主语(某行动的主人),如果不看上下文就可能误解。从本篇中找几个这样的例子。

---

① 〔烛之〕用灯照佟客。〔杳(yǎo)〕没有踪影。② 〔逡(qūn)巡〕有顾虑而徘徊不进。③ 〔赴邻饮〕到邻家去喝酒。④ 〔笼烛〕打着灯笼。⑤ 〔编菅(jiān)遗灰〕菅草箔(多用以盖屋顶)烧过的灰。菅,草名,叶子细长,坚韧。

五五　黄英　蒲松龄

【解说】本篇选自《聊斋志异》。《聊斋志异》中有几篇以花的精灵为主角的故事，都写得新奇美妙，本篇是其中的一篇。这是由菊花精灵化成的两个人，姐姐黄英和弟弟陶生。故事很离奇，却写得入情入理。情节由路上相遇起，到陶生醉死化为菊止，推演变化都很自然。写人物个性都很鲜明，马子才是癖爱菊而狷介；黄英和陶生是处处表现有菊性，姓陶（因为陶渊明最爱菊），能艺菊，陶生并好酒。写黄英的为人，精明而贤惠，陶生则豪放不羁，以至死后成为菊的佳种，都能唤起读者的爱慕之情。又文中对情景人物的描画，都能着笔不多而刻画入微，也值得注意。

　　马子才，顺天人①。世好菊②，至才尤甚，闻有佳种③，必购之，千里不惮④。一日，有金陵客寓其家⑤，自言其中

---

① 〔顺天〕府名，辖境包括现在北京市及其周围一带。这里指北京。
② 〔世〕世世代代。〔好（hào）〕喜爱。　③ 〔佳种〕好的品种，稀有的品种。〔不惮（dàn）〕不怕（远）。　④ 〔金陵客〕南京来的客人。　⑤ 〔寓〕住。

表亲有一二种①，为北方所无。马欣动②，即刻治装③，从客至金陵④。客多方为之营求⑤，得两芽⑥，裹藏如宝。归至中途，遇一少年，跨蹇从油碧车⑦，丰姿洒落⑧。渐近与语⑨，少年自言陶姓，谈言骚雅⑩。因问马所自来⑪，实告之。少年曰："种无不佳，培溉在人⑫。"因与论艺菊之法⑬。马大悦⑭，问将何往。答云："姊厌金陵，欲卜居于河朔耳⑮。"马欣然曰："仆虽固贫⑯，茅庐可以寄榻⑰，不嫌荒陋⑱，无烦他适⑲。"陶趋车前⑳，向姊咨禀㉑。车中人推帘语㉒，乃二十许绝世美人也㉓，顾弟言㉔："屋不厌卑㉕，而院宜得广㉖。"马代诺之㉗。遂与俱归㉘。

先交代黄英姐弟的身世，以及北来寄居马家的经过。

———————

① 〔中表亲〕姑表或姨表兄弟姊妹。② 〔欣动〕高兴而动心。③ 〔治装〕整理行装。④ 〔从〕跟随。⑤ 〔营求〕寻找，谋求。⑥ 〔芽〕幼芽，幼苗。⑦ 〔跨蹇（jiǎn）从油碧车〕骑着驴跟在一辆车之后。蹇，驴。油碧车，即油壁车，车壁用油涂饰，多为妇女所乘。⑧ 〔丰姿洒落〕容貌、举止洒脱。丰姿，同"风姿"。洒落，潇洒大方。⑨ 〔与语〕和（他）说话。⑩ 〔谈言骚雅〕谈吐高雅。屈原作《离骚》，后人也称诗人为骚人。诗人、骚人都高尚不俗。⑪ 〔所自来〕来自何处，出外做什么。⑫ 〔培溉〕培植。培，培土。溉，浇水。⑬ 〔艺〕种植。⑭ 〔大悦〕非常高兴，佩服。⑮ 〔卜居〕原指用占卜选择定居的地方，后来泛指选择定居的地方。〔河朔〕黄河以北。河，黄河。朔，北方。⑯ 〔仆〕谦称自己。〔固〕本来。⑰ 〔茅庐〕茅屋。这是客气话。〔寄榻〕寄住。榻，床。⑱ 〔荒陋〕荒芜简陋。⑲ 〔无烦他适〕不用烦劳到别处去了。适，往。⑳ 〔趋〕快步走。㉑ 〔咨（zī）禀〕商量，禀告。㉒ 〔推帘〕推开车帘。㉓ 〔二十许〕二十岁左右。许，表示约数的词。〔绝世〕一时无两。㉔ 〔顾〕看着，向。㉕ 〔卑〕卑陋，低矮而简陋。㉖ 〔宜〕应该。㉗ 〔代〕（马抢先）替（弟答话）。〔诺之〕答应（她照办）。㉘ 〔俱〕一起。

第南有荒圃①，仅小室三四椽②，陶喜，居之。日过北院③，为马治菊④。菊已枯，拔根再植之，无不活。然家清贫⑤，陶日与马共食饮，而察其家似不举火⑥。马妻吕亦爱陶姊⑦，不时以升斗馈恤之⑧。陶姊小字黄英⑨，雅善谈⑩，辄过吕所⑪，与共纫绩⑫。

接着写住在马家之后的一般生活情况，着重点出和谐友好。

陶一日谓马曰："君家固不丰⑬，仆日以口腹累知交⑭，胡可为常⑮？为今计⑯，卖菊亦足谋生⑰。"马素介⑱，闻陶言，甚鄙之⑲，曰："仆以君风流高士⑳，当能安贫，今作是论㉑，则以东篱为市井㉒，有辱黄花矣㉓。"陶笑曰："自食其力不为贪，贩花为业不为俗。人固不可苟求富㉔，然亦不必

①〔第〕住宅。〔圃（pǔ）〕菜园。　②〔三四椽（chuán）〕三四间。　③〔日〕每天。　④〔治〕整治，栽培。　⑤〔家清贫〕（陶）家穷，财物很少。　⑥〔不举火〕不生火做饭。　⑦〔吕〕姓吕。　⑧〔升斗〕一升一斗，表示少量。〔馈（kuì）恤（xù）〕接济。馈，赠。恤，周济。　⑨〔小字〕小名，乳名。　⑩〔雅〕素来。　⑪〔辄（zhé）〕总是。　⑫〔纫（rèn）绩〕做女工。纫，缝纫。绩，把麻搓成线。　⑬〔固不丰〕本来不富足。　⑭〔口腹〕指饮食。〔累（lèi）〕拖累。〔知交〕好朋友，知己。　⑮〔胡可为常〕怎么可以总这样呢？胡，何。　⑯〔为今计〕从当前考虑。　⑰〔谋生〕维持生活。谋，寻求。　⑱〔素介〕一向廉洁孤高。介，耿介。　⑲〔鄙（bǐ）之〕看不起他。　⑳〔风流高士〕超俗而高雅的人。　㉑〔是〕此。　㉒〔以东篱为市井〕把菊花园作为市场，用菊花图利。东晋末陶渊明爱菊，他的《饮酒》诗有"采菊东篱下，悠然见南山"的句子，后人因而把种菊的园圃称为东篱。市井，做买卖的地方。　㉓〔黄花〕菊花。《礼记·月令》："季秋之月……鞠（菊）有黄华（花）。"旧时文人常把菊花看作高洁的象征。　㉔〔苟求富〕用不正当的办法营求财富。苟，苟且。

务求贫也①。"马不语，陶起而出。自是，马所弃残枝劣种，陶悉掇拾而去②。由此不复就马寝食③，招之始一至④。未几⑤，菊将开，闻其门嚣喧如市⑥，怪之。过而窥焉，见市人买花者车载肩负，道相属也⑦，其花皆异种，目所未睹。心厌其贪，欲与绝⑧；而又恨其私秘佳本⑨，遂款其扉⑩，将就诮让⑪。陶出，握手曳入⑫。见荒庭半亩皆菊畦⑬，数椽之外无旷土⑭，剧去者则折别枝插补之⑮，其蓓蕾在畦者罔不佳妙⑯，而细认之，皆向所拔弃也⑰。陶入屋，出酒馔⑱，设席畦侧，曰："仆贫，不能守清戒⑲，连朝幸得微资⑳，颇足供醉。"少间㉑，房中呼"三郎"，陶诺而去㉒。俄献佳肴㉓，烹饪良精㉔。因问："贵姊胡以不字㉕?"答云："时未至。"问何时，曰："四十三月。"又诘何说㉖，但笑不言㉗。尽欢

---

①〔必〕一定。〔务〕专力。 ②〔悉〕都。〔掇（duō）拾〕拾取。 ③〔就〕随，依。 ④〔一至〕来一次。 ⑤〔未几〕不久。 ⑥〔嚣（xiāo）喧〕人声杂乱。 ⑦〔道相属（zhǔ）〕路上接连不断。属，连续。 ⑧〔绝〕断绝交情。 ⑨〔私秘佳本〕私藏良种。 ⑩〔款〕敲。〔扉（fēi）〕门扇。 ⑪〔将就诮（qiào）让〕要到（他）那里谴责（他）。诮，讥。让，责备。 ⑫〔曳（yè）入〕拉入（院中）。 ⑬〔荒庭〕荒芜的庭院。〔畦（qí）〕园圃中划分的种植小区。 ⑭〔旷（kuàng）土〕荒废的土地。 ⑮〔剧（zhǔ）〕掘，砍。 ⑯〔蓓（bèi）蕾（lěi）〕花苞。〔罔不〕无不。 ⑰〔向〕从前。 ⑱〔馔（zhuàn）〕菜蔬食物。 ⑲〔清戒〕清简的规矩。 ⑳〔连朝（zhāo）〕连日。 ㉑〔少间（jiàn）〕不久。 ㉒〔去〕离开（马）。 ㉓〔俄〕一会儿。〔佳肴（yáo）〕好菜。肴，做熟的肉食品。 ㉔〔烹饪（rèn）〕烹调。〔良〕很。 ㉕〔胡以〕何以，为什么。〔不字〕没有许嫁。字，嫁。《礼记·曲礼上》："女子许嫁，笄（jī，插簪子）而字（取表字）。" ㉖〔诘（jié）〕盘问。〔何说〕这样说是何意。 ㉗〔但〕只。

始散。过宿①，又诣之②，新插者已盈尺矣。大奇之，苦求其术。陶曰："此固非可言传；且君不以谋生，焉用此？"

写陶有艺菊的神技，由贫而富。

又数日，门庭略寂③，陶乃以蒲席包菊，捆载数车而去。逾岁④，春将半，始载南中异卉而归⑤，于都中设花肆⑥，十日尽售，复归艺菊。问之去年买花者，留其根，次年尽变而劣，乃复购于陶。陶由此日富，一年增舍⑦，二年起夏屋⑧。兴作从心⑨，更不谋诸主人⑩，渐而旧日花畦尽为廊舍。更于墙外买田一区，筑墉四周⑪，悉种菊。

仍写陶以菊致富。上一段是坐售，这一段是贩运，并居金陵。

至秋，载花去，春尽不归。而马妻病卒⑫，意属黄英⑬。微使人风示之⑭，黄英微笑，意似允许，惟专候陶归而已⑮。年余，陶竟不至。黄英课仆种菊⑯，一如陶。得金益合商贾⑰，村外治膏田二十顷⑱，甲第益壮⑲。忽有客自东粤来⑳，

---

①〔宿〕夜。 ②〔诣（yì）之〕到……去。 ③〔门庭略寂〕意思是来买菊的人少了。 ④〔逾（yú）岁〕第二年。逾，越过。 ⑤〔南中〕南方。〔卉（huì）〕这里指花卉，花。卉原是草的总名。 ⑥〔都中〕京城里。〔肆〕店。 ⑦〔舍〕房屋。 ⑧〔夏屋〕大屋。 ⑨〔兴（xīng）作从心〕建筑随意。兴，起，建。 ⑩〔不谋诸主人〕不同主人商议。诸，之于。 ⑪〔墉（yōng）〕墙。 ⑫〔卒〕死去。 ⑬〔意属（zhǔ）黄英〕心意集中到黄英身上。属，属意，倾心。 ⑭〔微〕暗暗地。〔风（fěng）示〕用含蓄的话暗示。风，通"讽"。 ⑮〔候陶归〕封建时代，女子婚事要由男亲属做主。 ⑯〔课〕督率。 ⑰〔益合商贾（gǔ）〕更集合（财力）做买卖。合，汇集。商贾，经商。 ⑱〔膏田〕肥沃的田地。 ⑲〔甲第〕宅院。甲，上等的。 ⑳〔东粤〕粤东，广东省。

寄陶生函信①，发之②，则嘱姊归马③。考其寄书之日④，即妻死之日。回忆园中之饮，适四十三月也⑤，大奇之。以书示英，请问致聘何所⑥。英辞不受采⑦；又以故居陋，欲使就南第居，若赘焉⑧。马不可，择日行亲迎礼⑨。

进一步写黄英的经历，与马子才结合。

黄英既适马⑩，于间壁开扉通南第⑪，日过课其仆。马耻以妻富，恒嘱黄英作南北籍⑫，以防淆乱。而家所须，黄英辄取诸南第，不半岁，家中触类皆陶家物⑬。马立遣人一一赍还之⑭，戒勿复取⑮。未浃旬⑯，又杂之⑰。凡数更⑱，马不胜烦⑲。黄英笑曰："陈仲子毋乃劳乎⑳?"马惭㉑，不复稽㉒，一切听诸黄英㉓。鸠工庀料㉔，土木大作㉕，马不能禁。经数月，楼舍连亘㉖，两第竟合为一，不分疆界矣。然遵马

---

①〔生〕泛称年轻文人。 ②〔发之〕拆开信。 ③〔归〕嫁。 ④〔考〕核算。 ⑤〔适〕恰好。 ⑥〔致聘（pìn）何所〕怎样送聘礼。聘，行订婚礼。 ⑦〔辞〕辞谢。〔采〕彩礼，即聘礼。 ⑧〔赘（zhuì）〕入赘，结婚后男到女家。 ⑨〔亲迎〕古代婚礼之一节，新婿亲自到女家迎娶。 ⑩〔适〕嫁。 ⑪〔间壁〕二宅之间的墙。 ⑫〔恒〕常。〔作南北籍〕把南北两院的财物分别记入账簿。籍，簿册。 ⑬〔触类〕碰到的，眼前的。 ⑭〔赍（jī）〕送。 ⑮〔戒〕告诫，叮嘱。 ⑯〔未浃（jiā）旬〕不到十天。浃，满。 ⑰〔又杂之〕又混杂了。之，代物。 ⑱〔更（gēng）〕调换。 ⑲〔不胜（shēng）〕不能承受。 ⑳〔陈仲子毋（wú）乃劳乎〕陈仲子岂不是太劳累了吗？陈仲子，战国时齐国的廉士。他不吃不义之食，误吃了别人送给他哥哥的鹅肉，知道后又吐出来。古人也多认为他拘执太过，不合人情。毋乃，莫不是。 ㉑〔惭〕羞愧。 ㉒〔稽〕计较。 ㉓〔听〕听从。 ㉔〔鸠（jiū）工庀（pǐ）料〕招集工匠，准备材料。鸠，聚集。庀，具，准备。 ㉕〔土木大作〕大规模地建筑。 ㉖〔连亘（gèn）〕接连不断。

教，闭门不复业菊，而享用过于世家①。马不自安，曰："仆三十年清德②，为卿所累③。今视息人间④，徒依裙带而食⑤，真无一毫丈夫气矣。人皆祝富⑥，我但祝穷耳。"黄英曰："妾非贪鄙⑦，但不少致丰盈⑧，遂令千载下人谓渊明贫贱骨⑨，百世不能发迹⑩，故聊为我家彭泽解嘲耳⑪。然贫者愿富为难，富者求贫固亦甚易。床头金任君挥去之⑫，妾不靳也⑬。"马曰："捐他人之金⑭，抑亦良丑⑮。"黄英曰："君不愿富，妾亦不能贫也。无已⑯，析君居⑰，清者自清，浊者自浊，何害⑱？"乃于园中筑茅茨⑲，择美婢往侍马⑳。马安之。然过数日，苦念黄英㉑。招之，不肯至；不得已，

---

① 〔世家〕世代有官爵的人家。 ② 〔清德〕高洁的操行。 ③ 〔为卿所累〕受你的连累破坏了。卿，对妻的亲热称呼。 ④ 〔视息人间〕活在世上。视息，眼睛看，鼻子呼吸，指活着。 ⑤ 〔徒依裙带而食〕只是靠女人吃饭。裙带，妇女的裙子和腰带，这里指妻子。 ⑥ 〔祝〕祈求。 ⑦ 〔妾〕妇女谦称自己。〔贪鄙〕贪婪小气。 ⑧ 〔少（shǎo）〕稍微。〔致〕取得，得到。〔丰盈〕富足。 ⑨ 〔遂〕就会。〔千载下人〕（陶渊明）千百年后的人。〔谓渊明贫贱骨〕说陶渊明是天生的贫贱坏子。他弃官后归隐田园，一生贫困。他曾做彭泽县令，下文"彭泽"也指他。 ⑩ 〔百世〕一百代。世，三十年。〔发迹〕旧时指由卑微而变为富贵。 ⑪ 〔我家〕我的同姓，同族。 ⑫ 〔解嘲〕消除嘲笑，争气。〔床头金〕家里的钱。唐朝张籍《行路难》："君不见床头黄金尽，壮士无颜色。" ⑬ 〔靳（jìn）〕吝惜。 ⑭ 〔捐〕弃，这里是花费的意思。 ⑮ 〔抑亦〕那也。 ⑯ 〔无已〕无法了结，不得已。已，完结。 ⑰ 〔析君居〕分家。 ⑱ 〔何害〕有什么妨害呢？不也好吗？ ⑲ 〔茅茨（cí）〕茅屋。茨，用茅草、芦苇盖房顶。 ⑳ 〔婢（bì）〕使女。〔侍〕侍奉。 ㉑ 〔苦念〕非常想。

反就之。隔宿辄至①,以为常。黄英笑曰:"东食西宿②,廉者当不如是③。"马亦自笑,无以对,遂复合居如初。

用马子才的狷介作对比,加重写黄英有才有识。

会马以事客金陵④,适逢菊秋⑤。早过花肆,见肆中盆列甚烦⑥,款朵佳胜⑦,心动,疑类陶制⑧。少间,主人出,果陶也。喜极,具道契阔⑨,遂止宿焉⑩。要之归⑪,陶曰:"金陵,吾故土,将婚于是⑫。积有薄资,烦寄吾姊。我岁杪当暂去⑬。"马不听,请之益苦,且曰:"家幸充盈,但可坐享⑭,无须复贾。"坐肆中,使仆代论价⑮,廉其直⑯,数日尽售。逼促囊装⑰,赁舟遂北⑱。入门,则姊已除舍⑲,床榻裀褥皆设⑳,若预知弟也归者㉑。

写陶由金陵再到北方定居。

————

①〔隔宿〕隔夜。 ②〔东食西宿〕汉朝应(yīng)劭(shào)《风俗通》中记一个故事:齐国有个女子,有两家同时向她求婚。东家男子丑而富,西家男子美而穷,父母拿不定主意,问女儿愿嫁给哪家。女儿回答,愿在东家吃饭,西家住宿。后来"东食西宿"成为成语,比喻贪图兼得两利。黄英用这个成语嘲笑马子才自视清高。 ③〔廉者〕有节操的人。〔当不如是〕应该不是这样。 ④〔会〕适值,恰巧。〔以事〕因事。〔客〕旅居。 ⑤〔菊秋〕菊花盛开的时节。 ⑥〔烦〕多。 ⑦〔款朵〕花朵式样。 ⑧〔类陶制〕像是陶生培育的。 ⑨〔具道契(旧读qiè)阔〕细述久别的情况。契阔,久别的心情。 ⑩〔止宿〕留住。 ⑪〔要(yāo)〕通"邀",请。 ⑫〔婚于是〕在这里结婚。 ⑬〔岁杪(miǎo)〕年终。杪,末尾。〔暂去〕短时间往北方。 ⑭〔但可〕只须。 ⑮〔论价〕说价,定价。 ⑯〔廉其直〕使价格低廉,贱卖。直,通"值",价钱。 ⑰〔逼促囊装〕催促整理行装。 ⑱〔赁〕租。〔北〕北上。 ⑲〔除舍〕打扫房舍。 ⑳〔床榻(tà)坐卧用具。榻,比床狭长、低矮,又特指准备客人留宿的床。〔裀(yīn)褥〕褥垫。裀,双层褥垫。〔设〕陈设妥当。 ㉑〔也〕用在句中的语气词。

陶自归，解装课役，大修亭园。惟日与马共棋酒①，更不复结一客②。为之择婚③，辞不愿。姊遣两婢侍其寝处，居三四年，生一女。陶饮素豪④，从不见其沉醉⑤。有友人曾生，量亦无对⑥，适过马⑦，马使与陶相较饮。二人纵饮甚欢，相得恨晚⑧，自辰以讫四漏⑨，计各尽百壶。曾烂醉如泥，沉睡座间。陶起归寝，出门践菊畦⑩，玉山倾倒⑪，委衣于侧⑫，即地化为菊⑬，高如人，花十余朵，皆大于拳。马骇绝，告黄英。英急往，拔置地上，曰："胡醉至此！"覆以衣⑭，要马俱去⑮，戒勿视⑯。既明而往，则陶卧畦边。马乃悟姊弟菊精也⑰，益爱敬之。而陶自露迹⑱，饮益放⑲，恒自折柬招曾⑳，因与莫逆㉑。值花朝㉒，曾来造访㉓，以两

---

①〔共棋酒〕一同下棋饮酒。 ②〔结〕结交，结识。 ③〔择婚〕选择配偶。 ④〔饮素豪〕向来很能喝酒。素，平素。豪，量大。 ⑤〔沉醉〕大醉。 ⑥〔无对〕无比。 ⑦〔过〕来访。 ⑧〔相得〕互相投合。〔恨晚〕恨相识迟了。 ⑨〔自辰以讫（qì）四漏〕从早上七八点到夜里四更。辰，古时用十二地支计时，"辰"是第五位，相当于七时到九时。讫，通"迄"，到。漏，更漏，古时用漏壶滴水计时，所以几"更"也说几"漏"。 ⑩〔践〕走在……上。 ⑪〔玉山倾倒〕醉倒。《世说新语·容止》："（嵇康）其醉也傀（guī）俄（奇特的样子），若玉山之将崩。"后来常用"玉山倾倒"形容喝醉了酒。玉山，形容仪容美好特立如玉山。 ⑫〔委〕丢弃。 ⑬〔即地〕就地。 ⑭〔覆以衣〕用衣服盖上。 ⑮〔要〕读yāo。 ⑯〔戒〕警告。 ⑰〔菊精〕菊花精灵。精，旧时传说的精怪。 ⑱〔露迹〕显露痕迹，指现了原形，暴露出是菊精。 ⑲〔放〕放纵。 ⑳〔折柬（jiǎn）〕写信。柬，通"简"，信札，名帖。 ㉑〔莫逆〕没有不谐和的地方。指朋友情投意合。《庄子·大宗师》："四人相视而笑，莫逆于心。" ㉒〔花朝（zhāo）〕古时以阴历二月十二日为百花生日，称花朝。也有人说是二月二日或二月十五日。 ㉓〔造〕诣，到。

仆舁药浸白酒一坛①,约与共尽。坛将竭,二人犹未甚醉。马潜以一瓻续入之②,二人又尽之。曾醉已惫③,诸仆负之以去。陶卧地,又化为菊。马见惯不惊,如法拔之,守其旁以观其变。久之,叶益憔悴,大惧,始告黄英。英闻骇曰:"杀吾弟矣!"奔视之,根株已枯。痛绝④,掐其梗,埋盆中,携入闺中,日灌溉之。马悔恨欲绝⑤,甚怨曾。越数日,闻曾已醉死矣。盆中花渐萌,九月既开,短干粉朵,嗅之有酒香,名之"醉陶",浇以酒则茂。

> 写陶的嗜酒,终于恢复本相,变为佳种。

后女长成,嫁于世家。黄英终老亦无他异⑥。

> 最后写陶女和黄英平安住在人间,结束故事。

异史氏曰⑦:青山白云人遂以醉死⑧,世尽惜之,而未必不自以为快也。植此种于庭中,如见良友,如对丽人⑨,不可不物色之也⑩。

> 这是作者的评论,表示自己对故事中人物也有爱慕之情。

---

① 〔舁(yú)〕抬。〔药浸〕把药放在酒里。 ② 〔潜〕暗地。〔瓻(chī)〕大的盛酒用具。 ③ 〔惫(bèi)〕困乏。 ④ 〔痛绝〕悲痛极了。绝,极。 ⑤ 〔欲绝〕要死。 ⑥ 〔终老〕一直到老。〔无他异〕没有别的奇怪表现。 ⑦ 〔异史氏〕作者自称。《聊斋志异》所记多为怪异的事,所以这样称呼。 ⑧ 〔青山白云人〕《新唐书·傅弈传》记载,傅弈死前自写墓志铭说:"傅弈,青山白云人也,以醉死。"这里引用以赞叹陶弟的旷达。 ⑨ 〔丽人〕佳人,美人。 ⑩ 〔物色〕形态,引申为寻求。《后汉书·严光传》:"乃令以物色访之。"

【研读参考】 一、本册选了唐人传奇《虬髯客传》,与上一篇和本篇比照着读,可以较多地了解《聊斋志异》的写作特点。

二、故事明面是写人,可是人是菊的精灵所化,所以又要暗暗同菊照应。篇中哪些话是同菊照应的?特别说说黄英姓名的取义。

三、《聊斋志异》是小说,却又不同于一般的小说,因为记的是"异"。这"异"中,除了鬼狐等是设想的之外,故事中有少数情节,由常识判断也是不可能的。对于这类地方,我们只好取其神奇、好玩,既不可信以为真,又不可因其不可能而斥为不合理。

四、文言中有些词,用法经常与现代语不同,如"但"作"只"讲,不是"但是"。从本篇中再找一些,说说古今用法的差异。

五、近些年来,《聊斋志异》的新印本很多,最完全的是张友鹤辑校的《聊斋志异会校会注会评本》。我们不作专门研究,以读选本为宜,一则省时间,二则可以舍粗取精。选本也有几种,可以任选一种。能再读几篇,可以增进阅读文言的能力。

五六　送姚姬传南归序　刘大櫆

【解说】本篇选自《海峰先生文集》。姚鼐（nài），字姬传，清朝桐城（今安徽桐城）人。乾隆进士。是著名的桐城派古文家。曾编选《古文辞类纂》，提出写古文的系统理论，对后来的古文家影响很大。刘大櫆（kuí）也是桐城派古文家，同姚鼐的伯父姚范是朋友，对姚鼐的幼年和才学很熟悉。乾隆十五年（1750），姚鼐二十岁，考中举人，第二年到北京去考进士，没有录取，准备回桐城。那时候刘大櫆在北京，写了这篇序，用长辈的身份勉励他要有大志，也是安慰他不要以落第为意。序这种文体有不同的内容，评介书籍、刊在书前的是书序，赠人以言是赠序。本篇是赠序。

文章的结构和内容都很得体。第一段是全篇大义的总括，第二段着重写情，第三段着重写理。推想接受此序的人看了，也会为合情合理而感动。

作者刘大櫆（1698—1779），字才甫，一字耕南，号海峰，桐城人。读书多，有学问，能诗文。可是一生应科举考试不顺利，乡试只考取两次副榜（相当于备取）。一生过教书和幕客生活。他写文章喜欢学《庄子》、韩愈，受到桐城派前辈方苞的赏识,所以在当时就有名。

古之贤人①,其所以得之于天者独全②。故生而向学③,不待壮而其道已成④。既老而后从事⑤,则虽其极日夜之勤劬⑥,亦将徒劳而鲜获⑦。

> 先泛论古之贤人得天独厚,故能早年有成。这是下文奖励姚姬传早年有成的理论根据。

姚君姬传,甫弱冠而学已无所不窥⑧,余甚畏之⑨。姬传,吾友季和之子⑩,其世父则南青也⑪。忆少时与南青游,南青年才二十,姬传之尊府方垂髫未娶⑫。太夫人仁恭有礼⑬,余至其家,则太夫人必命酒⑭,饮至夜分乃罢⑮。其后余漂流在外⑯,倏忽三十年⑰,归与姬传相见,则姬传之齿

---

①〔贤人〕品格、学问都出众的人。 ②〔所以得之于天者〕天赋,天资。〔独全〕只有自己具备。 ③〔向学〕喜欢求学。向,趋向。 ④〔壮〕壮年。古指三十岁。〔道〕信念、学业。 ⑤〔从事〕去学习。 ⑥〔极〕尽。〔勤劬(qú)〕勤劳。 ⑦〔徒劳〕空费心力。〔鲜(xiǎn)获〕收获少。鲜,少。 ⑧〔甫〕方,刚刚。〔弱冠(guàn)〕二十岁。《礼记·曲礼上》:"二十曰弱,冠。"冠,行加冠(guān)礼。〔无所不窥〕博览群书。窥,看。 ⑨〔畏〕敬畏,佩服。 ⑩〔季和〕姚淑,字季和。 ⑪〔世父〕伯父。〔南青〕姚范的字。人称薑坞先生,乾隆进士,官编修。著有《援鹑堂笔记》等。 ⑫〔尊府〕对别人父亲的敬称。〔垂髫(tiáo)〕童年。髫,儿童下垂的头发。 ⑬〔太夫人〕指姚鼐的祖母。〔仁恭〕仁爱、肃敬。 ⑭〔命酒〕使家人备酒。 ⑮〔夜分〕半夜。〔罢〕停止。 ⑯〔漂流〕随水流动。比喻居无定所。 ⑰〔倏(shū)忽〕很快的。

已过其尊府与余游之岁矣①。明年余以经学应举②,复至京师③。无何④,则闻姬传已举于乡而来⑤,犹未娶也。读其所为诗赋古文⑥,殆欲压余辈而上之⑦。姬传之显名当世⑧,固可前知。独余之穷如曩时⑨,而学殖将落⑩,对姬传不能不慨然而叹也⑪。

> 接着写自己和姚姬传的通家关系,所以深知而钦佩。重点是说姚姬传年轻而有高的成就。

昔王文成公童子时⑫,其父携至京师,诸贵人见之⑬,谓宜以第一流自待⑭。文成问何为第一流,诸贵人皆曰:"射策甲科为显官⑮。"文成莞尔而笑⑯:"恐第一流当为圣贤⑰。"诸贵人乃皆大惭。今天既赋姬传以不世之才⑱,而姬传又深有志于古人之不朽⑲,其射策甲科为显官,不足为姬

---

① 〔齿〕年龄。〔游〕交往。 ② 〔明年〕乾隆十五年(1750)。〔以经学应举〕经过高级官员推荐通晓经学,到北京应考(没有录取)。 ③ 〔京师〕京城。指北京。京,大。师,众。 ④ 〔无何〕不久。 ⑤ 〔举于乡〕乡试考中,即考中举人。〔来〕来京师。 ⑥ 〔为〕写作。 ⑦ 〔殆(dài)〕大概,几乎。〔压余辈而上之〕超过我们年长一辈人。 ⑧ 〔显名〕扬名。 ⑨ 〔穷〕困顿。指应科举考试不顺利。〔曩(nǎng)时〕昔日。 ⑩ 〔学殖〕指学业的进步。殖,生长。《左传》昭公十八年:"夫学,殖也,不学将落。" ⑪ 〔对〕面对。〔慨然〕感慨地。 ⑫ 〔王文成公〕明代学者王守仁,谥文成。他父亲王华,成化状元,官至南京吏部尚书。 ⑬ 〔贵人〕显贵,高官。 ⑭ 〔宜〕应当。〔自待〕自期,自勉。 ⑮ 〔射策甲科〕意思是中进士。汉代取士有射策的科目,把疑难题目写在策(竹片)上,分甲乙科,由与试者选答。明清时代习惯称考进士为甲科,考举人为乙科。 ⑯ 〔莞(wǎn)尔〕微笑的样子。 ⑰ 〔恐〕怕是。这是断定的委婉说法。 ⑱ 〔赋〕给予。〔不世之才〕世间少有的才华。 ⑲ 〔不朽〕古人以立德、立功、立言为三不朽。

传道①；即其区区以文章名于后世②，亦非余之所望于姬传③。孟子曰："人皆可以为尧舜④。"以尧舜为不足为⑤，谓之悖天⑥；有能为尧舜之资而自谓不能⑦，谓之慢天⑧。若夫拥旄仗钺⑨，立功青海万里之外⑩，此英雄豪杰之所为，而余以为抑其次也⑪。

　　这一段是全文的重点，勉励姚姬传要有大志，学古之圣贤，不必以科举考试的得失为意。

　　姬传试于礼部⑫，不售而归⑬，遂书之以为姬传赠⑭。

　　最后说明写这篇赠序的缘由，结束全文。

【研读参考】一、古人作文，常常标榜圣贤。这经常包括两种意思：一是圣贤品格高，人们应该学习他们；二是圣贤超过常人，非常人所能及。对于这两种意思，你是怎样评价的？

　　二、古文家作文重视文气。文气与虚字（助词）和句子的构造有关。拿本篇与上一篇《黄英》比较，上一篇大多是平铺直叙，本篇则有意求屈曲顿挫。读不同流派的文章，要注意这一点。

―――――

①〔不足为姬传道〕不值得跟姬传说。②〔区区〕小的样子。〔名〕显名。③〔望〕希望。④〔孟子曰："人皆可以为尧舜。"〕见《孟子·告子下》。尧舜，唐尧和虞舜，远古圣明的君主。⑤〔不足为〕不值得作。⑥〔悖（bèi）天〕违反天意。古人相信天意是向善的。⑦〔资〕资质，天分。⑧〔慢天〕亏待天意。⑨〔拥旄（máo）仗钺（yuè）〕指有统率军队的大权。拥，仗，都是持的意思。旄，竿顶用牦牛尾为饰的旗。钺，古代兵器，像斧而大。⑩〔青海〕指边疆地区。⑪〔抑〕或者是。⑫〔试于礼部〕指在北京应礼部主持的会试。⑬〔不售〕货物卖不出，引申为考试没有录取。⑭〔遂书之以为姬传赠〕就写这篇序用来赠给姬传。

三、文言中单音词比较多，如果不注意，照现代语用法理解，有时就会出错。如本篇"今天既赋姬传……"，"今"和"天"是两个词，照现代语理解为"今天"就错了。此外如"妻子""其实"等等也是这样，要多注意分辨。

五七 《越缦堂日记》选 李慈铭

【解说】《越缦（màn）堂日记》是分量比较大的书，包括《孟学斋日记》《受礼庐日记》《荀学斋日记》等，前后两次影印，共六十四册（尚有八册，为人借去，未印）。作者从咸丰三年（1853）起，到光绪二十年（1894）止，约四十年，除去短时期间断外，经常写日记。日记的内容比一般日记广阔，除个人的经历以外，还记了时事、见闻，以及读书心得、诗文著作、对各种事物的评论等。因为分量大，内容多，作者的家属曾编印选录本，名《越缦堂詹（zhān）詹录》；又近人由云龙从日记中辑出读书笔记的部分，排印出版，名《越缦堂读书记》。这两种选本都略去日记中记个人日常生活琐事的部分。本篇六则就是选自这两种选本：第一、四、五则选自《越缦堂詹詹录》，第二、三、六则选自《越缦堂读书记》。

作者在清朝晚年是有名的文人、学者，长于写骈文，因而写散文也常常骈散交错，遣词造句优美而精当。读时要体会这种特点。

作者李慈铭（1830—1894），字㤅（爱）伯，号莼（chún）客，清朝会稽（今浙江绍兴）人。光绪六年（1880）进士。官户部郎中、山西道监察御史等。能文，骈体文、诗、词都有名，是当时文坛上的著名作家。著作以《越缦堂日记》为最有名，此外还有《湖塘林馆骈文》《白华绛柎（fū）阁诗集》《霞川花隐词》等。

同治甲子①，十二月二十八日

迈夫来谈②，半日始去。予文字踪迹多与德夫相连③，迈夫见予日记及与德夫往来笺札④，辄流涕不止。予见交游中兄弟友爱如德夫、迈夫者⑤，盖无一二也⑥。天留德夫⑦，以厉薄俗⑧，亦岂不佳⑨？而夭折恐后⑩，固何心耶⑪？

　　盛赞亡友兄弟的友爱，并惋惜亡友早逝。

同治丁卯⑫，九月十六日

阅《订讹杂录》⑬，青浦胡鸣玉著⑭，前有沈归愚序⑮。

――――――

①〔同治甲子〕同治三年（1864）。同治，清穆宗的年号。　②〔迈夫〕姓陈，和哥哥陈德夫都是李慈铭的好友。德夫，也写"德甫"。　③〔予文字踪迹多与德夫相连〕意思是，我的诗文，很多处和德夫有关联。　④〔笺（jiān）札（zhá）〕书信。　⑤〔交游〕朋友，互相来往的人。　⑥〔盖〕副词，表示推测。〔无一二〕没有一两个。极言其少。　⑦〔天留德夫〕上天把德夫留在世上。意思是不让他早死。　⑧〔以厉薄俗〕用来磨练不好的风俗。薄，不厚道。　⑨〔亦岂不佳〕难道不好吗？　⑩〔夭折恐后〕上天使他早死，恐怕落在后边。夭折，短命而死。　⑪〔固何心耶〕那是什么用心呢？　⑫〔同治丁卯〕同治六年（1867）。　⑬〔《订讹（é）杂录》〕十卷。订讹，订正错误。　⑭〔青浦〕今上海市青浦区。　⑮〔沈归愚〕沈德潜，字确士，号归愚，苏州人。清朝著名诗人和诗的理论家。所选《古诗源》《唐诗别裁集》等很流行。

共十卷，凡三百七十四条①。其书随事考证②，多限于闻见③，尚沿误说④。惟持论平慎⑤，无凭私逞辨之谈⑥，一知半解亦时有可取⑦。其后有自跋⑧，谓"是编之成⑨，仅五阅月⑩，即付枣梨⑪，未暇点戡⑫。其中有袭前人说而不必存者⑬，有事近于俗而不足辨者⑭；字音字划亦多疵颣⑮。订讹而仍蹈于讹⑯，每一展卷⑰，内愧于怀⑱。"则固虚心自知之士也。

赞许胡鸣玉著书的谨慎持平态度。

鸣玉，字廷珮，号亭杯⑲，乾隆时诸生⑳。萧山陈春以此书与宋人王观国《学林》并刻入《湖海楼丛书》中㉑，其学识亦正相亚㉒。

简单介绍胡鸣玉，并给予适当评价。

---

①〔凡〕总共。 ②〔随事考证〕随着遇到的事情而做出考证。 ③〔限于闻见〕见闻不广。 ④〔尚沿误说〕还沿用错误的说法。 ⑤〔持论平慎〕论述道理公平而谨慎。平，不存成见。慎，不轻易判断。 ⑥〔凭私〕任凭私人爱憎。〔逞辨〕不合理而强说成有理。 ⑦〔一知半解〕零碎见解。〔时有可取〕往往有值得采纳的。 ⑧〔自跋(bá)〕自己作的跋。此处所引与原文不尽同。 ⑨〔是编〕这本书。〔成〕完成。 ⑩〔五阅月〕经过五个月。阅，历。 ⑪〔付枣梨〕刻版付印。枣木梨木质坚细，常用作雕版材料。 ⑫〔点戡(kān)〕校勘，校对。戡，定。 ⑬〔袭〕因袭，照以前的说法、做法去说、去做。 ⑭〔俗〕通俗，一般人都知道。 ⑮〔疵(cī)颣(lèi)〕缺点。颣，丝上的疙瘩。 ⑯〔蹈于讹〕因袭错误。 ⑰〔展卷〕翻开书页。 ⑱〔内愧于怀〕心里惭愧。 ⑲〔亭杯〕原书沈德潜序作"亭培"。 ⑳〔乾隆〕清高宗的年号。〔诸生〕秀才。 ㉑〔萧山〕今浙江省杭州市萧山区。〔陈春〕字东为，编有《湖海楼丛书》。〔王观国〕南宋长沙人，绍兴年间曾任知县。著有《学林》。 ㉒〔相亚〕相仿。亚，次于。

同治甲戌①,正月二十八日

夜阅《燕子笺》②。大铖柄用南都时③,尝衣素蟒服誓师江上④,观者以为梨园变相⑤。然此曲情事宛转⑥,辞恉清妙⑦,殊似读书人吐属⑧。予于戊申之秋观之甚熟⑨,时年二十岁耳,今日观之,历历如昨日事⑩。而所读之"四书"诸经⑪,则往往迷其句读⑫,郑声艳曲⑬,入人之深固如是也⑭。

评论《燕子笺》及其作者,兼论戏曲易于深入人心。

---

① 〔同治甲戌〕同治十三年(1874)。 ② 〔《燕子笺》〕传奇剧本名,演唐朝霍都梁和郦飞云遇合的故事。阮大铖(chéng)著。明末风行一时。 ③ 〔大铖〕阮大铖,见本册《癸未去金陵日与阮光禄书》。〔柄用南都〕在南京掌权。南都,南京,指北京崇祯皇帝自缢后在南京成立的南明福王政权。这时阮大铖官至兵部尚书。柄,掌权。用,受任用。 ④ 〔衣〕穿。〔素蟒服〕白色的蟒袍。蟒服,上绣蟒纹的袍子,是大官穿的官服。素,白色,是丧服,表示为崇祯帝服丧。〔誓师〕军队出征前,主帅向全体官兵宣读文告,说明战斗的意义和坚强的战斗意志。〔江上〕江边。 ⑤ 〔梨园变相〕变相的戏剧。梨园,唐明皇时宫廷教练歌舞艺人的处所,后代因用梨园指戏班。 ⑥ 〔此曲〕指《燕子笺》传奇。曲,戏曲。〔情事〕剧中的情节。〔宛转〕曲折多而入情入理。 ⑦ 〔辞恉(zhǐ)〕文采。辞,词语。恉,同"旨",意思。〔清妙〕美好。 ⑧ 〔殊似〕很像。〔吐属(zhǔ)〕谈吐。属,连缀。 ⑨ 〔戊申〕清宣宗道光二十八年(1848)。 ⑩ 〔历历〕清清楚楚。 ⑪ 〔"四书"〕《大学》《中庸》《论语》《孟子》,是宋代以后初学必读书。〔诸经〕各种经书,如《诗经》《尚书》《春秋》等。 ⑫ 〔迷其句读(dòu)〕记不清语句。读,句中略作停顿的地方。 ⑬ 〔郑声艳曲〕指世俗的靡靡之音。郑声,周朝郑国的民间乐歌,多咏男女爱情,和同时代的卫国乐歌并称为"郑卫之音"。 ⑭ 〔入人〕入人心。

其《春灯谜》①，予亦于癸丑春从王孟调借观之②。其事极曲折③，而曲文简略，远不及矣④。

附带评论《燕子笺》作者的另一作品《春灯谜》。

同治甲戌，六月初四日

诣陶然亭⑤，坐亭之西窗⑥。下临苇田⑦，万顷一碧⑧。南风大作，烟翻雾卷⑨，有江湖波涛之观⑩。对面西山⑪，隐隐云际⑫。右环雉堞⑬，左带龙树、龙泉诸寺⑭，红墙远映⑮，间以绿树⑯。陂塘积水⑰，时露隙光⑱。都中胜地⑲，此为第一，夏中雨后尤为宜耳⑳。

记游陶然亭，坐亭上所见夏日胜景。

未几雨作㉑，观壁间石刻江藻《陶然吟》。藻，字鱼依，

---

① 〔其《春灯谜》〕他（阮大铖）作的《春灯谜》。也是剧本，演宇文彦兄弟与韦影娘姐妹遇合的故事。 ② 〔癸丑〕清文宗咸丰三年（1853）。〔王孟调〕李慈铭的朋友，能诗文。 ③ 〔其事〕它（《春灯谜》)的情节。 ④ 〔远不及矣〕远远不及《燕子笺》了。 ⑤ 〔诣〕往。〔陶然亭〕在北京外城右安门内以东，南靠外城城墙。四周是一片苇塘，土丘上多无主孤坟，十分荒凉。解放后修整为公园。 ⑥ 〔西窗〕西面的窗。陶然亭实际是房舍，所以有窗。 ⑦ 〔临〕靠近。 ⑧ 〔万顷一碧〕广阔的苇塘一片绿色。一，一片。 ⑨ 〔烟翻雾卷〕苇丛摇动像烟雾翻腾的样子。 ⑩ 〔观〕景象。 ⑪ 〔西山〕泛指北京西面的群山。 ⑫ 〔隐隐云际〕隐隐约约地在天边云下。 ⑬ 〔雉堞（dié）〕城墙上锯齿形的矮墙。雉，计算城墙面积的单位（长三丈高一丈）。堞，矮墙。 ⑭ 〔龙树、龙泉〕龙树寺，龙泉寺，都是陶然亭附近的寺院。 ⑮ 〔红墙〕寺院的墙多作红色。 ⑯ 〔间（jiàn）〕夹杂。 ⑰ 〔陂（bēi）塘〕池塘。 ⑱ 〔隙光〕间隙里透出的光。 ⑲ 〔都〕京城。〔胜地〕名胜之地。胜，风景好。 ⑳ 〔尤为宜耳〕更适于（游览）了。 ㉑ 〔未几雨作〕不久下起雨来。作，兴起。

汉阳人。康熙乙亥以工部郎中督黑窑厂①,乐此寺陂池之美②,始构轩三楹③,取白香山"一醉一陶然"语以题其额④。诗作七古⑤,平弱率冗⑥,绝无结构⑦,尚不甚俗耳。后有其兄蘩,字采伯跋⑧。

　　进一步写陶然亭。先写来历。

　　此轩既成,游赏遂集⑨。然实无亭之称⑩,而雅俗相沿⑪,皆以陶然亭呼之。盖地据高阜⑫,廊槛翼峙⑬,四望翘竦⑭,有似亭形,故乾隆以来见于各家诗文集者,皆仍其称不改⑮。近更名以江亭,系姓于地⑯,比于滕王之阁⑰,庾公

————

① 〔康熙乙亥〕康熙三十四年(1695)。康熙,清圣祖的年号。〔工部郎中〕工部的中上级官,主管工程建筑。〔督黑窑厂〕主管黑窑厂的事务。黑窑厂是官办的窑厂,在陶然亭北。　②〔乐〕喜欢。〔此寺〕指辽金时代的古寺慈悲院。　③〔构轩三楹〕修盖了三间屋。轩,有窗的廊子或小屋。楹,堂屋前的柱子。一间房一根柱,所以一间房也称一楹。　④〔白香山〕白居易。〔一醉一陶然〕醉一次就快乐一次。白居易《与梦得沽酒闲饮且约后期》:"更待菊黄家酝熟(读 shù),与君一醉一陶然。"〔题其额〕写在它的门匾上。题,题字,写。额,牌匾。　⑤〔诗作七古〕诗是七言古诗。
⑥〔平弱〕平庸软弱。〔率冗〕粗疏累赘。　⑦〔绝无结构〕谈不上布局。
⑧〔蘩(fán),字采伯跋〕江蘩作的跋。江蘩的字是采伯。　⑨〔游赏〕游玩欣赏的人。　⑩〔无亭之称〕没有亭这个称呼。意思是没有亭子。
⑪〔雅俗相沿〕文雅的(文人)、世俗的(一般人)都照旧习惯。沿,因袭。　⑫〔地据高阜〕(亭)占据在高冈上。　⑬〔廊槛翼峙〕回廊和栏杆对称(chèn)地立着。　⑭〔四望翘(qiáo)竦(sǒng)〕四面高起。翘,抬起。竦,通"耸",高高直立。　⑮〔仍其称〕沿用它的名称。仍,依照。
⑯〔系姓于地〕把姓氏安置在地名上。系,联结。　⑰〔滕王之阁〕南昌滕王阁,是唐初滕王元婴修建的。

之楼①,子云、浩然②,同斯佳话③,亦此君之幸矣④。

接着写陶然亭在京城游览胜地中的地位和特点。

傍晚,冒雨乃归。

写回程的时间和天气。

光绪丁丑⑤,八月二十五日

梅卿挈其眷属南旋⑥,午,送其登车。梅卿悲不自胜⑦,其家人皆涕泣,声满路歧⑧,为之乡心顿碎⑨,惝恍竟日⑩。梅卿欲留不得⑪,余欲归不能⑫,彼我易观⑬,当更相笑也。谢文靖谓"中年以后⑭,与执友别⑮,辄作数日恶⑯",况余

---

① 〔庾(yǔ)公之楼〕庾楼,在江西九江,相传东晋庾亮镇守江州(今九江)时所建。 ② 〔子云〕汉末扬雄,字子云。四川省有子云亭。〔浩然〕唐朝孟浩然,字浩然。湖北省有浩然亭。 ③ 〔同斯佳话〕和这些美好的传说相同。 ④ 〔此君〕指江藻。江藻诗文不及扬、孟,官爵不及滕王、庾公,而以亭传名,所以说他幸运。 ⑤ 〔光绪丁丑〕光绪三年(1877)。光绪,清德宗的年号。 ⑥ 〔梅卿〕姓胡,李慈铭的好友。〔挈(qiè)〕携带。〔南旋〕回南方。旋,归。 ⑦ 〔悲不自胜(shēng)〕悲伤得自己忍受不了。胜,堪。 ⑧ 〔路歧〕道路分岔处。 ⑨ 〔乡心〕(我)怀念故乡的心。〔顿〕立即。〔碎〕粉碎,因悲伤而乱。 ⑩ 〔惝(tǎng)恍〕心情迷乱的样子。 ⑪ 〔留〕留在京城。〔不得〕办不到。 ⑫ 〔归〕回故乡。 ⑬ 〔彼我易观〕两个人换换看法。 ⑭ 〔谢文靖〕东晋著名宰相谢安,字安石。死后赠太傅,谥文靖。引文见《世说新语·言语》:"中年伤于哀乐,与亲友别,辄作数日恶。" ⑮ 〔执友〕亲密的朋友。 ⑯ 〔辄作数日恶〕总是一连几天心情不好。恶,疾病。

之流落不偶①，积惨多伤②，首丘之志未期③，西崦之暮已及④。秋风落叶⑤，凄怅何言⑥！

> 写送别朋友的凄怆心情：失意人送失意人，倍觉痛楚。

光绪甲申⑦，十一月二十二日

《双槐岁钞》有《陈御史断狱》一条云⑧：武昌陈御史孟机（智）按闽⑨。有张生者，杀人当死⑩，其色有冤⑪。询之，生曰："邻居王妪许女我⑫，已纳聘矣⑬。父母殁⑭，我贫无资⑮，彼遂背盟⑯。女执不从⑰，阴遣婢期我某所⑱，归

---

① 〔流落〕漂泊远方。〔不偶〕遭遇不好。指科举考试、仕途都不顺利。偶，遇。 ② 〔积惨多伤〕心中积累了很多伤惨。 ③ 〔首丘之志未期〕回乡的愿望没有着落。首丘，（狐死时）头向着自己的住处（土丘）。《楚辞·九章·哀郢》："鸟飞反故乡兮，狐死必首丘。"期，定时。 ④ 〔西崦（yān）之暮已及〕已经到了暮年。西崦，西面的崦嵫（zī）山。《山海经·西山经》有崦嵫山。郭璞注："日没所入山也。"常用来比喻人的晚年。 ⑤ 〔秋风落叶〕（看到）秋风一起，树叶飘落。这一方面是写实际景物，一方面是暗示自己到了暮年。 ⑥ 〔凄怅〕凄凉惆怅。〔何言〕有何可说，无法表达。 ⑦ 〔光绪甲申〕光绪十年（1884）。 ⑧ 〔《双槐岁钞》〕十卷，明朝黄瑜撰。黄瑜，字廷美。书中多载明代早期的事。《陈御史断狱》条见卷四。御史，管监察的官。断狱，判决刑事犯罪案件。 ⑨ 〔孟机（智）〕陈智，字孟机。〔按闽〕做福建按察使。明清时期，各省设提刑按察使，主管一省的司法。俗称臬（niè）台、臬司。 ⑩ 〔当死〕判处死刑。 ⑪ 〔色〕面色，表情。 ⑫ 〔王妪（yù）〕王家的老婆婆。〔许女我〕允许把女儿嫁给我。 ⑬ 〔纳聘〕送聘礼（订婚的礼物）。 ⑭ 〔殁（mò）〕死了。 ⑮ 〔资〕财帛。 ⑯ 〔彼遂背盟〕她就背弃了盟约（婚约）。 ⑰ 〔执〕执意，坚持己见。〔不从〕不听从她母亲废除婚约。 ⑱ 〔阴〕暗地里。〔婢（bì）〕使女，丫头。〔期我某所〕约我在某地相会。期，约会。所，处所。

我金币①,俾成礼②。谋诸同舍杨生③,杨生力止我④,不果赴⑤。是夕⑥,女与婢皆被杀。妪执我送官⑦,不胜考掠⑧,故诬服⑨。"即遣人执杨生至,色变股栗⑩,遂伏罪⑪。张生获释⑫。人以为神智⑬,有声宣正间⑭。至右都御史⑮。

记所读书中有平冤狱故事。

案此即梨园院本《钗钏记》也⑯。小说之《聊斋志异》有《胭脂》一事⑰,云是施愚山为山东提学道⑱,辨济南诸生秋隼冤狱,又弋腔演剧有《拾钏记》⑲,亦曰《法门寺》,

---

①〔归(kuì)我金币〕赠给我钱币。归,通"馈",赠送。 ②〔俾成礼〕使我能够完成婚礼(结婚)。 ③〔谋诸同舍杨生〕和同舍的杨生商量。诸,之于。同舍,同在一个学舍。 ④〔力止〕极力拦阻。 ⑤〔不果赴〕没有去应约。果,成为事实。 ⑥〔是夕〕这个晚上。 ⑦〔执〕捉。 ⑧〔不胜考掠〕受不了严刑逼问。考,追问(原书作"拷")。掠,拷打。 ⑨〔诬服〕被迫承认本来没有的罪。诬,以无为有。服,服罪,承认有罪。 ⑩〔股栗〕大腿战栗。栗,发抖。 ⑪〔伏罪〕服罪。 ⑫〔获释〕获得释放。 ⑬〔人以为神智〕众人认为(陈智)太高明了。 ⑭〔有声宣正间〕在宣德(明宣宗的年号,1426—1435)、正统(明英宗的年号,1436—1449)年间很有名声。 ⑮〔至〕官做到。〔右都御史〕都察院的长官。 ⑯〔案〕(我)考察。〔梨园院本〕戏班所演的剧本。明清时代院本指杂剧、传奇。〔《钗钏(chuàn)记》〕传奇名,明朝月榭主人编,演皇甫吟和史碧桃遇合的故事。钏,镯子。 ⑰〔《聊斋志异》〕见本册《故事二篇》。〔《胭脂》〕写秀才鄂秋隼(sǔn)和少女胭脂(姓卞)经过波折终于成为夫妇的故事。 ⑱〔施愚山〕施闰章,见本册《〈金陵游记〉序》。〔提学道〕管学政的道员。 ⑲〔弋(yì)腔〕也称弋阳腔,地方戏的一种。起源于江西弋阳一带,在明朝最流行。〔《拾钏记》〕记明朝太监刘瑾平傅朋冤狱的故事。现在京剧还演这个故事,前一部分名《拾玉镯》,后一部分名《法门寺》。

谓刘瑾所出冤狱者①，疑皆由此附会②。

举小说戏曲中的相类故事，指出有承袭关系。

【研读参考】一、日记不是一般的标题文章，而是己身短时期的生活写照。所谓生活，包括身体活动和心理活动，而可记的又大多是心理活动，也就是对所接触事物（包括书籍、绘画等）的观感。观感千变万化，用笔追记，则可凭一时的兴会，重此轻彼，忽连忽断，欲止则止。因此，写日记是练习作文的好方法，题材多，少限制，却更容易在布局、记叙、描画等方面运用巧思，使思想感情表现得恰如其分。读过本篇，希望你能够以之为法，也天天写日记。

二、写日记，从内容方面说，要能够写出自己的见识、感情。只有真见识才能使人信服，真感情才能使人感动。从这个角度看，本篇中哪些说法是可取的？

三、本篇中第二、三、六则，可以当作读书札记读。这类札记，重点要求也是能够表明自己的见识。如果你读了什么作品也有自己的看法，可以模仿本篇写出来。

四、译"梅卿挈其眷属南旋"一则为现代语。

---

① 〔所出冤狱者〕出人于冤狱的事。 ② 〔附会〕把无关的事拉到一起说是一回事。

五八　藏书纪事五则　叶昌炽

【解说】本篇选自《藏书纪事诗》。这部书是辑录宋初至清末历代私人藏书的事迹的书，七卷，"司马光"见卷一，"沈周"见卷二，"秦恩复"见卷五，"换书士人""陈坤维"见卷七。书的体例仿厉鹗（见本篇注）《南宋杂事诗》，记某藏书家（有时不止一人），先是题七言绝句一首，总述作者对该藏书家的观感；然后以时代先后为序，引各种古籍中有关该藏书家藏书事迹的记载；引书之后，少数加案语。编此书的用意，据作者说，他早年喜欢目录学，爱书，因为穷，不能得善本，想到历代许多藏书家的事迹，可传而容易淹没，深为痛惜，所以想辑录见闻，使人知藏书源流以及藏书家的嘉行逸事，"稍传文献之信"。诗二百多首，每首下纪事条目相当多，这里只选纪事中的一种，有的略有删节。

藏书，过去自然是士大夫的事。也有把书看作古董，或藏而不读，或居奇赚钱的，当然应该唾弃。但大部分读书人因读而爱，因爱而藏，有的并校刊善本，嘉惠后学，这是应该推重的。广泛地说，爱书常常是尊重文化、热爱知识的表现，所以古人在这方面的良好行为，我们今天还是应该效法的。

作者叶昌炽（chì）（1849—1917），字鞠裳，号缘督庐主人，清末长洲（今江苏苏州）人。光绪十五年（1889）进士。任翰林院编修、侍讲、甘肃学政。通经史，精金石学、目录学。能诗文。著有《语石》《邠（bīn）州石室录》《缘督庐日记钞》等。

司马光①

《梁溪漫志》②：温公独乐园之读书堂③，文史万余卷④，而公晨夕所常阅者，虽累数十年⑤，皆新若手未触者⑥。尝谓其子公休曰⑦："贾竖藏货贝⑧，儒家惟此耳⑨。然当知宝惜⑩。吾每岁以上伏及重阳间⑪，视天气晴明日，即设几案于当日所⑫，侧群书其上以暴其脑⑬，所以年月虽深⑭，终不损动⑮。至于启卷⑯，必先视几案洁静，藉以茵褥⑰，然后端

---

① 〔司马光〕见本书《记闻六则》的解说。 ② 〔《梁溪漫志》〕宋朝费衮（gǔn）著，十卷。内容包括朝廷典故、史传考证、诗文品评等。费衮，字补之，江苏无锡人。梁溪是无锡的别名。 ③ 〔独乐园〕司马光的花园，在洛阳。 ④ 〔文史〕文集和史书。这里泛指书籍。 ⑤ 〔累数十年〕经过几十年。累，积累。 ⑥ 〔新若手未触者〕新得像没有用手摸过的样子。 ⑦ 〔公休〕司马康，字公休。 ⑧ 〔贾（gǔ）竖（shù）〕商人。竖，年轻仆人。这是不尊重的称呼。 〔货贝〕财物。贝，贝壳，古代用作货币。 ⑨ 〔儒家〕读书人家。〔此〕指书。 ⑩ 〔宝惜〕珍重爱惜。 ⑪ 〔以〕在。〔上伏及重（chóng）阳间〕初伏到重阳节这段时间里。上伏，初伏，十天，在夏至后约一个月。重阳，阴历九月初九。 ⑫ 〔设几案于当日所〕在阳光照射的地方摆上桌子。几，小桌。当日，在太阳照射之处。所，处所。 ⑬ 〔侧〕斜着安放。〔其〕指几案。〔暴（pù）〕"曝"字的古写法，晒。〔脑〕线装书订线的部分。 ⑭ 〔深〕远，长久。 ⑮ 〔终不损动〕到底也没有损伤。 ⑯ 〔启卷〕打开书本。 ⑰ 〔藉以茵（yīn）褥〕铺上桌布。藉，铺垫。茵，席。

坐看之①。或欲行看②，即承以方板③，未尝敢空手捧之④，非惟手汗渍及⑤，亦虑触动其脑⑥。每至看竟一板⑦，即侧右手大指，面衬其沿而覆以次指⑧，拈而挟过⑨，故得不至揉熟其纸⑩。每见汝辈多以指爪撮起⑪，甚非吾意。今浮图、老氏犹知尊敬其书⑫，岂以吾儒反不如乎⑬？汝当志之⑭。"

写司马光重视读书、爱护书籍并教育子孙爱书。

沈　周⑮

《无声诗史》⑯：（沈）周，字启南，号石田，人称石田先生。精于诵肄⑰，自坟典丘索以及杂家言⑱，无所不窥⑲。

---

①〔端坐〕端正地坐着。②〔行看〕走着看书。指离开书案。③〔承以方板〕用方板托着。④〔空手〕指直接用手。⑤〔非惟手汗渍（zì）及〕不只手上的汗沾到（书本）。渍，沾污。⑥〔虑〕担心。⑦〔竟〕完。〔一板〕一页。现在印本的两页。⑧〔面〕手指的正面。〔衬其沿〕托着书的边。〔覆以次指〕用食指盖在它上面。⑨〔拈（niān）而挟过〕用两指夹住翻过去。⑩〔得〕能够。〔揉熟〕揉软了。⑪〔以指爪撮起〕用指甲尖把书页撮起来。⑫〔浮图〕梵语译音，佛教僧徒。〔老氏〕道教道士。〔其书〕他们（各自）的书。指佛书、道书。⑬〔以〕凭。全句的意思是，我们儒者远比僧道高明，爱书也不能落后。⑭〔志〕记住。⑮〔沈周〕明朝的大画家，苏州人。⑯〔《无声诗史》〕清初姜绍书著，七卷。内容为明代画家的传记。姜绍书，字二酉，江苏丹阳人。⑰〔精于诵肄（yì）〕读书多而精。诵，朗读。肄，学习。⑱〔坟典丘索〕传说中最古老的典籍：三坟、五典、八索、九丘。书不传，解释也不同。〔杂家〕先秦诸子中的一家，思想内容比较复杂。《汉书·艺文志》："杂家者流，盖出于议官，兼儒墨，合名法。"〔言〕言论，著作。⑲〔无所不窥〕没有不钻研的。窥，看。

尝以重直购古书一部①，陈之斋阁②。一日客至，见而谛视之③，问书所从得④。先生曰："客何问也⑤？"客曰："公幸无诧⑥。书，吾书也，失之久矣，不意乃今见之⑦。"先生曰："有验乎⑧？"曰："某卷某叶，某尝书记某事⑨，或者犹存乎⑩。"先生发而视之⑪，果验⑫，即归之⑬。

写沈周的雅量和客人读书的认真。

秦恩复⑭

江藩《石研斋书目》序⑮：敦夫太史乐志铅黄⑯，栖神典籍⑰，蓄书数万卷，日夕检校⑱，一字之误，必求善本是

---

①〔重直〕高价。直，通"值"。②〔陈之斋阁〕摆在书斋里。③〔谛视(dì)〕注意地看。④〔所从得〕从何处得来，怎么得来的。⑤〔何问〕为什么问（这个）。⑥〔公幸无诧(chà)〕您不要惊讶。公，对人的敬称。幸，表示希望的客气用语。无，通"毋"，不要。⑦〔不意〕想不到。〔乃〕竟然。⑧〔验〕验证，证据。⑨〔某〕四个"某"字，说时各用实指的事物，如"第二卷第四页"等，记述时才用"某"代替。第三个"某"代客自称之名。叶，同"页"。⑩〔或者〕也许。〔犹存〕还在。⑪〔发〕打开。⑫〔果验〕果然证明所说是真。⑬〔归〕归还。⑭〔秦恩复〕字近光，号敦夫，清朝江都（今江苏扬州）人。乾隆进士。目录学家，校刊古书很多。⑮〔江藩〕字子屏，清朝甘泉（旧县名，在今扬州市）人。著有《汉学师承记》等。〔石研斋〕秦恩复的书斋名。存书万卷，编有书目上下二卷，江藩曾为书目作序。⑯〔太史〕翰林的别称。〔乐志铅黄〕用校勘书籍寄托自己的情趣。乐，喜好。志，志趣在于……。铅，铅粉，用以写字；黄，雌黄，用以涂去错字。这里铅黄指校勘。⑰〔栖神典籍〕把精神放在书籍上，专心读书。⑱〔日夕检校〕日夜检查校勘。

正①。窃怪近日士大夫藏书以多为贵②，不论坊刻恶钞③，皆束以金绳，管以玉轴④，终身不寓目焉⑤。夫欲读书，所以蓄书，蓄而不读，虽珍若骊珠⑥，何异空谈龙肉哉⑦？若太史之兀兀穷年⑧，盖亦鲜矣⑨。

写秦恩复校书的认真，并批判蓄书而不读的浮夸。

换书士人

《道山清话》⑩：张文潜尝言⑪：近时印书盛行，而鬻书者往往皆士人⑫，躬自负担⑬。有一士人，尽掊其家所有⑭，

---

①〔善本〕古本或校刊精审的本子。〔是正〕注明作某字者是，作某字者误，因而校正。 ②〔窃〕私自。谦词。 ③〔坊刻恶钞〕恶劣的版本和抄本。钞，同"抄"。雕版印书，官版比较精致可靠。坊肆书商刻本，纸墨粗劣，错误较多。旧时也有手抄的书，恶钞指抄得很坏的书。 ④〔束以金绳，管以玉轴〕指珍重保存。管，动词，用轴约束。古书原是一卷一卷的，卷一端有轴，卷后用绳捆。金，玉，形容材料极讲究。 ⑤〔终身不寓目〕一辈子不看。寓目，过目，看。 ⑥〔骊（lí）珠〕骊龙颔（hàn，下巴）下的珠子，珍贵的珠子。《庄子·列御寇》："千金之珠，必在九重（chóng）之渊，而骊龙颔下。" ⑦〔空谈龙肉〕意思是空说而吃不到。《晋书·张华传》说张华能够辨别食物中的龙肉。 ⑧〔兀（kū）兀穷年〕一年到头勤奋。兀兀，同"矻（kū）矻"，勤奋的样子。穷，尽，到头。韩愈《进学解》："焚膏油以继晷（guǐ，日影，时间），恒兀兀以穷年。" ⑨〔鲜（xiǎn）〕少。 ⑩〔《道山清话》〕一卷，宋人记北宋杂事的书。作者不详。 ⑪〔张文潜〕张耒（lěi），字文潜，北宋淮阴（今江苏省淮安市淮阴区）人。文学家。 ⑫〔鬻（yù）〕卖。〔士人〕读书人。 ⑬〔躬自〕亲自。躬，自身。 ⑭〔掊（póu）〕聚，搜罗。

约百余千①,买书,将以入京②。至中涂③,遇一士人,取书目阅之④,爱其书而贫不能得,家有数古铜器,将以货之⑤。而鬻书者雅有好古器之癖⑥,一见喜甚,乃曰:"勿庸货也⑦,我将与汝估其直而两易之⑧。"于是尽以随行之书换数十铜器,亟返⑨。其妻方讶夫之回疾⑩,视其行李,但见二三布囊⑪,磊块然铿铿有声⑫。问得其实⑬,乃詈其夫曰⑭:"你换得他这个,几时近得饭吃⑮?"其人曰:"他换得我那个,也则几时近得饭吃⑯?"因言人之惑也如此⑰。座皆绝倒⑱。

写嗜书和嗜古铜器至于入迷,可笑亦复可悯。

陈坤维⑲

厉鹗《樊榭山房集》⑳:桑弢甫水部买得《元人百家

---

① 〔百余千〕古时以千钱为一缗(mín,穿钱的绳),千就成为钱数的单位。② 〔将〕携带。〔京〕指汴京(今河南开封)。③ 〔涂〕通"途"。④ 〔书目〕所携书籍的目录。⑤ 〔将以货之〕将要拿来卖掉它。货,卖。⑥ 〔雅〕平素。〔癖〕嗜好。⑦ 〔勿庸货也〕不用卖。庸,用。⑧ 〔估其直〕估计它的价值。〔两易之〕双方交换。⑨ 〔亟(jí)返〕急忙回家。⑩ 〔方〕正在。〔讶〕吃惊,觉得奇怪。〔疾〕迅速。⑪ 〔但〕只。⑫ 〔磊(lěi)块然〕像石块堆积的样子。〔铿(kēng)铿〕金属器物撞击的声音。⑬ 〔实〕实况。⑭ 〔詈(lì)〕骂。⑮ 〔近得饭吃〕取得饭吃。⑯ 〔则〕那就。⑰ 〔惑〕因癖好而迷惑。⑱ 〔座〕在座的人。〔绝倒〕大笑(至于坐立不稳)。⑲ 〔陈坤维〕大约是清朝雍正、乾隆年间杭州人。⑳ 〔厉鹗〕字太鸿,号樊榭,清朝钱塘(今浙江杭州)人。文学家。著有《樊榭山房集》。

诗》①，后有小笺②，粘陈氏坤维诗③，盖故家才妇以贫鬻书者④，惜不知其里居颠末尔⑤。读之有感。……陈氏坤维原作：典及琴书事可知⑥，又从案上检元诗⑦。先人手泽飘零尽⑧，世族生涯落魄悲⑨。此去鸡林求易得⑩，他年邺架借应痴⑪。亦知长别无由见⑫，珍重寒闺伴我时⑬。丁巳又九月九

----

① 〔桑弢（tāo）甫水部〕桑调元，字伊佐，号弢甫，清朝钱塘人。雍正进士。曾官兵部主事。水部，原为工部四司之一，后多指工部。又，习惯称任工部司级官（郎中、员外郎、主事等）的人为"水部"。〔《元人百家诗》〕可能是清朝顾嗣立编的《元诗选》，一百一十一卷，分三集，每集收元诗人一百家。 ②〔后有小笺（jiān)〕书后面有一张纸条。 ③〔粘〕贴。 ④〔盖〕表示推断。〔故家〕世代做官的人家。故，旧。〔才妇〕有文才的妇女。〔以〕因为。 ⑤〔里居〕住处。〔颠末〕本末，指经历。 ⑥〔典〕卖。原指用物作抵押借钱。〔及〕为合于诗歌格律（下同），读jí。〔琴书〕读书人家最珍惜的。〔事可知〕穷困的情况可见。 ⑦〔检元诗〕把元诗这部书找出来。检，取。 ⑧〔先人〕祖先。〔手泽（读zé)〕先人遗留的手迹和用品之类。泽，汗迹。 ⑨〔世族（读zú)〕世代官宦读书人家。〔落魄〕穷困无依。 ⑩〔此去〕这次拿出去。〔鸡林〕古新罗国的又一个名字，现在朝鲜的一部分。唐时鸡林国曾以重价买白居易的诗。〔求易得（读dè)〕（想买诗）就容易买到了。 ⑪〔他年〕将来。〔邺（yè)架〕藏书多的地方。唐朝李泌（bì)封邺侯，藏书很多。韩愈《送诸葛觉往随州读书》："邺侯家多书，插架三万轴。"后来就称藏书多为邺架。〔借应痴〕意思是，书已卖去，想借也没有了。古语有"借书一瓻（chī，酒器)，还书一瓻"的说法，意思是，借书还书，都要送一瓻酒表示谢意。后来由于谐音，也说"借书一痴，还书一痴"，意思是，借出书是傻事（常常收不回来)，还书也是傻事（可占便宜而不占)。 ⑫〔长别（读biè)〕（书卖出）永远分别了。 ⑬〔珍重寒闺伴我时〕留恋（书）在寒冷的闺房和我作伴的情景。闺，妇女的居室。

日①,厨下乏米②,手检《元人百家诗》付卖③,以供馆粥之费④,手不忍释⑤,因赋一律媵之⑥。陈氏坤维题⑦。

写藏书之家因穷卖书时的惋惜心情。

【研读参考】 一、本篇选的几则都是有关爱书的记事,只有"秦恩复"一则略加议论。文字平实简练,毫无藻饰,意思却鲜明而有情趣。这类写法似不用力而能引人入胜,值得学习。

二、记叙文记事,选材和措辞也寓有作者的好恶(wù)态度。本篇中的五则,作者的态度,有的很明确,有的不很明确。哪则不很明确?作者究竟是什么态度?

三、把"陈坤维"一则改写为现代语。诗的部分写成散文,可以增减词语。

---

① 〔丁巳又九月九日〕丁巳年〔当是清高宗乾隆二年(1737),这一年阴历闰九月〕闰九月初九。 ② 〔厨下〕厨房。 ③ 〔付卖〕出卖。付,交。 ④ 〔以供馆(zhān)粥之费〕用来作吃饭的费用。馆,稠粥;粥,稀粥。 ⑤ 〔释〕放手(给人家)。 ⑥ 〔赋一律〕作一首律诗。〔媵(yìng)之〕伴随它(书)。媵,本来是女子陪嫁。 ⑦ 〔题〕写。

五九　记车行所值　林纾　魏易　译

【解说】本篇选自《拊（fǔ，拍）掌录》。值，遇见。《拊掌录》，意思是记可笑的事。拊掌，鼓掌。原书本来名《杰弗里·克雷昂（作者的假名）先生的见闻杂记》，《拊掌录》是意译。书是光绪三十二年（1906）所译，共十章，本篇是第六章。译者的跋尾说："文章家语，往往好言人之所难言。眼前语尽人能道者，顾人以平易无奇而略之；而能文者则拾取而加以润色，便蔚然成为异观。此书原文至细切温雅，而不伤于烦碎，言之缕缕然，盛有文理。惜余不文，不能尽达其意，读者当谅吾力之不能逮也。"可见译者所取是写日常琐事而能生动婉转，有意想不到的趣味。

本篇写作者在英格兰游历，坐公共车的一天所见。事物、情节都平淡无奇，可是作者缕缕写来，却人物个性明显，景物细腻幽美，并且处处贯穿着作者的眼光和幽默感，所以读了并不觉得平板乏味。

用文言译外国作品，我国古已有之。最著名的是由东汉到唐朝，僧人大量翻译的佛经。后来，明朝末年徐光启等曾翻译西方科学著作，清朝末年教会中人曾翻译《圣经》等。由清末到民国初年，有两个人在翻译外国作品方面有大贡献：一个是严复

[字幾（jī）道]，翻译的都是思想方面的著作；一个是林纾（shū），翻译的绝大部分是文学作品。林纾不懂外文，由通外文的人口说原文的意思，他用文言写，因而他的译文是改写性质，常常与原文有差异。林纾熟习文言，有才华，所以译文总带有自己的创作成分。他译的小说很多，在清末民初时期名声很大。这里选了一篇，目的是让年轻人读后知道，文言还有清朝末年的翻译体，而林译小说常常是故事和辞章都有优点，值得欣赏。

作者华盛顿·欧文（Washington Irving，1783—1859），美国纽约人。喜读书，幼年即好写文章。在学校学法律，毕业后当律师。曾游历欧洲各国，大部分时间过写作生活。著有《纽约史》《大食故宫记》等。

译者林纾（1852—1924），字琴南，号畏庐，别署冷红生，福建闽县（今福建福州）人。光绪举人。一生主要的活动是翻译，共译欧、美、亚各国小说一百七十多种。还擅长绘画。他反对五四新文化运动，反对白话文，是有名的守旧派。著有《畏庐文集》《畏庐琐记》等。口述英语意义的魏易，字冲叔。

前篇吾略纪英伦之耶稣生日事[①]，犹采其大略[②]，不为烦复也[③]。今则识吾所阅历之事矣[④]。惟余言此时[⑤]，乞读吾

[①]〔前篇〕指《耶稣圣节》。〔纪〕通"记"，记述。〔英伦〕英格兰的另一译音，指英国。〔耶稣生日〕指圣诞节（公历12月25日）。 [②]〔犹〕仍然。〔采〕取。 [③]〔烦复〕多而复杂。 [④]〔识（zhì）〕记。 [⑤]〔惟〕只是。

书者霁其庄容①，勿道貌以临我②，则我始言之恣肆③，犹俳优之娱人可也④。

  先总说将叙述旅途所见，以娱读者。

  一日侵晨⑤，余在尧克歇尔之游历中⑥，趁一公车赴远道⑦。车厢已满，几不容膝⑧。车客均赴其亲友家作圣诞会者，或携猎品及糗糒之属⑨，或死兔陈陈⑩，长耳双垂，车行而死兔摇动不已。有学生三，均赪颊类玫瑰⑪，精神健旺无伦⑫，适从学堂放假归⑬。余念天设此世界⑭，殆为学生行乐之地⑮。此三学生聚图大事⑯，言遇某人则言某事，行某礼，下至于某狗，亦须加以延接⑰，勿失其欢。囊中满装礼馈之物⑱，互出相较，述宜馈者之姓名⑲，以相夸耀。惟时时言斑丹佳妙⑳，余始茫然㉑，后乃知为马也。童子所言，似古亚力山大所乘骏马外㉒，惟此马为骏。童子言：此马能

---

①〔乞〕请求。〔霁（jì）其庄容〕消除他的严肃面貌。霁，雨雪停止，天放晴。意思是以下将说些幽默话。 ②〔道貌〕因心中严正而容貌肃敬。〔临〕对。 ③〔恣肆〕放纵，随便。 ④〔犹〕像。〔俳（pái）优〕演戏的人。〔娱人〕使人快乐。 ⑤〔侵晨〕天蒙蒙亮。侵，渐近。 ⑥〔尧克歇尔〕Yorkshire 的译音，多译约克郡，在英格兰中部略北。 ⑦〔趁〕搭乘。 ⑧〔几（jī）〕几乎。〔不容膝〕没有立足之地。形容非常狭小。 ⑨〔猎品〕打来的兔、野鸡之类。〔糗（qiǔ）糒（bèi）〕干粮。糗，炒熟的米、麦等谷物。糒，干粮。 ⑩〔陈陈〕肥重的样子。 ⑪〔赪（chēng）颊〕脸泛红。赪，赤色。〔类〕像。 ⑫〔无伦〕无比。 ⑬〔适〕刚刚。 ⑭〔念〕想。 ⑮〔殆（dài）〕大概。 ⑯〔图大事〕意思是讲处世的大道理。 ⑰〔延接〕接待。 ⑱〔馈（kuì）〕赠送。 ⑲〔宜馈者〕应该赠送的人，想赠送的人。 ⑳〔斑丹〕马名。 ㉑〔始茫然〕起初不知何意。 ㉒〔亚力山大〕亚历山大大帝（前356—前323），马其顿王国国王。

飞越高举①,凡村中篱落②,匪有不能飞跃而过者③。此三人者,似其父兄已阴属车人为之将护④,凡车所至,三童子必集问车人以状⑤,复称道此司车者为天下之善人。

记叙公车上所见所闻,重点写三童子之天真可笑。

而车人自待良高⑥,受事亦夥⑦,冠侧其首⑧,襟上着冬青⑨,树叶苍绿照眼。时无邮政,而寓书者即属之车人⑩,因之倥偬不可状⑪。今日之倥偬,尤半为所知致馈⑫。读吾书者须知,司公车之人,容貌词说均与人殊⑬,然在彼徒类中大率同也⑭。众但见英国司公车者一人⑮,则后此所遇,可以一望而辨识其类。车人多被酒⑯,生癣于颊,盖血多而管狭⑰,故冒出成为此癣。而体亦胖硕⑱,时作牛喘⑲。衣服既厚,冠檐弥广⑳,以红色领巾被其颈㉑。至于伏天,则必

---

① 〔飞越高举〕飞腾超越。高举,高飞。 ② 〔篱落〕篱笆。 ③ 〔匪有〕没有。匪,通"非"。 ④ 〔阴属(zhǔ)〕私下托付。阴,暗地里。属,通"嘱",托付。〔车人〕管理公车的人。〔将护〕护理,照顾。将,扶助。 ⑤ 〔集问〕一起问。〔状〕情况。 ⑥ 〔自待良高〕自己觉得了不起。待,看待。良,很。 ⑦ 〔受事亦夥〕受人托办的事情也很多。夥,多。 ⑧ 〔冠侧其首〕帽子歪戴在头上。 ⑨ 〔着(zhuó)〕插着。〔冬青〕指冬青树的小枝。 ⑩ 〔寓书者〕寄信的人。寓,寄。书,书信。 ⑪ 〔倥(kǒng)偬(zǒng)〕繁忙。〔不可状〕没法形容。 ⑫ 〔所知〕相知,相好的人。〔致馈〕送赠品。 ⑬ 〔词说〕言谈。〔殊〕不同。 ⑭ 〔彼徒类〕他们那类人。徒,类,都指同一类人。〔大率(shuài)〕大概。 ⑮ 〔但〕只。 ⑯ 〔被酒〕醉酒。 ⑰ 〔管〕血管。 ⑱ 〔胖硕(shuò)〕肥大。硕,大。 ⑲ 〔牛喘〕像牛一样呼吸声很粗。 ⑳ 〔弥广〕更宽。 ㉑ 〔被(pī)〕通"披"。

有名花簪诸襟上①，则所欢贻耳②。贴身半臀③，缕缕作柳条形④。革靴几没其膝⑤。此等服饰佥同⑥。貌固伧荒⑦，往往伪为儒缓⑧，行村庄中辄为村人所归仰⑨。村姑偶过其前⑩，必道寒暄⑪，叙契阔⑫，似村姑中无人弗识其人者⑬。每至停车之所，挥手自下，调车易马之役⑭，悉其徒侣任之⑮。既下，则以两手纳衣囊⑯，徘徊于逆旅中⑰，其意至得⑱。然车人行⑲，而御人厮走咸瞻仰鼻息⑳，遵为楷模㉑，信口作伧语㉒。余随地寓目㉓，咸谓可乐㉔，亦不以车人为伧。

　　叙述车人的仪表和性格特点，鄙俗而有声势。

　　凡人之趁公车，似咸挟精神焕发之气象㉕，而车轮之辘辘㉖，则尤类举全世界而措之活动中㉗。车至村落，则村人伙集，有趁车者，有迎迓故人者㉘。届时司车人则授人以所

----

①〔簪诸〕插在。诸，之于。　②〔所欢〕所爱的人。〔贻（yí）〕赠送。　③〔半臀（tún）〕短裤。　④〔缕缕作柳条形〕指短裤上有一道道的柳条花纹。　⑤〔革靴〕皮靴。〔几〕几乎。〔没（mò）〕没过，高过。　⑥〔佥（qiān）〕都。　⑦〔伧（cāng）荒〕粗野。伧，鄙陋。　⑧〔伪为〕装作。〔儒缓〕柔顺、温雅。　⑨〔归仰〕归附、敬慕。　⑩〔村姑〕乡村中的少女。　⑪〔道寒暄〕问冷暖。指说些客气话。　⑫〔叙契（旧读 qiè）阔〕叙说别后的思念之情。　⑬〔无人弗识〕没有人不认识。　⑭〔调车易马之役〕指安排车马的差事。　⑮〔悉〕都。〔徒侣〕伙伴。　⑯〔纳〕放进。〔衣囊〕衣袋。　⑰〔逆旅〕旅店。逆，迎。　⑱〔其意至得〕非常得意。　⑲〔行〕行动。　⑳〔御人厮走咸瞻仰鼻息〕驾车的人、服役的人等都尊崇（车人）。厮，供人驱使的人。走，奔走伺候的人。咸，都。瞻仰鼻息，尊重（他的）一举一动。鼻息，呼吸。　㉑〔遵为楷模〕（把车人）看作榜样。　㉒〔信口〕随口。〔伧语〕粗俗的话。　㉓〔随地寓目〕到处看到。寓目，过目，看。　㉔〔可乐〕有趣。　㉕〔挟〕带着。　㉖〔辘（lù）辘〕车走的声音。　㉗〔举〕拿起。〔措〕放到。　㉘〔迓（yà）〕迎接。〔故人〕老朋友。

赍物与其简札①，不敢后时②。或出新报，掷入廛肆之中③。并为密递情简于女郎，而受者赧赧然④，车人则故为佻语，恣其调诙⑤。每当车达广衢⑥，窗间隐约恒见佳丽⑦。而行经铸铁之肆，匠人必停艺观车中人⑧，铁冷而椎迟迟弗下也⑨。尚有为马易蹄铁者⑩，握马蹄于手中，而首则面车而语。其手引风箱者，炭屑被其颊⑪，其停目弗瞬⑫，盼车中人⑬。诸肆门外，购取物事者恒不容趾⑭。门外一一咸挂冬青，家人趋走摒挡⑮，特异于平日。

叙述公车到村落的热闹景象。

余正徐徐瞻瞩⑯，心中则想象圣节时群众行乐之情事，乃忽闻此三童子作异声而呼。盖此童子知已近家，一树一扉均所熟审⑰。闻童子言曰："约翰至矣⑱，卡罗、斑丹咸戾矣⑲！"意指一狗一马，且拍手而呼。余果见有老苍头引老狗及瘠马⑳，延候道隅㉑。马瘦如鼠，鬣毛及尾如铁成锈，

---

① 〔所赍（jī）物〕所赠送的物品。〔简札〕信件。 ② 〔后时〕不及时。 ③ 〔廛（chán）肆〕商户。廛，原意是一家之居。肆，店。 ④ 〔赧（nǎn）赧然〕脸红，难为情的样子。 ⑤ 〔恣其调诙〕放肆地说些调笑诙谐的话。 ⑥ 〔广衢（qú）〕宽广的街道。衢，四通八达的道路。 ⑦ 〔恒〕经常。〔佳丽〕美人。 ⑧ 〔艺〕手工活。 ⑨ 〔椎（chuí）〕锤子。 ⑩ 〔易蹄铁者〕换马掌的人。 ⑪ 〔被〕盖。 ⑫ 〔弗瞬〕不眨眼。 ⑬ 〔盼〕看。 ⑭ 〔物事〕东西。〔不容趾（zhǐ）〕不能立足。形容人多。 ⑮ 〔摒（bìng）挡〕同"屏当"，收拾，料理。 ⑯ 〔瞻瞩（zhǔ）〕看。瞩，注视。 ⑰ 〔扉〕门。〔熟审〕熟悉。审，详知。 ⑱ 〔约翰〕仆人名。 ⑲ 〔戾（lì）〕到。 ⑳ 〔老苍头〕老仆人。〔引〕领着，拉着。〔瘠（jí）马〕瘦马。 ㉑ 〔道隅（yú）〕道边。

蠢蠢作假寐状①，似不知其少主称彼能为英雄事业也②。余见此三童子力奔苍头之身，抱狗如道契阔，而狗亦作势摇尾以媚童子。三人同时争欲先乘此马。老苍头则为部署，使长者先乘③，以次递乘而归④，童子诺⑤。于是狗为前导，奔迅而去⑥。苍头携二童子徒步于后，而此二童子争仰面问苍头以事，同声并发，同时取应，苍头几不知所对。余此时对之忽生感情，不知乐耶悲耶，但觉昔为童子时，亦以学假为人世间至得意事也⑦。余车方饮马⑧，轮乃小停。嗣更登程⑨，村路始转，即见有素封之家⑩，修洁无伦⑪，有一老妇挈二小女⑫，似即彼三童子母也。余甚欲观此童子见母之状，乃为树蔽⑬，竟不之见⑭。

继续写三个学生的天真、热情而可笑。

迨晚⑮，又至一村，遂谋下榻⑯。余车遂直入一逆旅。左次为厨⑰，厨中火光射眼。余入履厨次⑱，觉村间逆旅较有风趣。厨至广拓⑲，家具及葱蒜之属⑳，陈陈悬之壁间，杂以火腿、腊肠、干脯㉑，物至充牣㉒。炉中方行炙㉓，炙肉

---

①〔蠢蠢〕不灵活的样子。〔假寐〕打盹儿。 ②〔少主〕小主人。 ③〔长者〕年长的。 ④〔以次〕按顺序。〔递乘〕一个一个地骑。 ⑤〔诺〕答应。 ⑥〔奔迅〕快跑。 ⑦〔学假〕学校的假期。 ⑧〔饮（yìn）马〕给马喝水。 ⑨〔嗣（sì）〕随后。 ⑩〔素封之家〕没有官爵和封地而资财富有之家，富户。 ⑪〔修〕整齐。 ⑫〔挈（qiè）〕领着。 ⑬〔乃〕竟。 ⑭〔竟不之见〕终究看不到。 ⑮〔迨（dài）〕等到。 ⑯〔下榻〕住宿。 ⑰〔次〕处所。 ⑱〔履〕走。 ⑲〔至〕极。〔广拓〕宽敞。拓，扩大。 ⑳〔之属（shǔ）〕之类。 ㉑〔干脯〕干肉。 ㉒〔充牣（rèn）〕充满，丰富。 ㉓〔行炙(zhì)〕烤（肉）。

之机轮转不已，作声戛戛然①。有巨案代砧②，刀所经处久久成槽，深陷寸许，牛肉尚拥积其上。案上列二酒壶，大类牛肉之守卫③。旅人数辈方据案待餐④，余人则围炉对酒作闲话。女侍往来蹀躞⑤，措置家具，时乘间与厨者作媚语⑥。

　　写旅店和旅行者的旅店生活。

　　余方卸装⑦，而门外邮车辚辚复至⑧。有少年人下车，余自灯光中辨认，似相识者，已⑨，知果弗兰克也⑩。其人温驯有雅趣⑪，余前此曾与同舟者⑫。故人相见，乐乃无极。追念前迹，其语津津然⑬。弗兰克知余为游历而来，力延余至其老父家小住，云："吾父家去此滋未远⑭，与其寂居逆旅，过此佳节，不如迁徙吾家，较无凄寂之况。"余深韪其言⑮，且欲观彼故家仪制⑯，遂复登车，至弗兰克家。

　　遇友人弗兰克，应邀至弗兰克家，旅程暂告一段落。

【研读参考】　一、林纾的译作，商务印书馆于1981年选印了《离

---

①〔戛（jiá）戛然〕戛戛地（响）。②〔巨案〕大桌子。〔砧（zhēn）〕砧板，案板。③〔大类〕很像。④〔据〕靠着。⑤〔蹀（dié）躞（xiè）〕小步走的样子。⑥〔乘间（jiàn）〕趁着空隙。意思是插空。〔作媚语〕说些撒娇讨好的话。⑦〔方卸装〕正在卸下行装。⑧〔辚（lín）辚〕车走的声音。⑨〔已〕已而，随后。⑩〔果〕果真是。⑪〔雅趣〕高雅不俗的趣味。⑫〔同舟〕指同乘一条船由美洲到欧洲。⑬〔津津然〕有兴味的样子。⑭〔滋未远〕很不远，不很远。滋，更，颇。⑮〔深韪（wěi）其言〕认为他的话很对。韪，是，对。⑯〔故家〕旧家，世家。〔仪制〕礼仪，派头。

恨天》《吟边燕语》等十种，总名《林译小说丛书》。如果有兴趣，可以找来读读。

二、从本篇中找两三个人，说说各是什么性格。

三、作者对学生是什么态度？可以从哪些描述中看出来？

六〇　词话四则　况周颐

【解说】本篇选自《蕙风词话》，题目都是编者加的。词是诗之后兴起的一种文体，所以又名诗余。起于唐朝后期，盛于五代和宋朝。都有曲调，一般称为词调或词牌，如"浣溪沙""蝶恋花""水调歌头"等。句子有长有短，所以又名长短句。字数有多有少，少的一首十几个字，多的一百多字。词的风格也与诗有差别，婉约的多，雄放的少。词话是谈论词的，凡是关于词的，如历史、作法、作品、作家以及有关的逸闻逸事等，都可以写。词是文学作品，所以对于词的评论，常常可以当作文艺理论看。本篇选的四则，第一则讲读词应有自己的评论眼光，第二则讲读，第三则讲作，都值得借鉴。第四则因词而谈到与故人的交谊，文字淡雅而感情深厚，可以当作文学散文读。

作者况周颐（1859—1926），原名周仪，字夔（kuí）笙，号蕙风，清末临桂（今广西壮族自治区桂林市临桂区）人。光绪举人。曾官内阁中书。是有名的词人和词的理论家。著有《蕙风词》《蕙风簃（yí）随笔》等。

北宋人手高眼低①

余尝谓北宋人手高眼低。其自为词诚夐乎弗可及②；其于它人词，凡所盛称③，率非其至者④，直是口惠⑤，不甚爱惜云尔⑥。后人习闻其说⑦，奉为金科玉律⑧，绝无独具只眼⑨，得其真正佳胜者⑩。流弊所极⑪，不特埋没昔贤精谊⑫，抑且贻误后人师法⑬。北宋词人声华藉甚者⑭，十九巨公大僚⑮。巨公大僚之所赏识，至不足恃⑯，词其小焉者⑰。

评论文学作品，不可迷信巨公大僚的意见。

---

①〔北宋〕由宋太祖即位起到钦宗北去（960—1127）。〔手高眼低〕作词的本领高，评论词的眼光低。 ②〔自为词〕自己填的词。〔诚〕实在是。〔夐(xiòng)乎弗可及〕（人）远远赶不上。夐乎，远的样子。弗，不。 ③〔盛称〕极力赞美的。 ④〔率非其至者〕大抵不是最好的。至，极，最。 ⑤〔直是〕仅是。〔口惠〕空口说些好话。 ⑥〔云尔〕罢了。 ⑦〔习闻〕听惯了。 ⑧〔奉〕尊奉，信奉。〔金科玉律〕完美的法规。比喻不能变更的信条。金，玉，形容贵重。 ⑨〔独具只眼〕具有独到的见解。 ⑩〔佳胜〕美妙之处。 ⑪〔流弊〕流传下来的弊病。〔极〕至。 ⑫〔不特〕不仅。〔昔贤〕指宋词作者。〔精谊〕精义，深微的旨意。 ⑬〔抑且〕还会。〔贻误〕遗留下错误，使受坏影响。〔师法〕效法，学习。 ⑭〔声华〕名声光彩。〔藉(jí)甚〕盛大。藉，通"籍"。 ⑮〔十九〕十之八九。〔巨公大僚〕达官贵人。如范仲淹、晏殊、欧阳修、王安石都是高官。 ⑯〔不足恃〕不可靠。 ⑰〔词其小焉者〕对词的（不恰当的）赏识还是小事情。言外之意是，对其他重要事物的评论也不可靠。

背诵名家词

诵佛经不必求甚解①，多诵可也②。读前人佳词亦然③。昔人言："客都门者日诣厂肆④，徇览插架⑤，寓目签题⑥，勿庸幡帑⑦，辄有无形之进益⑧。"通于斯旨矣⑨。少日读名家词⑩，往往背诵如流⑪，询以作者谁氏⑫，辄复误记，盖心目专注⑬，弗遑旁及⑭。沤尹谓余得力即在是⑮，其知人之言夫⑯。

读书，学文，欲深有所得，应以"熟"为本。

---

①〔佛经〕佛教的经典。〔甚解〕彻底理解。 ②〔可也〕就可以了。 ③〔亦然〕也是这样。 ④〔客都门者〕寄居京都（指北京）的人。〔日诣〕每天前往。〔厂肆〕指北京琉璃厂的书店。 ⑤〔徇览插架〕巡视架上书籍。徇，顺着，依次序。插架，把书放在书架上。韩愈《送诸葛觉往随州读书》："邺侯〔唐朝李泌（bì）〕家多书，插架三万轴。" ⑥〔寓目〕过目，看。〔签题〕书外面的题字。 ⑦〔勿庸〕不用。〔幡（fān）帑（yuān）〕乱取。幡，通"翻"。帑，取。 ⑧〔辄（zhé）〕就。〔无形之进益〕不知不觉的收获。 ⑨〔通于斯旨矣〕和这个意思（多诵）相通。 ⑩〔少（shào）日〕年轻时候。 ⑪〔如流〕像流水那样通畅无阻。 ⑫〔谁氏〕姓什么叫什么的，何人。 ⑬〔专注〕只注意某一点。 ⑭〔弗遑（huáng）旁及〕来不及注意别的方面。遑，闲暇。 ⑮〔沤（ōu）尹〕朱孝臧，一名祖谋，字古微，号沤尹，又号彊村。光绪进士。清末著名词人。〔得力〕得到助益。〔在是〕在这里（指只背诵，不旁及）。 ⑯〔知人〕了解人。〔夫〕语气助词。

语贵平淡自然

《韵语阳秋》云①:"陶潜、谢朓诗皆平淡有思致②,非后来诗人怵心刿目者所为也③。老杜云④:'陶谢不枝梧,风骚共推激。紫燕自超诣,翠驳谁剪剔⑤。'是也⑥。大抵欲造平淡⑦,当自组丽中来⑧,落其华芬⑨,然后可造平淡之境。如此,则陶、谢不足进矣⑩。梅圣俞赠杜挺之诗有'作诗无古今,欲造平淡难'之句⑪。李白云⑫:'清水出芙蓉,天然

---

① 〔《韵语阳秋》〕宋朝葛立方讲论诗歌的著作,二十卷。以下引文在卷一,较宋刻本为简。 ② 〔陶潜〕一名渊明,东晋末年大诗人。〔谢朓(tiǎo)〕字玄晖,南齐著名诗人。〔思致〕精妙的意趣。 ③ 〔怵(chù)心刿(guì)目〕惊心伤目。形容非常用力。怵,惊惧。刿,刺。 ④ 〔老杜〕唐代大诗人杜甫。 ⑤ 〔陶谢不枝梧,风骚共推激。紫燕自超诣,翠驳谁剪剔〕诗题是《夜听许十一诵诗,爱而有作》。大意是,陶谢的美好诗句顺畅而不抵触,可与《诗经》《楚辞》比美。骏马自然超群而不待修饰。陶谢,陶潜、谢朓(又一说,指南朝宋诗人谢灵运)。枝梧,抵挡,抵触。推激,推动鼓励,相助。紫燕,骏马名。相传汉文帝有骏马九匹,其一名紫燕骝(liú)。超诣,超出,高超。翠,驳,形容马毛色美。又一说,都是骏马名。剪剔,剪毛刷毛,修剪。 ⑥ 〔是也〕就是此意。 ⑦ 〔造〕达到。 ⑧ 〔组丽〕华美。组,织绣。 ⑨ 〔落〕去掉。 ⑩ 〔不足进〕不难趋往。 ⑪ 〔梅圣俞赠杜挺之诗〕见《宛陵先生集》卷四十六,题目是《读邵不疑学士诗卷,杜挺之忽来,因出示之,且伏(佩服)高致(意境),辄书一时之语以奉呈》。诗是五言古诗,所引是头两句。"欲造"原书作"唯造"。梅尧臣,字圣俞,北宋著名诗人。杜挺之,做过州官,其他不详。〔无古今〕不管古代还是近代。 ⑫ 〔李白〕唐代大诗人。

去雕饰①。'平淡而到天然，则甚善矣②。"此论精微③，可通于词④。欲造平淡，当自组丽中来，即倚声家言自然从追琢中出也⑤。

写作，雕琢藻饰不如平淡自然。

怀半塘⑥

余与半塘五兄⑦，文字订交⑧，情逾手足⑨。乙未一别⑩，忽忽四年⑪。菱景一集⑫，怀兄之作几于十之八九⑬，未刻以前⑭，亦未尽寄京师⑮。半塘寓宣武门外教场头巷⑯，畜马一、骡二⑰，皆白⑱。曩余过从抵巷口⑲，见系马辄慰甚⑳。《烛影摇红》云㉑："诗鬓天涯，倦游情味伤春早。故人门

---

①〔清水出芙蓉，天然去雕饰〕诗题是《经乱离后天恩流夜郎，忆旧游书怀赠江夏韦太守良宰》。芙蓉，荷花。天然，生来如此。去，除掉。雕饰，雕琢粉饰。　②〔善〕完美。　③〔精微〕精深微妙。　④〔可通于词〕可适用于填词。　⑤〔倚声家〕词人。倚声即填词。〔追琢〕雕琢。追，雕金属。琢，雕玉。　⑥〔半塘〕王鹏运，字佑遐，自号半塘老人。同治举人。清末著名词人。作者的同乡。　⑦〔五兄〕王鹏运排行第五，比作者大十岁。⑧〔文字订交〕因写诗文而成为朋友。　⑨〔情逾手足〕感情超过亲兄弟。⑩〔乙未〕光绪二十一年（1895）。　⑪〔忽忽〕形容时间过得很快。⑫〔菱(líng)景一集〕《菱景集》，作者的词集。　⑬〔怀兄之作〕怀念半塘的作品。〔几〕几乎。　⑭〔未刻以前〕没刻成书的时候。　⑮〔京师〕北京。　⑯〔宣武门〕北京内城南面靠西的门。　⑰〔畜〕养。　⑱〔皆白〕都是白色。　⑲〔曩(nǎng)〕从前。〔过从〕交往。这里指去访问。　⑳〔系马〕拴着马。〔慰甚〕很安慰，很高兴。　㉑〔《烛影摇红》〕和下面《极相思》，都是词调名。两首都收在《菱景集》中。

巷玉骢嘶,回首长安道①。"情景逼真。又《极相思》云:"玉箫声里,思君不见,只是黄昏②。"看似平易,非深于情不能道。它日当质之半塘③。

文之佳否,关键在有无真感情。有真感情,叙日常事,写眼前景,即可成妙文。

【研读参考】一、诗话和词话,一般写得短小活泼,宜于作学习文言的课外读物。有机会可以找一两种读一读。

二、平淡自然比雕琢粉饰好,因为真实,少造作气。青年可能较难领会这个道理;但要注意,读文章要练习用这个标准衡量,自己写文章也要尽力避免雕琢粉饰。

三、把第一则译为现代语。

---

①〔诗鬟天涯,倦游情味伤春早。故人门巷玉骢(cōng)嘶,回首长安道〕意思是,爱吟咏诗词的人住在异乡,有些厌倦(异乡生活)了,每到春天刚刚来,就很感伤。有时到老朋友门口,听见马嘶声就想到北京的旧事。诗鬟,诗人之身。天涯,指远离故乡的地方。玉骢,白马。骢,青白二色相杂的马。回首,回想。长安,指北京。 ②〔玉箫声里,思君不见,只是黄昏〕意思是,在幽咽的箫声里,怀旧友而不能见,黄昏天气更使人愁闷。玉,形容美好。 ③〔它日当质之半塘〕将来要请半塘看看。质,(请他)评断(是不是这样)。